本科"十三五"规划教材

# 物流配送中心规划与设计

Planning and Design of Logistics Distribution Center

（第3版）

(Third Edition)

冯耕中 尤晓岚 徐金鹏 编

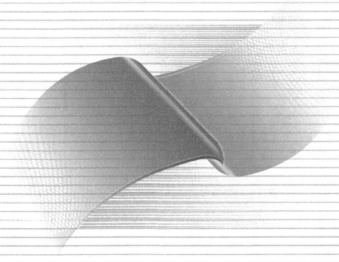

西安交通大学出版社
XI'AN JIAOTONG UNIVERSITY PRESS

## 内 容 简 介

物流配送中心是物流运作的重要载体。本书全面、系统地分析和介绍了物流配送中心规划与设计的有关内容。全书共分为9章。第1章介绍物流配送中心规划与设计的基本内容;第2章讲述了物流配送中心的基本建设程序;第3章讨论了物流配送中心的选址规划;第4章介绍了物流配送中心作业功能与布局规划;第5章叙述了物流配送中心的设施规划与设计;第6章讲述了物流配送中心的设备选用与设计;第7章描述了物流配送中心的作业流程;第8章介绍了物流配送中心管理信息系统的有关内容;第9章探讨了物流配送中心典型应用实例——自动化立体仓库的设计及应用问题。本书主要用于满足工商管理硕士、研究生和本科生的教学需要,对物流领域的管理人员和技术人员也有很好的参考价值。

---

**图书在版编目(CIP)数据**

物流配送中心规划与设计/冯耕中,尤晓岚,徐金鹏编.—3版.—西安:
西安交通大学出版社,2017.9(2019.1重印)
西安交通大学本科"十三五"规划教材

ISBN 978-7-5605-9998-4

Ⅰ.物… Ⅱ.①冯… ②尤… ③徐… Ⅲ.物流配送中心-经济规划-高等学校-教材 ②物流配送中心-建筑设计-高等学校-教材
Ⅳ.①F252②TU249

中国版本图书馆 CIP 数据核字(2017)第 201205 号

---

| | |
|---|---|
| 书　　名 | 物流配送中心规划与设计(第3版) |
| 编　　者 | 冯耕中　尤晓岚　徐金鹏 |
| 责任编辑 | 屈晓燕　贺峰涛 |
| 出版发行 | 西安交通大学出版社<br>(西安市兴庆南路10号　邮政编码 710049) |
| 网　　址 | http://www.xjtupress.com |
| 电　　话 | (029)82668357　82667874(发行中心)<br>(029)82668315(总编办) |
| 传　　真 | (029)82668280 |
| 印　　刷 | 西安日报社印务中心 |
| 开　　本 | 787mm×1092mm　1/16　印张　21.375　字数　516千字 |
| 版次印次 | 2018年1月第3版　2019年1月第3次印刷 |
| 书　　号 | ISBN 978-7-5605-9998-4 |
| 定　　价 | 52.00元 |

读者购书、书店添货、如发现印装质量问题,请与本社发行中心联系、调换。
订购热线:(029)82665248　(029)82665249
投稿热线:(029)82668254
读者信箱:754093571@qq.com

**版权所有　侵权必究**

# 前　言

物流配送中心等基础设施是物流运作的重要载体。随着经济的持续繁荣和物流业的快速发展，近年来我国企业对高标准、专业化、现代化物流设施的需求不断增强。2016年3月发布的《中华人民共和国国民经济和社会发展第十三个五年规划纲要》中明确指出，加强物流基础设施建设，大力发展第三方物流和绿色物流、冷链物流、城乡配送。2016年9月颁布的《物流业降本增效专项行动方案（2016—2018年）》，对物流基础设施的布局和建设提出了要求，并在政策层面对于物流业降本增效给予了规范与扶持。

在我国现代物流发展的实践中，作为物流网络结点的物流配送中心，与现代经济发展相适应，其集约化程度越来越高，功能越来越强；原来单一功能的仓库、站、场等物流设施都力求摆脱原有设施的局限性，出现了功能的扩展和延伸。现代化的物流配送中心集中了所有的物流功能，通过先进的管理、技术和现代化信息网络，对商品的采购、进货、储存、分拣、配送等业务进行科学、统一、规范的管理，使商品运动过程达到高效、协调和有序。

为适应物流配送中心建设和教学的需要，2004年我们组织编写了《物流配送中心规划与设计》这本书，希望能对我国现代物流业的知识传播、教学和科研水平的提高起到积极的促进作用。本书在西安交通大学出版社出版后，在全国多个学校的物流管理教学当中得到应用。2008年，本书有幸被批准立项为教育部普通高等教育"十一五"国家级规划教材。我们针对2004年所写教材的不足之处进行了改编，根据我国物流事业的最新发展完善了有关内容，出版了本书的第2版。鉴于本书在多个高校的教学中获得广泛应用，显示有良好的应用前景，2016年经西安交通大学教务处组织评审，本书再次被列为西安交通大学"十三五"规划教材。作为本书的作者，近年来我们参加了多家企业的物流管理实践活动，承担了国内多所高等院校物流管理教学工作，涉及到EMBA、MBA、工程硕士、本科等多个层次，同时承担了多家企业管理人员的物流培训工作。在广泛参加物流管理实践和教学工作的过程中，我们不断加深对物流配送中心规划与设计工作的体会，积累了大量的案例素材。经过与屈晓燕编辑多次交流，在已有的工作基础上，由冯耕中、尤晓岚、徐金鹏组成工作小组，重新改编和完善《物流配送中心规划与设计》这本教材。

在改编过程中，我们保持已有的大纲和内容体系，重点从两个方面开展修订工作：(1)对原书中不尽合理的地方进行修改和完善；(2)根据我国物流事业发展的进程，特别是近年来电子商务发展所引发的物流配送中心运行的变化，在有关章节中扩充最新的进展和成果，反映物流领域最新的内容。同时，尽可能继续保持和突出本书的两大特点：

1. 系统性。本书系统地介绍了物流配送中心规划与设计的有关内容。首先介绍物流配送中心规划与设计的基本内容，其次详细讨论了物流配送中心规划与设计的思想和方法，然后对物流配送中心所涉及的各种设施与设备、物流配送中心的作业流程、管理信息系统等进行了介绍，最后对自动化立体仓库的设计和应用进行了讨论。

2. 实用性。物流学科具有极强的理论与实践相结合的特性，本书在教材体系的设计上注重实用性原则的体现,在每章中安排了学习目标、实例、案例、本章小结等内容。其中,这些实例和案例均来自当前的物流实践。每章中有多个实例,穿插在各章节内容中,帮助读者思考和练习;在每章末安排了一个大案例,帮助读者深入学习和研讨有关问题,掌握所要求的知识,深化学习内容。

本书主要用于满足工商管理硕士、研究生和本科生的教学需要,对物流领域的管理人员和技术人员也有一定的帮助。在书稿的编写过程中,我国著名管理学家、中国工程院院士、西安交通大学管理学院名誉院长汪应洛教授给予作者极大的支持并提出许多指导性的意见,在此表示衷心的感谢。西安交通大学出版社为本书的写作提供了多方面的支持,屈晓燕编辑对本书的编写提供了极大的帮助,在此对他们表示真诚的感谢。在本书的编写过程中,参考了国内外同行的许多著作和文献,引用了部分资料,特向这些作者表示感谢。

近年来我国物流业发展迅速,限于作者的水平,书中不妥之处在所难免,敬请读者批评并不吝赐教。

冯耕中博士 西安交通大学管理学院
尤晓岚博士 西安邮电大学经济与管理学院
徐金鹏博士 西安电子科技大学经济与管理学院

# 目 录

**第1章 物流配送中心概论** (1)
  1.1 物流配送中心的概念及起源 (1)
    1.1.1 物流配送的发展概况 (1)
    1.1.2 物流配送中心的基本概念 (3)
    1.1.3 物流配送中心与传统仓储业务的对比分析 (4)
  1.2 物流配送中心的功能 (5)
  1.3 物流配送中心的分类 (6)
  1.4 发达国家物流配送中心的发展模式及其启示 (8)
    1.4.1 美国物流配送中心的发展模式 (8)
    1.4.2 日本物流配送中心的发展模式 (11)
    1.4.3 欧洲物流配送中心的发展模式 (13)
    1.4.4 发达国家物流配送中心的发展对我国的启示 (14)
  1.5 我国物流配送中心的发展与建设 (17)
    1.5.1 我国物流配送中心的发展历程 (17)
    1.5.2 我国物流配送中心发展面临的挑战与机遇 (19)
    1.5.3 我国物流配送中心的建设及其发展思路 (22)
  1.6 案例:B2C电子商务模式下企业物流模式选择研究——以京东、天猫为例 (24)
  本章小结 (28)
  关键概念 (28)
  思考题 (29)
  课堂讨论题 (29)
  补充阅读材料 (29)

**第2章 物流配送中心基本建设程序** (30)
  2.1 物流配送中心规划与设计的原则 (30)
  2.2 物流配送中心的建设程序 (31)
    2.2.1 项目前期工作阶段 (33)
    2.2.2 项目施工阶段 (39)
    2.2.3 竣工验收及生产准备阶段 (40)
  2.3 物流配送中心规划设计基本过程 (40)

  2.3.1　新建与改造物流配送中心规划设计的区别 ……………………… (41)
  2.3.2　新建与改造物流配送中心规划设计的步骤 ……………………… (44)
 2.4　案例：进击的"亚洲一号"——浅析京东商城的智慧物流 ………………… (49)
 本章小结 …………………………………………………………………………… (51)
 关键概念 …………………………………………………………………………… (51)
 思考题 ……………………………………………………………………………… (52)
 课堂讨论题 ………………………………………………………………………… (52)
 补充阅读材料 ……………………………………………………………………… (52)

**第3章　物流配送中心选址规划** ………………………………………………………… (53)
 3.1　物流配送中心选址的原则 ……………………………………………………… (53)
 3.2　物流配送中心选址规划所考虑的因素 ………………………………………… (54)
 3.3　物流配送中心选址的程序和步骤 ……………………………………………… (56)
 3.4　物流配送中心选址方案的经济论证 …………………………………………… (58)
 3.5　物流配送中心选址模型与方法 ………………………………………………… (59)
  3.5.1　选址问题的分类 ……………………………………………………… (59)
  3.5.2　物流配送中心选址方法 ……………………………………………… (60)
  3.5.3　节点间距离的计算 …………………………………………………… (63)
  3.5.4　典型选址方法、模型及算法 ………………………………………… (63)
 3.6　物流配送中心选址的注意事项 ………………………………………………… (81)
 3.7　案例：物流配送中心优化选址研究——以 XF 电器有限公司为例 ………… (81)
 本章小结 …………………………………………………………………………… (87)
 关键概念 …………………………………………………………………………… (87)
 思考题 ……………………………………………………………………………… (88)
 课堂讨论题 ………………………………………………………………………… (88)
 补充阅读材料 ……………………………………………………………………… (88)

**第4章　物流配送中心作业功能与布局规划** ………………………………………… (89)
 4.1　物流配送中心作业功能规划设计 ……………………………………………… (89)
  4.1.1　作业功能规划前需要回答的几个问题 ……………………………… (89)
  4.1.2　作业功能的总体规划 ………………………………………………… (92)
  4.1.3　作业区域的功能规划 ………………………………………………… (94)
  4.1.4　作业区的能力规划 …………………………………………………… (101)
 4.2　物流配送中心布局规划 ………………………………………………………… (105)
  4.2.1　物流配送中心布局规划的目标和原则 ……………………………… (105)
  4.2.2　物流配送中心布局规划的程序和方法 ……………………………… (106)
 4.3　案例：卷烟智能物流配送中心设计 …………………………………………… (113)
 本章小结 …………………………………………………………………………… (118)

关键概念……(119)
思考题……(119)
课堂讨论题……(119)
补充阅读材料……(119)

## 第5章 物流配送中心设施规划与设计……(120)

### 5.1 物流配送中心设施规划与设计的主要内容……(120)
- 5.1.1 物流配送中心设施规划的基本要求……(120)
- 5.1.2 物流配送中心设施规划的主要内容……(123)

### 5.2 物流配送中心的库房设计……(124)
- 5.2.1 库房类型……(125)
- 5.2.2 库房结构设计……(127)
- 5.2.3 储存空间的规划布置……(129)

### 5.3 物流配送中心的装卸平台设计……(131)
- 5.3.1 装卸平台位置的选择……(131)
- 5.3.2 装卸平台外围区域的设计……(131)
- 5.3.3 装卸平台类型的选择……(132)
- 5.3.4 装卸平台高度的确定……(133)
- 5.3.5 装卸平台高度调节板的选择……(133)
- 5.3.6 现代化机械在装卸平台上的应用……(134)

### 5.4 物流配送中心的货场及道路设计……(139)
- 5.4.1 货场的设计……(139)
- 5.4.2 道路的设计……(140)

### 5.5 其他建筑公用设施规划……(141)
- 5.5.1 给水与排水设施……(141)
- 5.5.2 电力设施……(142)
- 5.5.3 供热与燃气设施……(142)

### 5.6 案例:高度自动化的国药一致物流中心……(144)

本章小结……(146)
关键概念……(146)
思考题……(146)
课堂讨论题……(147)
补充阅读材料……(147)

## 第6章 物流配送中心设备选用与设计……(148)

### 6.1 储存设备……(148)
- 6.1.1 设备分类与功能……(148)
- 6.1.2 几种常用储存设备……(150)

6.1.3 货架的选型 (156)
6.2 装卸搬运设备 (157)
 6.2.1 堆垛起重机 (158)
 6.2.2 叉车 (159)
 6.2.3 手推车 (165)
 6.2.4 自动导引搬运车 (167)
 6.2.5 装卸搬运设备的选型 (168)
6.3 输送设备 (168)
 6.3.1 成件货物连续输送机 (169)
 6.3.2 散装货物连续输送机 (170)
 6.3.3 输送设备的选型 (172)
6.4 分拣设备 (173)
 6.4.1 设备组成与功能 (173)
 6.4.2 几种常见的分拣设备 (174)
 6.4.3 分拣设备的选型 (176)
6.5 其他相关设备 (178)
 6.5.1 包装机械 (178)
 6.5.2 流通加工设备 (179)
 6.5.3 集装单元器具 (180)
6.6 案例:电商企业物流配送中心货物拣选模式分析与应用 (185)
本章小结 (188)
关键概念 (189)
思考题 (190)
课堂讨论题 (190)
补充阅读材料 (190)

## 第7章 物流配送中心作业流程 (191)

7.1 物流配送中心的作业准则及流程 (191)
 7.1.1 物流配送中心作业的指导思想和原则 (191)
 7.1.2 物流配送中心的基本作业流程 (192)
 7.1.3 物流配送中心的若干典型作业流程 (195)
7.2 物流配送中心组织管理体系及岗位职责 (197)
 7.2.1 组织管理体系建设原则 (197)
 7.2.2 组织管理体系设置 (198)
 7.2.3 岗位人员设置及其职能 (198)
7.3 物流配送中心的作业活动 (203)
 7.3.1 客户服务及订单管理 (203)

        7.3.2 入库作业 ………………………………………………………………… (204)
        7.3.3 理货作业 ………………………………………………………………… (211)
        7.3.4 装卸搬运作业 …………………………………………………………… (221)
        7.3.5 流通加工作业 …………………………………………………………… (227)
        7.3.6 出库作业 ………………………………………………………………… (227)
        7.3.7 配送作业 ………………………………………………………………… (229)
    7.4 物流配送中心作业信息及单据 …………………………………………………… (232)
        7.4.1 基础类信息 ……………………………………………………………… (232)
        7.4.2 业务单据 ………………………………………………………………… (234)
        7.4.3 统计报表和其他信息 …………………………………………………… (240)
    7.5 案例:医药物流配送中心作业管理与策略优化研究——以S公司为例 ……… (241)
    本章小结 ………………………………………………………………………………… (242)
    关键概念 ………………………………………………………………………………… (243)
    思考题 …………………………………………………………………………………… (243)
    课堂讨论题 ……………………………………………………………………………… (244)
    补充阅读材料 …………………………………………………………………………… (244)

第8章 物流配送中心信息系统规划 ……………………………………………………… (245)
    8.1 物流配送中心管理信息系统概述 ………………………………………………… (245)
        8.1.1 物流配送中心管理信息系统的作用 …………………………………… (245)
        8.1.2 物流配送中心管理信息系统的发展历史 ……………………………… (245)
        8.1.3 物流配送中心管理信息系统的发展趋势 ……………………………… (247)
    8.2 物流配送中心管理信息系统规划与设计 ………………………………………… (249)
        8.2.1 影响规划和设计的因素分析 …………………………………………… (249)
        8.2.2 物流配送中心管理信息系统功能结构 ………………………………… (251)
        8.2.3 系统体系结构与应用环境 ……………………………………………… (260)
    8.3 物流配送中心管理信息系统功能设计及其描述 ………………………………… (262)
        8.3.1 订单管理子系统 ………………………………………………………… (262)
        8.3.2 客户信息服务子系统 …………………………………………………… (263)
        8.3.3 仓储管理子系统 ………………………………………………………… (263)
        8.3.4 配送管理子系统 ………………………………………………………… (272)
        8.3.5 运营绩效管理子系统 …………………………………………………… (276)
        8.3.6 财务结算管理子系统 …………………………………………………… (278)
        8.3.7 系统管理子系统 ………………………………………………………… (279)
    8.4 物流配送中心管理信息系统开发及其运行维护 ………………………………… (280)
        8.4.1 系统开发模式及其选择 ………………………………………………… (280)
        8.4.2 系统软件选购策略 ……………………………………………………… (283)

8.4.3　系统运行及维护……………………………………………………………(284)
　8.5　案例：沃尔玛高效的配送中心——领先的技术手段和先进的信息系统…………(286)
　本章小结……………………………………………………………………………………(288)
　关键概念……………………………………………………………………………………(288)
　思考题………………………………………………………………………………………(289)
　课堂讨论题…………………………………………………………………………………(289)
　补充阅读材料………………………………………………………………………………(289)

第9章　典型应用实例——自动化立体仓库规划与设计………………………………(290)
　9.1　自动化立体仓库概述……………………………………………………………………(290)
　　　9.1.1　自动化立体仓库的基本概念……………………………………………………(290)
　　　9.1.2　自动化立体仓库的效益体现……………………………………………………(291)
　9.2　自动化立体仓库的发展…………………………………………………………………(292)
　9.3　自动化立体仓库的分类与构成…………………………………………………………(296)
　　　9.3.1　自动化立体仓库的分类…………………………………………………………(296)
　　　9.3.2　自动化立体仓库的构成…………………………………………………………(301)
　9.4　自动化立体仓库的规划及设计…………………………………………………………(302)
　　　9.4.1　自动化立体仓库的规划设计程序………………………………………………(302)
　　　9.4.2　自动化立体仓库的土建与公用工程设施………………………………………(303)
　　　9.4.3　自动化立体仓库的布置与规划…………………………………………………(303)
　　　9.4.4　货架与集装单元容器……………………………………………………………(307)
　　　9.4.5　存取与传送系统设备……………………………………………………………(309)
　　　9.4.6　计算机控制与管理系统…………………………………………………………(314)
　9.5　案例：海尔国际物流中心………………………………………………………………(315)
　　　9.5.1　基本情况…………………………………………………………………………(315)
　　　9.5.2　海尔国际物流中心系统组成……………………………………………………(316)
　　　9.5.3　海尔国际物流中心应用情况……………………………………………………(319)
　本章小结……………………………………………………………………………………(321)
　关键概念……………………………………………………………………………………(321)
　思考题………………………………………………………………………………………(322)
　课堂讨论题…………………………………………………………………………………(322)
　补充阅读材料………………………………………………………………………………(322)
　附件：自动仓储系统基本设计规划调查表………………………………………………(322)

参考文献……………………………………………………………………………………(328)

# 第 1 章
# 物流配送中心概论

**学习目标**

- 理解物流配送中心概念及其起源;
- 了解物流配送中心的基本功能;
- 掌握物流配送中心的基本分类原则;
- 理解国外物流配送中心的发展模式;
- 了解我国物流配送中心的发展历程。

## 1.1 物流配送中心的概念及起源

### 1.1.1 物流配送的发展概况

根据中华人民共和国国家标准《物流术语》(GB/T 18354—2006),配送(distribution)是指在经济合理区域范围内,根据客户要求,对物品进行拣选、加工、包装、分割、组配等作业,并按时送达指定地点的物流活动。

20 世纪下半叶,由于科学技术的不断进步和经济的不断发展,人类开发利用自然资源的规模在迅速扩大,货物运输量急剧增加,运输业得以迅速发展,企业面临着缩短交货周期、提高产品质量、降低成本和改进服务的压力,市场竞争日益激烈。为了适应不同层次的消费需求,零售业中连锁经营、专卖店、无店铺销售等各具特色的业态应运而生,为商品流通提供了多样化的渠道。生产销售结构的变化同时也推动了流通环节的高效化和重新组合,物流配送得到长足的发展,传统的仓库概念被逐渐打破。作为物流节点的仓库从原来的单一保管功能迅速向收货、分货、装卸、加工、配送等多种功能方向发展。

从形态上看,初期的物流配送只是一种粗放的、单一性活动,当时的配送活动范围很小,规模也不大,企业开展配送活动的主要目的是为了促进产品销售和提高其市场占有率,因此,物流配送主要是以促销手段的职能来发挥作用的。从物品品种上看,初期的物流配送除了种类繁多的服装、食品、药物、旅游用品等日用品外,还包括不少生产资料产品。

20 世纪 80 年代以后,随着社会的进步和经济的发展,无论是物流配送的种类和数量,还是物流配送的方式方法都得到了迅猛的发展,物流配送的区域也进一步扩大。在自动化配送设备和计算机技术等高科技手段的支持下,物流配送的技术水平得到了很大提高,手段日益先进,物流配送的集约化程度明显增强,形成了系列化、多功能的供货活动形式,物流配送的服务质量也得到了明显提升。发展到现在,物流配送大致呈现出了以下一些趋势。

**1. 集成化趋势**

市场竞争的加剧和客户需求的多样化对物流配送服务水平要求越来越高,各种物流活动需要一个综合集成系统来进行管理,以实现物流配送系统整体优化,提升物流配送服务水平,从而提供给客户一体化的物流服务。而信息技术、物流技术以及交通条件的发展和改善,能够从技术上有效促进物流配送系统的综合集成,保证供应链上的物流配送系统能够实现无缝化对接,使各种物流配送功能之间的衔接成本有效降低,并能够保证物流配送的实时动态运转以提高运行效率和服务水平。这种物流配送系统集成化与连接无缝化的趋势,随着诸如协同技术、并行技术等全程供应链管理技术的发展,将会表现得越来越明显。

**2. 网络化趋势**

互联网的飞速发展,不仅改变了人类传统的生活方式,而且对企业的经营管理模式产生了重大影响,促进了经济全球化和电子商务时代的来临。经济全球化、供应链系统全球化、网络技术的普及以及全球信息资源的共享,这些都为物流配送系统的网络化提供了良好的经济基础和技术支撑。现代化的物流配送系统越来越借助信息网络来实现企业间的协同运作、资源配置、信息传递以及功能外包,共同配送、配送战略联盟、电子商务型配送等新型的网络化配送模式得到了很大的发展,尤其是物联网的兴起,将进一步促进物流配送系统网络化的发展趋势。

**3. 动态化趋势**

市场环境的不确定以及客户需求的多样化,促使及时配送、订单驱动配送、可视化配送等新型的配送管理模式不断涌现。面对环境的变化,客户对物流配送服务水平的要求越来越高,要求物流配送系统具有很强的动态适应能力,及时满足供应链物流无缝化运行的需要。

**4. 自动化、信息化和智能化趋势**

物流配送的自动化、信息化和机械化突破了体力劳动和手工劳动的限制,大量自动化物流设施如自动装卸机、自动分拣机、无人取货系统和搬运系统等,为高效、快速、优质的物流配送服务提供了技术基础。很多物流配送中心的作业活动,包括货物入库时的分拣、刷码到装载进配送车辆等,都能够实现自动化;一些物流配送中心的所有作业环节包括存货、处理订单和配送商品等,都能够通过信息系统网络进行跟踪控制。在物流配送作业自动化的基础上,物流经营管理决策自动化和物流配送系统智能化的趋势逐渐显现。一些先进的物流配送系统已经能够通过数据查询、模型分析等功能实现辅助决策,并且通过引进人工智能与机器学习、专家系统等技术,实现作业优化管理并减少人工作业的错误,提高系统运行效率。随着物联网技术的逐步发展和应用,物流配送系统自动化、信息化和智能化的发展趋势将会表现得越来越明显。

**5. 绿色配送和低碳配送兴起**

全球金融危机之后,低碳经济迅速兴起,世界主要大国都制定了 2020 年的碳减排目标,全球经济发展模式开始从"黑色发展"向"绿色发展"转变。低碳经济以低能耗、低排放、低污染为基础,实质是提高能源利用效率和创建清洁能源结构,核心是技术创新、制度创新和发展观的改变。这场经济模式的变革已渗透到物流配送系统,例如家乐福制定了到 2020 年单位面积减排 20% 的目标;沃尔玛要求供货商在其产品上标注"碳足迹"、水使用量和空气污染指数;特易购则从提升店面节能设计和供应商碳标准筛选门槛两个方面来实现其减排目标。可以预见,在不久的将来,包括订单集并、可循环料件箱、节能设备和包装材料应用、节水节能技术、叉车运行优化技术、清洁能源叉车等绿色和低碳技术手段将大量地应用于物流配送中,绿色配送与低碳配送必将成为物流配送的主流模式。

### 1.1.2 物流配送中心的基本概念

根据中华人民共和国国家标准《物流术语》(GB/T 18354—2006),物流中心(logistics center)是从事物流活动且具有完善信息网络的场所或组织,应基本符合下列要求:a)主要面向社会提供公共物流服务;b)物流功能健全;c)集聚辐射范围大;d)存储、吞吐能力强;e)对下游配送中心客户提供物流服务。

从上述定义可以看出,物流中心是具有综合性、地域性等特征的大批量物资的集散地,是产销企业之间的中介。物流中心的位置一般处于供应链的中游,是制造厂仓库与配送中心的中间环节,一般离制造厂仓库与配送中心较远;为实现运输经济性,物流中心通常采用大容量汽车或铁路运输方式以及少批次、大批量的出入库方式。

根据中华人民共和国国家标准《物流术语》(GB/T 18354—2006),配送中心(distribution center)是从事配送业务且具有完善信息网络的场所或组织,应基本符合下列要求:a)主要为特定客户或末端客户提供服务;b)配送功能健全;c)辐射范围小;d)提供高频率、小批量、多批次配送服务。

从上述定义可以看出,配送中心是服务于销售或供应活动、以执行实物配送为主要职能的流通型结点。配送中心的位置一般处于供应链的下游环节,通常服务的是特定客户或末端客户,如百货商场、超级市场、专卖店等。由于客户需求的多样化,配送中心通常采用高频率、小批量、多批次配送服务方式。

物流中心与配送中心的区别与联系如表1-1所示。

表1-1 物流中心与配送中心的比较

| 比较项目 | | 物流中心 | 配送中心 |
| --- | --- | --- | --- |
| 区别 | 功能 | 具有较强的存储能力、吞吐能力和调节功能 | 具有较强的"配"与"送"的功能 |
| | 辐射范围 | 辐射范围大 | 辐射范围小 |
| | 所处位置 | 通常在供应链的中游 | 通常在供应链的下游 |
| | 物流特点 | 少品种、大批量、少供应商 | 高频率、多品种、小批量、多供应商 |
| | 服务对象 | 通常提供第三方物流服务,在某个领域的综合性、专业性较强 | 一般为公司内部服务,其专业性很强 |
| 联系 | | 储存物品的品种较多、存储周期短;规模化运作;具有多种功能 | |

从上述比较可以看出,物流中心与配送中心既有不同之处,也有相似之处。物流中心和配送中心的位置常常处于供应链的中下游,能够从事大规模的物流活动,同时为实现保管、运输作业的规模化和共同化,并为了节约费用,它们往往都具有强大的多客户、多品种、多频次的拣选和配送功能;物流中心和配送中心的功能都比较健全,不仅能够进行"配"与"送"等基本运作,还能够完成流通加工、结算、单证处理、信息传递和包装等其他功能。

本书侧重于它们的共同特性,不再进行细分,而将物流中心和配送中心统一称为物流配送中心。本书的物流配送中心可以理解为企业(生产流通企业、物流企业)中从事大规模、多功能物流活动的实体,它的主要功能是大规模集结、吞吐货物,因此往往具备运输、储存、保管、分拣、装卸、搬运、配载、包装、加工、单证处理、信息传递、结算等主要功能,甚至还具有贸易、展示、货运代理、报关检验、物流方案设计等一系列延伸功能。

现实中,物流活动的多样性,造就了物流配送中心形式的多样性。物流配送中心的规模和功能组合完全取决于实际作业需求。正是众多各不相同的实实在在的物流节点,形成了抽象的"物流配送中心"的概念。

### 1.1.3　物流配送中心与传统仓储业务的对比分析

**1. 物流配送中心强调供应链管理理念的应用**

传统的仓储业务在部门、地区分割、相互封闭的局面下完成从接收物品到发放物品的活动,所以它的业务范围有限,与货主的关系是临时、随机和不固定的。

物流配送中心为有效地完成物流活动、提高自我竞争优势,强调与供应商及客户的合作,重视供应链成员间的紧密联系。物流配送中心不仅与生产厂家保持紧密的伙伴关系,而且能及时了解客户的需求信息,实现厂商和客户的沟通,与货主企业结成战略伙伴关系。通过综合实现从供应者到消费者的供应链的运作,使物流与信息流达到最优化。

**2. 物流配送中心的作业内容趋向多功能化**

传统的仓储业务只是物流配送中心作业的组成部分。现代物流配送中心跳出了传统仓储具体业务环节的圈子,在更大范围、更高层次上对传统储运业务进行优化和扩展。物流配送中心集中了所有的物流功能,成为具有多种物流功能的流通形式和作业体系。现代物流配送中心通过先进的管理、技术和现代化信息网络,对物品的采购、进货、储存、分拣、配送等业务进行科学、统一、规范的管理,使物品运动过程达到高效、协调、有序。

**3. 物流配送中心的作业方式趋向自动化、智能化**

传统的仓储作业主要是通过人工使用众多的仓储设施、机械来完成,所以作业强度大,劳动生产率低,物流作业的差错多,物品在库滞留时间过长,物流成本高。

现代化的物流配送中心实现了物流作业的自动化和智能化,信息系统是物流配送中心的"灵魂"。通过通信网络、企业内部网,物流配送中心实现其与供应商或制造商的联系、与下游客户之间的联系,以及其内部各部门的联系;通过专家系统、机器人等相关技术实现物流作业过程的运筹和决策,如库存水平的确定、运输(搬运)路径的选择、自动导向车的运行轨迹和作业控制、自动分拣机的运行、物流中心经营管理的决策支持。在先进的信息处理系统的基础上,物流配送中心向其客户提供极好的服务,赢得客户的信赖。

**4. 物流配送中心的服务内容趋向多样化**

传统的仓储业务只负责与物品实体移动有关的包装、装卸、储存、运输等"物流"工作,而一般不参与与转移物品所有权有关的采购、销售、结算等"商流"工作。

具有信息化、社会化和现代化特征的物流配送中心把商流、物流、信息流三者有机地结合在一起,使商流和物流在信息流的指令下运作,物流配送中心畅通、准确、及时的信息保证了商流和物流的高质量与高效率。其中,一些创新性的业务活动随之而生,如融合物流与资金流的供应链金融创新业务。

## 1.2 物流配送中心的功能[*]

一般地讲,物流配送中心的功能主要包括以下几个方面。

**1. 集货发货功能**

就是将分散的、小批量的货物集中起来,便于集中处理的功能。生产型物流配送中心往往从各地采购原材料、零部件,在进入生产组装线之前,总要集货,以便按生产的节拍投入物料。同时,生产企业的产成品和零配件也要集中保管、分拣、发运。商业型物流配送中心需要采购几万种商品进行集中保管,按店铺销售情况进行分拣、包装、配送、补货,以满足消费需求。社会化的公共物流配送中心则实现货物的转运、换载、配载、配送等功能。

集货分货功能要求物流配送中心一般具有实现长短途两种运输方式货物交换的平台和工具,如码头、站台、库房、吊车、传送设施、分拣设备等。

**2. 储存功能**

为了及时满足市场需求和应对不确定性,不论何类物流配送中心,均需具备储存功能。生产企业的所谓"零库存",是将库存转移至物流企业和商业企业,以减少自己的资金占用。储存的功能主要在于保存物品的使用价值,减少自然损耗,更重要的是保证生产企业的连续不间断生产和满足消费者的需求,以免引起因物品断档而造成的市场恐慌。任何时候,储存功能的蓄水池作用都是存在的。

**3. 分拣功能**

根据客户对多种物品的需求和运输配载的需求,将所需物品从储存物品中挑选出来,以便集中配货。

**4. 加工包装功能**

物流配送中心根据客户需要,将物品进行简单加工,方便客户的运输和精加工。这种流通加工在金属材料的剪切、弯折等项目上较为普遍。包装功能是将散货改为有包装货物,以及实现"大改小""小并大"等工作。

**5. 配送功能**

物流配送中心根据客户需求,将物品按时按量送至客户。配送的核心是"配",既有"配货"的含义也有"配载"的含义。可以为同一客户配送多品种、多规格的物品,也可以是一台车次为不同客户配送一种或多种物品。可以为商业经销、最终客户配送生活资料,也可以为生产厂商配送原材料、零部件等生产资料。有的学者根据不同的配送方式将配送分为专业配送、综合配送、共同配送、经销配送、供应配送等。

**6. 商品展示与贸易功能**

在一些现代化的物流配送中心里,还具备商品展示和贸易功能,例如东京和平岛物流配送中心就专门设立了商品展示和贸易大楼。这也是物流配送中心向高级阶段发展的必然趋势,

---

[*] 姜超峰. 物流中心模式研究[J]. 中国储运,2002(4):13-19.

因为物品只有卖出去才能有价值。

**7. 信息功能** *

由于多种功能集聚在物流配送中心,物流配送中心必然会成为信息中心,物品到达、分发、装卸、搬运、储存保管、销售、客户、价格、运输工具及运行时间等各种信息在这里交汇、收集、整理和发布。

## 1.3 物流配送中心的分类

根据中华人民共和国国家标准《物流中心分类与基本要求》(GB/T 24358—2009),物流中心可根据货物属性划分为专业型物流中心、通用型物流中心和综合型物流中心。其中专业型物流中心需配置专用设施设备以满足特定货物专业化运作要求;通用型物流中心可满足一般货物运作要求,根据服务功能侧重点不同又可分为仓储类、集散类和其他类;综合型物流中心则可同时满足特定货物和一般货物的运作要求。

当然根据不同的分类方式,物流配送中心可以分为不同的类别。

**1. 根据隶属关系分类** *

(1) 生产企业自办的物流配送中心

这类物流配送中心一般由规模较大的生产企业出资兴建,其目的是为该企业生产的产品进行实体分配。在发达国家这类物流配送中心数量比较多。例如德国林德公司所建物流配送中心,建筑面积为1.2万平方米,主要从事林德产品的维修零部件服务。日本的小松、日产、松下、丰田、资生堂、菱食公司、东芝、三菱、王子等知名公司,都拥有自己的物流配送中心和运输工具,有的还拥有专用码头。这些生产企业的规模都很大,因此常常将零部件、产成品的运输、仓储部分独立出来,建立物流配送中心。可以预见,尽管第三方物流日渐被人们所接受,大型企业的自办物流也不会消亡,因为这种物流配送中心有本企业产品的支持。

(2) 商业企业自办物流配送中心

许多大型商业企业因业务需要而设立物流配送中心,有的专家又将其细分为批发商的物流配送中心和零售商的物流配送中心。这类物流配送中心有的从事原材料、燃料、辅助材料的流转,有的从事大型超市、连锁店的商品配送。如沃尔玛、麦德龙、家乐福、卜蜂莲花等大型零售企业自办了配送中心,这种配送中心的辐射半径约为150~200公里。

(3) 仓储、运输以及物流企业设立的物流配送中心

仓储企业具有设立物流配送中心的天然条件,它拥有土地、库房、站点和装卸设备,通过功能扩展而将仓库设施演变成物流配送中心。运输企业需要物流节点来整理、配载、换载物品,通过设立物流配送中心而达到扩大功能、节约物流成本的目的。美国的APA运输公司在纽约就拥有这样一个物流配送中心,该物流配送中心占地约5万平方米,建有一个2万平方米的流转库,在这里每天对公司集卡运来的送往纽约市和纽约市送往外地的货物进行分拣。这里,运输业务是主营业务,保管、分拣业务成了延伸业务。为推动业务的开展,轮船公司、邮政、铁路企业、机场及航空运输企业以及许多物流企业都常常拥有自己的物流配送中心。在实践中

---

\* 姜超峰.物流中心模式研究[J].中国储运,2002(4):13-19.

大家所说的社会化物流配送中心也属于这个类型。

**2. 根据作业特点分类**

(1) 流通型物流配送中心

目前多数物流配送中心基本上没有长期储存功能,仅以暂存或随进随出方式进行配货、送货。这种物流配送中心的典型方式是,大量物品整进并按一定批量零出,采用大型分货机,进货时直接进入分货机传送带,分送到各客户货位或直接分送到配送汽车上,物品在物流配送中心里仅做少许停留。

(2) 加工配送型物流配送中心

这种物流配送中心以物品加工为主,在其作业流程中,储存作业和加工作业居主导地位。由于流通加工多为单品种、大批量产品的加工作业,并且是按照客户的要求安排的,因此,虽然进货量比较大,但是分类、分拣工作量并不太大,一般都不单独设立拣选、配货等环节。通常,加工好的物品可直接运到按客户户头划定的货位区内,并且要进行包装、配货。目前,我国许多物流配送中心都在扩展其流通加工功能。

(3) 批量转换型物流配送中心

一般情况下,批量转换型物流配送中心主要以随进随出方式进行分拣、配货和送货,物品以单品种、大批量方式进货,在物流配送中心转换成小批量,物品在物流配送中心仅做短暂停留。这种物流配送中心往往可以理解为流通型物流配送中心的特例。

**3. 根据服务区域分类** [*]

(1) 城市物流配送中心

城市物流配送中心是以城市区域为配送范围的物流配送中心。由于城市范围一般处于汽车运输的经济里程内,这种物流配送中心可直接配送到最终用户,且常常采用汽车进行配送,所以,这种物流配送中心往往和零售经营相结合。由于运距短、反应能力强,因而从事多品种、小批量、多用户的配送较有优势。

(2) 区域物流配送中心

区域物流配送中心是以较强的辐射能力和库存准备,向省际、全国乃至国际范围的客户进行配送的物流配送中心。这种物流配送中心规模较大,常常服务于大型客户,配送批量也较大,而且往往是配送给下一级的城市物流配送中心,也配送给营业所、商店、批发商和企业客户。虽然也从事零星的配送,但不是主体形式。这种类型的物流配送中心在国外十分普遍。

**4. 根据物的流向分类**

(1) 供应物流配送中心

供应物流配送中心是专门为某个或某些客户组织供应的物流配送中心。例如,为大型连锁超级市场组织供应的物流配送中心;代替零件加工厂送货的零件物流配送中心,它使零件加工厂对装配厂的供应合理化。

(2) 销售物流配送中心

销售物流配送中心是以支持销售经营为目的、以配送为手段的物流配送中心。建立销售物流配送中心大体有三种类型:一种是生产企业为本身产品直接销售给消费者而设立的物流

---

[*] 王转,程国全.配送中心系统规划[M].北京:中国物资出版社,2003:2.

配送中心,在国外,这种类型的配送中心很多;另一种是流通企业作为本身经营的一种方式,建立物流配送中心以扩大销售;第三种是流通企业和生产企业联合的协作性物流配送中心。

**5. 根据服务的适应性分类**

(1)专业物流配送中心

专业物流配送中心大体上有两个含义,一是配送对象、配送技术属于某一专业领域,例如医药物流配送中心;二是以配送为专业化职能,基本不从事经营的服务型物流配送中心。

(2)柔性物流配送中心

柔性物流配送中心在某种程度上是和第二种专业物流配送中心相对立的物流配送中心,它不向固定化、专业化方向发展,而向能随时变化、对客户要求有很强适应性、不固定供需关系、不断发展配送客户的方向发展。

**6. 根据配送物品种类分类**

(1)食品物流配送中心;

(2)日用品物流配送中心;

(3)医药物流配送中心;

(4)化妆品物流配送中心;

(5)家电产品物流配送中心;

(6)电子(3C)产品物流配送中心;

(7)书籍产品物流配送中心;

(8)服饰产品物流配送中心;

(9)汽车零件物流配送中心等。

## 1.4 发达国家物流配送中心的发展模式及其启示

### 1.4.1 美国物流配送中心的发展模式

自20世纪50年代,美国开始大力兴建洲际高速公路,已建成数十万公里的高速公路,与铁路、港口、机场一起,形成了四通八达的交通网络,把全美各地连接起来。同时,美国经济高度发达,市场消费能力很强,超市、平价俱乐部等连锁经营方式的出现,带来社会专业分工的细化和思想观念的转变,由此带动了物流的变革。

美国的物流配送中心以出现早、发展速度快、活动范围广、经营范围大和现代化水平高而著称于世界。在美国,一种流行的观点认为:当生产领域提高劳动生产率的潜力被挖尽后,调整流通领域的商品流量是企业获得利润的主要来源,也是稳定消费物价和提高国际竞争能力的重要因素。为了向流通领域要效益,美国企业采取以下一些主要措施:一是将老式的仓库改为物流配送中心;二是引进电脑管理网络,对装卸、搬运、保管实行标准化操作,提高作业效率;三是连锁店共同组建物流配送中心,促进连锁店效益的增长。美国的物流配送中心正是在改造老式仓库的基础上,于20世纪60～70年代逐步形成和发展起来的。

**1. 美国物流配送中心的类型**

美国的物流配送中心大致分为三类:一是特大型生产企业独资建立的物流配送中心,主要为生产企业自身服务;二是大型零售企业或是连锁企业自有的物流配送中心;三是为扩大生产企业和商业企业的服务范围而建立的社会化物流配送中心。这里,社会化物流配送中心又可分为两种:一种是本身没有商品所有权的纯物流性质的配送组织,主要依托众多的生产企业、依据生产企业的指令(或者说是受生产企业委托)向零售企业或其他客户配送商品;另一种是兼有从事商品分销(代理)活动的配送组织,主要依托零售商、超市等客户从事经营活动。

**2. 美国物流配送中心的特点**

(1) 提供一流的服务

一是在观念上的变革。美国的一些物流配送中心将供货方和购货方不但看作是服务对象,而且看作是经营伙伴。如 USCO 配送公司专门设立一个服务部门,并制定了厚厚的一本服务手册,详尽地介绍了配送中心所提供的各项服务内容、达到的标准及各项承诺。他们把顾客满意摆在公司指标和工作重心的首位,力争提供百分之百的可靠性服务,并在手册中要求必须满足顾客的需求、符合客户的各项要求。

二是即时制。每个物流配送中心均向客户承诺,客户要求什么时间送到,物流配送中心就保证什么时候送到。每个物流配送中心均有一个运输部,当运输部接到订单的运输通知时,即由该部负责根据客户要求的时间,制定计划落实运输车队,无论是采用自备卡车还是委托其他运输公司,都有责任对客户提供高效率的服务。

三是千方百计地提高配送正确率,以取得客户的信赖。在物流配送中心作业过程中,一般要经过 10 个环节:收货、验货、输入收货记录、归档、发货、编制装运单、调整库存记录、装车、配送、交货。每个环节的人员必须将外包装上的条码与货架条码同计算机储存的信息核对,同时每半个月管理人员要对其所管辖区域的存货做一次全面盘点,以提高配送的精准率。大型的配送中心配送精确率一般为 99.04%,运输精确率为 99.94%,按时到达率为 99.42%。

(2) 确定合理的价格

美国公共配送的收费价格是按配送商品的服务项目、难易程度和商品的销售金额来确定的,一般按配送物品销售额的 3%～5% 来收取。例如 1992 年在拉斯维加斯建设的 Vallen 食品配送中心,总面积 2 万平方米,第一期建设 1.2 万平方米的配送中心,建筑面积为 1.6 万平方米,投入 1300 万美元,拥有冷冻库、冷藏库和常温库,35 辆大型运货车和 34 辆大型运输车。作为批发商,该配送中心从全美各地采购各类食品,并根据当地宾馆、饭店的订货情况进行配送。一般情况下,24 小时内可送到任何地方;特殊情况下,上午订货下午到。该配送中心建立了 EDI 系统,客户可利用终端与配送中心联网,直接订货;而在价格上,不会由于设备昂贵、装备精良而出现高于他人的情况。

(3) 千方百计地降低作业成本

美国的物流配送中心十分重视降低成本,认为企业只有最大限度地把成本降下来,才能以更优异的服务和低廉的价格参与市场竞争,才能获得更多的利润。美国的物流配送中心主要从以下三个途径来降低成本:

① 管理的计算机化以及条码技术在配送中的广泛应用。美国的配送中心广泛使用了计算机、条码和激光扫描技术。一些大型的配送中心甚至使用卫星通信、射频识别装置来指挥在公路上运行的车辆。由于使用完善的计算机管理系统,企业降低了费用,提高了经济效益。

② 合理选择和使用机械设备。美国配送中心的管理十分讲究实效,不是一味地追求机械化、自动化。如在 Giant 配送中心,一条 20 世纪 70 年代安装的自动化分拣系统被拆除,而替代的是

人工分拣,原因是这些设备比较陈旧,目前尚未有更先进的设备替代,维修它需要一批工程师,与人工分拣相比成本更高,所以采用了后者。

③选择合理的配送线路。在美国,一个较大的配送中心往往在国内外拥有几十个分公司,分布在全美及周边国家的交通枢纽、经济中心城市的周围,这样就可以利用这些分散的配送网点来确定合理的输送线路。

### 实例1-1 沃尔玛的配送中心

截止到2016年9月,我们观察到在美国境内,有172个沃尔玛以及山姆会员店配送中心,总共占地1163万平方米。除此之外,沃尔玛还计划在美国境内再建设4个设施场所,共占约37万平方米。

沃尔玛的配送网络非常庞大。这么来说吧,整个曼哈顿城市占地6141万平方米。如果把沃尔玛所有的配送中心都空降到曼哈顿,那么将占据整个城市将近19%的面积!截至2016年年初,美国境内的沃尔玛零售店占地7200万平方米。如果把美国境内的沃尔玛配送中心和零售店都放在曼哈顿,总共超过8361万平方米的占地面积,约为曼哈顿的1.36倍!

我们将沃尔玛的配送中心按照设施类型进行分类,可以分为:区域性一般商品配送中心;全线食品及易腐食品配送中心;时装配送中心;电子订单履约中心;专业配送中心(出口、光学实验室、药房、退货、轮胎、印刷品、邮件);中心点配送中心;山姆会员店配送中心。

在2016年沃尔玛售出的商品中,大约有81%都是通过沃尔玛配送中心网络运输的。类似的,在山姆会员店售出的非燃料类商品中,大约有64%是通过山姆会员店配送中心网络运输的。其余的销售则是通过门店直送渠道完成的,即生产商或者供应商不通过配送网络,而是直接将商品送到门店。这种门店直送的方式常用于食品类配送,如快餐、饮料、啤酒、新鲜现做面包、牛奶等等。

在美国境内,沃尔玛目前运营着42个区域性一般商品配送中心,总占地465万平方米。这些场所一般占地9.3万~14.9万平方米,高度10.67米。每个配送中心平均雇佣超过1000名仓库人员,距离门店的平均距离大约200公里。一般而言,这些场所都是作为沃尔玛公司一般商品配送网络的战略支柱来运营的。部分场所在设计时就考虑了机械化输送系统的使用,这种传送带的总长可以达到16.1~32.2公里。配送中心在收到货物的同时,就已经根据各个门店的订单分配好了货物组,并直接通过传送带进行传输。每一个完整的货物组都会有一个标签,以便于输送系统将货物挑选出来,卸载在每个商店对应的门到门装卸点,然后在门到门装卸点通过出站拖车进行运输方式的转换。一个典型的配送中心一般需要服务90~170个门店。

在美国境内,沃尔玛目前运营着44个食品配送中心,其中包括36个全线食品/易腐品配送中心、6个易腐品配送中心以及一个干货配送中心,总共占地326万平方米。同时还有一个占地4.2万平方米的配送中心正在建设中。每个全线食品/易腐品配送中心占地在7.9万~9.3万平方米之间,雇佣大约750个仓库人员。每个配送中心距离门店平均有大约216公里。沃尔玛食品全线配送中心一般都是L形布局,其中"L"狭长的一边是易腐品中心,另一边则是正方形的干货中心。干货中心一般三面可以进出,以保证最大的吞吐量和转运能力,而易腐品中心的门到门装卸点则正好面对干货中心的背面。这些食品配送中心构成了沃尔玛公司食品配送网络的主干支柱,负责干货、乳制品、熟食、鲜肉、农产品以及冷冻食品的分销配送。沃尔玛很早就开始在食品配送作业中,使用Vocollcet公司开发的语音分拣系统,以提高满箱拣取作业的速度和准确度。

资料来源：http://www.mwpvl.com/html/walmart.html。

### 1.4.2 日本物流配送中心的发展模式

第二次世界大战之后，工业的复兴使日本经济进入高速增长时期。特别是20世纪60年代，日本经济完成了向重工业转变以后，经济增长更为迅猛。这个时期，产品产量和货物运输量均急剧增加。然而，由于流通发展滞后，阻碍了生产的快速发展。日本政府从提高物流效率、促进经济发展的愿望出发，采取了多种措施扶持企业进行物流设施建设，其中包括统一规划城市中的仓储设施建设、修建"流通团地"，并且制定和规划有关物流的法规、法律，颁布倡导企业革新物流技术、更新物流设施的优惠政策。与此同时，日本工商业也在积极探索提高物流效率的可行办法和途径，调整物流组织，提出"物流系统化"的目标、策略和规划，如发货"大批量"、运输"计划化"、物流"共同化"与"专业化"等。在推动物流发展的过程中，日本的生产商和批发商为了扩大单元发货量和提高供货率，一方面实行了奖励制度和优惠价格制度；另一方面，建立了"发送中心""流通中心"等物流设施。

**1. 日本物流配送中心的类型**

随着商业连锁化经营步伐的加快，在日本对社会化配送组织提出更高的要求。其发展趋势是系统内自建的物流配送中心逐步减少，而社会化的物流配送设施和物流配送共同化趋势日益显著。日本的物流配送中心有以下几种类型。

(1) 大型商业企业自有的配送中心

一般由资金雄厚的商业销售公司或连锁超市公司投资建设，主要为本系统内的零售店铺配送，同时也受理社会中小零售店的配送业务。配送商品主要有：食品、酒类、生鲜食品、香烟、衣物、日用品等。例如，设立在日本东京都立川市的菱食立川物流中心，就拥有冷冻仓库、恒温仓库、常温仓库约11 000平方米，其中冷库约7 000平方米，主要配送食品、酒类、冰淇淋等。配送商品品种数为冷冻食品1 500种、酒类1 000种、冰淇淋200种、食品材料650种。主要配送到关东地区的12个配送分中心，然后由12个分中心再配送到各零售店铺。

(2) 批发商投资、小型零售商加盟组建的配送中心

为了与大型连锁超市公司竞争，由一些小型零售企业和连锁超市加盟合作，自愿组合，接受批发商投资建设配送中心的进货与配送。这种以批发商为龙头，由零售商加盟的配送中心，实际上是商品的社会化配送。这样的配送形式，既可解决小型零售商因规模小、资金少而难以实现低成本经营的问题，也提高了批发商自身在市场的占有率，同时实现了物流设施充分利用的社会效益。据介绍，在日本全国有300多家小公司，门店3000多个，这些小公司为了能与大型连锁超市公司竞争，就自愿组合起来，由CGC集中进货和配送，这样，就能和大公司一样集中进货和配送，一方面便于工厂送货，工厂愿意让利给集配中心几个百分点，另一方面小公司不必自己再拥有物流配送设备。

(3) 接受委托、为其他企业服务的配送中心

一些配送中心在完成对本系统的配送外，接受其他企业的委托进行配送服务。其主要配送对象是大量小型化便利店或超市，以合同作为双方的约束手段，开展稳定的业务合作。据资料显示，截至1997年4月，日本全国有FamilyMart 4137家，其中关东地区2384家，座间物流中心负责配送关东地区的239家(最远50公里，平均25~30公里)。座间物流中心向西友总

部承包经营,专门从事物流配送业务。西友总部、座间物流中心、FamilyMart 三者之间以合同为约束手段,开展稳定的业务合作。

上述三种类型的配送中心,实际上不同程度地承担社会配送功能,并且还有进一步扩大配送范围的趋势。

**2. 日本物流配送中心的特点**

日本的配送中心由于实现了较为成熟的计算机管理,建立了严格的规章制度和配备了先进的物流设施,所以确保了商品配送过程的准确及时到位,真正起到了降低物流费用、加速流转速度、提高经济效益的作用。其特点如下。

(1) 普遍实现计算机网络管理,使商品配送及时准确

由于采用计算机联网订货、记帐、分拣、配货等,使得整个物流过程衔接紧密、准确、合理。零售商店的货架物品存量压缩到了最小限度,配送中心根据零售店销售情况及时补货,大大降低了缺货率,缩短了要货周期,加速了商品周转,给企业带来可观的经济效益。

(2) 严格的规章制度使商品配送作业准确有序地进行,体现了优质服务

物流配送中心设立了一整套严格的规章制度,使各个环节作业安排周密,按规定时间完成,并且都有详细的作业记录。如配送冷藏食品的物流中心,对送货时间和冷藏车的温度要求很严格,冷藏车司机送货到每个点都必须按照电脑排定的计划执行。配送中心对门店订货到送达之间的时间都有严格规定,一般是:保鲜程度要求高的食品,今天订货明天到;其他如香烟、可乐、百货等,今天订货后天到。如果送货途中因意外不能准时到达,必须立刻向总部联系,总部采取紧急补救措施,确保履行合同。

(3) 先进的物流设施,节约了劳动力成本,并保证提供优质的商品

日本物流配送中心的物流设施都比较先进。一是自动化程度高,可以大量节约人力;二是对冷藏保鲜控制温度要求高,保证商品新鲜。高架仓库的冷冻库和冷藏库设计科学合理,钢货架底座设有可移动的轨道,使用方便,大大提高了冷库的面积利用率和高度利用率。此外,在送货冷藏车上,可同时容纳三种温度的商品,确保各类商品的不同温度要求,并在整个物流过程中都能控制温度。

**实例 1-2　日本共同配送的发展经验**

20 世纪 90 年代以来,日本零售业为了提高物流效率,探索向店铺共同配货,特别是便利店总部向连锁门店共同配送等新形态的共同配送方式开始普及。曾有统计调查显示,日本大多数零售企业都利用共同配送方式,共同配送采用率达 55.4%,其中 41.4% 由配送中心进行配送。

在日本的城市里,相隔几百米就会有一个面积约 100 平方米的便利店,便利店主要售卖日常消费品,绝大部分都是 24 小时营业,极大地方便了人们的日常生活。创建于 1973 年的日本 7—11 便利店公司,是当今世界零售业中最大的便利店企业。每家 7—11 便利店的面积平均仅 100 平方米,经营的生活物品可达 3000 种。为提高商品销量,门店的售卖场地原则上应尽量大,因此通常没有储存场所。这样,所有商品必须通过配送中心得到及时补充。同时,7—11 在布局店铺时,不是到处撒网,而是在特定区域内高度集中开店,达到一定的数量后,再扩大销售区域。在此情况下,7—11 按照不同的地区和商品群划分,组成配送中心,由该中心统一集货,再向各店铺配送。共同配送中心有一个电脑网络信息系统,一端跨过批发商直接与供货商相连,另一端与 7—11 的各个店铺相连。7—11 一般是在中心城市商圈附近 35 公里,其他地

方市场方圆 60 公里，设立一个共同配送中心，以实现小批量、高频度、多品种配送。7—11 的共同配送中心并不是由 7—11 自己出资的，而是由生产商和批发商共同出资建立、使用的。

由于逐步推广共同配送，7—11 的配送车辆从最初的 72 辆减至目前的 12 辆，交通流量削减了 83%，其通过共同配送系统配送的商品占全部商品的 85%，而且配送距离和配送时间也随着配送区域的缩小而缩短。这种做法令共同配送中心能充分反映商品销售、在途和库存的信息，使 7—11 逐渐掌握了整个产业链的主导权。

资料来源：日本共同配送的发展经验[J]. 物流技术与应用，2013，18(4)：92-94.

### 1.4.3 欧洲物流配送中心的发展模式

欧洲自 1992 年加快一体化进程以来，物流发展迅速，形成新的产业。欧盟各国政府对物流的发展给以高度重视，例如，荷兰政府认为物流是其经济发展的加速器，从而在物流配送中心的建设和发展上形成鲜明的特色。

**1. 欧洲物流配送中心的类型**

欧洲各国的物流配送中心主要有以下几种类型。

(1) 直属运输业的物流配送中心

在欧洲一些国家，物流配送中心的业务活动主要以运输货物为主，它是围绕着运输而进行配送的。这样的物流配送中心运输能力较强，可调动的运输设备比较多。但是，并非所有的运输车辆都是物流配送中心自备，有些物流配送中心拥有的运输设备很少，它们向客户配送货物或运送货物主要是依靠租用社会上众多运输公司的车辆来完成的。

(2) 批发业物流配送中心

这类物流配送中心主要向多家超市和商店配送各种货物，如加工食品、冷冻食品、服装、日用品、建材等，其库存能力强，配送规模大、速度快，各类设施比较完善，适应各种配送需求。

(3) 零售业物流配送中心

这类配送中心隶属于零售公司，既是提供物流服务的组织，同时又是商品销售中心。

(4) 汽车制造业物流配送中心

随着汽车制造业不断发展和竞争加剧，汽车配件的供给和需求不断增加。于是，在英、法等国家先后建立起了许多供应汽车配件的组织——配件中心。从职能上看，这些称作配件中心的组织，既负责向客户供应和销售配件，同时也从事货物(配件)的存储、分拣、输送等物流活动，向客户提供系列化的后勤服务，起到物流配送中心的作用。

**2. 欧洲物流配送中心的特点**

(1) 配送中心进一步集中化

由于有了一个共同的、开放的欧洲市场，近年来欧洲物流发展呈现进一步集中化的趋势。许多跨国公司将过去分散在各国的多个配送中心、物流中心逐步削减和整合，甚至在欧洲只保留一个配送中心，以进一步减少库存，简化中间环节，加快配送速度，降低总成本，提高物流效益。

(2) 从企业物流到社会物流

进入 20 世纪 90 年代以来，在经济全球化的推动下，许多产品在世界范围内协作生产与销售，使商品的经济圈越来越大，供应链越来越长，加上产品生命周期缩短、客户服务要求提高，以及在物流管理和物流技术中大量高科技的融入,使得物流管理越来越复杂。因此,许多企业在不同程度上采取"外购"物流服务。从企业物流走向社会物流的发展趋势日益明显,形成了社会化物流的需求市场和供给市场,促使物流服务业的进一步发展。

(3)运输企业向物流服务转型

陆运、海运、空运企业,向物流服务转型的趋势非常明显。例如,从事远洋运输的丹麦的马士基、荷兰的铁行渣华,从事公路运输的英国 EXEL 公司、荷兰的 TNT 等,这些世界级运输企业都已完成了向物流业的转型,成为各国物流发展的重要力量。从发达国家的情况看,许多做得成功的第三方物流服务企业,也是从运输企业发展转化而来的。

**实例 1-3 欧洲药妆零售连锁企业 DM-DROGERIE MARKT 新配送中心**

dm-drogerie markt(以下简称 DM)是一家领先的欧洲药妆零售连锁企业,拥有 2400 家门店。在 2009—2010 财政年度,其在欧洲 11 个国家的 36000 名员工创造了超过 56 亿欧元的总销售额。在过去的几年中,DM 的销售额增长率一直保持在两位数,且每年新增约 100 家门店。为了支撑业务的快速增长,该公司决定在 2007 年底新建一个大型配送中心,为急剧扩大的门店网络提供可持续发展的物流解决方案。

新配送中心位于德国科隆附近的 Weilerswist,2010 年建成后,取代了位于 Weilerswist 处理大宗商品和位于 Meckenheim 处理零拣选商品的原有的两个配送中心,成为辅助 Karlsruhe 附近的 Waghausel 物流中心的 DM 公司第二大中央仓库。全球领先的仓储及配送中心物流系统集成商 Swisslog 担任了该项目规划及实施的总承包商,为客户提供了满意的解决方案。

新配送中心投入使用后,DM 将原来两个配送中心(分别处理整箱和拆零拣选)的业务集中在一处处理,全方位提升了拣选能力,使订单处理速度明显加快,发货更加及时,并为未来增加门店提供了具有前瞻性的技术支持。新配送中心引入了高度自动化的物流解决方案和迅捷、精准的拣选流程,整个系统实现了高可用性、低输送成本,零拣选商品仓库中的自动料箱供应系统成为该项目的一大亮点。而且,对于 DM 来说,这不仅是经济及技术层面上的成就,公司在环保方面也取得了成功。生态的可持续发展理念已经深深扎根于 DM 的企业文化中,并在这个项目中得到充分体现。

资料来源:欧洲药妆零售连锁企业 DM-DROGERIE MARKT 新配送中心[J]. 物流技术与应用,2011(8):48-48.

### 1.4.4 发达国家物流配送中心的发展对我国的启示

**1. 充分发挥政府在物流规划与管理中的作用,使物流产业的发展促进社会进步**

在西方发达国家,物流企业是物流配送中心的投资主体和利益主体,在经营运作过程中起主导作用。政府主要是利用各种政策和措施鼓励或限制物流配送中心建设,在促进物流业和城市发展的同时,协调城市功能的布局,维护社会整体利益。

鉴于物流配送中心在区域经济发展中的乘数效应明显,许多国家采取优惠政策,鼓励物流配送中心发展,其具体措施主要包括:

(1)从资金上给予支持。例如,比利时政府投资建设物流配送中心,在 LUXBMBOUG 为一物流配送中心提供了大约 17.5%~25% 的投资;法国中央政府要求各级地方政府资助物流配送中心的建设。

(2)实行减免税收政策。法国的一些地方政府采取了头五年免税和给予 20 个雇员每人 2

万法郎补贴的方式鼓励发展物流配送中心;比利时也通过减税鼓励国外企业投资建设物流配送中心。

(3) 降低规划管理要求。比利时政府在物流配送中心选址时放宽限制;荷兰一些地方政府在降低仓库建设规划管理要求的同时,还积极参与物流配送中心的选址。

(4) 组建物流园区,提高物流经营的规模效益。日本政府通过组建物流园区,吸引多个物流配送中心在此集中,共享基础设施和配套服务设施,降低环保等多方面成本,获得规模效益。

物流企业作为物流配送中心的利益主体,以获取最大利润为目标,在建设发展物流配送中心过程中有时很少顾及对周围环境和景观的影响,为此英国政府采取了各种措施加强对物流配送中心建设的环境控制,维护社会整体利益,例如:

(1) 在环境法中,提高对包装材料等废品的回收率要求。

(2) 对不同类型仓库设计提出不同的要求,尽量减轻对周围景观的影响,包括严格限制仓库高度,对仓库的灯光、颜色作一定的限制等。

(3) 在市区边缘或城郊边缘带专辟物流园区,吸引物流配送中心在此聚集,降低对市区的噪声干扰、集中处理废弃物、减轻市区内的用地和交通压力。

物流配送中心的建设具有投资大、回收期长的特点。因此,应依据我国的具体情况,在充分开发与利用社会物流资源的基础上,强化政府的宏观调控与指导,在统一规划的前提下,确保物流配送中心建设的规模经济效益和物流资源的最优化配置。

**2. 推进综合物流管理,促进物流配送业的空间布局合理化与科学化**

对于物流企业而言,影响物流配送中心区位选择的因素很多,而且不同类型、经营不同产品的物流配送中心对区位因素的考虑也会不同。在英国,有人对配送中心在其区位选择过程中的影响因素进行过专门的综合调查和研究,研究结果表明,物流企业或配送中心在它们的空间布局上主要考虑以下一些因素(按重要性的大小排序):

(1) 靠近市中心。由于市中心商业网点集中,是物流配送中心的主要供、配货对象,靠近市场、缩短运距、降低运费、迅速供货是物流配送中心布局的主要考虑因素之一;英国的大多数物流配送中心都分布在包括伦敦、曼彻斯特在内的大都市圈内。

(2) 靠近交通主干道出入口。公路是物流配送中心供、配货的主要货运方式,靠近交通便捷的干道进出口便成为物流配送中心布局的主要考虑因素之一。英国的物流配送中心多分布在距交通主干道出入口 30 公里以内的范围内。

(3) 追求较低的地价区位。物流企业以效益为宗旨,一般占地面积较大,地价的高低对其区位的选择有重要影响。20 世纪 80 年代以来英国市中心的商务办公功能不断增强,地价随之上涨,原有物流配送中心无法支付高昂地价纷纷外迁。

(4) 数量充足、素质较高的劳动力条件。过去这个因素不太重要,因为仓储业的就业密度和技能要求较低,但随着物流基地和物流园区的建设,许多大规模的配送中心聚集在一起,现代化的运作需要机械化设备,拥有一定数量和素质的劳动力也就成为影响物流配送中心区位选择的重要因素。

(5) 可达性好。因配送产品类型和市场数量不同,物流配送中心对可达性的要求也有所不同,经销易损坏、易腐烂的产品需要频繁快速的输送,需要较好的可达性,因此更要求靠近市场来布局,这在一定程度上导致了这类产品物流配送中心的分散布置。

(6) 靠近铁路枢纽。铁路具有运力强和运费低的优势,但运距为 400 公里以上时,铁路才具有竞争力。由于英国地域范围较小,铁路无法发挥长距离运输的比较优势,大部分配送企业在物流配送中心选址时把此因素放在最后一位考虑。

物流配送中心除了有类型的不同,也有等级上的差别。物流配送中心是物流网络中的结点,处于网络的不同位置,或者说服务的空间范围的不同,就会产生不同的用地规模要求。按照空间服务范围的不同,物流配送中心一般有城市物流配送中心和区域性物流配送中心两种,前者主要服务于一个城市、甚至城市局部地区的生产和消费物流;后者的服务范围较大,是跨城市的、或者覆盖一个较大的空间范围乃至一个国家。

根据 St Quintin 对英国物流配送中心用地规模的研究,城市物流配送中心的用地规模一般为 1 150～1.15 万平方米,平均在 8 000 平方米左右;区域性物流配送中心用地约为 1.1 万～11.5 万平方米。

据统计,美国城市物流配送中心用地规模一般为 1 万～5 万平方米,以食品和日用百货等生活性资料的存储和配送为主;区域性物流配送中心用地规模多在 1 万～10 万平方米,最大规模不超过 40 万平方米,存储、配送的物品种类较多,以食品、化工产品、机械产品、木材等大宗生产生活性资料为主。

不过,国外物流配送中心的占地规模并无特别严格和统一的标准,是由其所服务市场的需求量的大小、运输距离与费用以及物流配送中心的规模经济等因素综合决定的。也可以说与每个物流配送中心的空间服务范围、在物流配送网络中的地位、经营的产品类型等有关。近年来发达国家的物流配送中心建设有朝集中化和大型化发展的趋势。

德国政府为减轻大型货车长途运输所造成的对环境和生态的负面影响,推行综合运输政策,鼓励发展多式联运,对于长距离运输,尽可能使用铁路、水路等运输方式,两头的衔接和货物集散则以公路运输为主,并为此专门规划建设货运中心。

我国是一个中小企业占相当比重的国家,降低流通成本,谋求物流的高效化,推进综合物流管理,已成为目前亟待解决的问题。物流配送中心的空间布局,必须适应我国中小企业多批次、小批量、缩短供货周期等对物流服务的客观要求。在物流配送中心的建设规模问题上,我们一方面要参考、借鉴国外经验,更要结合本国、本地区实际,综合考虑空间服务范围、货物需求量、运输距离与成本、规模效益等多方面因素。要协调好全国性物流配送中心与区域性物流配送中心、综合性物流配送中心与专业性物流配送中心在空间布局上的有效性和合理性,在物流服务上真正实现优势互补。

**3. 提高物流专业化程度,以客户服务为中心**

集约化、网络化、信息化和现代化的物流配送中心集商流、物流、信息流、资金流于一体,一头连接生产,一头连接零售,将广大中小零售企业组织起来,是降低流通成本、提高效率的有效途径。日本的物流配送中心实行了严格的规章制度,能够控制物流的成本,并使物流作业准确有序地进行,真正体现了优质服务,有较强的市场应变能力;美国的物流配送中心侧重于增强服务功能,尽量满足客户提出的所有要求,提供满意的服务;欧洲的物流配送中心高度集中化,重视降低成本和提高效率。

我国物流业的发展水平仍不够高,表现在物流企业的小和散,专业化、组织化程度不够高,物流配送的各环节衔接配套较差,服务功能不完善,能做到"一站式"服务的企业不多。因此,我们应当借鉴国外成功的经验,注意提高物流配送的专业化程度,在观念上全面树立客户服务意识。

**4. 提高物流管理的信息化水平，降低物流成本**

借助于高新技术的发展，物流业目前正在发生着一场静悄悄的革命：计算机和自动化分拣系统、RGV 小车等的普遍使用，构成了无纸化和无人化的发展趋势。在管理上，各发达国家有着共同的特点，即实现了比较成熟的计算机网络化管理，不但使商品配送即时准确，保证商品流通经营活动的正常运转，还可节约劳动力成本。

我们应当加快物流设施的技术改造，进一步重视物流配送科技研究开发，提高物流装备的现代化程度，高度重视物流信息化水平的提高。信息化是现代物流的灵魂，没有信息化，再先进的物流设施也无法实现作业的快速和准确。我国的物流企业必须努力把握新的机遇，用新思想和新技术武装自己，以便在互联网时代的变革过程中求得发展。

**5. 整合传统物流企业，提高物流资源的使用效率**

美国大型物流企业往往在全美及周边国家的交通枢纽、经济中心城市都拥有自己分散的物流基地，这样就可以利用这些分散的配送中心来确定合理的输送线路，同时提高资源的使用效率。

我国物流业的发展，应尽快推进现有物流服务资源的整合，鼓励支持跨行业、跨地区、跨所有制的相关行业部门建立社会化物流配送中心，大力发展社会化物流服务体系，从而充分运用网络技术，在全社会范围内优化资源配置，提高物流配送的规模化效益。

**6. 适应时代发展的要求，加速物流人才的培养**

物流运作需要大批复合型人才，美国物流业先进的技术和管理与其重视物流人才的培养是分不开的。我国应当高度重视物流专业人才的培养和培训，建立物流经营管理人员和从业人员的培训机制，使人才成为促进物流业发展的重要推动力量。一方面，要加快高校物流专业的建设步伐，为企业培养理论扎实的专业人才；另一方面，企业可以与大专院校合作，对在职人员进行定期培训。对企业来说，只有提高物流从业人员的素质，才可能不断增强企业竞争力。

总之，我国物流配送中心的发展必须立足于我国国情，在其规划建设、选址、经营规模、市场定位、组织形态、运作方式等方面，都应按照我国国民经济发展的需求和生产流通发展的水平进行总体规划与建设。此外，加强对物流专业技术人才的培养与储备，将是我国社会化物流配送中心发展的关键因素。

## 1.5 我国物流配送中心的发展与建设

### 1.5.1 我国物流配送中心的发展历程

在 1990 年以前，我国的流通体系基本上只是生产的"蓄水池"，工业企业生产的产品绝大多数由流通企业进行销售、储存、运输。当时我国的流通体系分为内贸、外贸，内贸又分为商业、物资、粮食、供销社等系统，每个系统中又分为批发、零售与储运企业。进入流通领域的商品，主要由各系统内专业储运公司及有关的批发公司进行仓储、运输业务，并且储运公司是根据批发公司的销售要求进行储运。

在这一时期，许多工厂都自己建造仓库，这些仓库只能进行储存、储备，功能非常单一，而且仓库设施利用率低，布局不合理，重复建设严重，规模效应难以体现，与上下游运营的信息沟通和功能衔接也不通畅,从而造成各种物资、商品滞留在流通领域,难以及时调配,形成资金沉淀,发生了大量库存费用。

针对我国流通体系落后的现状,借鉴发达国家经验,我国从1992年开始了物流配送中心的试点工作,原国内贸易部印发了《关于商品物流(配送)中心发展建设的意见》。《意见》提出:大中型储运企业要发挥设施和服务优势,改造、完善设施,增加服务项目,完善服务功能,向社会化的现代物流中心转变;小型储运企业和有一定储运设施规模的批发企业向配送中心转变。

在试点经验的基础上,为了使物流配送中心的建设不走或少走弯路,引导物流配送中心发展建设,原国内贸易部进一步于1996年发出了《关于加强商业物流配送中心发展建设工作的通知》,指出了发展建设物流配送中心的重要意义,提出了发展建设的指导思想和原则等。同时,原国内贸易部还印发了《商业储运企业进一步深化改革与发展的意见》,提出了"转换机制,集约经营,完善功能,发展物流,增强实力"的改革与发展方针,确定了"向现代化物流配送中心转变、建设社会化的物流配送中心、发展现代物流网络"的发展方向。在政府的大力推动下,随着我国商品市场的逐渐繁荣,许多传统的储运企业逐渐向现代的物流配送中心过渡,各种与配送相关的物流功能开始有效集成。

进入20世纪后,加入WTO的中国搭上了经济全球化的快车,商业变得更加活跃。为有效支持商流的运作,在2001年,原国家计委、国家经贸委在发布的《当前国家重点鼓励发展的产业、产品和技术目录》中,把发展物流配送中心列为鼓励发展重点。许多地方政府积极筹划发展现代物流业,作为流通重要一环的物流配送中心的建设也受到多方面的支持和鼓励。在随后出台的、众多的地方物流规划当中,都不同程度上提出了如下的一些内容:完善与市场经济相适应的物流机制,建成覆盖全区域的、包括物流枢纽城市、物流园区、物流中心和配送中心相配套的现代化物流服务网络,鼓励多种形式物流配送中心的发展等。

社会各方的重视给物流配送中心的发展创造了良好的宏观环境,各种形式的物流配送中心如雨后春笋般发展起来。据不完全统计,2000年全国就有各种类型的物流配送中心1000多家。其中上海和广东数量最多,发展也较为成熟。此外,日本、美国、英国等国的企业在我国北京、上海、南京等地也建设自己的物流配送中心。这一时期,我国的物流配送中心大都跨越了简单送货上门的阶段,已初步具备了多功能化、规模化、自动化、立体化、集成化和信息化等现代物流配送中心的特征。一些新型的物流配送中心还借助信息技术的应用和电子商务的兴起,从商业模式、信息化程度、配送设施和设备以及作业流程等各方面进行改造,展现了新一代物流配送中心的发展雏形,逐渐成为全球供应链整合的重要环节。

与此同时,我国的物流配送中心还存在着地域发展不平衡、社会化配送资源利用率较低以及高中低各层次共存的格局,物流配送中心的整体水平仍然有待进一步提升。

2008年全球金融危机后,作为支撑其他产业发展的重要服务产业,物流业也受到了严重冲击。物流市场需求急剧萎缩,运输和仓储等收费价格及利润大幅度下跌,一大批中小物流企业经营出现困难,提供运输、仓储等单一服务的传统物流企业受到严重冲击。为有效抵御全球金融危机的影响,促进我国产业升级,物流业作为唯一的服务产业进入国家十大产业振兴规划行列。在国务院《物流业调整和振兴规划》(国发〔2009〕8号)中,明确提出要"加强仓储设施建设,在大中城市周边和制造业基地附近合理规划、改造和建设一批现代化的配送中心"。可以说,全球金融危机已导致全球产业结构的调整和各国经济政策的根本变化,并使我国物流配送中心的发展与建设进入了变革的时代。近年来,随着中国经济步入新常态,经济增长从高速转为中高速,从规模速度型粗放增长转向质量效率型集约增长,从要素投资驱动转向创新驱动。伴随全面深化改革,工业化、信息化、新型城镇化和农业现代化进程持续推进,产业结构调整和居民消费升级步伐不断加快,我国物流业发展空间越来越广阔。国务院《物流业发展中长期规划(2014—2020年)》(国发〔2014〕42号)再次指出要"在大中城市和制造业基地周边加强现代化配送中心规划,在城市社区和村镇布局建设共同配送末端网点,优化城市商业区和大型社区物流基础设施的布局建设,形成层级合理、规模适当、需求匹配的物流仓储配送网络"。

为了提高我国物流智能化水平,2015年7月商务部办公厅印发了《关于智慧物流配送体系建设的实施意见》,指出"智慧物流配送体系是一种以互联网、物联网、云计算、大数据等先进信息技术为支撑,在物流的仓储、配送、流通加工、信息服务等各个环节实现系统感知、全面分析、及时处理和自我调整等功能的现代综合性物流系统,具有自动化、智能化、可视化、网络化、柔性化等特点。发展智慧物流配送,是适应柔性制造、促进消费升级,实现精准营销,推动电子商务发展的重要支撑,也是今后物流业发展的趋势和竞争制高点",并提出"在1~2年内,在全国创建10个智慧物流配送示范城市、打造50个智慧物流配送示范基地(园区)、培育200个智慧物流配送示范企业。通过示范创建工作,推动配送效率提高20%,仓储管理效率提高20%"。

我国正站在产业升级的历史关口,全面推进供给侧结构性改革,低碳经济、供应链金融和智慧物流等商业模式和技术的兴起与发展,以及国家战略层面对物流配送的重视,这些都使我国物流配送中心的建设获得难得的历史机遇,但同时也面临着前所未有的挑战。

### 1.5.2 我国物流配送中心发展面临的挑战与机遇

**1. 我国物流配送中心发展面临的挑战**

(1) 全球经济结构调整对物流配送中心发展提出了新的要求

中国经济进入"新常态",世界经济进入转型期,中国生产、美国消费的全球经济结构遭受了挑战,我国以出口与投资双驱动的经济发展模式也将逐渐改变,消费的比重正逐渐加大。全球经济结构的调整也将使我国的城市化进程进一步加快,并促进我国产业结构的有效调整与升级。我国的第三产业将逐渐兴起,这将促使我国现有物流配送体系的结构和发展模式出现很大变化,也将对我国物流配送中心的发展提出新的要求。

(2) 物流配送中心空间布局面临再平衡

我国长期以来地区发展与城乡发展严重不平衡,受行业限制、地域分割、城乡失衡的影响,物流网点难以统一布局,物流基础设施良莠不齐,小、散、差的分散状态普遍存在,层层设库、行行设库的现象严重,这些造成了我国物流资源的不合理分配,在此基础上建造的配送中心,规模达不到提高社会总体效益的程度,形不成规模优势,提供的服务水平也参差不齐,导致配送供需双方的积极性受挫。这种地区发展与城乡发展失衡的状态形成了配送资源的闲置与重复配置的突出矛盾,在未来,随着地区差距的缩小和城乡一体化的加速,我国物流配送中心的空间布局将面临再平衡,如何对物流配送中心进行科学选址,如何确定物流配送中心的合理规模和服务水平,如何把握物流配送中心的升级路径,这些将是我国企业在进行物流配送中心规划时普遍面临的挑战。

(3) 我国物流配送中心的社会化程度仍然较低

我国制造业长期处于低端,"小而全"、"大而全"企业众多,生产流通企业自办物流配送中心的现象比较多,设施利用率较低,对物流配送的需求难以形成规模,与之匹配的物流配送供给服务水平也较低。这种普遍的现状,制约了我国物流配送中心的社会化和规模化,使我国物流配送中心难以充分发挥集聚作用和规模效应,难以满足现代化物流发展的需要,也难以实现跨国供应链的有效衔接。

(4) 我国物流配送中心的现代化水平仍需进一步提升

随着我国现代物流的迅速发展,我国物流配送中心的现代化水平获得了很大提升,一些先进的物流配送中心甚至实现了高度的自动化、信息化和智能化,达到了国际领先水平。但就我国总体而言,仍然有许多物流配送中心设施设备陈旧、不配套,物流技术水平相对落后,各种运输技术、储存保管技术、装卸搬运技术、包装技术、流通加工技术以及物流各环节都密切相关的信息处理技术,与国外先进水平相比,差距不小,现代化水平仍需进一步提升。随着物联网与智慧物流的快速发展,如何将物联网技术有效应用于物流配送中心,以实现与物联网的融合,推动大数据技术在物流行业中向仓储、运输以及终端等等各个环节的深入渗透,加快"互联网＋"现代化物流配送中心的建设步伐,将成为我国物流配送中心现代化发展的关键。

(5) 低碳经济发展促使物流配送中心建设做出适应性调整

目前,低碳经济迅速兴起,各主要大国都制定了2020年的碳减排目标,全球经济发展模式也开始从"黑色发展"向"绿色发展"转变。低碳经济以低能耗、低排放、低污染为基础,将对物流业产生实质性的影响,并会影响物流配送中心的运营模式和发展方向。按照建设生态文明的要求,必须加快运用先进运营管理理念,不断提高物流配送中心的信息化、标准化和自动化水平,促进一体化运作和网络化经营,大力发展绿色物流,推动节能减排,切实降低能耗、减少排放、缓解交通压力。但目前我国物流配送中心对低碳经济的理解还远远不够,相关人才队伍的建设还尚未开启,在低碳经济发展成为必然的情况下,如何选择正确的物流配送中心发展模式将面临挑战。

(6) 物流配送中心高端运作人才供给面临压力

随着物流产业的升级和物流配送服务水平的有效提升,物流配送中心将越来越现代化,发展模式和经营模式将出现变化,物流配送中心将需要更多懂技术、懂管理和懂经营,并具有战略发展眼光的复合型高端人才,社会是否有相应的教育与培训系统满足实际的需要将成为物流配送中心水平提升的关键。

**2. 我国物流配送中心发展面临的机遇**

(1) 国家战略层面的重视将给物流配送中心发展提供历史机遇

在国务院《物流业发展中长期规划(2014—2020年)》(国发〔2014〕42号)中,已将"城乡物流配送工程"列入了物流业十二大重点工程项目,"加快完善城乡配送网络体系,统筹规划、合理布局物流园区、配送中心、末端配送网点等三级配送节点,搭建城市配送公共服务平台,积极推进县、乡、村消费品和农资配送网络体系建设。进一步发挥邮政及供销合作社的网络和服务优势,加强农村邮政网点、村邮站、"三农"服务站等邮政终端设施建设,促进农村地区商品的双向流通。推进城市绿色货运配送体系建设,完善城市配送车辆标准和通行管控措施,鼓励节能环保车辆在城市配送中的推广应用。加快现代物流示范城市的配送体系发展,建设服务连锁经营企业和网络销售企业的跨区域配送中心。发展智能物流基础设施,支持农村、社区、学校的物流快递公共取送点建设。鼓励交通、邮政、商贸、供销、出版物销售等开展联盟合作,整合利用现有物流资源,进一步完善存储、转运、停靠、卸货等基础设施,加强服务网络建设,提高共同配送能力。"商务部《关于智慧物流配送体系建设的实施意见》明确了七项具体工作任务,"建立布局合理、运营高效的智慧物流园区(基地);建立深度感知的智慧化仓储管理系统;建立高效便捷的智慧化末端配送网络;建立科学有序的智慧化物流分拨调配系统;建立互联互通的智慧化物流信息服务平台;提高物流配送标准化、单元化水平以及提升物流企业信息管理和技术应用能力"。国家战略层面的重视将给我国物流配送中心的发展提供历史机遇。

(2) 我国农业现代化、新型工业化及城市化进程将有助于物流配送中心服务水平提升

农业现代化对大宗农产品物流和鲜活农产品冷链物流的需求不断增长。新型工业化要求加快建立规模化、现代化的制造业物流服务体系。居民消费升级以及新型城镇化步伐加快,迫切需要建立更加完善、便捷、高效、安全的消费品物流配送体系。目前,我国城市化率远低于发达国家,我国要成为现代化国家,大量的农民将进入城市,城市化进程将不可避免。我国城市化进程将加快城乡一体化,并使产业分工进一步细化,使产业进一步集聚,为生产和商品流通提供服务的物流配送中心的规模化效应将进一步显现。这要求物流配送中心不断提高现代化水平,合理实施空间布局,迅速提升服务水平。

(3) 电子商务的迅猛发展对物流配送中心产生巨大的需求

电子商务高速发展带来物流业务量大幅攀升。公开数据显示,2015 年中国日均运送包裹数 5700 万,预计 2020 年,中国日均运送包裹数将达到 1.45 亿。电子商务的发展对物流配送提出了更高的要求,需要在进一步降低物流成本的同时加快物流配送的速度。然而,目前商品的配送仍是制约当前电子商务进一步发展的一个瓶颈,适应未来电商发展的物流配送中心的需求巨大。

**实例 1-4** 电商企业自建物流配送、第三方物流配送及物流供应链配送对比研究

在电子商务市场细分行业结构中,B2B 模式占 74.6% 的市场份额,其代表是我国最大的电子商务公司阿里巴巴。阿里巴巴内贸平台为数千万网商提供海量商机信息和便捷安全的在线交易市场,也是商人们以商会友、真实互动的社区平台。阿里巴巴国际站平台是全球领先的 B2B 跨境电商贸易平台,专注于为来自全世界的中小企业买家和卖家提供高效、可信赖、一站式的服务。阿里巴巴的内贸平台和国际站平台立足于互联网业务,提供包括信息资讯、支付结算、商检认证、物流运输等业务。良好的定位、稳固的结构、优秀的服务使阿里巴巴成为全球超过千万网商首选的电子商务网站之一。阿里巴巴业绩蒸蒸日上的同时,也意识到自己在电商物流建设上的不足。在国内,阿里巴巴利用强大的用户与流量资源筹码换取了向海尔与苏宁投资入股的空间,实现了菜鸟网络与我国大家电物流配送系统的对接;与此同时,与全峰、圆通等快递企业达成投资协议,并携手中国邮政共同开发"最后一公里";在国外,阿里巴巴吸引了 UPS、FedEx、德讯等全球航运巨头的进驻,以支付宝为主体与巴西、澳大利亚、新加坡和美国等"万国邮政"广泛合作,实现了跨境电商物流与部分国家邮政体系的有机联合。

B2C 模式目前是我国最有发展前景的电子商务模式。以天猫、京东为代表的 B2C 市场快速崛起,两者占据了 80% 以上的 B2C 市场份额。物流方面以菜鸟的第三方物流联盟与京东自营物流为主要模式。以阿里为主的第三方运营模式占到 B2C 物流份额 60% 左右;自营物流的京东等电商大约占 30% 的份额;采用"自营仓储+外包配送"的电商企业,如唯品会、聚美优品等,占 5% 左右。物流作为电商经营活动的基础,很大程度上影响消费体验。2015 年至今,随着电商数据收集与分析能力的强化,个性化定制 C2B 市场开始逐步露出端倪,而自营物流电商在物流质量掌控与供应链管理方面具有先天优势,可以快速满足消费需求变化。

C2C是参与群体最广的电子商务模式,其中淘宝网支起了我国网络零售业的半壁江山。截至2014年底,浙江省的淘宝店铺数量已经达到147万家,全国淘宝店铺总数超过1000万家。总体来看,类似淘宝这样的C2C模式由于店铺数量庞大,且在地域分布上过于碎片化,想要对物流体系进行统筹规划存在极大的难度,这就导致在C2C模式下缺乏自营物流的基础,而第三方物流将成为最佳解决方式。

资料来源:沈通. 电商企业自建物流配送、第三方物流配送及物流供应链配送对比研究[J]. 商业经济研究,2016(19):118-120.

(4)产业升级有助于物流配送中心健康发展

为适应国际竞争的需要,我国制造产业升级成为必然的趋势。新型工业化要求加快建立规模化、现代化的制造业物流服务体系,这促使制造业分离外包物流业务,实现物流需求社会化,从而促进物流服务业的产业升级。在这样的形势下,物流配送中心的规模效应和集聚效应将得到有效体现。

(5)新兴的技术与应用为物流配送中心科学发展提供有力保障

我国目前正在积极开发、推广和利用全球定位系统(GPS)、地理信息系统(GIS)、道路交通信息通信系统(VICS)、不停车自动交费系统(ETC)、智能交通系统(ITS)等运输领域新技术;并在完善和推广物品编码体系,广泛应用条码、智能标签、射频识别(RFID)等自动识别标识技术以及电子数据交换(EDI)技术,发展可视化技术、货物跟踪技术和货物快速分拣技术;同时也在加强物流技术装备的研发与生产,并鼓励物流配送中心采用仓储运输、装卸搬运、分拣包装、条码印刷等专用物流技术装备。这些将有效地提升物流配送中心的现代化水平。更重要的是,低碳配送、供应链金融和物联网等商业模式和技术已在我国得到了充分重视,这将有助于我国物流配送中心的科学发展。

(6)物流标准体系的进一步完善有助于物流配送中心规范发展

国务院《物流业发展中长期规划(2014—2020年)》(国发〔2014〕42号)将物流标准化工程列为十二大工程之一,明确规定"支持仓储和转运设施、运输工具、停靠和卸货站点的标准化建设和改造,制定公路货运标准化电子货单,推广托盘、集装箱、集装袋等标准化设施设备,建立全国托盘共用体系,推进管理软件接口标准化,全面推广甩挂运输试点经验。"物流标准化工程将进一步完善物流标准化体系,也将有助于物流重要节点——物流配送中心的规范发展。

### 1.5.3 我国物流配送中心的建设及其发展思路

(1)根据市场需要和国家区域规划进行科学布局

近年来,中央政府明确提出重点实施"一带一路"倡议和京津冀协同发展、长江经济带三大战略。国务院《物流业发展中长期规划(2014—2020年)》(国发〔2014〕42号)也明确指出了要"落实国家区域发展整体战略和产业布局调整优化的要求,继续发挥全国性物流节点城市和区域性物流节点城市的辐射带动作用,推动区域物流协调发展。按照建设丝绸之路经济带、海上丝绸之路、长江经济带等重大战略规划要求,加快推进重点物流区域和联通国际国内的物流通道建设,重点打造面向中亚、南亚、西亚的战略物流枢纽及面向东盟的陆海联运、江海联运节点和重要航空港,建立省际和跨国合作机制,促进物流基础设施互联互通和信息资源共享"。这些都为物流配送中心的规划与设计提供了指导性意见。我国企业在进行物流配送中心建设时,应该充分考虑国家的经济区域规划布局和规划特点,并根据物流配送的市场需要进行科学布局,从而引导物流资源的跨区域整合,实现物流配送与上下游物流功能环节的顺利衔接。

(2)科学选择物流配送中心的升级路径

总体而言,我国许多物流配送中心的设施和设备还比较陈旧落后,仓储物流设施结构不合理,货场、低档通用库多,适合当前社会要求的冷藏、调温等专用库少。而且,随着物流服务业自身产业升级的需要,即便是一些较为先进的物流配送中心也需要进行技术改造和升级,以适应新的经济发展形势的要求。在物流配送中心升级的过程中,企业应该根据自身发展和市场需求选择合理的升级路径,把握已有设施设备改造与高端技术应用的平衡,把握现实需求与未来发展的平衡,使物流配送资源得到充分的利用。

(3)主动、有步骤地融入低碳和绿色理念

低碳经济是未来的发展模式,我国物流配送中心应该适应未来的变化,主动、有步骤地融入低碳和绿色理念。首先,物流企业在进行物流配送中心规划时要意识到"碳排放"因素的重要性,在进行投资决策时,应该有预见地将"低碳"因素和"环保"因素提前考虑进去;其次,在进行具体的方案设计时,应该尽量多地考虑低碳效应,重点确定实现低碳效应的发展路径,循序渐进地融入低碳理念与技术,可以在KPI指标体系及日常操作规范中增加这方面的核算统计等;再次,有步骤地进行物流配送设备、包装材料等方面的低碳环保技术的开发与应用。

(4)提高物流配送的社会化、组织化、专业化程度,有效推动"共同配送中心"的发展

应当借鉴国外的做法,大力发展社会化物流配送服务体系和网络建设,支持社会化物流配送中心的发展,提高物流配送的规模化效益,并通过适当方式将物流相关企业组织起来,形成较为完善的配送服务网络,从而提高物流配送的社会化、组织化和专业化程度,充分利用全社会物流配送设施资源,尽量避免物流设施的重复建设和资源浪费。在具体运作中,可以充分调动社会资源,战略性地构建"共同配送中心",从而有效解决单个企业资金不足的问题,提高配送中心的利用效率,同时也能通过不同企业之间的联合增强企业联盟的集团竞争力。

(5)积极开发与推广最新技术,促进物流配送中心现代化

我国应当加快物流配送基础设施和物流装备的建设和技术改造,提高物流设施和设备的现代化程度,鼓励和吸引社会各方投资物流行业,国家也应增加这方面的投入,对物流配送设施和设备的建设给予一些低息或贴息贷款支持。其中,重点应该关注物联网的开发与在物流配送中心的应用,并积极开发与推广冷链技术、可视化技术、货物快速分拣技术,以及智能标签和射频识别等自动识别标识技术,加强装卸搬运、分拣包装、条码印刷等物流技术装备的研发与应用,从而促进我国物流配送中心的现代化。

(6)更新传统观念,为我国物流配送中心发展提供人才保障

我们应从观念上进行更新,通过具体的行动来引起社会各界对物流配送中心的重视,鼓励社会化物流管理培训工作的开展和推进,学习国际先进的物流管理经验和管理方法。行业协会可以组织国内大中型物流配送企业、商业连锁企业的有关人员进行集中培训和实地考察等,各地区政府部门应投入一定的人力、物力、财力,不断增强我国物流配送中心从业人员的信息化意识,提高劳动者素质,充分利用各种手段和各种教育途径,建立高素质、专业配套、层次合理的物流配送中心信息化人才队伍。通过高素质物流人才的培养,加快我国物流配送中心的实践探索,为我国物流配送中心的发展奠定基础。

## 1.6 案例:B2C 电子商务模式下企业物流模式选择研究
## ——以京东、天猫为例

本文选择自营物流的典型代表京东和第三方物流的典型代表天猫作为研究对象,收集相关数据,根据所收集的资料提出笔者的假设,然后对数据资料进行对比分析验证相应实际存在的假设,推翻笔者不合理的假设,并对京东、天猫今后的物流经营提出合理的建议。

**1. 研究对象**

在本节整理京东和天猫商品销售类别、品种信息,以及在三个月时间段里每一类商品里销售量最高商品的销售信息,包括商品名、销售价格、配送模式、累计评论数量、好评数、中评数、差评数、带图片的评论数、买家印象,以及本商城这类销售量最高商品在对方商城的销售情况。(数据来源:京东官网、天猫官网、艾瑞网、新浪网、虎嗅网)。

(1)京东情况说明

根据艾瑞咨询发布的 2014 年中国网络购物市场数据,从网购市场份额来看京东发展迅速,占比超过 20%。京东是一个专业性综合网上购物商城,商城里销售数万品牌的商品,类型涵盖图书/音响/数字商品、家用电器、手机/数码/京东通讯、电脑/办公、家具/家装/厨具、服饰/内衣、珠宝首饰、个护化妆、鞋靴/箱包/钟表/奢侈品、运动户外、汽车用品、母婴、玩具乐器、食品饮料/酒类/生鲜、营养保健、彩票/旅游/充值/票务 14 大品类商品。毋庸置疑,京东是中国最大的自营式电商企业,2013 年活跃用户数达到 4740 万人,2014 年高达 9660 万人。

京东成立于 1998 年,最开始从 3C 电子产品起步,2008 年 6 月全面实现了 3C 网购平台。2010 年开始从 3C 网络零售商转型,完善了营运范围,扩大了影响力。2014 年 5 月 22 日京东在美国纳斯达克交易所成功上市,成为仅次于腾讯、百度的中国第三大互联网公司。自 2004 年京东涉及电子商务以来,一直保持着高速的发展。在京东的物流体系里,同时存在着自营物流和第三方物流,是自营物流与混合物流的综合体。

(2)天猫情况说明

天猫是中国线上购物的地标网站,亚洲最大的综合性购物平台。天猫的前身即淘宝商城,2012 年 1 月 11 日淘宝商城正式更名为"天猫(Tmall)",整合数千家品牌商、生产商,为商家和消费者之间提供一站式解决方案,是阿里巴巴集团打造的全新 B2C 品牌。它具备淘宝的每一项服务,同时提供更加周到的服务,如 100% 正品、七天无理由退换货、信用评价。天猫"双十一"成为每年的一个"盛大的节日",2012 年的"双十一"总交易额 132 亿元,2013 年的"双十一"总交易额为 350.19 亿元。

天猫网站迄今为止已经拥有 4 亿多买家,5 万多家商户,7 万多个品牌。网站销售商品包括女装/内衣、男装/户外运动、女鞋/男鞋/箱包、化妆品/个人护理、手机/数码/电脑办公、母婴玩具、零食/进口食品/酒、大家电/生活电器、家居建材、珠宝饰品/腕表眼镜、汽车/配件/用品、医药保健、厨具/收纳/宠物、图书音像 14 大类商品。根据艾瑞咨询数据显示,在市场份额上天猫长期以来稳居第一,从 2014 年网站购物交易市场规模来看,天猫以 61.3% 的份额占比近 6 成,远远高于第二名京东的 18.6%。而从自主销售市场份额来看,京东以 49% 的优势领跑,天猫由于没有自己的产品,没有自主销售,则在市场中没有份额。

**2. 研究假设**

天猫在 B2C 购物网站中交易市场份额一直以五成以上的比重遥遥领先,而京东则在自主销售为主的 B2C 网站中交易市场份额以五成的比重领跑。京东和天猫在未来 B2C 电子商务竞争中将成为两个典型的对立代表。有着诸多相似处和不同之处的两大电商在物流模式的选择上如此的不同,那么它们选择不同的物流模式是出于一种怎样的原因呢?

根据对京东和天猫销售商品类别、销售情况、财务状况等方面资料的研究,笔者对于 B2C 电子商务企业选择不同物流模式提出以下假设。

(1)经营商品类别影响着物流模式的选择,经营商品类别以大件为主的电商企业会选择自营物流模式,商品类别以零散小件为主的电商企业会选择第三方物流模式。

(2)电商企业营运规模的大小。即规模大的电商企业选择自营物流模式,规模小的电商企业选择第三方物流模式。

(3)选择不同的物流模式,是出于提高服务差异化、营造企业品牌、提高市场占有率的营销战略考虑。京东选择自营物流模式有利于提升本企业的品牌文化影响度,更便于为消费者提供差异化的物流和销售服务以最终提高市场占有率。

(4)选择不同的物流模式,是出于公司运营成本的考虑,为了获取更大的利润、扩大利润源。

在下面的研究中,根据具体的数据和理论分析来检验以上假设是否成立,一方面打消一些模糊的假设和看法,另一方面为电商企业在物流模式的选择上提供一定的理论和实践参考意见。

**3. 假设检验**

(1)商品类别覆盖差异。

据统计京东共经营 14 大类、113 小类、3150 万种商品,有 5 万多家商户。天猫共经营 14 大类、32 小类商品,4 亿多买家,5 万多家商户,7 万多个品牌。根据统计分析京东和天猫销售商品的类型发现,双方没有太大差异,都属于综合性的购物网站,最开始被定位为家电销售平台的京东,如今网站上商品一应俱全,以商品零散、全面著称的天猫,同样能买到大件贵重商品。例如:以大家电中的电视和小商品洁面乳为例,在天猫上销量最高的小米二代 49 寸高清 4K 智能 3D 液晶平板电视机,在京东上没有该商品,而在京东上销量最好的洗颜专科柔澈泡沫洁面乳 120 克(资生堂授权正品)的网络评论数比天猫高出 87%(数据来源:京东 www.JD.com,天猫 www.Tmall.com)。

在目前电子商务蓬勃发展的大环境下,实力雄厚的大型 B2C 电子商务企业已经不再是最开始单一化的企业,最大的变化是业务范围广泛、商品品种齐全、所提供的商品的质量和服务趋于统一化。京东是从 2007 年开始自建物流,在 2012 年获得物流营运牌照,而此时的京东已经成功转型为综合型零售平台。作为亚洲最大的综合性购物平台的天猫,也并没有因为自身经营规模的雄厚而选择自营物流,而是一直同第三方物流合作。因此,显示销售商品类别的差异不能成为 B2C 电子商务企业选择物流模式的影响因素。因此第一个假设不成立。

(2)实力背景、营运规模差异。

①京东、天猫实力背景分析。

2004 年至 2013 年,京东的销售额分别为:1000 万元、3000 万元、8000 万元、3.6 亿元、13.2

亿元、40亿元、102亿元、609亿元和2200亿元,其销售额呈持续增长状态。自2004年初正式涉足电子商务领域以来,京东一直保持高速成长,连续八年增长率均超过200%。

京东目前自建物流系统可以覆盖全国495个城市,拥有1620个配送点,214个自提点,86个仓库,仓库总面积达150万平方米,在全国43个城市实现当日达服务,在256个城市提供次日达服务。员工数量从2011年的20153人发展到2014年50122人。

京东先后得到了今日资本、雄本资本、梁伯韬先生个人公司投资、俄罗斯的DST、老虎基金等基金组织以及个人的投资,京东一路走来,获得了越来越多投资人的亲睐。2014年3月腾讯与京东联合宣布,腾讯入股京东15%,成为其一个重要股东。同时双方还签订了战略合作协议,通过此次与腾讯在移动端、流量、电商业务等方面的战略合作,京东将在互联网和移动端向更广泛的用户群体提供更高品质、更快乐的网购体验,同时迅速扩大京东自营和交易平台业务在移动互联网和互联网上的规模。

在2011至2014年的4年里,京东在中国B2C购物网站交易市场的份额比重分别为:17.2%、19.6%、18.3%、18.6%,在中国自主销售为主的B2C购物网站交易市场的份额占比分别为:36.8%、49.0%、46.5%、49.0%。京东数年来保持着高速增长,不断的运营各个层次创新,是实力不容小觑的电商企业。

根据艾瑞咨询发布的2014年中国网络购物市场数据,从网购市场份额来看,天猫占比过半,继续领跑我国B2C市场。仅近几年"双十一"当日的交易都超百亿元,实力规模不容质疑。天猫已发展成为日益成熟的中国消费者选购优质品牌产品的目的地。据统计,天猫是中国浏览量最高的B2C零售网站。

②京东、天猫营运规模对比。

2011年至2014年,京东、天猫在中国B2C购物网站交易市场中的份额和中国自主销售为主B2C网站交易市场中的份额占比情况见表1-2。

表1-2 近4年京东、天猫B2C电子商务企业市场份额

| 年份 | 中国B2C购物网站交易市场份额 | | 中国自主销售为主B2C网站交易市场份额 | |
|---|---|---|---|---|
| 2014 | 天猫 | 61.3% | 京东 | 49% |
| | 京东 | 18.6% | | |
| 2013 | 天猫 | 52.1% | 京东 | 46.6% |
| | 京东 | 18.3% | | |
| 2012 | 天猫 | 56.7% | 京东 | 49% |
| | 京东 | 19.6% | | |
| 2011 | 淘宝商城 | 53.4% | 京东 | 36.8% |
| | 京东 | 17.2% | | |

数据来源:艾瑞网 http://report.iresearch.cn

可见,在中国B2C购物网站交易份额中天猫一直遥遥领先,而京东紧随其后。而在中国自主销售为主的B2C网站交易市场份额报告中,京东一直以近五成的比例独占鳌头。

本文假设,规模越大、实力越强的企业会选择自建物流来掌控物流流程,控制物流成本,提高影响力,增强企业实力。但是,天猫实力背景如此强,自身前景一片大好,它却没有选择自建

物流。而综合实力排在天猫之后的京东却自建物流。因此,根据 B2C 电子商务企业营运规模的大小来选择企业物流业态模式的假设不成立。

**4. 商品价格、物流服务、商品满意度差异**

(1)商品价格比较分析

笔者分析了京东、天猫网站 26 种商品类别的价格数据,包括京东销量最高商品的价格、京东销量最高商品在天猫的销售价格、天猫销量最高商品的价格、天猫销量最高商品在京东的销量价格。研究得出:①京东商品价格稳定性强,波动小,而天猫的商品价格波动大,离散性大,价格不稳定。②京东在大家电尤其是耐用商品方面的价格低于天猫的价格,天猫则在消耗性商品方面的价格低于京东价格,说明京东、天猫都有自己在价格上有优势的类型商品。

(2)物流服务、商品满意度差异

①物流服务提供。京东目前有自建物流系统,特色配送服务有 211 限时达、次日达、极速达、夜间配,京东快递物流配送服务主要分为四种模式:一是 FBP 模式(由京东全权负责采购和销售);二是 LBP 模式(商品无需入库,用户下单后,由第三方卖家发货到京东分拣中心,京东开发票);三是 SOPL(商品无需入库,用户下单后,第三方卖家发货到京东分拣中心,但由商家开发票);四是 SOP(商家直接向消费者发货开发票),物流配送服务多样、灵活且专业。天猫则是完全依赖第三方物流,虽在仓储方面开展了自己的规划,但是重要配送段必须依靠 EMS、顺丰、四通一达等国内一线快递协作分担。

②物流服务、商品满意度评价。大部分用户选择商品评论来评价物流服务,因为商品评论是购买该商品买家的真实体验,因此研究评论信息具有非常大的价值。京东大部分用户评论点在于商品质量、价格、材料、与图片相符度,很少提及物流相关评价。而天猫每位用户评价几乎都涵盖了对物流的评价,物流的快慢、物流服务好坏、发货速度等。说明京东物流基本满足人们对物流的需求,京东提供的物流服务已经趋于专业化和市场化,物流服务已经稳定成了自己独有的物流系统。而天猫的第三方物流合作多且杂,不同物流方提供的物流服务参差不齐,人们难以建立信任。

综上所述,京东在物流服务方面具有创新性、灵活性、实用性以及时效性,物流系统的逐渐完善使物流服务更加完善,更加稳定适用,用户更加适应其物流服务。天猫在电商企业中一直占有绝对优势,让京东在品牌优势、市场份额、信息技术、人才等方面竞争机会少。所以京东做自营物流的原因之一便是通过创建具有特色的差异化物流服务达到控制物流成本,提高物流效率,提高市场占有率的效果。

**5. 经营情况分析**

2014 年 5 月 22 日京东在美国纳斯达克交易所成功上市,2010 年至 2014 年营收同比增长率分别是 194.04%、146.17%、95.85%、67.56% 和 65.85%,京东正在以惊人的速度发展。2012 年京东获得京东快递运营牌照。2012 年 10 月 15 日开始,京东与民营快递企业没有任何业务来往,标志着京东完全自营物流时代的到来。2012 年京东的物流费用高达 3061 百万元,较 2011 年增长了近 102.05%。

从近几年京东发展趋势来看,企业的活跃用户数从 2012 年的 2930 万人发展到 2014 年的 9660 万人,而且营业利润一直呈现增长态势,总的趋势上,京东影响越来越大,市场竞争力越来越强,同它自建物流有必然联系。

综上所述，京东大力自建物流是为了降低物流成本，提高物流效率，以此达到创建差异化服务，提升市场竞争力，创造价值利润的最终目的。

资料来源：贾立敏，田径知.B2C 电子商务模式下企业物流模式选择研究——以京东、天猫为例[J].物流技术，2015,34(9):181-184,193.

## 本章小结

零售业的多店铺化、连锁化以及多业态化如百货商场、超级市场、专卖店等，对物流作业的效率提出了更高的要求，原来相互分割、缺乏协作的仓储、运输、批发等传统物流企业难以适应现代物流业的发展要求，专业性的物流配送经营实体——物流配送中心便应运而生。

物流配送中心是从事配送业务且具有完善信息网络的场所或组织。物流配送中心的主要功能是大规模集结、吞吐货物，因此必须具备运输、储存、保管、分拣、装卸、搬运、配载、包装、加工、单证处理、信息传递、结算等主要功能，以及贸易、展示、货运代理、报关检验、物流方案设计等一系列延伸功能。根据不同的分类方式，物流配送中心可以分为不同的类别。

美国的物流配送中心以出现早、发展速度快、活动范围广、经营范围大和现代化水平高而著称于世界。随着商业连锁化经营步伐的加快，在日本对社会化配送组织提出更高的要求，其发展趋势是系统内自建的物流配送中心逐步减少，而配送的社会化物流设施和物流配送共同化趋势日益显著。欧洲自1992年加快一体化进程以来，物流发展迅速，形成新的产业。欧盟很多国家的物流配送中心的业务活动主要是以运输货物为主，围绕着运输进行货物配送。

我国从1992年开始了物流配送中心的试点工作。随着市场经济的快速增长，特别是连锁商业的发展，各种形式的物流配送中心发展很快。但全球金融危机已导致全球产业结构的调整和各国经济政策的根本变化，我国物流配送中心的发展与建设开始进入变革的时代，既面临着前所未有的挑战，也面临着难得的历史机遇。我国物流配送中心的发展建设思路应该在参考和借鉴国外经验的基础上，立足于我国国情，根据市场需要和国家区域规划进行科学布局，科学选择升级路径，积极开发与推广最新技术，提高物流配送的社会化和现代化程度，并主动有步骤地融入低碳和绿色理念，从而实现我国物流配送中心的科学规划与设计。

## 关键概念

- 物流配送
- 物流中心
- 配送中心
- 物流配送中心
- 社会化的物流配送中心
- 流通型物流配送中心
- 加工配送型物流配送中心
- 批量转换型物流配送中心
- 城市物流配送中心
- 区域物流配送中心
- 供应物流配送中心
- 销售物流配送中心

- ➢ 专业物流配送中心
- ➢ 柔性物流配送中心

## 思考题

1.1 为什么物流配送业务会广泛兴起？
1.2 如何理解物流配送中心的概念？
1.3 物流配送中心主要包括哪些功能？
1.4 物流配送中心有哪些类型？
1.5 发达国家物流配送中心的发展有哪些特点？
1.6 我国物流配送中心的未来发展趋势是什么？

## 课堂讨论题

1.1 发达国家物流配送中心的发展对我们有什么启示？
1.2 我国发展物流配送中心时应注意避免哪些问题？

## 补充阅读材料

1. 汝宜红、田源、徐杰. 配送中心规划. 修订本. 北京：清华大学出版社/北京交通大学出版社，2008.
2. 胡彪、高廷勇、孙萍. 物流配送中心规划与经营[M]. 北京：电子工业出版社，2008.
3. 徐贤浩. 物流配送中心规划与运作管理[M]. 武汉：华中科技大学出版社，2014.
4. 物流中心分类与基本要求[S]. 中华人民共和国国家标准. GB/T 24358-2009.

# 第 2 章 物流配送中心基本建设程序

**学习目标**

➤ 掌握物流配送中心规划与设计的原则；
➤ 掌握物流配送中心的规划及建设程序；
➤ 了解物流配送中心规划与设计的步骤。

## 2.1 物流配送中心规划与设计的原则

规划与设计是物流配送中心建设的基础性工作，应当遵循以下的各项原则。

**1. 需求导向原则**

物流配送中心的规划与设计要充分考虑物流业务的需求来构建物流配送中心的规模、功能和结构，只有以市场需求和业务需求为导向，才能使构建的物流配送中心既能够有效支持供应链的运作又能够保持很高的设施和设备利用效率。

**2. 动态原则**

在物流配送中心规划时，应在详细分析现状及对未来变化做出预测的基础上进行，而且要有相当的柔性和前瞻性，以便于在一定范围内能适应数量、用户、成本等多方面的变化。

**3. 经济性原则**

物流配送中心必须对物品进行存储并组织运输与配送活动，因而在进行规划和设计时应综合考虑存储费用、运量、运费和运距等多方面因素，并可以通过适当的数学方法求解出不同可选方案下总的成本大小，最终为物流配送中心的决策提供参考。

**4. 交通便利原则**

物流配送中心的运输配送活动领域在中心之外，这一活动需依赖于交通条件。交通便利原则的贯彻包括两个方面：一是布局时要考虑现有交通条件；二是布局时必须把交通作为同时布局的内容来处理。只布局物流配送中心而不布局交通条件，有可能会使物流配送中心的布局失败。

**5. 统筹原则**

物流配送中心的层次、数量、布局是与生产力布局、消费布局等密切相关的，互相交织且互相促进和制约的。设定一个非常合理的物流配送中心布局，必须统筹兼顾、全面安排，既要做微观的考虑又要做宏观的考虑。

**6. 环境保护原则**

环境保护和可持续发展一直是我国的国策,尤其在低碳经济背景下,环境保护成为物流配送中心进行规划和设计时不可忽略的重要原则。在构建物流配送中心时,应该把握经济性与环保的平衡,尽可能做到低污染和低排放。

**实例2-1 普洛斯为华晨宝马开发建设在华最大的配送中心**

全球领先的现代物流设施提供商,中国、日本和巴西市场的领导者普洛斯今日宣布,已与华晨宝马汽车有限公司(以下称"客户")签订协议,为宝马开发其在华最大的配送中心。该项目位于上海临港普洛斯物流园,是总面积达75 000平方米的物流设施定制项目,将分期开发,一期总建筑面积为55 000平方米,将于今年开工建设。

普洛斯中国区总裁杨传德说:"我们非常高兴华晨宝马选择与普洛斯合作,在中国开发其最大的配送中心。华晨宝马先前已通过第三方供应商使用我们的设施,我们很高兴能够进一步加强双方的合作关系。由于国内消费的持续增长,汽车零配件行业对普洛斯物流设施的需求强劲,其租赁总面积在普洛斯中国区的总出租面积中占9%。"

华晨宝马汽车有限公司售后服务副总裁穆克先生表示:"随着华晨宝马在中国的动态增长,我们需要非常强大的物流网络,我们很看重普洛斯这样值得信赖的合作伙伴。我特别高兴,双方能够进一步加强合作,上海的这个定制配送中心项目完工后,将成为我们在亚洲最大的配送中心。"

普洛斯临港国际物流园是综合性物流园,总建筑面积545 000平方米,占地面积近3平方公里。除了支持第三方物流公司和停靠洋山深水港的船运公司,普洛斯临港国际物流园向客户提供现代物流仓储设施,是区域配送的绝佳选择。普洛斯临港国际物流园到上海浦东国际机场、虹桥机场和上海商务中心区交通便利。此外,临港高速公路将园区南接浙江省、西连江苏省。

华晨宝马汽车有限公司是宝马集团和华晨中国汽车控股有限公司成立的合资公司,在中国大陆从事汽车的生产、配送和销售。

资料来源:http://www.glprop.com.cn/,普洛斯,2013年7月10日。

## 2.2 物流配送中心的建设程序

物流配送中心的筹划、规划、建设及运营,是一个复杂的系统工程,需要众多的专业组织和人才共同完成。作为一个基本建设项目,其规划建设必须按照国家或地方的行政法规及有关规定,遵循一定的建设程序。

建设程序是指建设项目从规划、选项、评估、决策、设计、施工到竣工验收、投产使用的全过程。它是在总结工程建设的实践经验基础上制定的,反映了项目建设的客观内在规律,无论政府或企业都必须共同遵守。它把基本建设过程分为若干个阶段,规定了每个阶段的工作内容、原则、审批程序等,是确保工程项目按设计建设的重要保证。

根据中华人民共和国国家标准《物流中心分类与基本要求》(GB/T 24358—2009),物流中心的规划要符合国家或地方物流产业发展规划、土地利用总体规划、城市规划的总体要求;应进行可行性评估,包括环境、交通、市场供求、功能定位、网络布局、进度、投资回报分析等主要内容;应符合国家土地管理、规划、消防、安全、质检、环保等方面的法律、法规、规章及有关规定;应进行安全评价,主要评价地质结构、地形地貌、洪水、消防、污染源等不安全因素对物流中心可能造成的影响。

由于各地政府在具体执行时的规定,以及各主管部门之间的协调程度不尽相同,因此各地的建设程序也存在细微的差别,如立项与环境评价之间顺序、立项与选址之间的顺序等,需根据各地具体规定进行操作。

根据上海、深圳、青岛等沿海发达地区的普遍做法,一个物流配送中心的规划及建设通常需要经过三个阶段:项目前期工作阶段、施工阶段、竣工验收及生产准备阶段,如图2-1所示。其中项目前期工作阶段日益受到各方重视。下面从企业运营角度介绍一个物流配送中心的规划建设需要遵循的具体程序,这里既包括行政法规所规定的建设程序,也包括企业在每个阶段

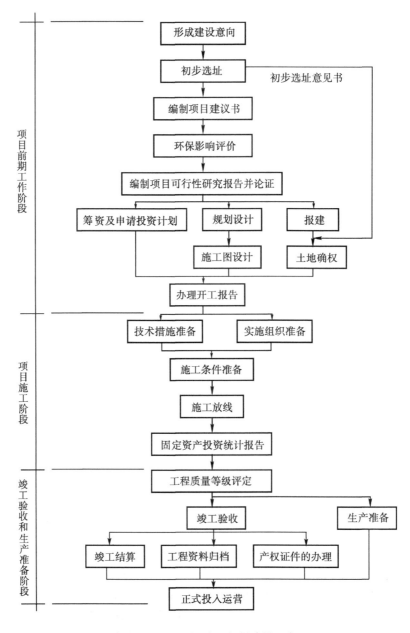

图 2-1 物流配送中心规划建设程序

所要做的工作。

### 2.2.1 项目前期工作阶段

为了防止盲目重复建设、保证工程质量和提高投资效益,中国政府一方面积极推进投融资决策体制改革,一方面加强了建设项目的审批管理。为此,1999年政府部门特别发出《关于重申严格执行基本建设程序和审批规定的通知》,通知重申严格执行基本建设程序的要求,尤其是在建设项目前期工作阶段,必须严格按照现行建设程序执行。现行基本建设前期工作程序包括:项目建议书、可行性研究报告、初步设计、开工报告等工作环节。

**1. 形成建设意向**

政府或工商企业根据自己的职业判断和物流业务的增长变化情况,提出拟建立物流配送中心的设想。政府或企业的建设意向形成后,建设单位会成立一个项目建设筹备组(以下简称筹备组)。筹备组应根据企业经营决策的基本方针,进一步确认物流配送中心建设的必要性,确定物流配送中心的定位,例如物流配送中心在物流网络中是采取集中型配送中心还是分散型配送中心,和生产工厂、下游门店以及仓库的关系,配送中心的规模以及配送中心的服务水平基本标准(如接受顾客订货后供货时间的最低期限,能满足多少顾客需要,储存商品量有多少等)。

**2. 初步选址**

筹备组根据本地区用地现状,结合物流配送中心业务实际需要等情况,进行初步选址,报请政府土地部门(通常是国土资源部门),由土地部门出具选址初步意见书。

**3. 编制项目建议书**

项目建议书是要求建设某一工程项目的建议性文件,它是物流配送中心项目能否被国家或地方政府立项建设的最基础和最重要的工作。在经过广泛调查研究,弄清项目建设的技术、经济条件后,通过项目建议书的形式向国家或地方政府发改委相关部门推荐物流配送中心项目,进行备案审批。编制项目建议书的主要依据应是国民经济和社会发展规划,以及该区域的物流发展规划。

项目建议书阶段的主要工作是从国家或地方宏观经济社会发展及物流产业发展需要出发,分析本项目建设的必要性,是否与国家的政策、方针和计划相吻合,所需资金、人力的可行性,是否具备了建设的条件等。

通常的项目建议书主要由以下10部分组成:
①总则;
②项目建设的必要性和任务;
③项目所在区域概况;
④建设规模及内容;
⑤技术支持;
⑥项目实施;
⑦项目管理;
⑧投资估算及资金筹措;
⑨经济和社会评价;

⑩结论与建议。

附件包括企业注册证明、有关附图、选址初步意见书、有关政策规划等。

物流配送中心的项目建议书通常上交给发改委相关部门备案审批。发改委在审批项目建议书时,通常会征求土地、规划、环保和运管部门的意见,对特大项目还要组织有资格的工程咨询单位或专家评估。发改委根据一定权限批准项目建议书,即完成通常所说的"立项"工作。

**4. 环保影响评价**

由于可持续发展战略已经作为一项国策深入人心,环境保护问题日益受到各级政府的重视,环境影响评价工作已经成为基建项目必备的手续。在项目建议书被批准后,建设单位需编制《建设项目环境影响报告》,上报环保部门(环境保护部相关部门),由环保部门办理环保影响评价手续。

**5. 编制项目的可行性研究报告并论证**

项目立项后并非一定要建设。下一步工作是在进一步做勘测、调查、取得可靠资料的基础上,重点对物流配送中心项目的技术可行性和经济合理性进行研究和论证,包括物流配送中心的需求度、已有客户群和潜在客户群、市场竞争状况、价格、成本收益分析、投资回收期、物流配送中心的大体布局、结构、可能采用的设施、设备、物流配送中心的功能设定等内容。经过全面分析论证和多方案比较,确定物流配送中心建设项目的建设原则、建设方案,作为下阶段工程设计的依据。

可行性研究报告的编制通常由建设单位委托具有相应资质的规划、设计和工程咨询单位承担。也可由筹备组组织有关物流专家、市政建设专家、建筑设计专家、设备专家、运输配送专家及信息技术人员共同组成编制小组,进行编制。

可行性研究报告编制完成后,项目投资主体往往会组织有关专家对可行性研究报告进行评审,目的是对报告的准确性、项目经济可行性、技术先进性、投资合理性等进行评价审查,出具评审意见。建设单位根据评审意见确定是否建设该项目,发改委相关部门根据评审意见确定是否对该项目进行审批。

**相关资料2-1　×××物流配送中心可行性研究报告(目录)**

第一章　总论

1.1　项目名称及建设单位

　1.1.1　项目名称

　1.1.2　建设单位

1.2　项目建设地点

1.3　编制的依据、原则和范围

　1.3.1　编制的依据

　1.3.2　编制的原则

　1.3.3　编制的范围

1.4　公司概况

1.5　项目背景与建设内容

1.6　主要技术经济指标

1.7　结论及建议

1.7.1 结论

1.7.2 建议

第二章 市场预测及建设规模

2.1 物流配送市场现状

   2.1.1 国际物流配送市场现状及趋势

   2.1.2 国内物流配送市场现状及趋势

2.2 市场预测

   2.2.1 市场总体预测

   2.2.2 本项目的物流配送市场预测

2.3 建设规模

第三章 功能定位与经营策略

3.1 物流配送系统主要功能

   3.1.1 传统物流服务

   3.1.2 增值性物流服务

3.2 经营目标及定位

   3.2.1 企业发展方向及市场定位

   3.2.2 竞争策略

3.3 物流配送对象及方式

   3.3.1 物流配送对象

   3.3.2 主要服务对象

   3.3.3 物流配送方式

   3.3.4 物流配送经营方式

3.4 货源渠道及供货方式

   3.4.1 货物物流要求

   3.4.2 货源分布

   3.4.3 供货渠道

   3.4.4 供货方式

3.5 物流配送能力分析

第四章 物流配送中心场址选择

4.1 概述

   4.1.1 物流配送中心场址选择原则

   4.1.2 场址选择的基本要求

   4.1.3 物流配送中心规划特点

4.2 物流配送中心选点与自然地理条件

   4.2.1 厂区地理位置

   4.2.2 物流配送中心场区面积

   4.2.3 外形

   4.2.4 厂区现状

   4.2.5 自然地理条件

4.3　场址的环境影响评价
4.4　结论
第五章　土建工程与公用设施
5.1　土建工程
5.2　公用设施
　　5.2.1　电力保障
　　5.2.2　给排水设施
　　5.2.3　消防设施
　　5.2.4　采暖通风
　　5.2.5　节能措施
　　5.2.6　其他
第六章　物流配送中心规划方案
6.1　概述
　　6.1.1　物流配送系统的运作模式
　　6.1.2　物流配送中心系统规划的内容
6.2　物流配送中心系统规划要素
　　6.2.1　物流配送的对象
　　6.2.2　物流配送的商品种类
　　6.2.3　商品的配送数量或库存量
　　6.2.4　EIQ分析
　　6.2.5　物流配送的流程
　　6.2.6　物流的服务品质
6.3　物流配送中心"产品"——服务项目设计
　　6.3.1　物流配送系统服务模型
　　6.3.2　核心服务项目
　　6.3.3　辅助服务项目
　　6.3.4　其他
6.4　物流配送系统流程
　　6.4.1　宏观业务流程规划
　　6.4.2　物流配送中心内部作业流程设计
6.5　物流配送中心总平面布置
　　6.5.1　总平面布置的基本原则
　　6.5.2　影响规划方案的相关因素
　　6.5.3　物流配送中心平面规划
6.6　物流配送中心的内部布局与规划
　　6.6.1　物流配送中心的平面布置
　　6.6.2　库区内部规划
　　6.6.3　库区平面布置
6.7　物流配送中心信息系统规划

6.7.1 概述
6.7.2 信息系统规划设计原则
6.7.3 建立信息系统的需求分析
6.7.4 信息系统总体结构
6.7.5 物流配送中心网站系统功能设计
6.7.6 物流配送中心内部网系统功能设计

第七章 设备配置与能力计算
7.1 主要技术设备配置
　7.1.1 设备选择的原则
　7.1.2 主要设备的配置
　7.1.3 物流配送系统建设项目设备配置表
7.2 物流配送中心能力的计算
　7.2.1 储存能力
　7.2.2 仓储作业设备的确定
　7.2.3 配送车辆及配送能力
7.3 本项目采用的高新技术及设备
　7.3.1 条码管理技术
　7.3.2 电子订货技术
　7.3.3 数字显示拣货技术（DPS）
　7.3.4 先进的信息网络与信息系统
　7.3.5 高新设备
7.4 本项目技术水平分析

第八章 企业组织和劳动定员
8.1 企业组织机构
8.2 部门职能与分工
8.3 劳动定员与工资
8.4 人员的选配与培训
8.5 制度

第九章 环境保护和安全
9.1 环境保护
9.2 安全

第十章 项目实施计划

第十一章 投资估算及财务评价
11.1 投资估算
　11.1.1 用地成本
　11.1.2 土建
　11.1.3 物流与信息系统设施与设备
　11.1.4 投资总额

11.2 资金筹措
11.3 营业收入与税金
　　11.3.1 物流计费方式
　　11.3.2 营业收入
　　11.3.3 税金
11.4 营业成本估算
11.5 财务分析与评价
　　11.5.1 赢利能力分析
　　11.5.2 清偿能力分析
　　11.5.3 敏感性分析
11.6 财务评价的结论
结论
附件

**6. 筹资及申请投资计划**

物流配送中心项目可行性研究报告经研究论证，获得批准后，建设单位认为可行并经最高决策者确定之后，立即进入筹资阶段。对于公共的大型综合物流配送中心，需要政府和企业共同投资，为尽快获得政府投资，建设单位应主动协调发改委及财政部门，申请政府投资计划。

**7. 报建**

建设单位在工程项目可行性研究报告被批准后，可以向建设主管部门（住房和城乡建设部相关部门）领取并认真填写好《工程建设项目报建表》，持发改委立项批文、环保部门审批手续、运管部门道路运输场所货场经营许可证等必要材料，申请办理报建手续。建设主管部门对符合条件的项目发放《工程建设项目报建证》。

**8. 土地确权**

对于购买土地的项目，建设单位向规划部门领取《建设用地申报表》并认真填写，然后持批准的建设项目建议书、《工程建设项目报建证》和选址意见书正式申请办理土地购买手续。规划部门根据城市规划的要求，向用地单位提供规划设计条件，且要标明规划设计条件的提出及用地红线图的出处，并审核用地单位提供的规划设计总图；对符合条件者核发《建设用地规划许可证》。按规定应由上级规划行政主管部门核发《建设用地规划许可证》的由上级部门核发。对于租用土地的，建设单位需与土地所有者签订合同，在不改变用地性质的前提下，获得规划设计条件；如果用地性质变化，仍需向规划部门申请变更用地性质。

**9. 规划设计**

按照国家发改委的相关要求，规划设计作为项目前期工作的必要步骤必须遵循和完成。规划设计的审批各地规定不一，有的由发改委审批，有的由行业主管部门审批。在进行规划设计时，往往需要委托有资质的设计单位按批准的可行性研究报告对项目工程做具体设计。物流配送中心规划包含两个层次，一是总体规划，二是控制性详细规划。总体规划是一种顶层设计，包括功能设计与区域布局规划，确定主要工程的结构尺寸、施工方法及工程进度安排等。而控制性详细规划指的是以总体规划为依据，确定建设地区的土地使用性质和使用强度的控制指标、设施设计与规划、道路和工程管线控制性位置以及空间环境控制的规划要求。总体规划一般较为宏观，而控制性详细规划则是基于总体规划的一种较为微观和具体的底层设计。总体规划的合理与否，对于控制性详细规划的实施，对物流配送中心的设计、施工与应用，对其作业质量、安全、作业效率和保证供应，对节省投资和运营费用等，都会产生直接和深远的影响。在规划设计过程中，需要计算工程量、劳动力、投资概算等主要技术经济指标。对于政府参与投资的项目，其设计概算要求不得超过可行性研究报告投资估算的10%，如果超过则需重新报批项目的可行性研究报告。

**10. 施工图设计**

这个程序通常与规划设计合并。建设单位委托有资质的设计单位进行施工图设计，然后持规划设计条件、规划设计文件、施工图设计方案、用地红线图和《工程建设项目报建证》到建设部门申请办理有关手续。建设部门对符合要求的施工图发放"建设工程施工图审查验证签"。

**11. 办理开工报告**

办理开工报告之前需根据地方政府的有关规定，到文物、水利、工业安全、环保、园林、人防、消防、交管、卫生、教育等部门办理有关手续，手续的繁杂性与地方政府的规定有关，目前有的地区开设了一站式服务大厅，可以快速办完手续。以上手续办完后，建设单位向建设主管部门申请开工报告。对符合要求的项目，建设主管部门核发《建设工程开工证》。

### 2.2.2 项目施工阶段

项目施工阶段包括施工准备工作和施工期间的管理工作。

**1. 施工准备工作**

施工准备工作通常是在申请开工报告之前完成的，包括实施组织准备、技术措施准备和施工条件准备。

(1) 实施组织准备

该部分的工作主要包括明确项目法人或责任主体，通过招标确定施工承包单位和工程监理单位，落实设计单位及现场设计代表，划分并确定产权，落实质量监督机构职责等。

招标工作是这个阶段的主要工作，设计、施工、监理等单位都需招标确定。招标工作由各地招标办主持，事前按规定发布公告，经投标、专家评标、确定中标单位，发放中标通知书，由建设单位与中标单位签订相关合同。

(2) 技术措施准备

该部分的工作主要包括落实年度实施计划和项目，施工人员的岗前培训，施工图纸的准备、设施设备的技术规范和安装程序等。

(3) 施工条件准备

该部分的工作主要包括施工场地三通一平（通路、通电、通水，场地平整）、施工土地预留、施工营地的落实，机械设备采购和进场，施工所需材料的订购等。

如果征地范围涉及征迁补偿，建设单位需持《工程建设项目报建证》、《建设用地规划许可证》、用地红线图和拆迁许可证书面申请等材料向当地征迁办公室申请办理有关手续，征迁管理部门对符合条件的颁发《拆迁许可证》。

**2. 施工期间的管理工作**

项目各项准备工作结束后，特别是在项目的年度建设资金已落实的情况下，由建设单位组织项目的实施,由施工单位进行项目施工,由监理工程师控制工程进度、质量和投资,以保证工程项目按设计进度、质量标准并在投资预算内完成建设。项目业主、设计单位、施工单位、监理单位、质量监督单位等都要各负其责,共同努力使项目能正常实施。这其中涉及政府部门的工作通常有施工放线、固定资产统计报告等。

(1) 施工放线

建设单位需持《建设工程开工证》和批复的施工图向规划部门申请办理有关手续。规划部门对经批准施工的工程进行现场测量放线。

(2) 固定资产投资统计报告

建设单位需每月定期向统计部门或计划部门(政府投资项目)汇报固定资产投资完成情况。

### 2.2.3 竣工验收及生产准备阶段

项目施工完成后,建设单位需组织竣工验收,通常包括以下工作。

**1. 工程质量等级评定**

项目主体已经完工,甲乙双方检验合格,施工单位向质检部门报送各种施工资料申请办理有关手续。质检部门经严格评定后,发放《工程质量等级评定证书》。

**2. 竣工验收**

质量等级评定并完成市政配套施工后,建设单位持《工程质量等级评定证书》、《建设工程施工许可证》、《市政配套建设申请表》、批复的施工图和规划、消防、市政等部门的验收证向建设主管部门申请办理竣工验收。建设主管部门经现场检验对验收合格者颁发《建设工程竣工验收合格证》。

**3. 竣工结算**

建设单位与施工单位进行竣工结算,按照合同拨付款项。

**4. 工程资料归档**

工程竣工后,建设单位需将工程资料整理送交城建档案馆验收归档。

**5. 产权证件的办理**

竣工后,建设单位持有关资料、证件到房管部门办理房屋所有权登记,房管部门对符合条件者颁发《房屋所有权证》。

**6. 生产准备**

建设单位在进行竣工验收的同时,就要进行生产准备,如各种设施设备的调试,信息系统的试运行,人员的招聘与培训等。

上述工作完成后,建设完成的物流配送中心就可正式投入运营。

## 2.3 物流配送中心规划设计基本过程

物流配送中心的规划设计是一项系统工程,要符合合理化、简单化和机械化的设计原则。

合理化就是各项作业流程具有必要性和合理性;简单化就是使整个系统简单、明确、易操作,并努力做到作业标准化;机械化就是规划设计的现代物流系统应力求减少人工作业,尽量采用机械或自动化设备来提高生产效率,降低人为可能造成的错误。

在物流配送中心的规划中,要注意研究配送中心的七个规划要素:E、I、Q、R、S、T、C。E代表 Entry,指配送的对象或客户;I 代表 Item,指配送商品的种类;Q 代表 Quantity,指配送商品的数量或库存量;R 代表 Route,指配送的路线;S 代表 Service,指物流的服务品质;T 代表 Time,指物流的交货时间;C 代表 Cost,指配送商品的成本或建造设施的投入。目前流行的 EIQ 分析方法,就是利用 E、I、Q 这三个物流关键要素,来研究物流配送中心的需求特性,为物流配送中心的规划提供依据。

### 2.3.1 新建与改造物流配送中心规划设计的区别

物流配送中心规划设计可以分为两类,一类是新建物流配送中心的规划,一类是原有物流组织(企业)向物流配送中心转型的改造规划。新建物流配送中心规划又可以分为单个物流配送中心规划和多个物流配送中心规划两种形式。表 2-1 列出了这几种规划形式的特点和内容。

表 2-1 物流配送中心规划设计的特点和内容

| 类型 | 新建 | | 改造 |
|---|---|---|---|
| | 单个物流配送中心 | 多个物流配送中心 | |
| 委托方 | 新型企业、跨国企业、政府部门 | | 大多为老企业 |
| 规划目的 | 高起点、高标准、低成本 | 成为企业、区域的新经济增长点或支柱产业 | 实现从传统物流组织向现代物流配送中心的转变 |
| 关键点 | 物流配送中心选址 | 系统构造、网点布局 | 进行作业流程重新分析与设计,充分利用现有设施 |
| 规划内容 | 企业发展战略研究<br>选址规划<br>业务分析与需求分析<br>作业功能与布局规划<br>物流设施规划<br>物流设备选用与设计<br>作业流程设计<br>信息系统规划 | 企业发展战略研究<br>物流系统规划<br>业务分析与需求分析<br>物流网点布局规划<br>作业功能与布局规划<br>物流设施规划<br>物流设备选用与设计<br>作业流程设计<br>物流网络信息系统规划 | 企业发展战略研究<br>业务分析与需求分析<br>现有流程与数据分析<br>作业功能与布局改造规划<br>物流设施改造规划<br>物流设备改造设计<br>作业流程改造设计<br>信息系统改造规划 |
| 规划原理与方法 | 物流学、统计学、物流系统分析、管理信息系统 | 物流学、统计学、物流系统分析、生产布局学、城市规划、管理信息系统 | 物流学、统计学、企业发展战略、物流系统分析、管理信息系统 |

从表2-1可以看出,新建的物流配送中心规划首先必须考虑企业战略发展的需要,分析货物流量、货物流向、供应商与客户分布、交通条件、自然环境和政策环境等因素进行选址规划。然后通过业务分析与需求分析,对物流配送中心进行作业功能与布局规划,即对物流配送中心的功能种类和区域进行规划设计,对空间布局进行整体规划。在此基础上,进行物流设施的规划,即确定库房、装卸平台、货场道路、建筑设施等等的规格和标准,进行物流配送中心设备的选用和设计,即确定储存、拣选、搬运等设备的规格等。最后,对作业流程进行相关设计,并对信息系统进行规划等。

相对于新建的物流配送中心规划设计,物流配送中心的改造规划也必须考虑企业战略发展的需要,但更注重于在已有基础上进行设计和主体改造提升。在进行物流配送中心的改造规划时,首先必须充分考虑业务发展的需要,并进行严密的需求分析,从而为物流配送中心的改造规划提供依据。在对比业务发展需要的基础上,必须对现有流程和数据进行充分分析,其中对现有作业流程的分析,可以对无效或不合理的作业流程进行改进,降低物流作业工作量,减少物流工作时间,而对现有的物流数据进行分析,可以对不同性质的商品采取个性化的仓储管理模式,使用针对性更强的自动化设备(仓储、拣选、搬运、配送),进而提高作业效率。在此基础上,物流配送中心进行作业功能与布局改造规划,包括功能改造规划和空间布局的调整,然后考虑设施和设备的改造规划和设计。最后,必须充分根据改造后的仓储系统、配送系统、作业模式、作业效率、作业流程进行信息系统的开发和改造。关于物流配送中心改造规划的流程步骤如图2-2所示。其中,在进行物流配送中心设备改造设计时,其运营效率的提升途径主要来自于搬运效率、拣选效率以及仓储效率这三个方面,如图2-3所示。

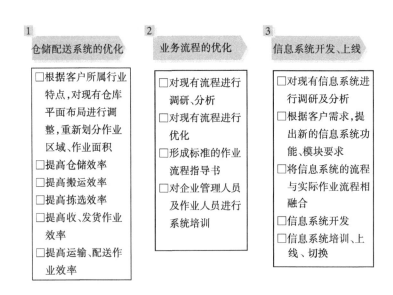

图2-2　物流配送中心改造规划的流程步骤

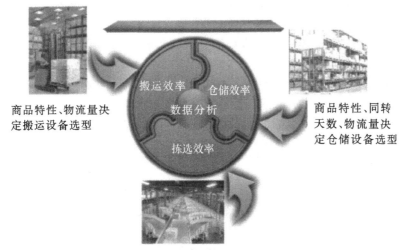

图 2-3 物流配送中心改造规划的效率提升途径

(资料来源:栾建非. 物流配送中心的改造和优化[J]. 信息与电脑,2009(6):50-54)

## 实例 2-2 德马泰克助力 Ostermann 家具配送中心扩建

总部位于德国北莱茵的 Ostermann 是一个经营家具和厨具的家族企业。1991 年,Ostermann 在欧洲创建了最具现代化和最高效的家居配送中心,威滕伯格配送中心的产品供应到 Ostermann 所有零售商店和单个客户直达订单,每年向单个客户直送订单约达 150 000 件。配送中心若干年前已实施了几次升级改造,存储空间已无法满足需求。最新的升级计划保留了高架库的基本概念,更换了控制和总线系统及新的仓库管理软件(WMS),明显感觉整个性能得到了进一步提升。为提供更多的空间,提升配送中心处理能力,Ostermann 增加了两个巷道的立体仓库,新增 3744 个存储货位,可处理超过 250 万个笼车货物出入库,能力提高了 50%~60%。

(1) 消除入库瓶颈

高架库主要处理客户订单和家具生产商的供货。每年配送中心可处理 12 000 次供货商的发货入库,25 个月台供入库作业。收货区,所有的入库产品包括硬纸板包装的纸箱床垫,椅子或柜子均要通过射频(RF)无线终端扫描,然后放置在笼车内后再基于订单方式做安全检查。Ostermann 定制了两种不同大小的笼车,大号笼车可装载约 1000 千克重的货物,小号笼车只能装载约 560 千克的货物。按照一个客户一个笼车的原则将货物装入笼车。除了单个客户订单外,供应商的供货也将发货至此存入高架库,后续再配送至 Ostermann 零售中心和其他的客户。同类货物装入笼车后,进入相应的自动输送系统入库工位。到高架库之前,每辆笼车必须通过外形检测工位,查看货物摆放是否合理,确保不会伸出太多,或重量在规定限值内。然而预存储入库区域原本只有一条存储线配合外形检测方案。一旦笼车检测不合格,工作人员须到这个区域人工亲自提取货物,或者不得不等待其他笼车货物。为解决这一瓶颈,德马泰克拆除了原来的检测工位,为新增存储线配备了两个新检测工位,执行重量和外形尺寸检查,独立的转向工位直接与收货区相连,使得收货区扩大了 660 平方米。

(2) 扩展立库巷道

现有的 12 层 4 巷道的高架库创造了约 6 400 个大笼车的单深存储货位和 12 800 个小号笼

车的双深货位。为更好利用存储空间,高架库从12层增加到14层,新增了3 744个大号笼车存储位。总体上,有4种不同高度的高架库,扩充的高架库包括预留的存储区域长105米、宽55米、高39米。东面的输送系统将货物送至前面两个巷道,而西面输送机的货物则送至两个新巷道存储。两台新的堆垛机包括能量恢复在内的各项性能都优于之前系统,每小时存取速度高达28个双循环。在新入库线末端安装了一台笼车提升机,可将货物直接送至出库区,平库或到楼上发货。

资料来源:德马泰克助力 Ostermann 家具配送中心扩建[J]. 中国储运,2015(10):126-127.

### 2.3.2 新建与改造物流配送中心规划设计的步骤

新建与改造物流配送中心的规划设计是一件复杂的工作,关于新建物流配送中心的规划设计步骤如图2-4所示,关于改造物流配送中心的规划设计步骤如图2-5所示。

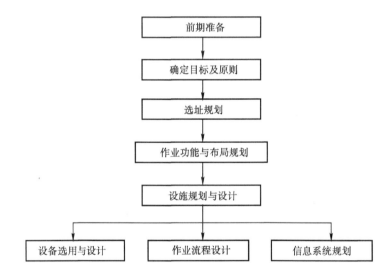

图 2-4 新建物流配送中心规划设计步骤

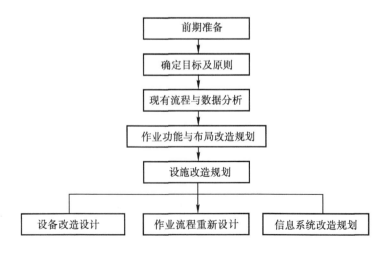

图 2-5 改造物流配送中心的规划设计步骤

比较图2-4和图2-5可以看出,新建与改造物流配送中心的规划设计步骤的主要区别在于:新建物流配送中心必须先进行选址规划,而改造物流配送中心则是在已有的基础设施基础上进行改造提升,其关键是对现有流程与数据进行分析,再进行各项改造规划和设计。

下面将对新建物流配送中心的规划设计步骤进行具体说明,改造物流配送中心的规划设计步骤可以参照执行。

(1) 前期准备

前期准备工作是为物流配送中心规划设计提供必要的基础资料,常采用调研的方法,包括网上调研、图书资料调研与现场调研等,其主要内容包括:

① 收集物流配送中心建设的内部条件、外部条件及潜在客户的信息;
② 分析物流配送中心经营商品的品种、货源、流量及流向;
③ 调查物流服务的供需情况、物流行业的发展状况等。

(2) 确定目标

确定物流配送中心建设的目标是物流配送中心规划设计的第一步,主要是依据前期准备工作的资料,确定物流配送中心建设的近期、中期和远期目标。

(3) 选址规划

物流配送中心位置的选择,将显著影响其实际运营的效率与成本,以及日后仓储规模的扩充与发展。因此在决定物流配送中心设置的位置方案时,必须谨慎考虑相关因素,并按适当步骤进行。在选择过程中,如果已经有预定地点或区位方案,应于规划前先行提出,并成为规划过程的限制因素;如果没有预定的地点,则可在可行性研究时提出几个备选方案,并对比各备选方案的优劣,以供决策者选择。

选址决策包括两个方面:地理区域的选择和具体地址的选择。

物流配送中心的选址首先要选择合适的地理区域,这对于一个全国性企业来说尤为重要。在地理区域选择时要对各地理区域进行审慎评估,选择一个适当范围为考虑的对象,如华南地区、华北地区等,同时还须结合物流配送中心的物品特性、服务范围及企业的运营策略而定。

物流配送中心的地理区域确定后,就需确定具体的建设地点。具体地址的选择也要考虑各种影响因素,如经济环境因素、自然环境因素、人力资源因素、政策环境因素等。例如制造商的物流配送中心,应以接近上游生产厂或进口港为宜;日常消费品的配送,则宜接近居民生活社区。一般应以进货与出货物品类型特征及交通运输的复杂度,来选择接近上游点或下游点的选址策略。这些都是从感性认知的角度进行决策,还有一些从理性认知的角度进行决策的方法,就是通过选址规划的算法得出最优方案。

影响选址的关键因素和选址规划的主要模型与算法将在第3章详细介绍。

(4) 作业功能与布局规划

物流配送中心的作业功能与布局规划首先须对物流配送中心进行业务分析与需求分析,进行物流配送中心的作业功能规划,即将物流配送中心作为一个整体的物流系统来考虑,依据确定的目标,规划物流配送中心为完成业务而应该具备的物流功能,并进一步进行相应的能力设计。其后,物流配送中心的作业功能与布局规划还必须根据各作业流程、作业区域的功能及能力进行空间区域的布置规划和作业区域的区块布置工作以及标识各作业区域的面积和界限范围等等。

物流配送中心作业功能的规划设计包括三个方面:一是总的作业流程规划;二是作业区域

的功能规划;三是作业区的能力设计。通常的步骤是:针对不同类别的物流配送中心的功能需求和典型的作业流程,设计适合该物流配送中心的作业流程,然后根据确定的作业流程规划物流作业区和外围辅助活动区的功能,最后确定各作业区的具体作业内容和作业能力。

在完成作业功能的规划设计,并确定主要物流设备与外围设施的基本方案后,就可以进行物流配送中心的区域布置规划。物流配送中心区域布置规划的目的是有效地利用空间、设备、人员和能源,最大限度地减少物料搬运,简化作业流程,缩短生产周期,力求投资最低,为员工提供方便、舒适、安全和卫生的工作环境。物流配送中心区域布置规划的一般程序为:规划资料分析→流程分析→作业区域设置→物流相关性分析→活动相关性分析→区域平面布置→修正与调整→方案选择。规划的成果是产生作业区域的布置图,设定各作业区域的面积和界限范围。

关于作业功能与布局规划的具体内容,将在第4章详细介绍。

(5)设施规划与设计

物流配送中心设施的规划与设计涉及到建筑模式、空间布局、设备安置等多方面的问题,需要运用系统分析的方法求得整体优化,最大限度地减少物料搬运、简化作业流程,创造良好、舒适的工作环境。这部分工作主要包括以下内容:库房设计、装卸货平台设计、货场及道路设计和其他建筑设施规划。

其中,库房是任何物流配送中心必不可少的组成部分。物流配送中心的库房主要用于货物的周转、换载、配载、分拣、保管、包装和加工等。根据货物的形态和物流配送中心的主要功能不同,库房主要包括平库、楼库和保温库几种形式。库房设计要关注库房层数、库房净高、库房面积和门窗等的技术指标。

装卸平台是物料在设施流通程序的起点和终点,其安全性需要高度重视,以保障工人作业安全。装卸平台位置的选择应尽量考虑缩短搬运工具(车辆)在库区内的行驶距离。装卸平台布置有合并式和分离式两种模式。从库房建筑物与货车的位置关系定义,最常用的装卸平台可分为穿墙式和开放式。装卸平台的高度是平台设计中的最重要的要素,必须与使用平台的货车相匹配。装卸平台高度调节板安装在平台前端,以消除装卸平台与货车之间的空隙和高度差,便于叉车将货物直接运送上货车或卸下货物。现代化物流机械广泛应用于装卸平台,形成了一系列功能良好的产品。

物流配送中心的货场及道路设计应遵循一定的技术指标,根据物流配送中心的新建或改造项目的不同,可以采用不同的地面形式。物流配送中心的公用设施包括给排水设施、电力设施、供热与燃气设施等。对公用设施进行规划,除了考虑物流配送中心的实际需要外,还要与物流配送中心所在地的市政工程规划相一致。

物流配送中心其他建筑周边设施的规划与设计必须考虑到交通、水电、动力、土建、空调、安全和消防等与厂房建筑相关的周边设施条件。

关于设施规划与设计的具体内容将在第5章详细介绍。

(6)设备选用与设计

物流配送中心的主要作业活动,基本上均与储存、搬运和拣取等作业有关。因此,在物流配送中心的规划与设计中,对物流设备的规划设计和选用成为规划的重要内容。不同功能的物流配送中心需要不同的设备,不同的设备使厂房布置和面积需求发生变化,因此必须按照实际需求选取适合的设备。在总体规划阶段,厂房布置尚未完成,物流设备的设计主要以需求的功能、数量和选用型号等内容为主。在详细规划阶段,必须进行设备的详细规格、标准等内容的设计。

一般地讲,物流配送中心中的主要系统设备包括储存设备、装卸搬运设备、输送设备、分拣设备、包装设备、流通加工设备、集装单元器具、外围配合设备等,如图 2-6 所示。

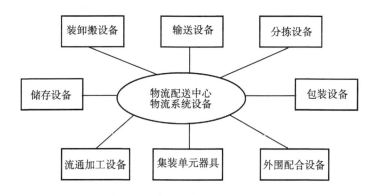

图 2-6　物流配送中心物流作业区域设备构成

对物流配送中心的设备进行正确的选用与设计是保证物流配送中心顺利运作的必要条件。有关物流配送中心设备设计与选择的系统说明将在第 6 章详细介绍。

(7) 作业流程设计

物流配送中心的作用在于"化零为整"和"化整为零",使产品通过它迅速流转。无论是以人工作业为主的物流系统,还是机械化的物流系统,或者是自动化或智能化的物流系统,如果没有正确有效的作业方法配合,那么不论多么先进的系统和设备,也未必能取得最佳的经济效益。总体上讲,物流配送中心的基本作业流程综合归纳为七项作业活动:客户及订单管理,入库作业,理货作业,装卸搬运作业,流通加工作业,出库作业,配送作业。

进行作业流程的设计需要明确这些作业的具体流程、组织管理体系、岗位职责和操作要求。通常在物流配送中心组织管理体系的建设上,应坚持客户服务原则和流程控制原则。客户开发、客户管理、客户服务是物流配送中心业务发展的龙头,应该从组织体系建设上强化这项工作的落实。应该坚持流程控制原则,改变长期以来我国许多单位一直沿用的仓库保管员从收货到发货一人全程负责以及各管一摊、相互独立封闭的传统管理方式。将对外业务受理、单证、资料及账务管理同货物的现场作业、管理业务分开,分别设置业务受理员和理货员岗位进行管理,明确各自的分工范围和岗位职责,实现相互监督、相互制约,改善服务功能,提高作业效率。

在作业流程设计时还需对其相关的作业信息和单据进行设计。物流信息是连接运输、保管、装卸、包装各环节的纽带,没有各物流环节信息的通畅和及时供给,就没有物流活动的时间效率和管理效率,也就失去了物流的整体效率。充分掌握物流信息,能使物流配送中心减少浪费、节约费用、降低成本、提高服务质量,确保物流配送中心在激烈的市场竞争中立于不败之地。因此对作业信息及其单据进行合理设计将有效提高物流配送中心的作业效率。

有关作业流程的设计将在第 7 章中进行详细介绍。

(8) 信息系统规划

信息化、网络化、自动化是物流配送中心的发展趋势。信息系统规划是物流配送中心规划的重要组成部分。当物流配送中心的作业功能、结构、设施规划初步完成后，便可以对物流配送中心的信息系统进行规划。物流配送中心的信息系统规划，既要考虑满足物流配送中心内部作业的要求，有助于提高物流作业的效率；也要考虑同物流配送中心外部的信息系统相连，方便物流配送中心及时获取和处理各种经营信息。一般而言，影响物流配送中心信息系统规划的主要因素包括物流配送中心的业务职能定位、物流配送中心所具备的功能与作业流程、物流配送中心的组织结构及作业内容和物流配送中心的作业管理制度。这里，物流配送中心的业务职能定位将直接影响信息系统边界的划分；物流配送中心所提供的各项功能与服务，将对信息系统的结构产生重要的影响；物流配送中心组织结构和作业项目的分类、作业阶段的划分，将影响信息系统的划分及功能模块的构成方式；物流配送中心的作业管理制度，将影响信息系统的操作、设计、分析方法及其实用性。

不同类型的物流配送中心，工作流程和业务处理环节有所不同，业务规则也千差万别，但其基本功能模块是相同的。综合来看，物流配送中心的管理信息系统应该包含下列基本功能：对物品、设备、人员等系统要素的标准化管理，业务承接，合同管理，入库管理，理货管理，出库管理，车辆调度，货物装车，货物在途监控，到货交接，费用结算，与电子订货系统（EOS）、条码系统、GPS系统、EDI系统的数据接口等。

在信息系统建设上，需要选择合适的开发模式，一般主要有自行开发、系统开发外包、合作开发和直接购买四种模式。在信息系统规划选择相关软件时还必须设计相应的选购策略，主要包括对开发商的评审策略与对外购软件的评估策略。最后，进入系统实施与运行维护阶段时，主要工作内容包括：编程、测试、运行维护等。

有关信息系统的规划将在第8章中进行详细介绍。

**实例2-3 唐山市佳源贸易发展有限责任公司：物流信息化平台建设报告**

唐山市佳源贸易发展有限责任公司（以下简称为："佳源"）创立于1996年，主营业务涉及商贸物流、电子商务、公共仓储、物流金融、精密加工、物流园区六大板块，是河北钢铁唐钢公司、唐钢中厚板材公司、承德钢铁公司等厂家的战略合作伙伴，首钢、鞍钢、济钢的战略合作客户和国家AAAAA级物流企业。

连锁数码仓储管理系统是由佳源自主研发的仓储信息化系统和大型实体仓库组成的开放性仓储管理服务平台，于2010年正式上线投入使用。该平台具备对仓储货物的精准化定位、智能堆码控制、单片级管理和实时动态监控等实用功能。通过连锁数码仓储系统可以对实体仓库中存放的货物进行：物权、数量、材质、堆码、加工、出厂与交易等信息的实时可追溯查询，实现了虚拟仓储的跨区域、跨地域互联，实现了钢铁产品的单品立体化管理和全国范围内的连锁管理。

同时，高效率的连锁数码仓储管理有赖于物流信息技术的全方位支持。连锁数码仓储管理平台还应用了电子数据交换（EDI）、条码（Barcode）、无线电射频（RFID）等物联网技术，并配置了视频监控管理系统，能够满足银行授信的第三方物流监管主体通过互联网实现对质押融资货物的实时动态监管需求。

经综合数据测算，通过连锁数码仓储管理系统进行钢材仓储管理工作，仓储设施综合利用率提升35%以上，仓储管理成本降低15%。

资料来源：http://www.chinawuliu.com.cn/，中国物流与采购联合会。

(9) 自动化立体仓库设计及应用

自动化立体仓库作为物流技术自动化的主要形式,已经在物流配送中心建设中得到广泛应用。

自动化立体仓库是一种用高层立体货架(托盘系统)储存物品,一般采用几层、十几层乃至几十层高的货架储存物品,并用计算机控制管理和专门的仓储作业设备进行存取作业的仓库。仓库的功能从单纯地进行物品储存保管,发展到担负物品的接受、分类、计算、包装、分拣配送、存档等多种功能。这有助于实现高效率物流和大容量储藏,能适应现代化生产和商品流通的需要。

对自动化立体仓库进行设计必须掌握自动化立体仓库的基本内容,了解自动化立体仓库的发展趋势并理解自动化立体仓库的分类与构成。一般而言,按建筑形式自动化立体仓库可以分为整体式和分离式;按货物存取形式可以分为单元式和拣选式;按货架构造形式可分为单元货格式、贯通式、移动式和旋转式货架仓库;按所起的作用可以分为生产性仓库和流通性仓库;按自动化立体仓库与生产联接的紧密程度可分为独立型、半紧密型和紧密型仓库。

自动化立体仓库是机械和电气、强电控制和弱电控制相结合的产品,它主要由货物储存系统、货物存取和传送系统、控制和管理等三大系统所组成,配有与之配套的供电系统、空调系统、消防报警系统、称重计量系统、信息通信系统等。在自动化立体仓库设计时,需要在业务分析和需求分析基础上选择仓库类型和地址,然后进行仓库的布置与规划,最后,进行货架与集装单元选择,存取与传送设备选择以及计算机控制与管理系统的设计等。

有关自动化立体仓库设计及具体应用将在第9章进行详细介绍。

## 2.4 案例:进击的"亚洲一号"——浅析京东商城的智慧物流

2012年京东商城就制定了名为"亚洲一号"的大物流运营策略,并拟定投入超过百亿元人民币的风险投资,在全国建立起完善的物流配送体系。"亚洲一号"物流项目以上海作为一期项目的重要建设支点。据了解,"亚洲一号"的一期上海物流中心占地面积约为8万平方米,京东将其定位为普通尺寸的商品仓库,其总体建筑面积超过10万平方米,在整体工程全部竣工后,京东在上海的配送基地实际使用面积将突破23万平方米。在此基础上,京东将陆续在北京、武汉、沈阳、广州等地建立若干个大型物流支点运营中心,通过该物流中心来提升业务周转能力。

**1. 智能物流平台**

智能物流是指在企业的业务运营中,通过信息技术、先进设施、管理流程等方式,提升企业的整体运营效率。智能物流需要依托于强大的物流平台,包括软件与硬件的整体提升,实现物品在运输、仓储、装卸、搬运等七个环节运作过程中的一体化集成。智能物流平台可以根据消费者的购买量,更加灵活调节配送流程,有利于物流配送资源的整体优化与协调,实现整体运营资源的优化配置。"亚洲一号"物流项目已经成为京东的核心竞争优势来源,它的布局与建设将会更加有利于增强未来20年的电子商务核心能力布局,有利于增强战略投资的回报率。

根据《新闻晨报》资料,"亚洲一号"的上海项目(一期项目),在物流硬件方面,主要配备了自动存取系统(AS/RS)、自动输送设备、高速自动分拣系统等自动化设备,智能物流平台有利于京东建立起自动化程度极高的电子商务订单处理中心,该种条件设施可以大幅提升京东对产品华东区的订单处理能力。商品辐射范围的增强有利于京东提升已有的物流配送速度。现阶段,京东已经在北京、上海等地开展了"极速达"的物流特色服务,京东可以通过已有的智能物流平台在3个小时之内,完成产品的分拣、包装、扫描、发货等一系列的物流标准化运作流程。如消费者在上午9点下单,中午12点就可以收到货品。这种物流服务主要是针对少数对于商品具有时效性要求的用户,当然此种快速物流服务也会收取每单49元的物流配送费用。通过智能物流平台,京东商城逐步实现了物流的整体增值服务,对于用户的购物体验也有了更好的认知。智能物流平台帮助京东实现了整体业务环节的掌控,更加有利于提高整体运营业务的稳定性。

**2. 物流信息系统支撑**

京东智能物流平台之所以能够实现整体的运营掌控,离不开物流信息系统的支撑。物流信息系统的建设具有双向作用。首先,京东可以通过该信息平台更好地掌握其他项目的业务处理速度,掌握用户的整体购物进度。其次,用户也可以利用该平台查询所购买物品的配送进度,并反馈对于物品购买后的使用意见与评价,物流信息系统的支撑有利于供需双方沟通已有的产品信息,帮助企业更好地提升业务的满意程度。物流信息系统可以利用GPS技术实现对于物品及配送人员的定位,而产品的条码技术可以实现短时间内的产品信息录入,提高了物流运作过程中的操作速度。实际上,京东推出的"211限时达""次日达""夜间配"等特色配送服务正是基于物流信息系统的支撑。

对于物资配送流程的掌控,可以帮助京东实现整体业务规划,在"亚洲一号"的战略基础上,配合建设的物流信息系统将会有效地提升物流信息系统的支撑服务,通过对于北京、上海、广州、成都、武汉、沈阳六大核心地区的业务覆盖,物流信息系统将会更加有效地汇总各区域的用户购物习惯与配送数据,合理地开展适合不同业务区域的配送范围。

物流最后一公里,京东可以做得更加细致,通过物流信息系统优化原有的各个服务环节,实现用户对于所购买产品的预定期限与速度,目前该项"预约快递"服务已经陆续到全国近1000个区县,极好地提升了用户的整体购物体验。

**3. 配送区域选址**

智慧物流在具备了硬件条件和软件设施的基础上,要充分考虑配送中心的选址。通常,在火车枢纽城市,具有得天独厚的优势。京东的"亚洲一号"在配送区域的选址上就注重了节点城市的选择,比如,通过上海的布局,可以有效辐射华东地区,建立联通山东、江苏、浙江、安徽、福建等地区,通过公路网与铁路网的多式联运网,极大提升了物资的配送效率。

配送区域的布局可以通过交通项目的站点优化而增强。目前,"亚洲一号"的上海配送中心设计的仓库高度可以达到24米,总体的仓库按照京东的物流运作流程分成3个大型区域。对比超市巨头沃尔玛的仓库布局可以看出,京东的功能区分类将更加有利于进行仓库的多层作业,通过采用全自动化物流设备,该机械化运作将充分减少京东在存取、输送、分拣等环节的人力作业量。除"亚洲一号"的上海物流中心外,京东将根据实际的业务需要,陆续在广州和沈阳打造针对于华南与东北业务大区的配送中心。

据报道,京东的沈阳物流中心占地面积约为17.4万平方米,建筑面积可以达到11.7万平方米。通过配送区域的选址,京东已经陆续建成了六大物流中心和27个城市仓储中心,通过与已有的1000多家配送站共同组成了覆盖全国1188个行政区县的物流网络。此外,配送区域的选址也有利与供应商的整合与统一。从 2010 年京东正式开通线上销售平台以来,其整体销售量大幅提升,市场占有率逐步攀升,并发展为国内第二大网络交易配送市场。

资料来源:曹班石. 进击的"亚洲一号"——浅析京东商城的智慧物流[J]. 信息与电脑,2014(11):69-72.

## 本章小结

物流配送中心的规划与设计是建设物流配送中心的基础性工作,在开展物流配送中心规划与设计时需要遵循需求导向原则、动态原则、经济性原则、交通便利原则、统筹原则和环境保护原则。

物流配送中心是一个复杂的系统工程,作为一个基本建设项目,其规划建设必须按照国家或地方的有关规定,遵循一定的建设程序。一个物流配送中心的规划及建设通常需要经过三个阶段:项目前期工作阶段、施工阶段、竣工验收及生产准备阶段,其中项目前期工作阶段日益受到各方重视。项目前期工作阶段包括形成建设意向、初步选址、编制项目建议书、环保影响评价手续、编制项目的可行性研究报告并论证、筹资及申请投资计划、报建、土地确权、初步设计、施工图设计和办理开工报告。施工阶段包括施工准备工作和施工期间的管理工作。竣工验收及生产准备阶段包括工程质量等级评定、竣工验收、竣工结算、工程资料归档、产权证件的办理和生产准备。

物流配送中心的规划主要包括选址规划、作业功能与布局规划、设施规划与设计、设备设计与选用、作业流程设计和信息系统规划等。物流配送中心选址规划包括两个方面的含义:地理区域的选择和具体地址的选择。物流配送中心的作业功能与布局规划主要包括功能规划与能力设计以及空间布局与区域布置两方面的内容。物流配送中心的设施规划与设计涉及建筑模式、设备安置等多方面的问题,主要包括库房设计、装卸货平台设计、货场及道路设计和其他建筑设施规划等。物流配送中心的设备设计及选用主要包括需求的功能、数量和选用型号等设计内容,具体是针对储存设备、装卸搬运设备、输送设备、分拣设备、包装设备、流通加工设备、集装单元器具、外围配合设备等进行设备的详细规格、标准等内容的设计。物流配送中心的作业流程设计主要是针对客户及订单管理、入库、理货、装卸搬运、流通加工、出库和配送等七项作业进行设计,设计的内容包括明确这些作业的具体流程、岗位职责和操作要求,并对其相关的作业信息和单据进行设计。物流配送中心信息系统规划需要遵循可用性、精确性、及时性、处理异常情况的能动性和主动性、灵活性、易操作性等原则,一般影响物流配送中心信息系统规划的主要因素包括物流配送中心在供应链中的位置、物流配送中心所具备的功能、物流配送中心的组织结构及作业内容、物流配送中心的作业管理规范等,对物流配送中心信息系统进行规划可分为策略规划、实施规划和实施维护三个阶段进行。

## 关键概念

➢ 基本建设程序
➢ 项目建议书
➢ 可行性研究报告
➢ 物流配送中心选址规划
➢ 物流配送中心作业功能与布局规划

- ➢ 物流配送中心的设施规划
- ➢ 物流配送中心的设备设计与选用
- ➢ 物流配送中心作业流程设计
- ➢ 物流配送中心的信息系统规划
- ➢ 自动化立体仓库设计

## 思考题

2.1 物流配送中心规划设计应遵循的原则有哪些？
2.2 物流配送中心的建设程序是怎样的？
2.3 物流配送中心规划设计主要包括哪些内容？
2.4 物流配送中心选址决策包括哪些内容？
2.5 物流配送中心作业功能与布局规划包括哪些内容？
2.6 物流配送中心设施规划与设计是如何进行的？
2.7 物流配送中心的设备设计与选用如何进行？
2.8 物流配送中心作业流程设计包括哪些内容？
2.9 影响物流配送中心信息系统规划的主要因素有哪些？

## 课堂讨论题

2.1 在物流配送中心的规划和设计中应注意哪些问题？

## 补充阅读材料

1. 贾争现. 物流配送中心规划与设计[M]. 2版. 北京：机械工业出版社，2009.
2. 栾建非. 物流配送中心的改造和优化[J]. 信息与电脑，2009(6)：50-54.

# 第 3 章　物流配送中心选址规划

**学习目标**

➢ 掌握物流配送中心选址的原则；
➢ 理解物流配送中心选址应考虑的影响因素；
➢ 了解物流配送中心选址的程序；
➢ 掌握物流配送中心选址的方法。

## 3.1　物流配送中心选址的原则

物流配送中心选址，是指在一个具有若干供应点及若干需求点的经济区域内，选一个地址设置物流配送中心的规划过程。较佳的物流配送中心选址方案是物品通过物流配送中心汇集、中转、分发，直至输送到需求点的全过程的总体效益最好的方案。

物流配送中心的选址过程应同时遵守以下四项原则。

**1. 适应性原则**

物流配送中心的选址应与国家或地区的经济发展方针、政策相适应，与我国物流资源分布和需求分布相适应，与国民经济和社会发展相适应。

**2. 协调性原则**

物流配送中心的选址应将国家或地区的物流网络作为一个大系统来考虑，使物流配送中心的设施设备在地域分布、物流作业生产力、技术水平等方面与整个物流系统协调发展。

**3. 经济性原则**

在物流配送中心的发展过程中，有关选址的费用，主要包括建设费用及物流费用（经营费用）两部分。物流配送中心的选址定在市区、近郊区或远郊区，其未来物流活动辅助设施的建设规模及建设费用，以及运费等物流费用是不同的，选址时应以总费用最低作为物流配送中心选址的经济性原则。

**4. 战略性原则**

物流配送中心的选址应具有战略眼光。一是要考虑全局，二是要考虑长远。局部要服从全局，目前利益要服从长远利益，既要考虑目前的实际需要，又要考虑日后发展的可能。

**实例 3-1　云南新储物流配送中心**

项目建设地点：项目地位于云南昆明经开区洛羊物流片区。

项目建设规模：建设大型的商业物流配送中心，服务于昆明市、滇中城市群及滇中地区城市和农村生活资料、生产资料的物流配送中心，打通城乡流通一体化渠道，建立现代流通机制，精简供应链，创造新价值。云南新储物流配送中心的主要经营战略指标，实现70亿元／年的流通商品价值总规模。

战略构想：项目将引进先进的管理方法与管理技术，构建集中管理、集中拣选、分级配送的现代物流服务平台，打造现代物联网技术应用平台，提供电子商务、展示交易、物流金融、城市配送等一体化服务。重点打造医保药品及基药的结算、储备与配送体系；城市高端消费品或生产资料的配送管理体系。最终成为立足昆明、服务云南、辐射东盟的现代物流及物流网技术应用的示范性服务基地。

围绕这一总体定位，云南新储物流配送中心将重点打造以下分定位：区域医保药品和基药的现代物流中心；区域现代城市配送的公共服务平台；云南物联网信息技术示范性服务基地。

资料来源：http://www.ynxcwl.com/，云南新储物流有限公司．

## 3.2 物流配送中心选址规划所考虑的因素[*]

**1. 经济环境因素**

（1）货流量的大小

物流配送中心设立的根本目的是降低社会物流成本，如果没有足够的货流量，物流配送中心的规模效益便不能发挥。所以物流配送中心的建设一定要以足够的货流量为条件。

（2）货物的流向

货物的流向决定着物流配送中心的工作内容和设施设备配备。对于供应物流来说，物流配送中心主要为生产企业提供原材料、零部件，应当选择靠近生产企业的地点，便于降低生产企业的库存，随时为生产企业提供服务，同时还可以为生产企业提供暂存或发运工作。对于销售物流来说，物流配送中心的主要职能是将产品集结、分拣，配送到门店或用户手上，故应选择靠近客户的地方。

在货物的流向分析上要考虑客户的分布和供应商的分布。

①客户的分布。为了提高服务水准及降低配送成本，物流配送中心多建在城市边缘接近客户分布的地区，如零售商型配送中心，其主要客户是超市和零售店，这些客户大部分是分布在人口密集的地方或大城市，物流配送中心选址要接近这样的城市或区域。

②供应商的分布。供应商的分布地区也是物流配送中心选址应该考虑的重要因素。如果物流配送中心愈接近供应商，则其物品的安全库存可以控制在较低的水平上。因为我国国内一般进货的输送成本是由供应商负担的，因此这个因素往往不受到重视。

**实例3-2 四川打造川东北城市物流中心 加快发展公路港模式**

2015年12月29日，位于四川省东北部的南充现代物流园和南充传化公路港同时开业运营，标志着四川以公路港模式打造川东北城市物流中心进入快速发展阶段。

据了解，现代物流园依嘉陵江而建，占地面积12.9平方公里，距主城区和高坪机场只有几

---

[*] 姜超峰．物流中心模式研究[J]．中国储运，2002(4)：13～19．

公里,规划有公路港、保税物流、大宗货物运输等多个功能区块。传化公路港则是一座城市物流中心综合体,拥有10000多平方米的信息交易中心,500余个停车泊位的智能车源中心,100余平方米的货运班车总站,近10万平方米的仓储配送中心,以及满足单日1000人次的商业消费需求的综合配套区等。

传化集团董事长向记者介绍,南充位于川陕和成渝的中间,辐射周边6个城市,覆盖人口3000万,在这里建设公路港将有利于我国西南全局。

南充传化公路港结合区域经济和物流需求,以公路港为核心,将构建起城市电商中心、区域快递中心、传化汽贸中心三大核心功能模块,打造川东北城市物流中心。过去南充以及周边区域的电商快递货物,必须通过成都或重庆进行中转,再运到南充进行分拨和配送,现在直接运到南充传化公路港内就可以完成,货物送达更快,省去了中转环节。

资料来源:http://www.sc.gov.cn/,四川省人民政府.

(3) 城市的扩张与发展

城市物流配送中心的选址,既要考虑城市扩张的速度和方向,又要考虑节省分拨费用和减少装卸次数。许多老牌企业的仓库,20世纪70年代以前大都处于城乡结合部,不对城市产生交通压力,但随着城市的发展,这些仓库现处于闹市区,大型货车的进出受到管制,铁路专用线的使用也受到限制,不得不选择外迁。大凡道路通达之后,立即就有住宅和工商企业兴起,城市实际上沿着道路一块一块发展着、迁徙着,物流配送中心也不是固守一地的。

(4) 交通条件

交通条件是影响物流的配送成本及效率的重要因素之一,交通运输的不便将直接影响车辆配送的进行。因此必须考虑对外交通的运输通路,以及未来交通与邻近地区的发展状况等因素。物流配送中心选址宜紧临重要的运输线路,以方便配送运输作业的进行。考核交通方便程度的条件有:高速公路、国道、铁路、快速道路、港口、交通限制规定等几种。一般物流配送中心应尽量选择在交通方便如高速公路、国道及快速道路附近的地方,如果以铁路及轮船来当运输工具,则要考虑靠近火车编组站、港口等。对于综合型物流配送中心,一定要选择在两种以上运输方式的交汇地,如港口水运、公路运输、铁路运输、航空运输的各种组合。对于港口物流配送中心,还要选择内河运输与海运的交汇地,既要满足吃水较深、能停靠大型货船的需要,又要克服内河泥沙淤积、河道疏通的困难。对于城市物流配送中心,要选择干线公路或高速公路与城市交通网络的交汇地,还应拥有铁路专用线或靠近铁路货运编组站。

(5) 经济规模的要求

一般认为物资年吞吐量小于30万吨,设置铁路专用线不经济。当物流配送中心位于铁路编组站附近,往往能有较好的车源提供。仓库距编组站在2公里以内不仅基建费用少,而且管理营运费用也少,营运方便。

(6) 人力资源条件

在仓储配送作业中,人力资源是重要的资源需求。由于一般物流作业仍属于劳力密集型的作业形态,在物流配送中心内部必须要有足够的作业人力,因此在决定物流配送中心位置时必须考虑员工的来源、技术水准、工作习惯、工资水准等因素。如果物流配送中心的选址位置附近人口不多且交通又不方便时,则基层的作业人员不容易招募;如果附近地区的薪资水准太高,也会影响到基层的作业人员的招募。因此必须调查该地区的人力、上班交通及薪资水准等评估条件。

**2. 自然环境因素**

(1) 地理因素

城镇的规模应该与物流配送中心的大小相适应。地形对仓库基建投资的影响也很大,地形坡度应在1‰～4‰之间,在外形上可选择长方形,不宜选择狭长或不规则形状;库区设置在地形高的地段,容易保持物资干燥,减少物资保管费用;临近河海地区,必须注意当地水位,不得有地下水上溢;土壤承载力要高,避免地面以下存在淤泥层、流沙层、松土层等不良地质条件,以免受压地段造成沉陷、翻浆等严重后果。另外由于物流配送中心作业比较繁忙,容易产生许多噪音,所以应远离闹市或居民区。应考虑物流配送中心周边不应有产生腐蚀性气体、粉尘和辐射热的工厂,至少应处于这些企业的上风方向。还应与易发生火灾的单位保持一定的安全距离,如油库、加油站、化工厂等。

(2) 气候因素

在物流用地的评估当中,自然条件也是必须考虑的,事先了解当地自然气候环境有助于降低建设的风险。例如在自然环境中有湿度、盐分、降雨量、风向、风力、瞬时风力、地震、山洪、泥石流等几种自然现象,有的地方靠近山边湿度比较高,有的地方湿度比较低,有的地方靠近海边盐分比较高,这些都会影响物品的储存品质,尤其是服饰产品或3C产品(Computer,Communication,Consumer Electronics)等对湿度及盐分都非常敏感。另外降雨量、台风、地震及河川等自然灾害,对于物流配送中心的影响也非常大,必须特别留意并且避免被侵害。选址时要避开风口,因为在风口建设会加速露天堆放物品的老化。

**3. 政策环境因素**

政策环境条件也是物流配送中心选址评估的重点之一,尤其是物流用地取得困难的现在,如果有政府政策的支持,则更有助于物流业者的发展。政策环境条件包括企业优惠措施(土地提供、减税)、城市规划(土地开发、道路建设计划)、地区产业政策等。目前,我国许多城市建立了现代物流园区,其中除了提供物流用地外,也有关于税赋方面的减免,有助于降低物流业者的运营成本。另外,还要考虑土地大小与地价,在考虑现有地价及未来增值状况下,配合未来可能扩充的需求程度,决定最合适的用地面积大小。

## 3.3 物流配送中心选址的程序和步骤

物流配送中心选址规划的程序如图3-1所示。

**1. 选址约束条件分析**

选址规划时,首先要明确建立物流配送中心的必要性、目的和意义。然后根据物流系统的现状进行分析,制定物流系统的基本计划,确定所需要了解的基本条件,以便快速缩小选址的范围。

(1) 需求条件

主要分析物流配送中心的服务对象——顾客的现在分布情况,对其未来分布情况进行预测,分析货物作业量的增长率以及物流配送的区域范围。

(2) 运输条件

应靠近铁路货运站、港口和公共车辆终点站等运输节点,同时也应靠近运输业者的办公地点。

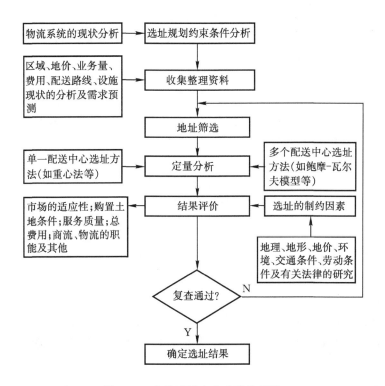

图 3-1　物流配送中心选址的程序

(3) 配送服务的条件

根据客户要求的到货时间、发送频率等计算从物流配送中心到客户的距离和服务范围。

(4) 用地条件

是利用现有土地还是重新征用土地？重新征用土地的成本有多大？地价允许范围内的用地分布情况如何？

(5) 区域规划

根据区域规划的要求，了解选定区域的用地性质，确定是否允许建立物流配送中心。

(6) 流通职能条件

商流职能是否要与物流职能分开？物流配送中心是否也附有流通加工的职能？考虑到通行方便，是否要限定物流配送中心的选址范围？

(7) 其他

不同的物流类别，有不同的选址要求。如货物的冷冻或保温保管、危险品的保管等，对选址都有特殊要求。

**2. 收集整理资料**

选址的方法一般是通过成本计算，也就是将运输费用、配送费用及物流设施费用模型化，根据约束条件及目标函数建立数学公式，从中寻求费用最小的方案。但是，采用这样的选址方法，寻求最优的选址解时，必须对业务量和生产成本进行正确的分析和判断。

(1) 掌握业务量

选址时，应掌握的业务量主要包括：工厂到物流配送中心的运输量、向顾客配送的货物量、物流配送中心保管的物品数量和配送路线上的业务量等。由于这些数量在不同时期会有种种波动，因此，要对所采用的数据进行研究。除了对现状的各项数据进行分析外，还必须确定物流配送中心运行后的预测数据。

(2) 掌握费用

选址时，应掌握的费用主要包括：工厂至物流配送中心之间的运输费、物流配送中心到顾客的配送费、与设施、土地有关的费用及人工费、业务费等。由于运输费和配送费会随着业务量和运送距离的变化而变动，所以必须对每一吨公里的费用进行(成本)分析。

(3) 其他

用地图表示顾客的位置、现有设施的位置和工厂的位置，并整理各候选地址的配送路线及距离等资料；与成本分析结合起来，综合考虑必备车辆数、作业人员数、装卸方式、装卸费用等。

### 3. 地址筛选

在对所取得的上述资料进行充分的整理和分析、考虑各种因素的影响并对需求进行预测后，就可以初步确定选址范围，即确定初始候选地点。

### 4. 定量分析

针对不同情况运用运筹学的原理，选用不同的模型进行计算，得出结果。如对单一物流配送中心进行选址，可以采用重心法等；如果对多个物流配送中心进行选址，可采用鲍摩-瓦尔夫模型等。

### 5. 结果评价

结合市场适应性、购置土地条件、服务质量等，对计算所得结果进行评价，看其是否具有现实意义及可行性。

### 6. 复查

分析其他影响因素对计算结果的相对影响程度，分别赋于它们一定的权重，采用加权法对计算结果进行复查。如果复查通过，则原计算结果即为最终结果；如果复查发现原计算结果不适用，则返回地址筛选阶段，重新分析，直至得到最终结果为止。

### 7. 确定选址结果

在用加权法复查通过后，则计算所得的结果即可作为最终的选址结果。但是所得解不一定为最优解，可能只是符合条件的满意解。

## 3.4　物流配送中心选址方案的经济论证

物流配送中心的建设，尤其是大型配送中心的建设，需要较大规模的投资，在选址方案确定之后，还需要对方案进行经济论证。物流配送中心选址的经济论证，主要包括以下几个方面内容。

### 1. 投资额的确定

物流配送中心的投资主要有以下几个方面：

(1) 预备性投资

物流配送中心是占地较大的项目，因此在基本建设主体投资之前，需有征地、拆迁、市政、交通等预备性的投资，这是一笔颇大的投资，尤其在一些准黄金地域，这项投资可超过总投资额的50%。

(2) 直接投资

用于物流配送中心项目主体的投资,如物流配送中心各主要建筑物建设、货架、叉车、分拣设备的购置及安装费,信息系统的购置安装费,自有车辆的购置费等。

(3) 相关投资

与基本建设及未来经营活动有关的项目,如燃料、水、电、环境保护等,在不同地区都需要一定的投资。在有些地区,相关投资可能很大,如果只考虑直接投资而忽视相关投资,总体投资估计可能发生较大偏差。

(4) 运营费用

不同物流配送中心的选址,也取决于配送产品、配送方式和用户状况。这些因素会造成在运营费用上有较大的差别,在布局时必须重视这些投资因素。有时候建设费用虽低,但运营费用高,在投资中如果不考虑运营费用,则投资效果往往会判断不准。

**2. 投资效果分析和确定**

物流配送中心的选址必须在准确掌握投资额度之后,确认其投资效果,而且以投资效果来指导今后决策。投资效果问题,归根结底是对投资效益的估算。物流配送中心和一般产品生产企业最大的区别在于,物流配送中心没有一定数量、一定质量、一定价格的产品,因而收益计算具有模糊性。此外,在经营活动中,人的因素等不确定因素很多。所以在计算效益时需要对用户、市场占有率等若干方面作不同层次的估计,分别组成不同方案进行比较。

## 3.5 物流配送中心选址模型与方法

1909 年,Weber 研究了在平面上确定一个仓库的位置使得仓库与多个顾客之间的总距离最小的问题(称为 Weber 问题),正式开始了选址理论的研究。1964 年,Hakimi 提出了网络上的 $p$-中值问题与 $p$-中心问题,这篇具有里程碑意义的论文大大激发了选址问题的理论研究,从此,选址理论的研究开始活跃起来。

### 3.5.1 选址问题的分类

按照不同的分类标准,选址问题与模型有许多不同的分类方法(请参考 Daskin 1995)。

**1. 平面选址、网络选址与离散选址**

按照需求和候选设施点的表示方法不同,选址问题可以分为平面选址、网络选址和离散选址。平面选址模型中需求与设施可以在平面上的任何位置,这里的需求通常用空间上的概率分布表示。网络选址模型指的是需求及需求点与设施之间的交通仅限于一个网络上或者是点和线组成的图上。而离散选址则允许点与点之间采用任意的距离,而不是仅限于网络距离,因此这里的网络结构就消失了。

**2. 单设施选址与多设施选址**

按照要选择的设施数目不同,可以分为单设施选址和多设施选址。顾名思义,单设施选址就是仅选择一个设施点,多设施选址就是要选择多个设施点。

**3. 静态选址模型与动态选址模型**

按照输入的数据是否依赖于时间而变化,选址问题可以分为静态选址问题与动态选址问题。静态选址问题里的输入数据是不依赖于时间而变化的,而动态选址问题里的输入数据则依赖于时间而变化,而且决策范围包括多个时间段。这里的输入数据有需求、价格、可得或已存在的候选设施点等。

**4. 确定性模型与随机性模型**

正如模型的输入参数可能是静态的,也可能是动态的,输入参数也可能是确定性的或者随机性的。如果输入参数都是确定性的,那么该问题是确定性的选址问题,如果输入参数中有的是随机性的,则该问题是随机性的选址问题。

**5. 单产品模型与多产品模型**

根据考虑的问题涉及的产品种类多少,选址问题可以分为单产品选址问题与多产品选址问题。

**6. 单目标选址与多目标选址**

根据模型的目标多少,可以分为单目标选址问题与多目标选址问题。选址的目标通常是成本最小、利润最大、服务水平最优、公平性最大、环境污染最小等等,有的时候选址的目标不是单一的,可能会有以上中的多个相互冲突的目标,这就是多目标选址问题。

**7. 有限能力设施选址与无限能力设施选址**

根据假定设施的服务能力是有限的还是无限的,选址模型可以分为有限能力的设施选址与无限能力的设施选址。

**8. 多级选址模型与单级选址模型**

在许多系统中,设施是分级的,如区域物流配送中心与较小规模的物流配送中心,医疗系统中的城市大医院与乡村级的小医院或门诊等。如果要选择的设施是多个级别的,则是多级选址问题,否则为单级选址问题。

**9. 私人部门选址问题与公共部门的选址问题**

根据选址的主体不同,可以分为私人部门选址与公共部门选址问题。私人部门选址问题的投资与收益通常以金钱来衡量,而公共部门的成本与收益则不以金钱来度量,它们更关注的是对公众的影响、福利、便利性以及公平性等。

**10. 吸引设施选址与排斥设施选址**

一些设施对公众有较强的吸引力,他们希望离这些设施近一些,如学校、医院、消防站、邮局、仓库以及某些生产厂。但是,某些对公众的心理和身体产生危害的设施,公众倾向于排斥它们,希望离他们远一些,如垃圾填埋点、监狱、化工厂等。

### 3.5.2 物流配送中心选址方法

选址方法主要有定性和定量的两种方法。定性方法有专家打分法和 Delphi 法等,定量方法有解析法、数学规划方法、多准则决策方法、启发式算法、仿真方法等。

**1. 定性方法**

定性方法是指凭借个人或集体的经验做出决策。其步骤一般为:根据经验确定评价指标,利用该评价指标对候选设施点进行优劣检验,并综合检验结果做出决策。常用的定性决策方法有专家打分法和 Delphi 法等。

**2. 定量方法**

定量方法是对选址因素和目标进行量化,通过求解量化模型或计算量化指标,得到选址结果。主要的定量方法有以下几类。

(1)解析法

解析方法一般是根据距离、需求量、时间等因素,通过坐标表示,以物流配送中心位置为因变量,用代数方法来求解物流配送中心的坐标。解析法中最常用的有重心法、交叉中值法。解析方法考虑影响因素较少,模型简单,主要适用于单个物流配送中心的平面选址问题。对于复杂的选址问题,解析方法常有困难,通常需要借助其他更为综合的分析技术。

(2)数学规划方法

数学规划方法指在一些特定的约束条件下,通过建立数学规划模型和求解方法,从许多可行的方案中挑选出一个最佳的方案。该方法是选址中常用的方法。其优点是它属于精确算法,能获得最优解;不足之处是对一些复杂问题很难建立合适的规划模型;由于大多数选址模型是 NP-hard 问题,很难求得选址模型的最优解。该方法常用的模型有线性规划、非线性规划、整数规划、混合整数规划、动态规划、网络规划算法等。许多选址问题基本都可以用数学规划方法求解,但对于大规模的问题求解往往比较困难。

(3)启发式方法

启发式方法是相对于最优化方法而言的,是一种逐次逼近最优解的方法,该方法对所求得的解进行反复判断、改进,直到满意为止,它常常能够比较有效地处理 NP-hard 问题,因此比较适合于规模较大的选址问题。比较常用的启发式算法有增加算法(Add Algorithm)和删减算法(Drop Algorithm)、拉格朗日松弛算法、短视算法(Myopic Algorithm)、邻域搜索算法(Neighborhood Search Algorithm)、交换(Exchange Algorithm)或替换算法(Substitution Algorithm)以及禁忌搜索算法、遗传算法、模拟退火算法、神经网络算法、蚁群算法等。

启发式方法不能保证得到最优解,但通常可以得到问题的满意解,而且启发式算法相对最优规划方法计算简单,求解速度快。

(4)多准则决策方法

在物流配送中心的选址中除了单准则问题,还有大量的多准则决策问题,多准则选址问题涉及到多个选择方案(对象),每个方案都有若干个不同的准则,要通过多个准则对于方案(对象)做出综合性的选择。物流配送中心的选址常以建设与运作的总成本最小化,满足顾客需求,以及满足社会、环境要求等为准则进行决策。多准则决策的方法包括多指标决策方法与多属性决策方法两种,比较常用的有层次分析法(AHP)、模糊综合评价法、聚类方法、数据包络分析(DEA)、TOPSIS、优序法等等,其中层次分析法和模糊综合评价法在物流配送中心的选址研究中有着较为广泛的应用,但这两种方法都是基于线性的决策思想。在当今复杂多变的环境下,线性的决策思想逐渐地暴露出其固有的局限性,非线性的决策方法是今后进一步研究的重点和趋势(李智桦等 2007)。

(5)仿真方法

仿真方法是试图通过模型重现某一系统的行为或活动,而不必实地去建设并运转一个系统,因为那样可能会造成巨大的浪费,或根本没有可能实地去进行运转试验。在选址问题中,仿真技术可以使分析者通过反复改变和组合各种参数,多次试行来评价不同的选址方案。

仿真方法可描述多方面的影响因素,因此具有较强的使用价值,常用来求解较大型的、无法手算的问题。其不足主要在于仿真方法不能提出初始方案,只能通过对各个已存在的备选方案进行评价,从中找出最优方案,所以在运用这项技术时必须首先借助其他技术找出各初始方案,初始方案的好坏会对最终决策结果产生很大影响。同时,仿真对人和机器要求往往比较高,要求设计人员必须具备丰富的经验和较高的分析能力,而在复杂的仿真系统中对计算机硬件的要求也是比较高的。

以上方法总结如表 3-1 所示。

表 3-1 物流配送中心选址方法总结

| 选址方法 | 优点 | 缺点 | 适用范围 | 典型模型/算法 |
| --- | --- | --- | --- | --- |
| 定性方法 | 注重历史经验,操作简单易行 | 极易犯主观主义和经验主义的错误,当候选设施点较多时,该方法决策较为困难,决策的可靠性不高 | 候选设施点数目较少,有类似选址经验可供借鉴 | 专家打分法、Delphi 法 |
| 解析法 | 考虑的影响因素较少,模型简单 | 难于求解规模较大的问题 | 单配送中心的平面选址问题 | 重心法、交叉中值模型 |
| 数学规划方法 | 属于精确算法,能获得最优解 | 复杂问题难于建模,大规模问题难于求解 | 选址要素都可以量化的选址问题 | 鲍摩-瓦尔夫模型、奎汉-哈姆勃兹模型、$P$-中值模型、$P$-中心模型、覆盖模型、无限服务能力带选址费用的选址模型、有限服务能力带选址费用的选址模型、多产品模型、动态模型 |
| 启发式方法 | 计算简单,求解速度快 | 通常得不到最优解,而且无法判断解的好坏 | 难于精确计算或计算需时过长的大规模问题 | 增加算法、删减算法、拉格朗日松弛算法、短视算法、邻域搜索算法、交换算法、禁忌搜索算法、遗传算法、模拟退火算法、神经网络算法、蚁群算法 |
| 多准则决策方法 | 考虑要素全面,既可考虑定性因素,又可考虑定量因素 | 基于线性的决策思想;主观性色彩较浓 | 考虑多个准则并综合评价选址方案;同时考虑定量和定性因素 | 层次分析法、模糊综合评价法、聚类方法、数据包络分析、TOPSIS、优序法 |
| 仿真方法 | 可描述多方面的影响因素,可求解大规模的难于计算的问题 | 需要进行相对比较严格的模型的可信性和有效性的检验;不能提出初始方案,必须借助其他技术找出各初始方案;对人和机器要求往往比较高 | 常用来求解较大型的、无法手算的问题 | 离散仿真、动态仿真、随机仿真等 |

### 3.5.3 节点间距离的计算

选址问题模型中,最基本的一个参数是各个节点之间的距离。有三种方法来计算节点之间的距离,一种是直线距离,也叫欧几里德距离(Euclidean Metric),该距离主要用于平面选址问题,点与点之间没有障碍物,可以直达;另一种是折线距离(Rectilinear Metric),也叫城市距离(Metropolitan Metric)或直角距离,该距离多用在道路较为规则的城市中的物流配送中心选址问题;还有一种是更为一般的 $l_p$ 距离,该距离是直线距离与折线距离的推广,多用于纯粹的理论研究。目前的实践中,物流配送中心的选址主要使用直线距离与折线距离。

**1. 直线距离**

区域内两点 $(x_i, y_i)$ 和 $(x_j, y_j)$ 间的直线距离 $d_{ij}$ 的计算公式为

$$d_{ij} = \omega_{ij} \sqrt{(x_i - x_j)^2 + (y_i - y_j)^2} \tag{3-1}$$

其中,$\omega_{ij}(\geqslant 1)$ 称为迂回系数,一般可取定一个常数。当 $\omega_{ij}$ 取为 1 时,$d_{ij}$ 为平面上的几何直线距离。$\omega_{ij}$ 取值的大小要视区域内的交通情况,在交通发达地区,$\omega_{ij}$ 取的值较小;反之,$\omega_{ij}$ 的取值较大。比如在美国大陆,$\omega_{ij}$ 可能是 1.2,而在南美洲,$\omega_{ij}$ 则可能是 1.26。

**2. 折线距离**

区域内两点 $(x_i, y_i)$ 和 $(x_j, y_j)$ 间的折线距离的计算公式为

$$d_{ij} = \omega_{ij}(|x_i - x_j| + |y_i - y_j|) \tag{3-2}$$

其中,$\omega_{ij}(\geqslant 1)$ 含义同上。

**3. $l_p$ 距离**

区域内两点 $(x_i, y_i)$ 和 $(x_j, y_j)$ 间的 $l_p$ 距离的计算公式为

$$d_{ij} = \omega_{ij}(|x_i - x_j|^p + |y_i - y_j|^p)^{\frac{1}{p}} \tag{3-3}$$

其中,$\omega_{ij}(\geqslant 1)$ 含义同上。当 $p = 1$ 时,即为折线距离,当 $p = 2$ 即为直线距离。

### 3.5.4 典型选址方法、模型及算法

物流配送中心的地址几乎决定了整个物流系统的模式、结构和形状。物流配送中心选址决策包括设施的数量、位置、规模以及需求在设施间的分配。下面介绍几种常用的方法。

**1. 定性方法**

德尔菲法(Delphi Method)是一种常用的定性分析方法。该方法是在 20 世纪 40 年代由 O. 赫尔姆和 N. 达尔克首创,经过 T.J. 戈尔登和兰德公司进一步发展而成的。

德尔菲法又名专家意见法,是依据系统的程序,采用匿名发表意见的方式,即专家之间不得互相讨论,不发生横向联系,只能与调查人员发生关系,通过多轮次调查专家对问卷所提问题的看法,经过反复征询、归纳、修改,最后汇总成专家基本一致的看法,作为选址的结果。这种方法具有广泛的代表性,较为可靠。

德尔菲法的具体实施步骤如下:

①组成专家小组。按照选址因素和原则,确定专家。专家人数的多少,可根据选址规模的

大小和复杂程度而定,一般不超过 20 人。

②向所有专家提出所要选址的问题及有关要求,并附上有关这个问题的所有背景材料,同时请专家提出还需要什么材料。然后,由专家做书面答复。

③各个专家根据他们所收到的材料,提出自己的选址意见,并说明自己是怎样利用这些材料并提出选址的。

④将各位专家第一次判断意见汇总,列成图表,进行对比,再分发给各位专家,让专家比较自己同他人的不同意见,修改自己的意见和判断。也可以把各位专家的意见加以整理,或请身份更高的其他专家加以评论,然后把这些意见再分送给各位专家,以便他们参考后修改自己的意见。

⑤将所有专家的修改意见收集起来,汇总,再次分发给各位专家,以便做第二次修改。逐轮收集意见并为专家反馈信息是德尔菲法的主要环节。收集意见和信息反馈一般要经过三、四轮。在向专家进行反馈的时候,只给出各种意见,但并不说明发表各种意见的专家的具体姓名。这一过程重复进行,直到每一个专家不再改变自己的意见为止。

⑥对专家的意见进行综合处理。

德尔菲法同常见的召集专家开会、通过集体讨论、得出一致预测意见的专家会议法既有联系又有区别。德尔菲法能发挥专家会议法的优点,即 a)能充分发挥各位专家的作用,集思广益,准确性高。b)能把各位专家意见的分歧点表达出来,取各家之长,避各家之短。同时,德尔菲法又能避免专家会议法的缺点:a)权威人士的意见影响他人的意见;b)有些专家碍于情面,不愿意发表与其他人不同的意见;c)出于自尊心而不愿意修改自己原来不全面的意见。德尔菲法的主要缺点是过程比较复杂,花费时间较长。

**2. 解析法**

解析法主要解决单一设施的选址问题,有重心法和交叉中值法等。

(1) 重心法

所谓重心法是将物流系统的需求点看成是分布在某一平面范围内的物体系统,各点的需求量和资源分别看成是物体的重量,物体系统的重心将作为物流网点的最佳设置点,利用确定物体重心的方法来确定物流网点的位置。

当配送货物的目的地非常明确,选址的因素主要考虑运费率和该点的货物吞吐量。用运量乘以到该点的货物运输费率,再乘以到该点的距离,求出上述乘积之和(即总运输成本),选择计算结果最小的位置点。即:

$$\min TC = \sum_{i} V_i R_i d_i \qquad (3-4)$$

其中,$TC$ —运输总成本;

$V_i$ — $i$ 点的运输量;

$R_i$ —到 $i$ 点的运输费率;

$d_i$ —从位置待定的物流中心到 $i$ 点的距离。

$$d_i = K \sqrt{(X_i - \overline{X})^2 + (Y_i - \overline{Y})^2} \qquad (3-5)$$

(3-5)式中,$K$ 代表一个度量因子,将坐标轴上的坐标单位转换为各通用的距离度量单位如公里。

$\overline{X}$，$\overline{Y}$ —位置待定的物流配送中心的坐标；

$X_i$，$Y_i$ —需配送货物地点的坐标。

分别求 TC 对 X 和 Y 的偏导，设定其等于零，解两个方程，可以得到物流配送中心位置的坐标值。其精确中心的坐标值为：

$$\overline{X} = \frac{\sum\limits_i V_i R_i X_i / d_i}{\sum\limits_i V_i R_i / d_i} \quad (3-6)$$

$$\overline{Y} = \frac{\sum\limits_i V_i R_i Y_i / d_i}{\sum\limits_i V_i R_i / d_i} \quad (3-7)$$

上式右端 $d_i$ 中仍含未知数 $\overline{X}$，$\overline{Y}$ 故不能一次求得显解，但可采用逐步逼近算法求得最优解，该算法其求解过程包括以下 7 个步骤：

①确定各需求地点的坐标 $X_i$，$Y_i$，同时确定各点货物需求量和直线运输费率。

②不考虑距离因素 $d_i$，用重心公式估计初始选址点：

$$\overline{X} = \frac{\sum\limits_i V_i R_i X_i}{\sum\limits_i V_i R_i} \quad (3-8)$$

$$\overline{Y} = \frac{\sum\limits_i V_i R_i Y_i}{\sum\limits_i V_i R_i} \quad (3-9)$$

③根据式(3-5)，用步骤②得到的 $\overline{X}$，$\overline{Y}$ 计算 $d_i$。（这里先不用度量因子 $K$）

④将 $d_i$ 代入式(3-6)和(3-7)，解出修正的 $\overline{X}$，$\overline{Y}$ 的坐标值。

⑤根据修正的 $\overline{X}$，$\overline{Y}$ 再重新计算 $d_i$。

⑥重复步骤 4 和 5 直至 $\overline{X}$，$\overline{Y}$ 的值在连续迭代过程中都不再变化，或变化很小，继续计算没有意义。

⑦根据式(3-4)计算最优的选址总成本。

由上可知，应用迭代法的关键是给出物流配送中心的初始地点($X$，$Y$)。通常的做法是将配送需求点之间的重心点作为初始地点，故这种方法常常叫重心法。也可采用任选一地点的方法，还可以根据各配送需求点的位置和商品需要量的分布情况选取初始地点。初始地点的选取方法可以不同。求解重力模型也可采用不动点算法求得最优解。除此之外，还可以用几何实验法，将需求点看成是分布在某一平面范围内的物体系统，各点的需求量和资源量分别看成是物体的重量，物体系统的重心点将作为物流网点的最佳设置点。

求解物流配送中心最佳地址的模型有离散型和连续型两种。重心法模型是连续型模型，相对于离散型模型来说，其物流配送中心地点的选择是不加特定限制的，有自由选择的长处。

但是,重心法模型的自由度过多也是一个缺点,因为由迭代法计算求得的最佳地址,实际上往往很难找到,有的地点很可能在河流湖泊上或街道中间等。此外,迭代计算非常繁琐,也是连续型模型的缺点之一。重心法将运输费用作为唯一的影响因素,忽略其他的重要因素,并且将运输路线简化为直线,与实际情况差距也较大。

(2)交叉中值模型

在城市内建立物流设施,不可能不受限制任意选址,可能的情况是只能沿着相互交叉的街道选择某一处地点。交叉中值模型就是将城市内道路网格作为选址范围的一种单一设施选址方法。应用条件同样是已知各服务对象在城市内的地理位置,需要的物流量,并且单位服务费用已知。选址的依据是设施到各个服务对象的绝对距离综合最小。中值法将加权的城市距离和最小作为目标函数,即总费用=设施到需求点的折线距离×需求量。求解函数最后得到的最好位置可能是一个点或一条线段或一个区域。

目标函数为:

$$H = \sum_{i=1}^{n} \omega_i \{|x_0 - x_i| + |y_0 - y_i|\}$$

其中,$\omega_i$——第 $i$ 个需求点的需求量;

$x_i, y_i$——第 $i$ 个需求点的坐标;

$x_0, y_0$——物流配送中心的坐标;

$n$——需求点的总数目。

显然,目标函数可以分解为两个互不相干的部分之和:

$$H = \sum_{i=1}^{n} \omega_i |x_i - x_0| + \sum_{i=1}^{n} \omega_i |y_i - y_0| = H_x + H_y$$

其中,

$$H_x = \sum_{i=1}^{n} \omega_i |x_i - x_0|,$$

$$H_y = \sum_{i=1}^{n} \omega_i |y_i - y_0|$$

因此,求 min $H$ 的最优解等价于求 $H_x$ 和 $H_y$ 的最小值点。

对于 $H_x$,因为

$$H_x = \sum_{i=1}^{n} \omega_i |x_i - x_0| = \sum_{i \in \{i | x_i \leqslant x_0\}} \omega_i (x_i - x_0) + \sum_{i \in \{i | x_i \geqslant x_0\}} \omega_i (x_0 - x_i)$$

由于 $x_0$ 在区域内可连续取值,求上式的极小值点,可对 $H_x$ 求微分并令其为零,得

$$\frac{dH_x}{dx_0} = \sum_{i \in \{i | x_i \leqslant x_0\}} \omega_i - \sum_{i \in \{i | x_i \geqslant x_0\}} \omega_i = 0$$

即

$$\sum_{i \in \{i | x_i \leqslant x_0\}} \omega_i = \sum_{i \in \{i | x_i \geqslant x_0\}} \omega_i$$

上式证明了当 $x_0$ 是最优解时,其两方的权重都为 50%,即 $H_x$ 的最优值点是 $x_0$ 在 $x$ 方向对所有的权重 $\omega_i$ 的中值点。同样可得 $H_y$ 的最优值点 $y_0$ 是在 $y$ 方向对所有的权重 $\omega_i$ 的中值点,即 $y_0$ 需满足

$$\sum_{i \in \{i | y_i \leqslant y_0\}} \omega_i = \sum_{i \in \{i | y_i \geqslant y_0\}} \omega_i$$

**3. 数学规划方法**

数学规划方法主要用于处理多个物流配送中心选址问题。如果要配送的货物范围分布广,用一个物流配送中心无法满足需求,就需要考虑设立两个或多个物流配送中心。实际上几乎所有的大公司的物流系统都有一个以上的物流配送中心,由于这些物流配送中心不能看成是经济上相互独立的,且可能的选址布局方案很多,所以问题比较复杂。

选址问题是一个普遍问题。将物流配送中心选址问题作为一类普遍问题进行研究,一般地可以归结为这样几个基本规划问题:

①物流网络中应该有多少个物流配送中心?这些物流配送中心应该有多大规模?位于什么地点?

②哪些用户指定由哪个物流配送中心负责供应?

③各物流配送中心都存放哪些产品?哪些产品可以直接从生产厂运到用户手中?

已经有很多学者设计了很多种方法解决上述部分或全部问题。下面介绍一些常用的多物流配送中心选址方法。

(1)鲍摩－瓦尔夫(Baumol-Wolfe)模型

对于从几个工厂经过几个物流配送中心向用户输送货物的问题,物流配送中心的选址分析一般只考虑运费为最小时的情况。

这里需要考虑的问题是:各个工厂向哪些物流配送中心运输多少商品?各个物流配送中心向哪些用户发送多少商品?

总费用应包括以下内容:

$c_{ki}$——从工厂 $k$ 到物流配送中心 $i$ 发送单位运量的运输费;

$h_{ij}$——从物流配送中心 $i$ 向用户 $j$ 发送单位运量的发送费;

$c_{ijk}$——从工厂 $k$ 通过物流配送中心 $i$ 向用户 $j$ 发送单位运量的运费,即 $c_{ijk}=c_{ki}+h_{ij}$;

$X_{ijk}$——从工厂 $k$ 通过物流配送中心 $i$ 向用户 $j$ 运送的运量;

$W_i$——通过物流配送中心 $i$ 的运量,即 $W_i=\sum_{j,k}X_{ijk}$;

$v_i$——物流配送中心 $i$ 的单位运量的可变费用;

$F_i$——物流配送中心 $i$ 的固定费用(与其规模无关的固定费用)。

故总费用函数为

$$f(X_{ijk})=\sum_{i,j,k}(c_{ki}+h_{ij})X_{ijk}+\sum_i v_i(W_i)^\theta+\sum_i F_i r(W_i)$$

式中,$0<\theta<1$,$r(W_i)=\begin{cases}0\ (W_i=0)\\1\ (W_i>0)\end{cases}$

总费用函数 $f(X_{ijk})$ 的第一项是运输费和发送费,第二项是物流配送中心的可变费用,第三项是物流配送中心的固定费用(这项费用函数是非线性的)。

该模型的计算方法是首先给出费用的初始值,求初始解;然后进行迭代计算,使其逐步接近费用最小值。

这个模型属于离散选址模型,具有一些优点,但也有一些缺点,列举如下,使用时应加以注意。

该模型的优点主要有:计算比较简单;能评价物流过程的总费用(运费、保管费和发送费之和);能求解物流配送中心的通过量,即决定物流配送中心规模的目标;根据物流配送中心可变费用的特点,可以采用大批量进货的方式。

该模型的缺点主要是:由于采用的是逐次逼近法,所以不能保证必然会得到最优解。此外,由于选择备选地点的方法不同,有时求出的最优解中可能出现物流配送中心数目较多的情况。也就是说,还可能有物流配送中心数更少、总费用更小的解存在。因此,必须仔细研究所求得的解是否为最优解。此外,物流配送中心的固定费用没在所得的解中反映出来。

(2)奎汉-哈姆勃兹(Kuehn-Hamburger)模型

奎汉-哈姆勃兹模型是多个物流设施选址的典型方法。在模型中考虑了多个结构化因素的影响:供货点到物流设施的运输费用、物流设施到用户的运输费用、物流设施固定费用及运营管理的可变费用、设施的个数、容量限制,其目标是费用之和最小。模型更加贴近实际。但也有其不足之处,模型没有考虑物流设施像建设费用这样的固定资产所产生的固定费用,也没有考虑物流中心总体的容量限制。另外,当供货点、物流设施备选点、客户数量较多的情况下,其计算量非常庞大,不易求解。此外,它仅从费用角度来进行选址,忽略了社会效益、环境影响等因素(郑畅 2004)。

具体模型如下:

$$\min f(x) = \sum_{hijk}(A_{hij}+B_{hjk})X_{hijk} + \sum_{j}F_{j}Z_{j} + \sum_{hj}S_{hj}(\sum_{ik}X_{hijk}) + \sum_{hk}D_{hk}T_{hk}$$

$$\text{s.t.} \sum_{ij}X_{hijk} = Q_{hk},$$

$$\sum_{jk}X_{hijk} \leqslant Y_{hi},$$

$$I_{j}\sum_{hjk}X_{hijk} \leqslant W_{j}.$$

式中:$h$—产品$(1,\cdots,p)$;

$i$—供货点$(1,\cdots,q)$;

$j$—物流中心$(1,\cdots,r)$;

$k$—客户$(1,\cdots,s)$;

$A_{hij}$—从供货点$i$到物流中心$j$运输产品$h$时的单位运输费用;

$B_{hjk}$—从物流中心$j$到客户$k$运送产品$h$时的单位运输费用;

$X_{hijk}$—从供货点$i$经过物流中心$j$向客户$k$运输产品$h$的数量;

$F_{j}$—在物流中心$j$期间的平均固定管理费用;

$Z_{j}$—当$\sum_{hik}X_{hijk}>0$时取1,否则取0;

$S_{hj}\sum_{ik}X_{hijk}$—在物流中心$j$中,为保管产品$h$而产生的部分可变费用(管理费、保管费、税金以及投资利息等);

$D_{hk}(T_{hk})$—向客户$k$运送产品$h$时,因为延误时间$T$而支付的损失费;

$Q_{hk}$——客户 $k$ 需要产品 $h$ 的数量;

$W_j$——物流中心 $j$ 的能力;

$Y_{hi}$——提供产品 $h$ 的供货点 $i$ 的能力;

$I_j \sum\limits_{hjk} X_{hijk}$——各供货点由物流中心 $j$ 向所有客户运送产品的最大库存定额;

$f(x)$——总费用。

(3) $P$ 中值模型 (P-Median Problem)

$P$ 中值选址问题是选定 $P$ 个设施的位置,使全部或平均性能最优的问题。通常是使成本最小,也可以是使总(平均)运输距离最小,使总(平均)需求权距离最小,使总运输时间最少,或者使总运输费用最小等,故又称为最小和问题。这里的距离指需求点与最近设施之间的距离,需求权距离指需求点的需求量和该需求点与最近设施的距离的乘积。这种目标通常在企业问题中应用,如工厂、仓库的选址等,所以又叫"经济效益性"目标。公共设施的选址也可以采用这个标准衡量选址的效率,如学校、图书馆、邮局的选址等,故有人也称之为"集体福利性"目标。若 $P=1$,则该模型为单设施选址问题。

网络上的 $P$ 中值问题是由 Hakimi(1964) 首先提出的,他同时给出一个著名的顶点最优性质:网络上的 $P$ 中值问题至少有一个最优解完全由网络的顶点构成。这个性质把求解网络选址问题在某种意义上归结为求解离散选址问题,从而大大缩小了搜索空间。网络上的 $P$ 中值问题分为绝对 $P$ 中值问题(设施可安置在网络上的任何地方)和顶点 $P$ 中值问题(设施只能安置在网络的顶点),由于顶点最优性质,严格区分它们意义不大,故一般不加区分。

$P$ 中值模型:

输入参数:

$h_i = i$ 点的需求;

$d_{ij} =$ 需求点 $i$ 与候选点 $j$ 间的距离;

$P=$ 待选设施的数目。

决策变量:

$$X_j = \begin{cases} 1, \text{如果在候选点 } j \text{ 选址}; \\ 0, \text{否则}。 \end{cases}$$

$$Y_{ij} = \begin{cases} 1, \text{如果需求点 } i \text{ 被设施 } j \text{ 服务}; \\ 0, \text{否则}。 \end{cases}$$

模型:

$$\min \sum_i \sum_j h_i d_{ij} Y_{ij}$$

$$\text{s.t.} \sum_j Y_{ij} = 1, \forall i \tag{3-10}$$

$$\sum_j X_j = P, \tag{3-11}$$

$$Y_{ij} - X_j \leqslant 0, \forall i,j \tag{3-12}$$

$$X_j = 0,1, \forall j \tag{3-13}$$

$$Y_{ij} = 0,1, \forall i,j \tag{3-14}$$

目标是使总的需求权距离最小化。约束(3-10)要求每个需求点恰好分配给一个设施;约束(3-11)要求恰好选择 $P$ 个设施;约束(3-12)说明只有在 $j$ 点选择了设施,$i$ 点的需求才能被分配到设施 $j$;最后两个约束是整数约束。该模型的解法有短视算法(Myopic Algorithm)、邻域搜索算法(Neighborhood Search Algorithm)、交换(Exchange Algorithm)或替换算法(Substitution Algorithm)等。具体步骤见参考文献 Daskin(1995)。

(4)$P$ 中心模型($P$-Center Problem)

$P$ 中心问题是指选定 $P$ 个设施的位置,使最坏的情况最优,如使最大反应时间最小、使需求点与最近设施的最大距离最小或使最大损失最小等,所以也叫极小化极大问题,最优目标值也叫 $P$ 半径。这是一种保守的方法,通常在军队、医院、紧急情况和有服务标准承诺的服务行业(如比萨店承诺半小时内把订餐送到)中使用,有时也称作"经济平衡性"。

网络上的 $P$ 中心问题也是 Hakimi 首先提出的,它分为绝对 $P$ 中心问题和顶点 $P$ 中心问题,后者相对简单一点。和覆盖问题一样,Hakimi 的顶点最优性质对 $P$ 中心问题也未必正确,通常绝对中心问题的解要好于顶点中心问题的解。Minieka(1977)给出了 $P$ 中心问题的伪顶点最优性质:对任何网络,存在顶点的一个有限扩充集合至少包含绝对 $P$ 中心问题的一个最优解。这个扩充集合也是很容易找到的,从而把无限搜索空间简化为有限搜索空间。

若 $P$ 是定值,顶点 $P$ 中心问题和绝对 $P$ 中心问题都可在多项式时间内求解,对前者可以枚举所有可行解,从而可在多项式时间内求解。根据伪顶点最优性质,绝对中心问题可以转化为扩大网络上的顶点中心问题,从而也可在多项式时间内求解。若 $P$ 是变量,两种 $P$ 中心问题都是 NP 完全的,一般网络上的 $P$ 中心问题也是 NP 完全的,为算法设计指明了方向。

顶点 $P$ 中心模型:

输入参数:

$d_{ij}$ = 需求点 $i$ 到设施点 $j$ 的距离;

$h_i$ = $i$ 点的需求;

$P$ = 待选设施的数目.

决策变量:

$$X_j = \begin{cases} 1, \text{如果在候选点 } j \text{ 选址}; \\ 0, \text{否则}。 \end{cases}$$

$Y_{ij}$ = 需求点 $i$ 被设施 $j$ 满足的部分需求;

$W$ = 需求点与最近设施的最大距离。

模型:

$$\min W$$

$$\text{s.t.} \sum_j Y_{ij} = 1, \forall i \tag{3-15}$$

$$\sum_j X_j = P, \tag{3-16}$$

$$Y_{ij} \leqslant X_j, \forall i,j \tag{3-17}$$

$$W \geqslant \sum_j d_{ij} Y_{ij}, \forall i \tag{3-18}$$

$$X_j = 0,1, \forall j \tag{3-19}$$

$$Y_{ij} \geqslant 0, \forall i,j \tag{3-20}$$

目标是最小化需求点与最近物流设施的最大距离；约束(3-15)规定需求点 $i$ 必须指派给某个物流设施点 $j$；约束(3-16)要求选择 $P$ 个物流设施；约束(3-17)规定只有 $j$ 点选择了物流设施，需求点 $i$ 才能分配给该物流设施；约束(3-18)规定需求点与物流设施间的最大距离必须大于任何需求点与其最近物流设施的距离；最后两个约束是整数和非负约束。该模型的算法请见参考文献 Daskin(1995)。

(5) 覆盖模型

设施 A 覆盖需求点 B 是指 A 能在规定的时间或距离内服务 B。覆盖问题主要有两种基本的模型：集合覆盖模型和最大覆盖模型。集合覆盖模型是 1971 年 Toregas 等首先提出的，即用最少的设施安置费去覆盖所有需求点，当每个设施的安置费相同时，问题简化为用最少的设施覆盖所有的需求点。由于集合覆盖模型要覆盖所有的需求点，所需设施数往往过大而超过实际承受能力，而且没有区分各需求点，人们自然会想到先固定设施数目，再确定它们的位置使得覆盖尽可能多的需求点或需求量，这就是 Church 和 ReVelle(1974) 提出的最大覆盖模型。

集合覆盖模型：

输入参数：

$$a_{ij} = \begin{cases} 1, \text{如果候选点 } j \text{ 覆盖需求点 } i; \\ 0, \text{否则}. \end{cases}$$

$f_j =$ 在点 $j$ 选址的费用。

决策变量：

$$X_j = \begin{cases} 1, \text{如果在候选点 } j \text{ 选址}; \\ 0, \text{否则}。 \end{cases}$$

模型：

$$\min \sum_j f_j X_j$$

$$s.t. \sum_j a_{ij} X_j \geqslant 1, \quad \forall i$$

$$X_j = 0,1, \quad \forall i$$

决策目标是使选址成本最小化，第一个约束规定每一个需求点 $i$ 必须至少被一个设施覆盖。这是一个 0-1 整数规划问题，可以采用分支定界方法求解，也可以采用优化软件求解，如 Lindo、Lingo、ILOG CPLEX、Matlab 等。

最大覆盖选址模型：

输入参数：

$h_i = $ 需求点 $i$ 的需求；

$P = $ 待选址设施的个数；

决策变量：

$$Z_i = \begin{cases} 1, \text{如果点 } i \text{ 被覆盖;} \\ 0, \text{否则}. \end{cases}$$

模型：

$$\max \sum_i h_i Z_i$$

$$s.t. Z_i \leqslant \sum_j a_{ij} X_j, \quad \forall i$$

$$\sum_j X_j \leqslant P,$$

$$X_j = 0, 1, \quad \forall j$$

$$Z_i = 0, 1, \quad \forall i$$

决策目标是使被覆盖的需求最大化。第一个约束规定只有至少一个可覆盖 $i$ 的设施被选择，需求点 $i$ 才能被覆盖。第二个约束要求选择的设施数不超过 $P$。最后两个约束是 $0-1$ 约束。求解方法可以采用贪婪增加算法、拉格朗日（Lagrangian）松弛算法等，具体见参考文献 Daskin（1995）。

Hakimi 的顶点最优性质对两种覆盖模型都不成立，通常设施可安置在网络的任何地方时的解好于（即对应的目标值更小）设施只能安置在网络顶点时的解。不过，Church 和 Meadow（1979）给出了一个很类似顶点最优性质的伪顶点最优性质：对任何网络，存在顶点的一个有限扩充集合（很容易找到）至少包含集合覆盖或最大覆盖模型的一个最优解。和集合覆盖模型一样，最大覆盖模型也可能有多个解，Daskin（1983）把重复覆盖最大作为第二目标，并引入了设施忙的概率，目标是确定给定数目的设施的位置，使得设施覆盖需求的期望数最大，故又称为最大期望覆盖模型。和 $P$ 中值问题一样，一般网络上的集合覆盖问题和最大覆盖问题都是 NP 完全的。

(6) 无限服务能力带选址费用的选址模型

输入参数：

$f_j = $ 候选点 $j$ 的选址费用；

$h_i = i$ 点的需求；

$d_{ij} = $ 需求 $i$ 到设施点 $j$ 的距离；

$\alpha = $ 单位距离单位需求的费用。

决策变量：

$$X_j = \begin{cases} 1, \text{如果在候选点 } j \text{ 选址;} \\ 0, \text{否则}. \end{cases}$$

$Y_{ij} = $ 需求点 $i$ 被设施 $j$ 满足的部分需求。

模型：

$$\min \sum_j f_j X_j + \alpha \sum_i \sum_j h_i d_{ij} Y_{ij}$$

$$s.t. \sum_j Y_{ij} = 1, \quad \forall i$$

$$Y_{ij} \leqslant X_j, \quad \forall i,j$$

$$X_j = 0,1, \forall j$$

$$Y_{ij} \geqslant 0, \quad \forall i,j$$

决策目标是使总费用最小化，包括选址费用和运输费用。约束条件的含义和前面的解释一样。求解方法主要有启发式构造算法、启发式改进算法、拉格朗日松弛算法、基于对偶的方法等。

启发式构造方法包括增加算法（Add Algorithm）和删减算法（Drop Algorithm）。增加算法是受到开始增加设施会减少费用的直觉观察，该算法"贪婪"的增加设施，直到增加任何一个设施总费用都增加为止。这里"贪婪"的意思是指增加某设施时总成本的减少幅度最大。删减算法与增加算法类似，它是在所有的候选设施点上都安置设施，然后逐次"贪婪"地删掉一些设施，直到删掉任何一个设施总费用都增加为止，这里的"贪婪"指的是减少某设施时总成本的减少幅度最大。算法的具体细节请见参考文献（Daskin 1995）。启发式改进算法是对由构造算法得到的初始解进行改进，直到无法再改进为止，例如，交换启发式算法和邻域搜索启发式算法。

(7) 有限服务能力带选址费用的选址模型

以上模型中的设施基本都假定为服务能力是无限的，事实上，每个设施的服务能力都是有限的。当需求超过设施的服务能力时，以上模型得到的解往往是不合理的。为此，有些模型通过引入设施的能力修正了这个不足，有限服务能力带选址费用的选址模型就是其中之一。

该模型分为两类，单阶段模型和多阶段模型。

①单阶段模型（Single-Stage Capacitated Facility Location Problem）

首先引入新的参数：

$$k_j = 设施 j 的服务能力。$$

则模型为：

$$\min \sum_j f_j X_j + \alpha \sum_i \sum_j h_i d_{ij} Y_{ij}$$

$$s.t. \sum_j Y_{ij} = 1, \quad \forall i$$

$$Y_{ij} \leqslant X_j, \forall i,j$$

$$\sum_i h_i Y_{ij} \leqslant k_j X_j, \forall j$$

$$X_j = 0,1, \quad \forall j$$

$$Y_{ij} \geqslant 0, \quad \forall i,j$$

与无限服务能力带选址费用的选址模型相比，这里仅仅多了一个约束 $\sum_i h_i Y_{ij} \leqslant k_j X_j$，该约束规定由 $j$ 设施满足的需求不能超过其能力。

该模型求解的基本步骤是：首先假定物流配送中心的备选地点已定，在保证总运费最小的前提下，求出各暂定物流配送中心的供应范围。然后在所求出的各供应范围内分别移动物流配送中心的地点，以使各供应范围的总费用下降。如果移动每个物流配送中心的地点都不能使总费用下降,则计算完毕。否则,按可使费用下降的新地点,再求各暂定物流配送中心的供应范围。重复以上计算,直至总费用不再下降为止。此外,该模型还可通过拉格朗日松弛和 Bender 分解方法求解。拉格朗日松弛方法可以松弛能力约束 $\sum_i h_i Y_{ij} \leqslant k_j X_j$,也可以松弛需求约束 $\sum_j Y_{ij} = 1$。而 Bender 分解方法则是把模型分解为两个问题,主问题是一个仅有一个连续变量的纯整数规划问题,子问题则是一个纯线性规划问题。

②多阶段模型(Multi-stage Capacitated Facility Location Problem)

该模型将整个物流配送网络中的配送点划分成多个层次。当高层级的配送节点拥有足够高的能力,并且这些节点上发生的运费和发送费与重新装载和运送的货物总量成比例时,处于高层次的物流配送中心可以独立于低层次物流配送中心的选址决策进行选址。这样,从源头到仓库的运输费用则可以按所分配到的需求量进行定价。

多阶段 CFLP 模型的典型例子包括两阶段 CFLP 模型(TSCFLP,Two Stage Capacitated Facility Location Problem)、两层 CFLP 模型(TLCFLP,Two Level Capacitated Facility Location Problem)、两层 UFLP 模型(TUFLP,Two Level Uncapacitated Facility Location Problem)等。

该模型的求解方法与 CFLP 模型类似,可以通过迭代方法求出最优解。

(8)多产品模型(Multi-product Models)

以上几种模型的目标函数及约束条件都是基于总的需求量、总的制造及发送、运输成本,即不区分不同商品的需求量和相应的配送成本。当不同商品在网络上某些节点中的生产能力有区别时,上述模型中对需求、制造能力的简单加总求和就不再合理了。多产品模型适用于这一类问题,在该模型中,节点的能力、需求量及流量是按产品的类型相区别的。

设 $I$ 代表产品种类的集合,$i \in I$,$g_{ij}$ 是固定费用 $f_j$ 之外的固定制造费用,则有多商品(或多活动)模型,表示为:

$$\min \sum_{i \in I} \sum_{j \in J} \sum_{k \in K} q_{ijk} w_{ijk} + \sum_{i \in I} \sum_{j \in J} g_{ij} Y_{ij} + \sum_{j \in J} f_j X_j$$

$$\text{s.t.} \sum_{j \in J} w_{ijk} = 1, \forall i \in I, k \in K,$$

$$Y_{ij} - X_j \leqslant 0, \forall i \in I, \forall j \in J,$$

$$w_{ijk} - Y_{ij} \leqslant 0, \forall i \in I, k \in K, j \in J,$$

$$Y_{ij}, X_j \in B, \forall i \in I, \forall j \in J,$$

$$w_{ijk} \geqslant 0, \forall i \in I, \forall k \in K, \forall j \in J.$$

其中,当物流配送中心 $j$ 处理产品 $I$ 时,$Y_{ij}=1$;否则 $Y_{ij}=0$。$w_{ijk}$ 代表物流配送中心 $j$ 所处理的来自需求点 $k$ 对产品 $i$ 的需求量 $d_{ik}$ 的比例。$q_{ijk}$ 代表将 $d_{ik}$ 单位的产品 $i$ 从物流配送中心 $j$ 运到需求点 $k$ 的成本。该模型同样属于混合整数规划类模型,可以通过迭代逼进的方式求解最优位置。

(9)动态模型(Dynamic Uncapacitated Facility Location Problem)

通常,有关仓库、物流配送中心、转运点的选址都是基于长期的决策,一旦选定,在相当长的一段时间内不会进行改变。但是影响这些决策的因素会随时间发生变化,例如需求量及需求的地区分布、成本结构等会经常变动。已建成的物流配送中心、仓库再调整容量的代价太大,因此动态选址模型解决了如何根据这些动态因素进行选址的问题。

在该模型中,每个仓库在其给定的计划期的每个阶段 $t=1,2,\cdots T$ 都可以选择使用或者关闭仓库。假定 $g_{tj}^o$, $g_{tj}^c$ 分别表示使用和关闭该仓库的固定费用。为了重新进行选址,每个仓库的固定费用在原来的固定费用 $f_{tj}$ 基础上增加 $g_{tj}^o$, $g_{tj}^c$。当 $t-1$ 期运营的仓库 $j\in J$ 在 $t$ 期关闭时,需支付固定费用 $g_{tj}^c$,反之,支付 $g_{tj}^o$,则动态 UFLP 模型动态选址模型可以表示为:

$$\min \sum_{t=1}^{T}\sum_{j\in J}\sum_{k\in K}c_{tjk}z_{tjk} + \sum_{t=1}^{T}\sum_{j\in J}f_{tj}y_{tj} + \sum_{t=1}^{T}\Big[\sum_{j\in J}g_{(t-1)j}^c(1-y_{tj}) + \sum_{j\in J}g_{tj}^o(1-y_{t-1,j})y_{tj}\Big]$$

s.t. $\sum_{j\in J}z_{tkj} = 1, \forall k\in K, t=1,2,\ldots,T,$

$z_{tkj} - y_{tj} \leqslant 0, \forall k\in K, j\in J, t=1,2,\ldots,T,$

$z_{tkj}, y_{tj} \in B, \forall k\in K, j\in J, t=1,2,\ldots,T,$

其中,当第 $t$ 期仓库 $j$ 处于营业状态时 $y_{tj}=1$,关闭时 $y_{tj}=0$。

以上数学规划模型可以采用软件求解,对于小规模线性规划模型、混合整数规划模型等可用 Excel 求解,对于大型线性规划问题,需要应用专业软件,如 Lindo, Lingo, ILOG CPLEX, Matlab, Sitation (Daskin 1995) 等,也可以自行编程求解。

**4. 启发式方法**

数学规划的许多模型被证明是 NP-hard 的,通俗地说就是很多模型是很难精确求解的。而启发式算法常常能够比较有效地处理 NP-hard 问题。启发式算法是寻求解决问题的一种方法和策略,是建立在经验和判断的基础上,体现人的主观能动作用和创造力。启发式算法经常与其他优化算法结合在一起使用,使两者的优点进一步得到发挥。

像前面提到的短视算法、增加算法、删减算法、邻域搜索算法、交换或替换算法以及拉格朗日松弛算法都是启发式算法。除此之外,还有禁忌搜索算法(Tabu Search, TS)、遗传算法(Genetic Algorithm, GA)、神经网络算法(Artificial Neural Network, ANN)、模拟退火算法(Simulated Annealing, SA)、蚁群算法(Ant Colony Optimization, ACO)等现代启发式算法。

(1) 禁忌搜索算法

禁忌算法是一种启发式随机搜索算法,它从一个初始可行解出发,选择一系列的特定搜索方向(移动)作为试探,选择实现让特定的目标函数值变化最多的移动。为了避免陷入局部最优解,禁忌搜索中采用了一种灵活的"记忆"技术,对已经进行的优化过程进行记录和选择,指导下一步的搜索方向,这就是禁忌表的建立。

(2) 遗传算法

遗传算法是在 20 世纪 60 年代提出来的,是受遗传学中自然选择和遗传机制启发而发展起来的一种搜索算法。它的基本思想是使用模拟生物和人类进化的方法求解复杂的优化问题,因而也称为模拟进化优化算法。遗传算法主要有三个算子:选择、交叉、变异。通过这三个算子,问题得到了逐步的优化,最终达到满意的优化解。

遗传算法作为一种随机搜索的、启发式的算法,具有较强的全局搜索能力,但是,往往比较容易陷入局部最优情况。因此,在研究和应用中,为避免这一缺点,遗传算法常常和其他算法结合应用,使得这一算法更具有应用价值。

(3) 神经网络算法

人工神经网络是由大量处理单元(神经元)广泛互连而成的网络,是对人脑的抽象、简化和模拟,反映人脑的基本特征。可以通过对样本训练数据的学习,形成一定的网络参数结构,从而可以对复杂的系统进行有效的模型识别。经过大量样本学习和训练的神经网络在分类和评价中,往往要比一般的分类评价方法有效。

神经网络算法的不足之处是神经网络的训练需要大量的数据,在数据的获取有一定困难的情况下,用神经网络算法是不恰当的。在应用神经网络算法时,应注意网络的学习速度、是否陷入局部最优解、数据的前期准备、网络的结构解释等问题,这样才能有效及可靠地应用神经网络算法解决实际存在的问题(李智桦等 2007)。

(4) 模拟退火算法

模拟退火算法是 1982 年由 Kirpatrick 提出的一种启发式的、随机优化算法。模拟退火算法的基本思想是由一个初始的解出发,不断重复产生迭代解,逐步判定、舍弃,最终取得满意解的过程。模拟退火算法不但可以往好的方向发展,也可以往差的方向发展,从而使算法跳出局部最优解,达到全局最优解(李智桦等 2007)。

(5) 蚁群算法

蚁群算法又称蚂蚁算法,是一种用来在图中寻找优化路径的机率型算法。它由 Marco Dorigo 于 1992 年在其博士论文中提出,其灵感来源于蚂蚁在寻找食物过程中发现路径的行为。蚁群算法是一种模拟进化算法,初步的研究表明该算法具有许多优良的性质。

**5. 多准则决策方法**

(1) 层次分析法

层次分析法(Analytic Hierarchy Process,简称 AHP)是美国运筹学家 T. L. Saaty 教授于 20 世纪 70 年代提出的一种实用的多方案或多目标的决策方法。它合理地将定性与定量的决策结合起来,按照思维、心理的规律把决策过程层次化、数量化,特别适合那些难于完全定量进行分析的复杂问题。它首先将所要分析的问题层次化,即根据问题的性质和要达到的总目标,将问题分解成不同的组成因素,按照因素间的相互关系及隶属关系,将因素按不同层次聚集组合,形成一个多层分析结构模型。AHP 是对定性问题进行定量分析的一种简便、灵活而又实用的多准则决策方法。

层次分析法的基本步骤可分为:提出总目标、建立层次结构、求同层权系数、求组合权系数、评价、一致性检验。层次分析结构一般可分为三层,即目标层、准则层和方案层。对于物流网点选址问题,目标层就是选择最优的物流配送中心位置,方案层就是已被筛选出的若干备选方案,主要是设计准则层的结构。评估一个选址方案的优劣有许多指标,主要可分成三大类,即经济效益指标、社会效益指标和环境条件指标。经济效益指标主要包括运输成本、地价租金、与工业商业联系紧密度、是否接近消费市场、劳动力条件等;社会效益指标主要包括与城市规划用地是否相符、是否缓解当地交通压力、对城市居民影响小等;环境指标主要包括环境污染的影响程度、与货运通道网是否衔接以及地理位置是否合适等。

在物流网络布局中,应用 AHP 方法来解决多目标决策问题一般有以下几个步骤:

①建立层次结构模型

运用 AHP 法将系统所包含的因素进行分组,每一组作为一个层次,按照最高层、若干中间层和最底层的形式排列起来,形成一个比较完整的体系,组成一个系统,作为进行下一步分析的依据。

②构造判断矩阵

构造判断矩阵是层次分析法的最关键步骤,它是层次分析法工作的出发点。判断矩阵的形成是将人们的主观思维定量化的过程,也是对问题进行分析的基础信息。对每一层次各个准则的相对重要性进行两两比较,并给出判断。这些判断用数值表示出来,写成矩阵即判断矩阵。

③层次单排序

所谓层次单排序是指根据判断矩阵计算对于上一层某一因素而言,本层次与之有关系的因素的重要性次序的权值,它是本层次所有因素相对于上一层次而言的重要性进行排序的基础。层次单排序可以归结为计算判断矩阵的特征根和特征向量。

④层次总排序

层次总排序是指利用同一层次中所有层次单排序的结果以及上层次所有元素的权重,来计算针对总目标而言,本层次所有因素的权重值的过程。层次总排序需要从上而下逐层顺序进行,对于第二层而言,单排序即总排序,其他各层需依次进行总排序。

⑤一致性检验

计算最下层对目标的组合权向量,并根据公式做组合一致性检验,若检验通过,则可按照组合权向量表示的结果进行决策,否则需要重新考虑模型或重新构造那些一致性比率较大的成对比较阵。

该方法中被选方案权重的大小会直接影响计算所得到的结果,所以利用层次分析法确定权重时,要广泛征集有关人员和专家的意见,使得所计算出的权重较好地符合实际情况,从而最大限度地提高该模型的适用性(方志贤 2008)。

(2)模糊综合评价法

在实际工作中,对一个事物的评价常涉及多个因素或指标,这就要求根据多个因素对事物做出一个总的评价,而不能只从某一因素的情况去评价事物,这就是综合评价。在多数情况下,评价涉及模糊因素,可应用模糊数学的方法进行综合评价。

模糊综合评价模型的步骤如下。

①确定评价因素、评价等级。设 $U=\{u_1, u_2, \cdots, u_m\}$ 为刻画被评价对象的 $m$ 种因素;$V=\{v_1, v_2, \cdots, v_n\}$ 为刻画每个因素所处的状态的 $n$ 种决断。其中,$m$ 为评价因素的个数,$n$ 为评语的个数。

②构造评判矩阵和确定权重。首先对因素集中的单因素 $u_i(i=1, 2, \cdots, m)$ 作单因素评判,从因素 $u_i$ 着眼该事物对抉择等级 $v_j(j=1,2,\cdots,n)$ 的隶属度为 $r_{ij}$,这样就得出第 $i$ 个因素 $u_i$ 的单因素评判集:$r_i=(r_{i1}, r_{i2}, \cdots, r_{in})$。将 $m$ 个因素的评价集构造一个总的评价矩阵 $R$,即每一个被评价对象确定从 $U$ 到 $V$ 的模糊关系矩阵 $R$。$R=(r_{ij})_{m\times n}$,其中,$r_{ij}$ 表示第 $i$ 个因素 $u_i$ 在第 $j$ 个评语 $v_j$ 上的频率分布,一般将其归一化使之满足 $\sum r_{ij}=1$。

③进行模糊综合评价和作出决策。$R$ 中不同的行反映了某个被评价事物从不同单因素来看,对于等级模糊子集的隶属度程度。用模糊权向量 $A$ 将不同的行进行综合,就可以得到该被评事物从总体上来看对各等级模糊子集的隶属程度,也就是模糊综合评价结果向量。

引入 $V$ 上的一个模糊子集 $B$,称为模糊评价,也叫决策集,$B=\{b_1, b_2, \cdots, b_n\}$。令 $B=A\times R$,做模糊变换。如果评价结果 $b_j\neq 1$,应将其进行归一化。$B$ 是对每个被评判对象综合状况分等级的程度描述,它不能直接用于被评判对象间的排序评优,必须要做进一步处理。通常可采用最大隶属度法则对其进行处理,得到最终评判结果。此时,只是利用了 $b_j(j=1,2,\cdots,n)$ 中最大者,没有充分利用 $B$ 带来的信息。为此,可以把各等级的评级参数和评判结果 $B$ 进行综合考虑,使得评判结果更加符合实际。设相对于各等级 $v_j$ 规定的参数列向量为:$C=(c_1,c_2,\cdots,c_n)^T$,则得出等级参数评判结果为:$B\times C=p$,$p$ 为一个实数(王令,李慧芳 2008)。

(3) 聚类方法

聚类分析是数理统计中的一种多元分析方法,它是用数学方法定量地确定样本的亲疏关系,从而客观地划分类型。聚类法的基本思路是先将物流配送中心定位在各需求点,然后通过对需求点进行组合以降低物流配送中心的数目,并根据组合后的需求点的几何重心安排新的配送地址,直到总费用不再降低为止。

事物之间的界限,有些是确切的,有些则是模糊的。当聚类涉及事物之间的模糊界限时,需运用模糊聚类分析方法。模糊聚类分析是将一个无类别标记的样本集按某种准则划分成若干个子集类,使相似样本尽可能归为一类,而不相似样本尽量划到不同的类中,表达了样本类属的中介性,是一种软划分手段。模糊聚类能较好地将选址方案中一些难以直接量化的因素归入模型中,其主要优势是不需要建立像微观模型一样复杂的方程组,可以根据实际情况选择不同指标,且建立的指标体系能全面准确地衡量不同地区物流选址条件的优劣,模糊聚类的性质提高了决策者方案选择时的优选性,同时考虑到了不同区域方案间的相似性,使方案决策也具有了多重性,克服了 AHP 模型中相似方案被划归为不同等级的缺陷。

模糊聚类分析步骤如下:

①数据标准化:构造数据矩阵,为了消除原始数据矩阵的量纲同时将数据压缩至区间 $[0,1]$ 上,对其进行平移极差变换可得到标准化矩阵。

②建立模糊相似矩阵:依照一定的聚类方法确定不同区域选址方案间的相似系数 $R$,并依据 $R$ 构造相应的模糊相似矩阵,采用海明(Hamming)距离法进行计算。

③聚类:给定不同的置信水平列各点的排列顺序,即可比较不同位置的优劣(许婷,韩宝明 2007)。

(4) 数据包络分析(DEA)

DEA 法是美国运筹学家 A. Chames, W. W. Cooper 和 E. Rhodes 在"相对效率评价"概念基础上发展起来的一种新的系统分析方法。DEA 分析方法将一个经济系统或一个生产过程看作是一个实体(一个单元),在一定可能的范围内,通过投入一定数量的生产要素并产出一定数量的"产品"的活动,这样的实体(单元)被称为决策单元(Decision Making Unit, DMU)。具有相同目标和任务,相同的输入和输出指标的同类型 DMU 可以构成一个 DMU 集合。它按照多指标输入和多指标输出,对具有同质投入产出决策单元的相对有效性进行评价、排序。该方法尤其适用于处理具有多个输入和多个输出的多目标决策问题。

DEA 是基于评价对象(即 DMU)的输入、输出数据,通过建立数学规划模型来进行综合评价的。这里的输入指标即是负向指标,即指标值越小越好;而输出指标即为正向指标,即指标值越大越好。它通过对原始的 $C^2R$ 模型(这是一个分式规划),利用 Chames-Cooper 变换将分式规划化为一个等价的线性规划问题,综合分析得出每个评价对象相对效率的数量指标,来判断 DEA 是否有效,据此将各个评价对象定级排队。

DEA 法在物流配送中心选址中的应用步骤按图 3-2 所示的流程图进行。

①确定评价目的

不同类型的物流配送中心选址时所考虑的侧重点有所不同。总体上,物流配送中心的选址过程在追求物流配送中心的建立所带来的经济效益的同时,还要综合考虑物流配送中心在

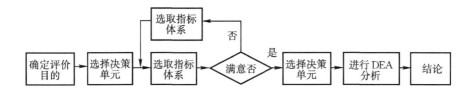

图 3-2　DEA 法在物流配送中心选址中的应用流程图

整个物流系统中的协调性以及与国民经济和社会发展的适应性。在进行物流配送中心选址时,追求的目标就是要求社会效益和经济效益最大以及技术效能最优。

②DMU 和指标体系的选取

在应用 DEA 模型时,各 DMU 的选取应满足的基本特征有:具有相同的目标和任务;具有相同外部约束条件;具有相同的输入和输出指标,并且选取的 DMU 具有一定的代表性。指标体系的选择应符合的原则有:充分、全面的原则,并具有代表性;独立性原则,即每个指标内涵清晰、相对独立,可以分组建立;可操作性原则,即指标体系数据需源自现有的统计值或经济评价值;系统性原则,即各指标间有较密切的动态联系,各组指标可以综合形成完整的指标体系。

③DEA 模型的建立及分析

为对物流配送中心选址的各个备选方案进行有效排序,对 DEA 模型中的决策单元的投入、产出采用平均值,即建立如下模型:

$$\max \sum_y v_{ky} \bar{O}_{ky}$$
$$\text{s.t.} \sum_y O_{sy}v_{ky} - \sum_x I_{sx}u_{kx} \leqslant 0, s=1,2,\cdots,n, s \neq k, u_{kx}, u_{ky} \geqslant 0;$$
$$\sum_x u_{kx} I_{kx} = 1$$

式中:$\bar{O}_{ky} = \frac{1}{n}\sum_s O_{sy}$;$\bar{I}_{kx} = \frac{1}{n}\sum_s I_{sx}$。$O_{ky}$ 是第 $k$ 个决策单元在输出指标 $y$ 上的测量值;$I_{kx}$ 是第 $k$ 个决策单元在输入指标上 $x$ 的测量值;$v_{ky}$ 是第 $k$ 个决策单元对应于输出指标 $y$ 的权系数;$u_{kx}$ 是第 $k$ 个决策单元对应于输入指标上 $x$ 的权系数(具体细节请参考文献"程赐胜,苏玲利 2004")。

(5) TOPSIS

TOPSIS 法是由 C. L. Hwang 于 1981 年所发展出来的技术。TOPSIS 法又称为理想解法或双基点法,是一种逼近于理想解的排序法,该方法要求各评价指标函数具有单调递增(或递减)性。它通过构造多指标问题的理想解与负理想解,并以靠近正理想解和远离负理想解的相对距离长度为决策标准,来评价各方案的优劣。所谓正理想解是一设想的最优的解(方案),它的各个属性值都达到各备选方案中的最好的值;而负理想解是一设想的最劣的解(方案),它的各个属性值都达到各备选方案中的最坏的值。TOPSIS 法的基本原理:通过检测评价对象与最优解、最劣解的距离来进行排序,若评价对象最靠近最优解同时又最远离最劣解,则为最好;否则为最差。

TOPSIS 法是一种综合评价方法,主要用于有限方案多目标决策分析。它的优点是应用灵活方便,对样本量和使用者均无特别要求,不受数据样本多少的影响,应用范围广,信息失真小,灵活简单易行。

TOPSIS法的基本步骤如下:

① 构造原始数据矩阵。物流配送中心选址的初始指标评价矩阵为:

$$X = \begin{bmatrix} x_{11} & x_{12} & \cdots & x_{1n} \\ x_{21} & x_{22} & \cdots & x_{2n} \\ \vdots & \vdots & \cdots & \vdots \\ x_{m1} & x_{m2} & \cdots & x_{mn} \end{bmatrix}$$

式中,$m$ 为候选物流配送中心数量,$n$ 表示评价指标数量,$x_{ij}$ 表示第 $i$ 个物流配送中心的第 $j$ 个指标的评价值。

由于各指标的量纲不同,故需对初始数据作归一化处理:

$$y_{ij} = \frac{x_{ij}}{\sum_{i=1}^{m} x_{ij}}$$

由此得标准化矩阵:$y = \{y_{ij}\}_{m \times n}$

② 计算各指标的权重系数。一般情况下常采用专家评分获得各指标的权重系数。

③ 计算物流配送中心选址的指标加权评价值矩阵:

$$V = \begin{bmatrix} w_1 y_{11} & w_2 y_{12} & \cdots & w_n y_{1n} \\ w_1 y_{21} & w_2 y_{22} & \cdots & w_n y_{2n} \\ \vdots & \vdots & \cdots & \vdots \\ w_1 y_{m1} & w_2 y_{m2} & \cdots & w_n y_{mn} \end{bmatrix} = \begin{bmatrix} v_{11} & v_{12} & \cdots & v_{1n} \\ v_{21} & v_{22} & \cdots & v_{2n} \\ \vdots & \vdots & \cdots & \vdots \\ v_{m1} & v_{m2} & \cdots & v_{mn} \end{bmatrix}$$

④ 确定最优的指标评价值集合 $V^+$(正理想解)和最劣的指标评价值集合 $V^-$(负理想解)。

所谓正理想解是指每一准则项目中选出的最大评估值,成为正理想解的集合,负理想解则相反。

$$V^+ = \{(\max_i v_{ij} | j \in J_1), (\min_i v_{ij} | j \in J_2) | i = 1, 2, \cdots, m\}$$

$$V^- = \{(\min_i v_{ij} | j \in J_1), (\max_i v_{ij} | j \in J_2) | i = 1, 2, \cdots, m\}$$

其中,$J_1$ 为效益型指标集,$J_2$ 为成本型指标集。

⑤ 分别计算诸评价对象所有各指标值与最优方案及最劣方案的距离:

$$S_i^+ = \sqrt{\sum_{j=1}^{n} |v_{ij} - v_j^+|^2} \quad (i = 1, 2, \cdots, m)$$

$$S_i^- = \sqrt{\sum_{j=1}^{n} |v_{ij} - v_j^-|^2} \quad (i = 1, 2, \cdots, m)$$

⑥ 计算诸评价对象与最优方案的接近程度 $C_i$,其计算公式如下:

$$C_i = S_i^- / (S_i^- + S_i^+)$$

其中 $C_i$ 越接近1,表示该评价对象越接近正理想解或最优方案。

⑦ 将步骤⑥所计算出的结果按 $C_i$ 由大到小的顺序排序,$C_i$ 值越大表示该候选物流配送中心地址越好(满建华等 2009)。

**6. 仿真方法**

仿真是利用计算机来运行仿真模型,模拟时间系统的运行状态及其随时间变化的过程,并通过对仿真运行过程的观察和统计，得到被仿真系统的仿真输出参数和基本特征，以此来估计和推断实际系统的真实参数和真实性能。目前常用的物流仿真软件有 Automod、SIMAnimation、ShowFlow、eM-Plant、Flexsim、RaLC（乐龙）、Witness（SDX）、Classwarehouse、Arena 等。

## 3.6 物流配送中心选址的注意事项

在不同的地域，物流配送中心的选址规划策略有所不同。在大中城市，物流配送中心常常采取集中与分散相结合的方式选址；在中小城镇中，物流配送中心往往集中设置。应当引起注意的是，在城镇中要防止将那些占地面积大的综合性物流配送中心放在城镇中心地带，否则会带来交通不便等诸多不良后果。

针对不同的业务类型，物流配送中心的选址策略也有所区别。流通型物流配送中心常常以经营倒装、转载或短期储存的周转类物品为主，而且大都使用多式联运方式，因此一般应选择在城市边缘地区的交通便利地段，以方便转运和减少短途运输。一些以储备业务为主的物流配送中心主要经营国家或所在地区的中、长期储备物品，一般应设置在城镇边缘或城市郊区的平整地段，且具备直接而方便的水陆运输条件。一些综合型的物流配送中心经营的商品种类繁多，可根据商品类别和物流量，选择设置在不同的地段。例如，与居民生活关系密切的生活型物流配送中心，若物流量不大又没有环境污染问题，可选择紧靠服务对象的地段，但应具备方便的交通运输条件。

经营不同商品的物流配送中心对选址的要求不同，应分别加以注意。例如，果蔬食品物流配送中心应选择入城干道处，以免运输距离拉得过长，商品损耗过大；冷藏品物流配送中心往往选择在屠宰场、加工厂、毛皮处理厂等附近，因为有些冷藏品物流配送中心会产生特殊气味、污水、污物，而且设备及运输噪音较大，可能会对所在地环境造成不良影响，故多选择城郊；通常情况下，建筑材料物流配送中心的物流量大、占地多，可能会产生某些环境污染问题，有严禁烟火等安全要求，应选择城市边缘、交通运输干线附近；石油、煤炭及其他易燃物品物流配送中心应满足防火要求，选择城郊的独立地段，在气候干燥、风速较大的城镇，还必须选择大风季节的下风位或侧风位，特别是油品物流配送中心，选址应远离居住区和其他重要设施，最好选在城镇外围的地形低洼处（郑畅 2004）。

由于当今经济社会的发展，使得物流运行环境发生了很大的变化，很多发展趋势例如经济全球化带来的供应链结构的变化、电子商务发展所产生的物流配送需求、供应链渠道整合带来的物流配送方案的变化等等，对物流设施选址决策具有重大的影响，必须随时考虑这些因素对物流配送中心建设和运营所产生的不利影响。

## 3.7 案例：物流配送中心优化选址研究——以 XF 电器有限公司为例

XF 公司是以白色家电产品为主导的现代化电器制造企业，该公司拥有国内最大的绿色冰箱生产基地，XF 公司当前物流组织架构如图 3-3 所示。

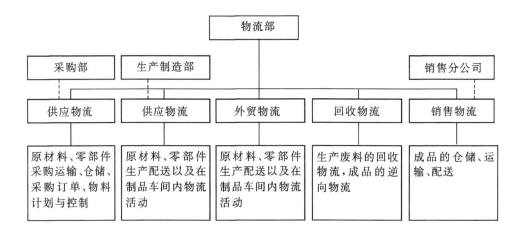

图 3-3　XF 公司物流组织架构

**1. 配送中心选址建模思路**

XF 公司的实际情况决定了二次配送费用和干线运输费用是影响配送中心位置的主要因素,进行建模时应重点考虑这两个因素。至于仓储成本,可以在找出配送中心的地理位置后,再综合考虑地价、劳动力价格来进行调整。

为了实现销售物流全过程的总成本最低,建模的总体思路是产品自工厂干线运输至配送中心。建模时借鉴了"距离—费率—货量"重心法,同时还有所创新,将总部工厂至配送中心的干线运输费用也纳入模型中,这样求解出的配送中心位置可以实现干线运输与二次配送的总成本最低。每个销售分公司都需要建立模型,之后以销售分公司为单位依次求解。

**2. 模型建立**

以 $Z$ 为目标函数,建立简化数据模型如下:

$$\text{Min} Z = Q_i \times M_i \times R_i + \sum_{i=1,j=1}^{n}(Q_{ij} \times M_{ij} \times R_{ij})$$

相关参数如下:

$i=1,2,3\cdots,i$ 代表某个配送中心;

$j=1,2,3\cdots,j$ 代表某个销售网点;

$Q_i$ = 从工厂发往某配送中心 $i$ 的货运量(米³);

$M_i$ = 从工厂发往某配送中心 $i$ 的干线运输里程(公里);

$R_i$ = 从工厂发往某配送中心 $i$ 的干线运输费率(元/(米³·公里));

$Q_{ij}$ = 从某配送中心 $i$ 配送至其辐射的某销售网点 $j$ 的运量(米³);

$M_{ij}$ = 从某配送中心 $i$ 配送至其辐射的某销售网点 $j$ 的里程(千米);

$R_{ij}$ = 从某配送中心 $i$ 配送至其辐射的某销售网点 $j$ 的运输费率(元/(米³·公里))。

其中 $Q_i \times M_i \times R_i$ 代表的是干线运输费用,也就是从工厂发至销售分公司配送中心的干线运输费用。该干线运输费用的计算方法为:从工厂发往该配送中心 $i$ 的货运量 $Q_i$ 乘以相应

的干线运输里程 $M_i$，再乘以相应的干线运输费率 $R_i$。$\sum_{i=1,j=1}^{n}(Q_{ij} \times M_{ij} \times R_{ij})$ 代表的是该销售分公司总体二次配送费用，也就是从该配送中心将货物配送至其辐射区域内所有销售网点的二次配送费用之和。该二次配送费用的计算方法为：从配送中心 $i$ 发至某销售网点 $j$ 的货运量 $Q_{ij}$ 乘以相应的二次配送里程 $M_{ij}$，再乘以相应的二次配送费率 $R_{ij}$。

工厂至该配送中心 $i$ 的干线运输里程以 $M_i$ 表示，

$$M_i = \sqrt{(X-X_i)^2+(Y-Y_i)^2} \div 1000$$

相关参数如下：

$X=$ 总部的 $x$ 坐标值，

$Y=$ 总部的 $y$ 坐标值，

$X_i=$ 需要求解的某配送中心 $i$ 的 $x$ 坐标值，

$Y_i=$ 需要求解的某配送中心 $i$ 的 $y$ 坐标值。

配送中心 $i$ 至所辐射的销售网点 $j$ 的二次配送里程以 $M_{ij}$ 表示，

$$M_{ij} = \sqrt{(X_i-X_{ij})^2+(Y_i-Y_{ij})^2} \div 1000$$

相关参数如下：

$X_i=$ 需要求解的某配送中心 $i$ 的 $x$ 坐标值，

$Y_i=$ 需要求解的某配送中心 $i$ 的 $y$ 坐标值，

$X_{ij}=$ 某配送中心 $(X_i,Y_i)$ 配送辐射的 $j$ 地区的 $x$ 坐标值，

$Y_{ij}=$ 某配送中心 $(X_i,Y_i)$ 配送辐射的 $j$ 地区的 $y$ 坐标值。

展开后也可以建立详细数据模型如下：

$$\mathrm{Min}Z = Q_i \times \sqrt{(X-X_i)^2+(Y-Y_i)^2} \div 1000 \times R_i + \sum_{i=1,j=1}^{n}(Q_{ij} \times \sqrt{(X_i-X_{ij})^2+(Y_i-Y_{ij})^2} \div 1000 \times R_{ij})$$

对以上函数求最小值，即可以得出 $X_i$ 与 $Y_i$ 的值，$(X_i,Y_i)$ 所对应的坐标即为该区域配送中心的位置，依次应用于其他销售区域可以逐一求出所有配送中心的位置。

**3. 约束条件**

考虑到配送的经济性以及配送时效，根据各个销售分公司负责销售区域的不同，需要对每个配送中心距离销售网点的最远距离进行限制，即从某配送中心 $i$ 配送至其辐射的某销售网点 $j$ 运输里程 $M_{ij}$ 不能超过限定里程。各地区配送中心的约束条件，即 $M_{ij}$ 的值限定如表 3-2 所示。

表 3-2 各销售区域二次配送半径范围

| 序号 | 省份 | 约束条件/二次配送半径 $M_{ij}$（千米） |
|---|---|---|
| 1 | 黑龙江 | ≤1000 |
| 2 | 吉林 | ≤500 |
| 3 | 辽宁 | ≤400 |

注：因篇幅限制，仅以黑龙江省、吉林省和辽宁省为例。

**4. 建模数据的统计与计算**

(1)全国各网点销量统计

2013年全国各网点年度销量统计如表3-3所示。

表3-3  2013年全国各区域年度销量统计                单位:台

| 省份 | 销售网点 | 销量 | 省份 | 销售网点 | 销量 | 省份 | 销售网点 | 销量 |
|---|---|---|---|---|---|---|---|---|
| 黑龙江 | 安达 | 107 | 吉林 | 长春 | 36884 | 辽宁 | 抚顺 | 4456 |
| 黑龙江 | 大庆 | 2787 | 吉林 | 敦化 | 5283 | 辽宁 | 阜新 | 1 |
| 黑龙江 | 哈尔滨 | 27734 | 吉林 | 公主岭 | 5210 | 辽宁 | 海城 | 473 |
| 黑龙江 | 黑河 | 780 | 吉林 | 珲春 | 187 | 辽宁 | 葫芦岛 | 2094 |
| 黑龙江 | 虎林 | 1674 | 吉林 | 吉林 | 4819 | 辽宁 | 锦州 | 16410 |
| 黑龙江 | 鸡西 | 1488 | 吉林 | 辽源 | 1777 | 辽宁 | 辽阳 | 790 |
| 黑龙江 | 佳木斯 | 14188 | 吉林 | 四平 | 203 | 辽宁 | 盘锦 | 258 |
| 黑龙江 | 牡丹江 | 5790 | 吉林 | 通化 | 3113 | 辽宁 | 清原 | 207 |
| 黑龙江 | 七台词 | 601 | 吉林 | 延吉 | 304 | 辽宁 | 沈阳 | 61773 |
| 黑龙江 | 齐齐哈尔 | 11981 | 辽宁 | 鞍山 | 13069 | 辽宁 | 铁岭 | 1001 |
| 黑龙江 | 绥芬河 | 2 | 辽宁 | 本溪 | 3478 | 辽宁 | 营口 | 824 |
| 黑龙江 | 绥化 | 5427 | 辽宁 | 朝阳 | 1909 | | | |
| 黑龙江 | 伊春 | 37 | 辽宁 | 大连 | 20008 | | | |
| 吉林 | 白山 | 5269 | 辽宁 | 丹东 | 3802 | | | |

注:因篇幅限制,仅以黑龙江省、吉林省和辽宁省为例。

(2)各销售网点经纬度以及平面坐标统计

通过资料查询获取全国各销售网点的经纬度信息,通过坐标转换工具转换后获取全国各销售网点的平面坐标如表3-4所示。

表3-4  各销售网点经纬度及转换后的平面坐标

| 省份 | 销售网点 | 经度 | 纬度 | 平面坐标 $x$(米) | 平面坐标 $y$(米) |
|---|---|---|---|---|---|
| 黑龙江 | 安达 | 125.33 | 46.42 | 5277834.071 | 1611999.795 |
| 黑龙江 | 大庆 | 125.03 | 46.58 | 5300331.105 | 1568448.26 |
| 黑龙江 | 哈尔滨 | 126.63 | 45.75 | 5250731.963 | 1736816.521 |
| 黑龙江 | 黑河 | 127.53 | 50.22 | 5719466.539 | 1697792.733 |
| 黑龙江 | 虎林 | 133.97 | 45.75 | 5402324.254 | 2317665.207 |
| 黑龙江 | 鸡西 | 130.57 | 45.17 | 5214045.065 | 2064402.154 |
| 黑龙江 | 佳木斯 | 130.35 | 46.83 | 5439123.51 | 1975885.143 |
| 黑龙江 | 牡丹江 | 129.58 | 44.6 | 5163280.531 | 1995078.12 |
| 黑龙江 | 七台河 | 130.83 | 45.82 | 5342853.914 | 2066344.133 |
| 黑龙江 | 齐齐哈尔 | 123.97 | 47.33 | 5359093.704 | 1524040.44 |
| 黑龙江 | 绥芬河 | 131.17 | 44.38 | 5148728.957 | 2109324.888 |
| 黑龙江 | 绥化 | 127 | 46.63 | 5338601.599 | 1714479.771 |
| 黑龙江 | 伊春 | 128.92 | 47.73 | 5511140.232 | 1874219.213 |
| 吉林 | 白山 | 126.26 | 41.56 | 4761148.742 | 1781549.622 |
| 吉林 | 长春 | 125.35 | 43.88 | 5030375.12 | 1660619.576 |

注:因篇幅限制,仅以黑龙江省、吉林省为例。

(3)干线运输及二次配送费率计算

经过对全国干线运输价格的计算分析,该公司目前干线运输费率均值约为0.06元/(米$^3$·千米);经过对全国二次配送价格的计算分析,驻外仓库至销售客户的二次配送费率均值约为0.13元/(米$^3$·千米)。

**5. 模型求解**

该公司发往某配送中心$i$的干线运输里程$M_i$的Excel公式为SQRT[SUMXMY2(F18：G18,＄A＄22：＄B＄22)]/1 000,其中F18：G18和＄A＄22：＄B＄22分别代表$(X,Y)$$(X_i,Y_i)$对应的单元格。

从某配送中心$i$配送至某销售网点$j$的运输里程$M_{ij}$的Excel公式为SQRT[SUMXMY2(＄A＄22：＄B＄22),F2：G2)]/1 000,其中＄A＄22：＄B＄22和F2：G2分别代表$(X_i,Y_i)$$(X_{ij},Y_{ij})$对应的单元格。

黑龙江省原有仓库较多,下面以该省为例进行计算机建模,详见如下求解过程。

(1)建模数据录入、公式编辑,以及目标单元格、可变单元格、约束条件设计,如图3-4所示。

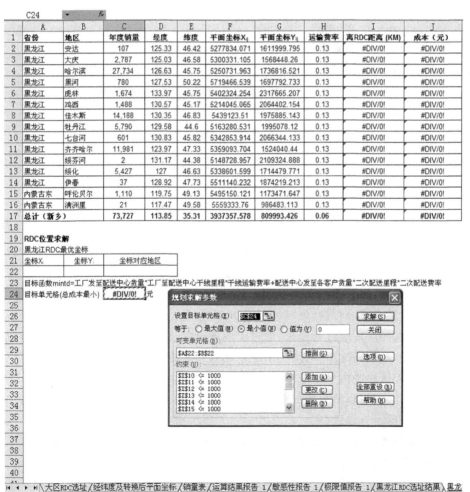

图3-4 建模数据及约束条件

(2)建模求解

建模求解过程如图 3-5 所示。经过求解得到 $X_i=5250730, Y_i=1736813$,此坐标对应地区是哈尔滨地区。所以黑龙江省 RDC 的最优位置是在哈尔滨。

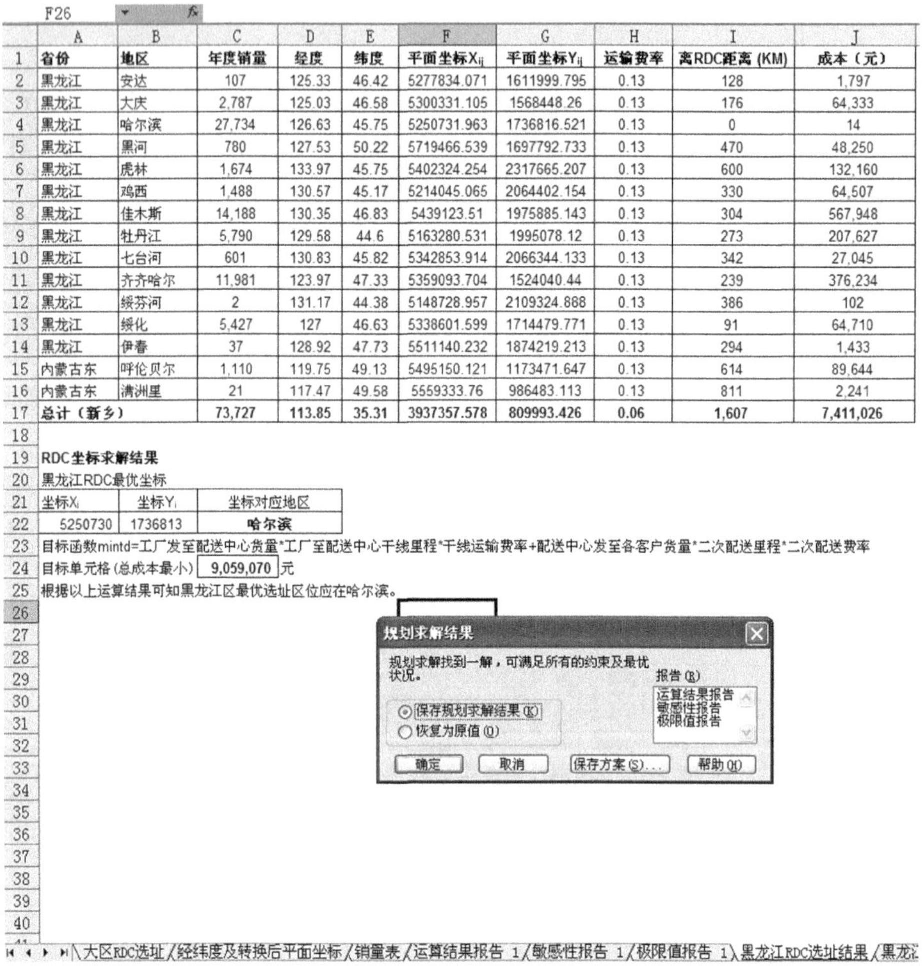

| 省份 | 地区 | 年度销量 | 经度 | 纬度 | 平面坐标$X_{ij}$ | 平面坐标$Y_{ij}$ | 运输费率 | 离RDC距离(KM) | 成本(元) |
|---|---|---|---|---|---|---|---|---|---|
| 黑龙江 | 安达 | 107 | 125.33 | 46.42 | 5277834.071 | 1611999.795 | 0.13 | 128 | 1,797 |
| 黑龙江 | 大庆 | 2,787 | 125.03 | 46.58 | 5300331.105 | 1568448.26 | 0.13 | 176 | 64,333 |
| 黑龙江 | 哈尔滨 | 27,734 | 126.63 | 45.75 | 5250731.963 | 1736816.521 | 0.13 | 0 | 14 |
| 黑龙江 | 黑河 | 780 | 127.53 | 50.22 | 5719466.539 | 1697792.733 | 0.13 | 470 | 48,250 |
| 黑龙江 | 虎林 | 1,674 | 133.97 | 45.75 | 5402324.254 | 2317665.207 | 0.13 | 600 | 132,160 |
| 黑龙江 | 鸡西 | 1,488 | 130.57 | 45.17 | 5214045.065 | 2064402.154 | 0.13 | 330 | 64,507 |
| 黑龙江 | 佳木斯 | 14,188 | 130.35 | 46.83 | 5439123.51 | 1975885.143 | 0.13 | 304 | 567,948 |
| 黑龙江 | 牡丹江 | 5,790 | 129.58 | 44.6 | 5163280.531 | 1995078.12 | 0.13 | 273 | 207,627 |
| 黑龙江 | 七台河 | 601 | 130.83 | 45.82 | 5342853.914 | 2066344.133 | 0.13 | 342 | 27,045 |
| 黑龙江 | 齐齐哈尔 | 11,981 | 123.97 | 47.33 | 5359093.704 | 1524040.44 | 0.13 | 239 | 376,234 |
| 黑龙江 | 绥芬河 | 2 | 131.17 | 44.38 | 5148728.957 | 2109324.888 | 0.13 | 386 | 102 |
| 黑龙江 | 绥化 | 5,427 | 127 | 46.63 | 5338601.599 | 1714479.771 | 0.13 | 91 | 64,710 |
| 黑龙江 | 伊春 | 37 | 128.92 | 47.73 | 5511140.232 | 1874219.213 | 0.13 | 294 | 1,433 |
| 内蒙古东 | 呼伦贝尔 | 1,110 | 119.75 | 49.13 | 5495150.121 | 1173471.647 | 0.13 | 614 | 89,644 |
| 内蒙古东 | 满洲里 | 21 | 117.47 | 49.58 | 5559333.76 | 986483.113 | 0.13 | 811 | 2,241 |
| 总计（新乡） | | 73,727 | 113.85 | 35.31 | 3937357.578 | 809993.426 | 0.06 | 1,607 | 7,411,026 |

RDC坐标求解结果

黑龙江RDC最优坐标

| 坐标$X_i$ | 坐标$Y_i$ | 坐标对应地区 |
|---|---|---|
| 5250730 | 1736813 | 哈尔滨 |

目标函数mintd=工厂发至配送中心货量*工厂至配送中心干线里程*干线运输费率+配送中心发至各客户货量*二次配送里程*二次配送费率

目标单元格(总成本最小) 9,059,070 元

根据以上运算结果可知黑龙江区最优选址区位应在哈尔滨。

图 3-5 建模求解过程

从以上的建模情况可以看到,最终求解出了 36 个配送中心的地理位置,下一步需要依据各地区不同的交通、经济环境进行修正,通过实地调研以及销售、物流等部门的讨论,确定修正部分配送中心地址:盘锦离沈阳较近,沈阳是东北的物流枢纽,考虑到沈阳的交通区位以及政治经济优势,辽宁配送中心由盘锦修正为沈阳。

经过修正,XF 公司可以将目前的 78 个驻外库整合为 35 个配送中心,35 个配送中心的辐射范围可以涵盖全国所有地区。

资料来源:郭丽娜. 物流配送中心优化选址研究———以 XF 电器有限公司为例[J]. 管理学刊,2016,29(3):54-61.

## 本章小结

物流配送中心的选址规划要遵循适应性原则、协调性原则、经济性原则和战略性原则;选址要考虑经济环境因素、自然环境因素和政策因素等。物流配送中心选址的经济论证主要包括投资额的确定和投资效果分析和确定。在物流配送中心选址规划时,要充分重视不同业务类型和不同商品类型所产生的影响。

物流配送中心的选址方法有定性方法和定量方法。定性方法有专家打分法和 Delphi 法等,定量方法有解析法、数学规划方法、多准则决策方法、启发式算法、仿真方法等。每种方法都有各自的优缺点和适用范围,其中数学规划法、启发式方法以及多准则决策方法使用较为广泛,已建立的模型与方法也较多。在实际应用中,往往几种方法结合使用,优势互补,这样效果会更好。

在物流配送中心规划选址时,单一配送中心选址可以采用重心法、交叉中值模型,多个配送中心选址时可采用 Baumol-Wolfe 模型、Kuehn-Hamburger 模型、$P$ 中心模型、$P$ 中值模型、集合覆盖模型、最大覆盖模型、有能力约束且带选址费用的模型、无能力约束且带选址费用的模型、多产品选址模型与动态选址模型等。多配送中心选址问题包含单配送中心选址问题,之所以把单配送中心选址问题单列出来是由于单配送中心选址较简单,往往会有比多配送中心选址更简单的模型与算法。启发式算法有短视算法、增加算法、删减算法、邻域搜索算法、交换或替换算法以及拉格朗日松弛算法,以及禁忌搜索算法、遗传算法、神经网络算法、模拟退火算法、蚁群算法等。多准则方法有层次分析法、模糊综合评价法、聚类方法、数据包络分析、TOPSIS 和优序法等。在使用以上模型的时候一定要注意其使用条件和优缺点,根据实际问题,灵活使用,切不可生搬硬套。

## 关键概念

- 选址
- 重心法
- 交叉中值法
- 鲍摩—瓦尔夫模型
- 奎汉-哈姆勃兹模型
- $P$-中值模型
- $P$-中心模型
- 覆盖模型
- 无限能力约束的选址模型
- 有限能力约束的选址模型
- 多产品选址模型
- 动态选址模型
- 启发式算法
- 增加算法
- 交换算法
- 禁忌搜索算法

- 遗传算法
- 神经网络算法
- 模拟退火算法
- 层次分析法
- 模糊综合评价法
- 聚类方法
- 数据包络分析
- TOPSIS
- 仿真方法

## 思考题

3.1 物流配送中心选址应该遵循哪些基本的原则？

3.2 物流配送中心选址考虑的因素主要有哪些？

3.3 物流配送中心选址有哪些基本模型？

## 课堂讨论题

3.1 在物流配送中心选址中应注意哪些问题？

## 补充阅读材料

1. 李珍萍,周文峰. 物流配送中心选址与路径优化问题:建模与求解[M]. 北京:机械工业出版社,2014.
2. 孔继利. 物流配送中心的规划与设计[M]. 北京:北京大学出版社,2014.
3. 李大卫,王莉,熊焱. 物流系统选址调度:模型与算法[M]. 北京:科学出版社,2014.

# 第 4 章
# 物流配送中心作业功能与布局规划

**学习目标**
- 掌握物流配送中心作业功能规划的主要内容；
- 理解物流配送中心区域布置规划的目标和原则；
- 掌握物流配送中心区域布置规划的程序和方法。

在物流配送中心的规划设计中，首先要进行业务分析与需求分析，完成物流配送中心的功能规划，即将物流配送中心作为一个整体的物流系统来考虑，依据确定的目标，规划物流配送中心为完成业务而应该具备的物流功能，并进一步进行相应的能力设计。同时，为了实现确定的作业功能，必须根据各作业流程、作业区域的功能及能力进行空间区域的布置规划和作业区域的区块布置工作以及标识各作业区域的面积和界限范围等等。这是物流配送中心规划设计的重要基础性工作。

## 4.1 物流配送中心作业功能规划设计

根据中华人民共和国国家标准《物流作业货物分类和代码》(GB/T 27923—2011)，物流作业(logistics operation)是物流活动中运输、储存、装卸、搬运、包装、流通加工、配送、信息处理的具体工作过程。

物流配送中心作业功能的规划设计包括三个方面，一是作业功能的总体规划，二是作业区域的功能规划，三是作业区的能力规划。通常的步骤是，针对不同类别的物流配送中心的功能需求和典型的作业流程，设计适合该物流配送中心的作业功能，然后根据确定的作业功能规划相应作业区域，最后确定各作业区的具体作业内容和作业能力。

### 4.1.1 作业功能规划前需要回答的几个问题

规划物流配送中心的作业功能，需要对不同类别的物流配送中心的功能、作业流程及经营管理方式方法有一个明确的认识。思考和回答以下问题，可以有助于对待规划的物流配送中心有一个准确的认识，从而尽快完成作业功能的规划。

**1. 物流配送中心在供应链中处于什么位置？**

供应链是围绕核心企业，通过对信息流、物流、资金流的控制，从采购原材料开始，制成中间产品以及最终产品，最后由销售网络把产品送到消费者手中，将供应商、制造商、分销商、零售商、直到最终用户连成一个整体的功能网链结构模式。简单地说，从供应商到制造商再到分销商的贯穿所有企业的"链",相邻节点企业表现出一种需求与供应的关系,这条"链"称为供应链。

为了提高效率、降低成本,供应链中的物流活动应该按照专业化原则进行组织,物流配送中心的发展就是这种专业化要求的具体体现。

原材料供应商需要物流配送中心将原材料配送给工厂,物流配送中心的客户主要是工厂,物流配送中心处理的对象主要是生产商品所需的原材料、零部件,原材料与零部件的数量之间有固定的比例关系,原材料与零部件的品种数会随着工厂生产的产品种类的增加而快速增加。物流配送中心的功能应该强调原材料的配套储存、分拣、及时配送、加工和预处理等。

制造商需要的物流配送中心有两类:一类是为制造活动提供支持的物流配送中心,它的功能要求与原材料供应商需要的物流配送中心相同;另一类是为制造商的产品分销提供支持的物流配送中心。国内外的例子都表明,制造商自己直接建立分销网络的情况越来越普遍,大型制造商的物流配送中心市场覆盖面广,分销能力要强,市场信息的收集与传递要及时,短时间内在区域市场上运输和配送商品的能力要强,需求预测及订单处理功能要完善。

分销商一般从事专业批发业务,其物流作业具有大进大出、快进快出的特点,它强调的是批量采购、大量储存、大量运输的能力,大型分销商需要大型的仓储、运输设施。另外,分销商属于中间商,需要与上游、下游进行频繁的信息交换,因此要与上游、下游建立良好信息接口的高效信息网络。

作为供应链的末端结点,零售商尤其是采用连锁组织形式的零售商,需要物流配送中心提供订单处理、采购、分拣、拣选、配送、包装、加工、退货等全方位的服务,其功能要求比较复杂。

第三方物流业者利用物流配送中心这一载体向客户提供物流服务,它所需要的物流配送中心可以是具有某一方面功能(如仓储、运输、配送)的专业物流组织,也可以是具有综合功能的物流组织,还可以是具备集商流、物流、信息流及其他延伸的增值服务于一体的物流组织,它提供的物流服务必须高度专业化。

一条供应链上可能包括几个物流配送中心,因此必须清楚要建设的物流配送中心在供应链中处于哪个环节,要服务的客户到底是哪些,进而才能决定到底需要哪些功能才能满足目标客户的需求。

**2. 是公共型物流配送中心还是自有性物流配送中心?**

与自有性物流配送中心相比,社会化的公共型物流配送中心面对的客户更加广泛,供应链中的任何成员均可成为客户,而我们知道,不同的供应链成员的物流服务需求是很不相同的,并且无论从物流服务需求方来说还是从提供方来说,对提供的每一项物流服务都要用专业水准来衡量,这就决定了公共型物流配送中心经营管理的复杂性。

公共型物流配送中心需要的物流设施一般应有一定规模,从功能设计上可以只提供一种或少数几种具有明显竞争优势的主要物流服务,也可以提供综合性的配套物流服务,大型物流配送中心的功能必须具有综合性和配套性的特点。我国目前非常需要公共型物流配送中心,它不仅可以提高物流服务的专业化水平,而且有利于提高物流行业的资源利用效率。

目前我国的实际情况是,原材料供应商、制造商、分销商、零售商纷纷建立自有性物流配送中心,这极大地造成了重复建设和资源浪费。

**3. 能处理的商品有哪些?**

物流配送中心的功能设计要与商品的特性相吻合,物流配送中心能处理的商品种类总是有一定限制的。比如,国外有专门的服装配送中心、电气配送中心、食品配送中心、干货配送中心、生鲜商品配送中心、图书配送中心等,有的甚至是专门处理某一更小类别商品的配送中心。试图建立一个能满足所有商品物流需要的物流配送中心是不实际的,因为物流配送中心在处理不同的商品时需要有一些专用的设施,一个物流配送中心没有必要也不可能配备能处理所有商品的物流设施和设备。即使是公共型物流配送中心,现在也有分工越来越细的趋势。设施设备的配置除了要考虑需求外,还要考虑物流作业规模及作业批量等因素。

中华人民共和国国家标准《物流作业货物分类和代码》(GB/T 27923—2011)按运输工具、仓储设施、装卸方式等特性对物流作业的货物进行分类,划分为 18 个大类,118 种类,106 小类,组成三个层次。

**4. 物流配送中心的管理政策与管理方法有哪些?**

物流配送中心采取的管理政策与管理方法将会影响物流配送中心的作业活动和作业功能的规划。

例如,在服务政策方面,订购单位的大小将影响商品的包装形式、配送方式与包装容器的选用;每天订单处理次数、出货配送次数的制定、配货时段的规划,将影响出货拣取作业的次数和频数及数据的处理量;配送商品分类规划,因商品的特性不同,将影响配送的次数及配送设备的选择;交货形式及送货点收方式将影响包装容器的选用、搬运工具及随车人员的调派,等等。

在库存政策方面,采购量会影响库存总数,进而影响仓库所需的储存空间。现在日本盛行的 JIT 库存管理方式,虽然减少了物流阶段的成品库存,却增加了配送次数,使配送费用提高。

在仓库管理政策方面,进出货方式及进出货管理方法会对物流配送中心的规划产生重要影响。进出货的方式一般有:商品经检验入库后搬上货架,然后拣取出货;商品经检验入库后而不进入仓库随即出货;或采取混合方式。这些都会影响进出作业程序以及仓库的使用状况。出入库管理方法包括先进先出、后进先出、随机出货等多种方式,这也会影响仓库货位的分配使用。库存单位与订购单位有密切关系,一般订购单位为最小的库存及拣取单位,库存单位可决定使用的包装容器种类及对钢架设备的要求。包装容器及拣货单位的不同将影响货区的分布规划及加工程序、拆箱、包装等作业。拣货方式主要包括播种式、人取物方式、物就人方式、分区接力拣取、分区组合拣取和批量拣取等多种形式,拣货方式将影响计算机运算的方式和时间。拣货区的补货有批次补货、定时补货和随机补货等方式,补货方式的不同将影响人员的调派及计算机运算的方式。包装容器及托盘的管理方式将影响库内作业及计算机系统的处理方法。如果物流配送中心每日出货拣取量很大,那么需要规划配送路径。配送路径会影响商品装车的计划及程序、商品集中方式及拣取批次的制定。

在人员机器设备的采用政策上,虽然物流配送中心在向着自动化方向发展,但很多场合下人工作业仍旧具有很大优势,如商品的拣取、货物的配送等。在采用人工作业时可考虑工作外包方式,如拆装、组合、包装等工作可外包加工,以减少物流配送中心内固定人力的开支,运输工作也可外包给运输公司,以减少运输工具的投资及司机与随车人员的固定成本。同时,也应考虑中心现有人力的应用方式,如可采取多班制或 24 小时作业,以充分利用机器设备的产能及调节交通拥挤的状况。这些做法和策略都会影响物流配送中心作业活动的规划。

**5. 物流配送中心采取何种建设模式?**

物流配送中心的建设有两种典型方式:一是企业自己筹资、组织建设,并用于自身业务的拓展;二是企业筹资建设后出租给其他企业使用,建设方仅仅是扮演物流地产商的角色。在前一种方式下,因为建设者对自己的业务往往有深刻的理解,所以在规划上相对容易把握需求。而在后一种方式中,因为租赁对象不一定很明确,业务需求常常难以把握,所以规划设计的难

### 4.1.2 作业功能的总体规划

作业功能的总体规划是从物流系统整体的角度出发,确定大的作业流程模块以及它们之间的联接。每个作业流程模块的具体内容将在详细规划时再予以具体设计。

在回答了上述问题后,对物流配送中心的特点和作业需求有了较为明确的认识,这样就可以进行作业功能的规划。总体上讲,物流配送中心的基本作业功能可以综合归纳为七项作业活动:(1) 客户及订单管理;(2) 入库作业;(3) 理货作业;(4) 装卸搬运作业;(5) 流通加工作业;(6) 出库作业;(7) 配送作业。具体表现为订货、进货、发货、库存管理、订单处理、拣货和配送等内容。物流配送中心比较典型的物流作业流程活动如图4-1所示。

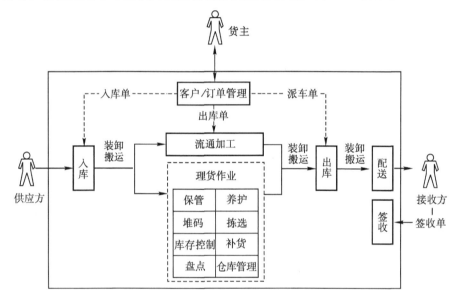

图4-1 物流配送中心的一般作业流程活动

在经过需求分析和基本条件设定之后,根据物流配送中心的特性制定合理的作业程序,以便选用设备和规划设计作业空间。在作业流程合理化分析时,找出作业中不合理和不必要的环节,力求简化物流配送中心里可能出现的不必要的计算和处理单位。如果储运单位过多时,可将各作业单位予以分类合并,这样有助于提高整个物流配送中心的作业效率。

**实例4-1 中国物资储运总公司成都物流中心作业流程**

中国物资储运总公司成都物流中心的作业流程是按照中储总公司的统一业务流程进行规范运作的。在执行总公司标准的业务流程中,结合成都物流中心客户的需求对某些业务环节进行了适当的优化和调整,以利于更好地为客户提供个性化物流服务。物流中心作业流程包括有:客户与合同管理、到货与接收、货物验收入库、货物储存保管、出库受理、自提出库、配送出库、验货出库、业务单据、业务费用结算等。物流中心有涵盖其物流功能的专业仓储管理软件,对每个作业流程进行实时管理。随着新的物流基地的建成投产,还将陆续地投入使用一批先进的物流设施设备,对货物条码管理和对配送车辆进行GPS定位管理,将大大提高作业效率和物流管理水平,物流基地的客户也将会得到现代物流设施和专业的第三方物流管理给其带来的巨大效益。物流中心货物出入库流程图如图4-2和4-3所示。

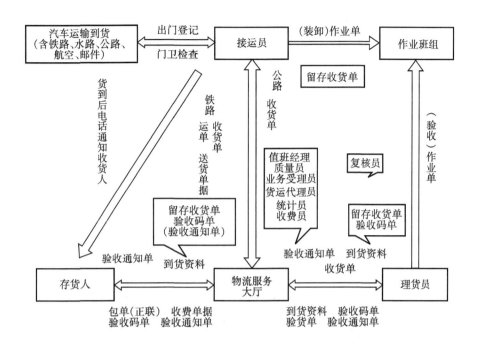

图 4-2 货物入库流程图

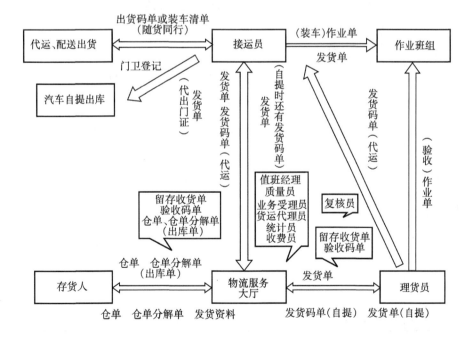

图 4-3 货物出库流程图

资料来源:作业流程.中国储运总公司成都物流中心网站,http://www.cdzc56.com/p2.htm,2010-07-18.

### 4.1.3 作业区域的功能规划*

在作业功能规划后,可根据物流配送中心运营特性进行作业区域的规划,主要包括物流作业区和外围辅助活动区两大部分。作业区域的功能规划是指针对不同类别的物流配送中心的功能需求和已设计好的作业流程及功能,规划与设计各作业区域的功能,即确定哪个作业区域要完成哪些功能。

物流配送中心作业区域的功能规划如表 4-1 所示;物流配送中心外围辅助活动区域功能规划如表 4-2 所示。表 4-3 和表 4-4 描述了物流配送中心各典型作业项目与作业区域和外围辅助活动区域的作业关系。

表 4-1 物流配送中心作业区域的功能规划

| 项目 | 作业区域 | 规划要点 | | |
|---|---|---|---|---|
| 1 | 装卸货平台 | □进发货口共用与否<br>□装卸货车辆进出频率<br>□有无装卸货物配合设施<br>□装卸货车辆回车空间 | □进发货口相邻与否<br>□物品装载特性<br>□每车装卸货所需时间<br>□配送客户数量 | □装卸货车辆形式<br>□供货厂商数量<br>□进货时段<br>□配送时段 |
| 2 | 进货暂存区 | □每日进货数量<br>□进货验收作业内容 | □托盘使用规格<br>□进货等待入库时间 | □容器流通程度 |
| 3 | 理货区 | □理货作业时间<br>□容器流通程度 | □进货验收作业内容<br>□有无拆码盘配合设施 | □验收作业时间 |
| 4 | 库存区 | □最大库存量需求<br>□储区划分原则<br>□自动化程度需求<br>□未来需求变动趋势 | □物品特性基本资料<br>□储位指派原则<br>□产品使用期限<br>□盘点作业方式 | □产品项目<br>□存货管制原则<br>□储存环境需求<br>□物品周转效率 |
| 5 | 拣货区 | □物品特性基本资料<br>□订单处理原则<br>□客户订单数量资料<br>□有无流通加工作业需求 | □配送品项<br>□订单分割条件<br>□订单拣取方式<br>□未来需求变动趋势 | □每日拣出量<br>□订单汇总条件<br>□自动化程度需求 |
| 6 | 补货区 | □拣货区容量<br>□盘点作业方式 | □补货作业方式<br>□拣取补充基准 | □每日拣出量<br>□拣取补充基本量 |
| 7 | 散装拣货区 | □物品特性基本资料 | □单品拣货需求量 | □每日拣出量 |
| 8 | 分类区 | □出货频率<br>□平均配送客户数量 | □客户配送资料<br>□配送点形式 | □每日拣出量<br>□配送时段 |
| 9 | 集货区 | □出货频率<br>□平均配送客户数量 | □集货等待时间<br>□配送点形式 | □每日拣出量<br>□配送时段 |
| 10 | 流通加工区 | □流通加工作业项目 | □流通加工作业时间 | □流通加工作业数量 |

---

\* 刘昌祺.物流配送中心设计[M].北京:机械工业出版社,2001:50-55.
\* 王转,程国全.配送中心系统规划[M].北京:中国物资出版社,2003:73-82.

续表 4-1

| 项目 | 作业区域 | 规划要点 | | |
|---|---|---|---|---|
| 11 | 出货暂存区 | □出货等待时间<br>□每日出货量<br>□配送点形式 | □出货品检作业内容<br>□平均配送客户数量<br>□配送时段 | □品质检查作业时间<br>□配送对象 |
| 12 | 称重作业区 | □称重作业项目 | □称重作业单位 | □称重作业时间 |
| 13 | 退货卸货区 | □退货送回方式<br>□退货数量 | □退货车辆型式 | □退货频率 |
| 14 | 退货处理区 | □退货种类<br>□退货处理时间 | □退货数量<br>□退货处理周期 | □退货处理原则 |
| 15 | 退货良品暂存区 | □退货良品比例 | □退货良品处理方式 | |
| 16 | 瑕疵品暂存区 | □退货瑕疵品比例 | □退货瑕疵品处理方式 | |
| 17 | 废品暂存区 | □退货废品比例 | □退货废品处理方式 | □退货废品处理周期 |
| 18 | 容器回收区 | □流通中容器使用量<br>□容器回收处理时间 | □容器规格与种类 | □容器流通速度 |
| 19 | 容器暂存区 | □空容器存量 | □每日进出货容器用量 | □容器规格与种类 |
| 20 | 容器储存区 | □容器总使用量<br>□容器规格与种类 | □流通中容器使用量 | □空容器存量 |
| 21 | 废纸箱暂存区 | □每日废纸箱产生量 | □废纸箱处理量 | |
| 22 | 废料处理区 | □废料处理方法 | □废料处理量 | |
| 23 | 调拨仓储区 | □调拨作业需求内容<br>□调拨作业周期 | □调拨品项与数量<br>□盘点作业内容 | □储区划分原则 |

表 4-2 物流配送中心外围辅助活动区域功能规划

| 项目 | 作业区域 | 规划要点 | | |
|---|---|---|---|---|
| 1 | 厂区大门 | □厂区出入门口是否区分<br>□厂区联外道路的方位 | □车辆进出频率<br>□对外出入口是否同处 | □门禁管制程度<br>□出入车辆形式 |
| 2 | 警卫室 | □警卫执勤项目<br>□员工差勤记录 | □门禁管制作业内容<br>□保全需求 | |
| 3 | 厂区通道 | □出入车辆形式 | □车辆进出频率 | |
| 4 | 一般停车场 | □员工机车位使用人数<br>□实际可用面积与长宽比例 | □员工汽车位使用人数<br>□停车角度与形式 | |

续表 4-2

| 项目 | 作业区域 | 规划要点 | | |
|---|---|---|---|---|
| 5 | 运输车辆停车场 | ☐运输车辆临时停车需求数<br>☐实际可用面积与长宽比例 | ☐进出车辆频率<br>☐进发货车辆形式 | |
| 6 | 环境美化区域 | ☐厂区营业规模<br>☐厂区照明考虑 | ☐企业标志与形象<br>☐厂区建蔽率 | |
| 7 | 厂房扩充区域 | ☐厂区营业规模<br>☐实际场地可用面积 | ☐未来发展趋势<br>☐厂区配置形式 | |
| 8 | 厂房大门 | ☐搬运设备形式<br>☐物品保管与管制需求 | ☐搬运进出频率<br>☐进发货月台布置形式 | ☐空调与通风的考虑 |
| 9 | 大厅 | ☐通行人数 | ☐外宾来访需求 | |
| 10 | 走廊 | ☐通行人数 | ☐人员行走速度 | |
| 11 | 电梯间 | ☐行人与物料是否共用 | ☐楼层通行人数 | ☐楼层数 |
| 12 | 楼梯间 | ☐楼层数 | ☐楼层通行人数 | |
| 13 | 主要通道 | ☐每日进发货流量<br>☐搬运物料种类 | ☐搬运车辆形式<br>☐进发货口位置 | |
| 14 | 辅助通道 | ☐搬运车辆形式<br>☐通行人数 | ☐搬运物料种类<br>☐人员行走速度 | ☐作业特性 |
| 15 | 主管办公室 | ☐主管级人数 | ☐组织结构 | |
| 16 | 一般办公室 | ☐办公人员数 | ☐办公桌椅排列形式 | ☐组织结构与管理模式 |
| 17 | 总机室 | ☐配合大厅入口位置 | | |
| 18 | 会议室 | ☐会议室使用人数 | ☐设备的需求程度 | |
| 19 | 训练教室 | ☐训练教室使用人数 | ☐训练教室设备的需求程度 | |
| 20 | 电脑室 | ☐电脑系统规模与功能 | ☐网络与通讯界面需求功能 | ☐电脑设备数量 |
| 21 | 档案室 | ☐电脑档案储存量 | ☐电脑档案保存周期 | ☐报表保管量 |
| 22 | 资料室 | ☐数据资料量 | ☐数据资料存取频率 | |
| 23 | 收发室 | ☐文件收发数量 | ☐收发作业时间 | |
| 24 | 设备维修室 | ☐维修设备的种类与数量 | ☐维修保养的作业内容 | |
| 25 | 工具室 | ☐使用工具的型式与数量 | ☐工具储存方法 | |
| 26 | 器材室 | ☐使用器材的型式与数量 | ☐器材储存方法 | |
| 27 | 物料存放间 | ☐物料种类与存量 | ☐办公事务用品种类与存量 | |
| 28 | 搬运设备停放区 | ☐搬运设备型式 | ☐搬运设备数量 | ☐作息时间安排 |

续表 4-2

| 项目 | 作业区域 | 规划要点 | | |
|---|---|---|---|---|
| 29 | 机房与动力间 | ☐压缩空气消耗量　☐压缩空气需求位置分布　☐压缩管线口径需求<br>☐动力使用形式　☐动力需求量 | | |
| 30 | 配电室 | ☐电压相位需求规格　☐厂区供电总能力　☐电力消耗量<br>☐电力需求分布 | | |
| 31 | 空调机房 | ☐温湿度需求范围　☐设备发热量　☐作业人数 | | |
| 32 | 电话交换室 | ☐电话网络需求数量　☐电话需求分布 | | |
| 33 | 安全警报管制室 | ☐安全管制范围　☐自动警报系统项目　☐保卫安全需求 | | |
| 34 | 盥洗室 | ☐各区男女员工人数　☐各区作息时间安排 | | |
| 35 | 休息室 | ☐作息时段规划　☐员工福利水平　☐休闲康乐设施项目<br>☐休息室使用人数 | | |
| 36 | 医务室 | ☐紧急救护的项目 | | |
| 37 | 接待室 | ☐接待厂商或客户的需求　☐与主管办公室的配合 | | |
| 38 | 司机休息室 | ☐厂商司机使用休息室人数　☐是否需管制厂商司机进入仓库区 | | |
| 39 | 厨房 | ☐员工福利水平　☐作息时间安排　☐用餐人数 | | |
| 40 | 餐厅 | ☐员工福利水平　☐作息时间安排　☐用餐人数 | | |

表 4-3　物流配送中心作业区域分析表

| 作业类别 | 典型作业项目 | 作业性质说明 | 作业区域规划 |
|---|---|---|---|
| 一般物流作业 | 1. 车辆进货 | 物品由运输车辆送入物流中心并停靠于卸货区域 | ☐进货口　☐进发货口<br>☐其他_____ |
| | 2. 进货卸载 | 物品由运输车辆卸下 | ☐装卸货平台　☐其他_____ |
| | 3. 进货验收 | 进货物品清点数量或品质检查 | ☐进货暂存区　☐理货区<br>☐其他_____ |
| | 4. 分拣 | 进货物品拆柜拆箱或堆栈以便入库 | ☐进货暂存区　☐理货区<br>☐其他_____ |
| | 5. 入库保管 | 物品搬运送入仓储设备区域储存 | ☐库存区　☐拣货区<br>☐其他_____ |
| | 6. 补货 | 配合拣取作业把物品移至拣货区域或调整储存位置 | ☐库存区　☐补货区<br>☐其他_____ |
| | 7. 拣选 | 依据订单内容与数量拣取发货物品 | ☐库存区　☐拣货区<br>☐散装拣货区 |

续表 4－3

| 作业类别 | 典型作业项目 | 作业性质说明 | 作业区域规划 |
|---|---|---|---|
| 一般物流作业 | 8.分类 | 在批次拣取作业下依客户需求将物品分类输送 | □分类区　　　□拣货区<br>□其他_____ |
| | 9.集货 | 在订单分割拣取之后集中配送货物 | □分类区　　　□集货区<br>□发货暂存区 |
| | 10.流通加工 | 根据客户需求另行处理的流通加工作业 | □分类区　　　□集货区<br>□流通加工作业区 |
| | 11.出库复核 | 检查发货物品品质或作数量清点 | □集货区　　　□发货暂存区<br>□流通加工作业区□其他_____ |
| | 12.发货装载 | 发货物品装载至运输配送车辆 | □装卸货平台　□其他_____ |
| | 13.货物运输配送 | 车辆离开物流配送中心进行配送 | □发货口　　　□进发货口<br>□其他_____ |
| 退货物流作业 | 1.退货 | 客户退回物品至物流配送中心 | □进货口　　　□退货卸货区<br>□其他_____ |
| | 2.退货卸货 | 退回物品自装运车辆卸下 | □卸货平台　　□退卸货平台<br>□其他_____ |
| | 3.退货点收 | 退货物品之品项数量清点 | □退货卸货区　□退货处理区<br>□其他_____ |
| | 4.退货责任确认 | 退货原因与物品可用程度确认 | □退货处理区　□办公区<br>□其他_____ |
| | 5.退货良品处理 | 退货中属于良品之处理作业 | □退货良品暂存区 □退货处理区<br>□其他_____ |
| | 6.退货瑕疵品处理 | 退货中有瑕疵但仍可用之物品处理作业 | □瑕疵品暂存区 □退货处理区<br>□其他_____ |
| | 7.退货废品处理 | 退货中属于报废品之处理作业 | □退货处理区　□废品暂存区<br>□其他_____ |
| 换货补货作业 | 1.退货后换货作业 | 客户退货后仍换货或补货之处理作业 | □办公区　　　□其他_____ |
| | 2.误差责任确认 | 物品配送至客户产生误差短少情形之处理 | □办公区　　　□其他_____ |
| | 3.零星补货拣取 | 对于订单少量需求或零星补货的拣取作业 | □散装拣货区　　□拣货区<br>□其他_____ |

第 4 章　物流配送中心作业功能与布局规划

续表 4－3

| 作业类别 | 典型作业项目 | 作业性质说明 | 作业区域规划 |
|---|---|---|---|
| 换货补货作业 | 4.零星补货包装 | 对于订单少量需求或零星补货所需另行包装的作业 | □流通加工作业区　□装拣货区<br>□其他_____ |
| | 5.零星补货运送 | 对于订单少量需求或零星补货所需另行配送的作业 | □发货暂存区　　　□装货平台<br>□其他_____ |
| 流通加工作业 | 1.拆箱作业 | 根据单品拣货需求的拆箱割箱作业 | □流通加工作业区　□散装拣货区<br>□其他____ |
| | 2.裹包 | 根据客户需求将物品另行裹包 | □流通加工作业区　□集货区<br>□其他_____ |
| | 3.多种物品集包 | 根据客户需求将数件数种物品集成小包装或附赠品包装 | □流通加工作业区　□集货区<br>□其他_____ |
| | 4.外部外箱包装 | 根据运输配送需求将物品装箱或以其他方式外部包装 | □流通加工作业区　□集货区<br>□其他_____ |
| | 5.发货物品称重 | 根据运输配送需求或运费计算时所需之发货物品称重作业 | □流通加工作业区　□发货暂存区<br>□称重作业区　□其他_____ |
| | 6.附印条码文字 | 根据客户需求在发货物品外箱或外包装物印制有关条码文字 | □流通加工作业区　□分类区<br>□其他_____ |
| | 7.印贴标签 | 根据客户需求印制条码文字标签并贴附在物品外部 | □流通加工作业区　□分类区<br>□其他_____ |
| 物流配合作业 | 1.车辆货物出入管理 | 进货或发货车辆出入物流中心的管制作业 | □厂区大门　　　　□其他_____ |
| | 2.装卸车辆停泊 | 进发货车辆在没有装卸载码头可用时临时停车与回车之作业 | □运输车辆停车场　□一般停车场<br>□其他_____ |
| | 3.容器回收 | 配合储运箱或托盘等容器流通使用作业 | □卸货平台　　　　□理货区<br>□容器回收区　　　□其他_____ |
| | 4.空容器暂存 | 空置容器暂存及存取使用作业 | □容器暂存区　　　□容器储存区<br>□其他_____ |
| | 5.废料回收处理 | 拣取配送与流通加工过程产生废料空纸箱的处理 | □废料暂存区　　　□废料处理区 |

续表 4-3

| 作业类别 | 典型作业项目 | 作业性质说明 | 作业区域规划 | |
|---|---|---|---|---|
| 仓储管理作业 | 1.定期盘点 | 定期对整个物流中心物品盘点 | □库存区<br>□散装拣货区 | □拣货区 |
| | 2.不定期抽盘 | 不定期依物品种类轮流抽盘 | □库存区 | □其他_____ |
| | 3.到期物品处理 | 针对已超过使用期限物品所作的处理作业 | □库存区<br>□其他_____ | □废料暂存区 |
| | 4.即将到期物品处理 | 针对即将到期物品所作的分类标示或处理作业 | □库存区 | □其他_____ |
| | 5.移仓与储位调整 | 配合需求变动与品项变化调整仓储区域与储位分配 | □库存区<br>□其他_____ | □调拨仓储区 |

**表 4-4 物流配送中心外围辅助活动区域作业分析表**

| 作业类别 | 典型作业项目 | 作业性质说明 | 作业区域规划 | |
|---|---|---|---|---|
| 厂房使用配合作业 | 1.电气设备使用 | 电气设备机房的安装与使用 | □变电室<br>□电话交换室 | □配电室<br>□其他____ |
| | 2.动力及空调设备使用 | 动力与空调设备机房的安装与使用 | □空调机房<br>□空压机房 | □动力间<br>□其他____ |
| | 3.安全消防设备使用 | 安全消防设施的安装与使用 | □安全警报管理室 | □其他____ |
| | 4.设备维修工具器材存放 | 设备维修保养作业区域与一般作业所需工具及器材存放 | □设备维修间<br>□器材室 | □工具间<br>□其他____ |
| | 5.一般物料储存 | 一般消耗性物料文具品的储存 | □物料存放间 | □其他____ |
| | 6.人员出入 | 人员进出物流配送中心区域 | □大厅<br>□走廊 | □玄关 |
| | 7.人员车辆通行 | 人员与搬运车辆在仓库区内通行的通道 | □主要通道<br>□其他____ | □辅助通道 |
| | 8.楼层间通行 | 人员与物料在楼层间通行或搬运活动 | □电梯间 | □楼梯间 |
| | 9.机械搬运设备停放 | 机械搬运设备非使用时所需停放空间 | □搬运设备停放区 | □其他____ |

续表 4-4

| 作业类别 | 典型作业项目 | 作业性质说明 | 作业区域规划 |
|---|---|---|---|
| 办公事务 | 1. 办公活动 | 物流中心各项事务性的办公活动 | □主管办公室　□一般办公室<br>□总机室 |
| | 2. 会议讨论与人员训练 | 一般开会讨论的活动及内部人员进行教育训练的活动 | □会议讨论室　□训练室<br>□其他_____ |
| | 3. 资料储存管理 | 一般公文文件与资料档案的管理 | □资料室　□收发室 |
| | 4. 电脑系统使用 | 电脑系统操作与处理的活动及相关电脑档案报表存档与管理 | □电脑作业室　□档案室 |
| 劳务活动 | 1. 盥洗 | 员工盥洗及厕所使用 | □盥洗室　□其他_____ |
| | 2. 员工休息及娱乐活动 | 员工休息时间及提供员工一般娱乐健身休闲使用 | □休息室　□吸烟室<br>□娱乐室　□其他 |
| | 3. 急救医疗 | 因应紧急工作伤害与基本救护 | □医务室　□其他 |
| | 4. 接待厂商来宾 | 接待厂商来宾与客户 | □接待室　□其他_____ |
| | 5. 员工膳食 | 提供员工用餐的区域 | □餐厅　□厨房<br>□其他_____ |
| | 6. 厂商司机休息 | 厂商司机等待作业之临时休息区 | □司机休息室　□其他_____ |
| 厂区相关活动 | 1. 警卫执勤 | 警卫执勤与负责门禁管制工作 | □警卫室　□其他_____ |
| | 2. 员工车辆停放 | 提供员工一般车辆停放区域 | □一般停车场　□其他_____ |
| | 3. 厂区交通 | 厂区人员车辆进出与通行 | □厂区通道　□厂区出入大门<br>□其他_____ |
| | 4. 厂区填充 | 厂区内预留扩充的预定地 | □厂区扩充区域　□其他_____ |
| | 5. 环境美化 | 美化厂区环境区域 | □环境美化绿化区□其他_____ |

### 4.1.4 作业区的能力规划 *

在确定作业区之后,根据其功能设定,进行作业能力的规划,特别是仓储区和拣货区。一般在规划物流配送中心各区域时,应以物流作业区为主,再延伸到相关外围区域。对物流作业区的规划,可根据流程进出顺序逐区规划。当缺乏有关资料而无法逐区规划时,可对仓储区和拣货区进行详细分析,再根据仓储和拣货区的规划进行前后相关作业的规划。

---

\* 王转,程国全.配送中心系统规划[M].北京:中国物资出版社,2003:82-88.
\* 刘昌祺.物流配送中心设计[M].北京:机械工业出版社,2001:55-58.

**1. 仓储区的储运能力规划**

物流配送中心仓储区储运能力的规划方法主要有周转率估计法、商品送货频率估计法两种。

在周转率估计法中，利用周转率估计储存量，这是一种简便快速的初估方法。这种方法虽然不太精确，但适用于初步规划和储存能力的概算。其计算步骤如下。

①年运转量计算

把物流配送中心的各项进出物品单元换算成相同单位如托盘或标准箱等的储存总量。这种单位是现在或今后规划的仓储作业基本单位。求出全年各种物品的总量就是物流配送中心的年运转量。

②估计周转次数

估计未来物流配送中心仓储存量的周转率。一般情况下，食品零售业年周转率次数约为20～25，制造业约为12～15。在设立物流配送中心时，可针对经营品种的特性、物品价值、附加利润、缺货成本等因素，确定仓储区的周转次数。

③估算仓容量

以年运转量除以周转次数便是仓容量。

④估计安全系数

一般取安全系数为10%～25%。比值取得太高，增加了仓储空间过剩的投资费用。

$$仓容量 = \frac{年运转量}{周转次数} \times 安全系数$$

⑤计算规划仓容量

估计仓储运转的变化弹性，以估算的仓容量乘以安全系数，便求出规划仓容量。这可以适应高峰期的高运转量要求。

在实际规划仓储空间时，可根据物品类别分类计算年运转量，并根据物品特性分别估计年周转次数，然后加总计算规划仓容量。

在缺乏足够分析资料时，可利用周转率来估计储存区储量，即采用商品送货频率估计法。如果能收集到各物品的年储运量和工作天数，根据厂商送货频率进行分析，则可估算仓储量。其计算程序如下：

①年运转量计算；

②估计工作天数即发货天数；

③计算平均发货日的储运量

$$平均日储运量 = \frac{各物品年运转量}{年发货天数}$$

④估计供货厂商送货频率；

⑤估算仓容量

$$仓容量 = 平均日储运量 \times 送货频率$$

⑥估计安全系数；

⑦计算规划仓容量，即估算仓容量×安全系数。

关于实际工作天数计算有两种基准。一为年工作天数，另一方法是各物品的实际发货天数。若能真实求出各物品的实际发货天数，计算出的平均日储运量基本接近真实情况。但要特别注意,当部分物品发货天数很小并集中在少数天数发货时,会造成仓储量计算偏高,造成闲置储运空间,浪费投资。

**2. 拣货区的储运能力规划**

拣货区是以单日发货物品所需的拣货作业空间为主,因此主要考虑的因素是物品数目和作业量。一般拣货区的规划不需包括当日所有的发货量,在拣货区物品不足时由仓储区进行补货。拣货区储运量规划计算方法如下:

①年发货量计算。把物流配送中心的各项进出物品换算成相同拣货单位的拣货量,并估计各物品的年发货量。

②估计各物品的发货天数。分析各类物品估计其年发货天数。

③计算各物品平均发货天数的发货量,即各物品年发货量除以年发货天数。

④ABC分析。根据年发货量和平均发货天数的发货量等指标对各物品进行ABC分析。首先,可根据年发货量高、中、低的类别,进行物品分组、分类分析,初步确定不同拣货区存量水平。如需进一步考虑物品发货的实际情形,需将年发货量配合单日发货量加以分析。针对年发货量及平均发货天数发货量的高、中、低分类,进行组合交叉分析,再做不同存量水平的规划。如表4-5和表4-6所示。如果有足够的分析数据并配合电脑处理,可针对各类物品发货天数、平均单日发货量、年发货量三项因素综合考虑,进行交叉分析与综合判断,以更有效地掌握物品发货特性。依物品发货特性的不同进行适当归并后,再做不同存量水平的规划。如表4-7所示。这里,假设一个物流配送中心的年工作天数为300天,把发货天数分成三个等级:200天以上、30~200天和30天以下三类,即分为高、中、低三组。实际上天数分类范围是根据发货天数分布范围而定的。

表4-5 物品发货量特性分类

| 年发货量 \ 平均发货天数的发货量 | 高 | 中 | 低 |
|---|---|---|---|
| 高 | A | B | B |
| 中 | A | E | E |
| 低 | C | C | D |

表4-6 拣货区按发货类型分类的规划原则

| 发货类型 \ 平均发货天数的发货量 | 拣货区储位规划 | 存量水平 | 补货频率 |
|---|---|---|---|
| A | 固定储位 | 高 | 高 |
| B | 固定储位 | 高 | 高 |
| C | 弹性储位 | 低 | 低 |
| D | 弹性储位 | 低 | 低 |
| E | 固定储位 | 中 | 中 |

表 4－7  综合发货天数的物品发货量分类

| 发货类型 \ 发货天数 | 高<br>200 天以上 | 中<br>30～200 天 | 低<br>30 天以下 |
|---|---|---|---|
| A. 年发货量大,平均日发货量很大 | 1 | 1 | 5 |
| B. 年发货量大,平均日发货量较小 | 2 | 8 | — |
| C. 年发货量小,平均日发货量较大 | — | — | 6 |
| D. 年发货量小,平均日发货量较小 | 3 | 8 | 6 |
| E. 年发货量中,平均日发货量较小 | 4 | 8 | 7 |

在表 4－7 中有 8 个分类,分别说明如下:

分类 1:年发货量和平均发货日的发货量均很大,发货天数很高。这是发货最多的主力物品群,要求仓储拣货系统的规划应有固定储位和大的存量水平。

分类 2:年发货量大,平均发货日的发货量较小,但是发货天数很多。虽然单日的发货量不大,但是发货天数很频繁。为此,仍以固定储位方式为主,但存量水平较低。

分类 3:年发货量和平均发货日的发货量都小,但是发货天数超过 200 天以上,是处理最繁琐的少量物品。处理方法常常是单品发货。

分类 4:年发货量中等,平均发货日的发货量较小,但是发货天数很多。处理比较繁琐,以单品发货为主。

分类 5:年发货量和平均发货日的发货量均很大,但发货天数很少,可能集中在少数几天内发货。这种情况可视为发货特例,应以临时储位方式处理为主,避免全年占用储位和增加成本。

分类 6:年发货量和发货天数也小。为避免占用过多的储位,可按临时储位或弹性储位的方式来处理。

分类 7:年发货量中等,平均发货日的发货量较小,发货天数也小。对于这种情况,可视为特例,以临时储位方式处理,避免全年占用储位。

分类 8:发货天数在 30～200 天之间,年发货量中等。对于这种情况,以固定储位方式为主,存量水平亦为中等。

上述分类可以作为一种参考,在实际规划过程中仍要根据物流配送中心的具体情况和物品发货特性来进行调整。对于年发货量较小的物品,在规划中可省略拣货区。这种情况下,可与仓储区一起规划,即仓储区兼拣货作业区。

**3. 能力平衡分析**

为了使物流作业有序流畅,必须根据作业流程的顺序,整理各环节的物流量大小,分析物流配送中心内由进货到发货各阶段的物品动态特性、数量和单位。因为作业时序安排、批次作业的处理周期可能产生作业高峰和瓶颈现象。为了避免这种现象,必须调整规划,使前后作业平衡。通过物流量平衡分析,确保物流作业畅通。

## 4.2 物流配送中心布局规划*

在完成作业功能的规划设计,并确定主要物流设备与外围设施的基本方案后,就可以进行物流配送中心的布局或区域布置规划。物流配送中心的布局规划就是根据物流作业量和物流路线,确定各功能区域的面积和各功能区域的相对位置,最后得到物流配送中心的平面布置图,确定建筑的不同形式和标准,这是对作业流程与作业区域功能的具体落实与实现。

### 4.2.1 物流配送中心布局规划的目标和原则

**1. 物流配送中心布局规划的目标**

物流配送中心按功能可分为进货暂存区、理货区、库存区等多个作业区域,合理地布置各个功能区的相对位置至关重要。物流配送中心布局规划的目标是:
(1) 有效地利用空间、设备、人员和能源;
(2) 最大限度地减少物料搬运;
(3) 简化作业流程;
(4) 缩短生产周期;
(5) 力求投资最低;
(6) 为员工提供方便、舒适、安全和卫生的工作环境。

**2. 物流配送中心布局规划的原则**

一般地讲,在制造企业的总成本中,用于物料搬运的费用占 20%~50%,如果合理地进行设施规划,则有可能降低 10%~30%。物流配送中心是大批物资集散的场所,物料搬运是最重要的活动,合理地进行区域布局规划,其经济效果将更为显著。物流配送中心布局规划的原则如下:

(1) 以系统的观点,运用系统分析的方法,求得整体优化,同时也要把定性分析、定量分析和个人经验结合起来。

(2) 以物流的观点作为区域布局的出发点,并贯穿在区域布局的始终,因为企业的有效运行依赖于资金流、物流、信息流的合理化。

(3) 先从宏观(整体方案)到微观(每个部门、库房),再从微观到宏观。例如,布局设计要先进行总体布局,再进行详细布局。而详细布局方案又要反馈到总体布局方案中去评价,再加以修正,甚至从头做起。

(4) 减少和消除不必要的作业流程,这是提高企业生产效率和减少消耗的最有效方法之一。只有在时间上缩短作业周期,空间上减少面积,物料上减少停留、搬运和库存,才能保证投入的资金最少、生产成本最低。

(5) 重视人的因素。作业地点的规划,实际是人机环境的综合,要考虑创造一个良好、舒适的工作环境。

---

\* 王转,程国全.配送中心系统规划[M].北京:中国物资出版社,2003:28-111.
\* 刘昌祺.物流配送中心设计[M].北京:机械工业出版社,2001:36-99.

物流配送中心的主要活动是物品的集散和进出。在进行区域布局时,环境条件非常重要。相邻的道路交通、站点设置、港口和机场的位置等因素,如何与中心的道路、物流路线相衔接,形成内外一体、连贯畅通的物流通道,这一点至关重要。

### 4.2.2 物流配送中心布局规划的程序和方法

物流配送中心布局规划的一般程序如图4-4所示。

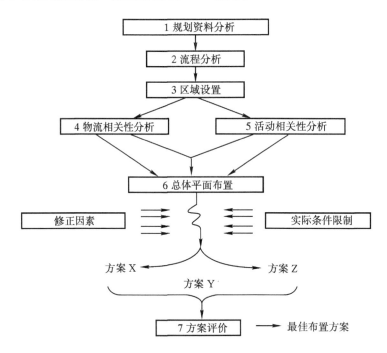

图4-4 物流配送中心区域布局的一般程序

**1. 规划资料分析**

(1) 物品特性分析

物品特性是货物分类的重要参考因素,如按储存保管特性可分为干货区、冷冻区及冷藏区;按货物重量可分为重物区、轻物区;按货物价值可分出贵重物品区及一般物品区等。因此,物流配送中心规划时首先需要对货物进行物品特性分析,以划分不同的储存和作业区域。

(2) 储运单位分析

储运单位分析就是考察物流配送中心各个主要作业(进货、拣货、出货)环节的基本储运单位。一般物流配送中心的储运单位包括P-托盘、C-箱子和B-单品,而不同的储运单位,其配备的储存和搬运设备也不同。因此掌握物流过程中的单位转换相当重要,需要将这些包装单位(P、C、B)纳入分析范围,即所谓的PCB分析。

在企业的订单资料中常常同时含有各类出货形态,包括订单中整箱与零散两种类型同时出货,以及订单中仅有整箱出货或仅有零星出货。为使仓储与拣货区得到合理的规划,必须将订单资料按出货单位类型加以分析,以正确计算各区域实际的需求。物流配送中心中常见的储运单位组合形式如表4-8所示,其中,P为托盘,C为箱,B为单品。

表 4-8  物流配送中心包装单位组合分析

| 入库单位 | 储存单位 | 拣货单位 |
|---|---|---|
| P | P | P |
| P | P、C | P、C |
| P | P、C、B | P、C、B |
| P、C | P、C | C |
| P、C | P、C、B | C、B |
| C、B | C、B | B |

(3)订单变动趋势分析

物流配送中心配送能力的规划目标,需利用过去的经验值来预估未来趋势的变化。因此在物流配送中心的规划时,首先须针对历史销售资料或出货资料进行分析,以了解出货量的变化特征与规律。常见的变动趋势分析及规划策略如图4-5所示。

**2. 流程分析**

在作业功能规划及流程规划中已经确定了物流配送中心的主要物流活动及其程序。有的物流配送中心包括入库、保管、拣选、配送等活动,有的物流配送中心还具有流通加工如贴标签、包装及退货等作业。在物流配送中心中,作业分类的原则是以物品储运单位的转换与否及作业特性的分类为主,其中作业特性的分类则包括操作、搬运、检验、暂存、储存等性质。

**3. 区域设置**

在作业功能规划及作业区域功能规划中确定了作业区域的设置,一般包括物流作业区及外围辅助活动区两大部分。在此基础上,可以进行空间区域的布置规划和作业区域的区块布置工作以及标识各作业区域的面积和界限范围。

各功能区域面积的确定与各区域的功能、作业方式、所配备的设施和设备以及物流量等有关,应分别进行详细计算。例如仓储区面积的大小与仓储区具体采用的储存方法、储存设备和作业设备密切相关,常用的储存方法有地面堆码、货架存放、自动仓库等几种方式,应根据所确定的总的仓储能力计算所需的面积或空间。

这里介绍一种对功能区域的面积进行估算的方法。对于物流作业区域,由于其面积主要取决于物品作业量,因此可以用以下的简单公式估算该区域的面积:

$$s = \frac{\sum h_i}{\lambda}$$

式中:$h_i$ 为第 $i$ 种物品每日的作业量($t$);$\lambda$ 为该区域的面积利用系数,$t/m^2$。各区域的面积利用系数取决于物品的类型、物品的存放方式以及所采用的作业设备等,应根据经验和具体条件确定。

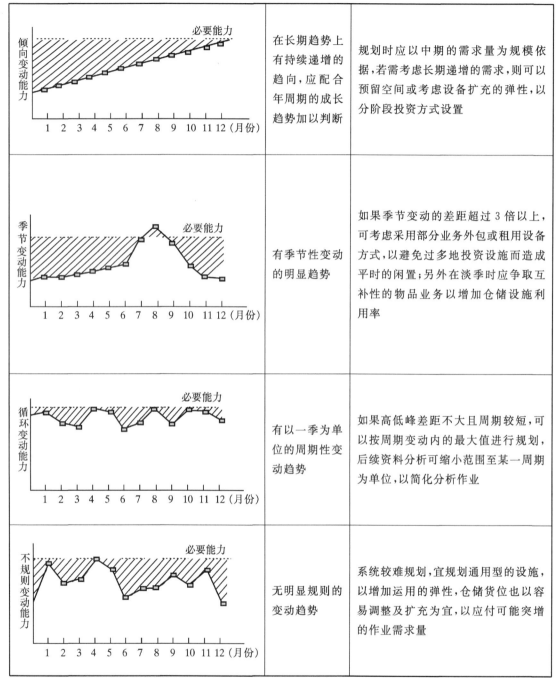

图 4-5 变动趋势分析及规划策略

### 4. 物流相关性分析

物流相关性分析就是对物流配送中心各区域间的物流路线和物流量进行分析,用物流强度和物流相关表来表示各功能区域之间的物流关系强弱,从而确定各区域的物流相关程度。

物流配送中心作业区域间的物流路线类型如图 4-6 所示。分别描述如下。

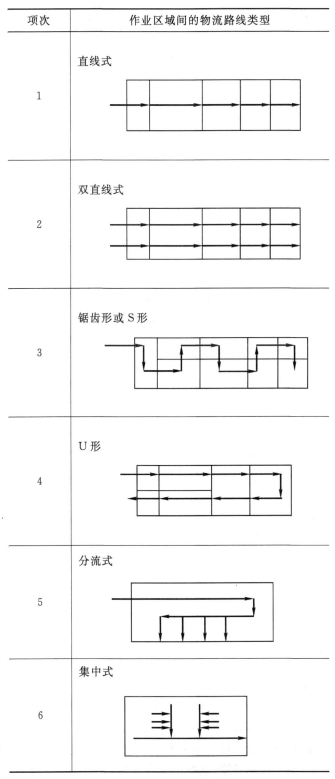

图 4-6 作业区域间的物流路线类型

(1) 直线式:适用于出入口在库房两侧、作业流程简单、规模较小的物流作业,无论订单大小与配货品种多少,均需通过库房全程;

(2) 双直线式:适用于出入口在库房两侧、作业流程相似但是有两种不同进出货形态或作业需求的物流作业;

(3) 锯齿形(或S型):通常适用于多排并列的库房货架区内;

(4) U形:适用于出入口在库房同侧的作业,可依进出货频率大小安排接近进出口端的储区,以缩短拣货搬运路线;

(5) 分流式:适用于批量拣取后进行分流配送的作业;

(6) 集中式:适用于因储区特性将订单分割在不同区域拣取后进行集货的作业。

在物流流量分析时,汇总各项物流作业活动从某区域至另一区域的物料流量,作为分析各区域间物料流量大小的依据。若不同物流作业在各区域之间的物品搬运单位不同,则必须先转换为相同单位后,再合并计算其物流流量的总和。

一种典型的作业区域物流相关表如表4-9所示。

表4-9 各功能区域的物流相关表

|      | 进货区 | 理货区 | 分类区 | 加工区 | 库存区 | 发货区 | 办公区 |
|------|------|------|------|------|------|------|------|
| 进货区 |      |      |      |      |      |      |      |
| 理货区 | A    |      |      |      |      |      |      |
| 分类区 | I    | I    |      |      |      |      |      |
| 加工区 | U    | O    | U    |      |      |      |      |
| 库存区 | U    | A    | E    | E    |      |      |      |
| 发货区 | U    | U    | A    | I    | E    |      |      |
| 办公区 | U    | U    | U    | U    | U    | U    |      |

注:A—非常相关;E—相关;I—较相关;O—一般相关;U—可忽略

**5. 活动相关性分析**

除了物流作业区域外,物流配送中心内还有一些管理或辅助性的功能区域。这些区域尽管本身没有物流活动,但却与作业区域有密切的业务关系,故还需要对所有区域进行业务活动相关性分析,确定各区域之间的密切程度。

各作业区域间的活动相关关系可以从以下几个方面考虑:

(1) 程序性的关系:因物料流、信息流而建立的关系;

(2) 组织与管理上的关系:部门组织上形成的关系;

(3) 功能上的关系:区域间因功能需要而形成的关系;

(4) 环境上的关系:在操作环境、安全考虑上需保持的关系。

根据相关要素,可以对任两个区域的相关性进行评价。评定相关程度的参考因素主要包括人员往返接触的程度、文件往返频度、组织与管理关系、使用共享设备与否、使用相同空间区域与否、物料搬运次数、配合业务流程的顺序、是否进行类似性质的活动、作业安全上的考虑、工作环境改善、提升工作效率及人员作业区域的分布等内容。

一般相关程度高的区域在配置时应尽量紧临或接近,如出货区与称重区,而相关程度低的区域则不宜接近,如库存区与司机休息室。在规划过程中应由规划设计者根据使用者或企业经营者的意见,进行综合的分析和判断。

**6. 总体平面布置**

物流配送中心的布局规划方法有两种,即流程性布置法和活动相关性布置法。

流程性布置法是根据物流移动路线作为布局的主要依据,适用于物流作业区域的布置。首先确定物流配送中心内由进货到出货的主要物流路线形式,并完成物流相关性分析。在此基础上,按作业流程顺序和关联程度配置各作业区域位置。即由进货作业开始进行布置,再按物流前后相关顺序安排各物流作业区域的相关位置。其中,将面积较大且长宽比例不易变动的区域先置入建筑平面内,如自动仓库、分类输送机等作业区。

活动相关性布置法是根据各区域的活动相关表进行区域布置,一般用于整个库区或辅助作业区域和建筑外围区域的布置。首先选择与各部门活动相关性最高的部门区域先行置入规划范围内,再按活动相关表的关联关系和作业区域重要程度,依次置入布置范围内。通常,物流配送中心行政管理办公区均采用集中式布置,并与物流仓储区分隔,但也应进行合理的配置。由于目前物流配送中心仓储区采用立体化仓库的形式较多,其高度需求与办公区不同,故办公区布置应进一步考虑空间的有效利用,如采用多楼层办公室、单独利用某一楼层、利用进出货区上层的空间等方式。

根据物流相关表和活动相关表,探讨各种可能的区域布置组合,以利于最终的决策。物流配送中心的区域布置可以用绘图方法直接绘成平面布置图;也可以将各功能区域按面积制成相应的卡片,在物流配送中心总面积图上进行摆放,以找出合理方案;还可以采用计算机辅助平面区域布置技术进行平面布置。平面布置可以做出几种方案,最后通过综合比较和评价选择一个最佳方案。

例如,某物流配送中心的一种作业区域布局方案示例如图4-7所示。

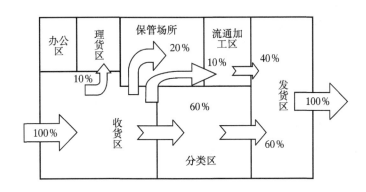

图4-7 作业区域平面布置的方案示例

**7. 方案评价与修正和调整**

经由上述的规划分析,得到了物流配送中心区域布局的草图,最后还应根据一些实际限制条件进行必要的修正与调整。这些影响因素包括:

(1)库房与土地面积比例:库房建筑比率、容积率、绿地与环境保护空间的比例及限制等。

(2) 库房建筑的特性:建筑造型、长宽比例、柱位跨距、梁高等限制或需求。

(3) 法规限制:土地建筑法规、环保卫生安全相关法规、劳动法等。

(4) 交通出入限制:交通出入口及所在区域的特殊限制等因素。

(5) 其他:如经费预算限制、政策配合因素等。

**8. 方案选择**

在方案分析评价的基础上,最后选择一个最优的作业区域布局方案。

**实例 4-2　亚洲货柜物流中心**

亚洲货柜物流中心位于香港新界葵涌 3 号码头,在 20 世纪 80 年代初开始物流运作,由亚洲货柜物流中心香港有限公司投资、建设、经营和管理。伴随着香港集装箱运输业务突飞猛进地增长,至 90 年代中期亚洲货柜亦发展成为世界上最大的集装箱货物处理中心。亚洲货柜建筑面积达 87 万平方米,年集装箱货物处理量超过香港散货量的 44%。它的出现推动了香港港航业的发展,大大地完善了现代集装箱港口的服务功能,为国际现代物流提供了良好的综合服务平台。

亚洲货柜物流中心具有临港位置优势,处于远东、北美、欧洲三大主干海运航线的交汇处,公路、铁路运输可辐射珠三角及全国。其规划用地面积 13 万平方米,总建筑面积 87 万平方米,仓库面积 56 万平方米。

亚洲货柜主要功能是物流综合服务平台,提供全面货物处理、集散及分配服务;辅助功能有零售、体育、娱乐、餐饮、银行、维修等。

在平面布置上,亚洲货柜大厦分 A、B 两座,A 座 7 层,B 座 13 层,其中 A1—6、B1—12 为各种仓库,A7、B7、B12 设候车位,顶层设写字楼,底层提供银行服务,以功能分区,相互融为一体。

中心区域布置特点如下:

(1) 主行车线按等车流量设计,线路 3 条,上行 2 条,下行 1 条,全长 27 公里,占大楼面积的 1/3,基本不存在瓶颈。

(2) 大楼内设停车场,车位充足。

(3) 大厦出租面积:仓库 750～4 万平方米,写字楼 140～3 300 平方米不等,充分满足不同租户个性化自由组合之需。

(4) 大厦卸货平台共 1 330 多个,每层 94～120 个,平均每万平方米 32 个。

(5) 大厦设施先进、自动化程度高、安全性好。内设电脑自动控制交通系统、闭路电视安全监察防盗系统、自动通风冷气监控系统、先进的防火报警消防灭火系统。

(6) 大厦设客户信息服务网:提供集散物流服务查询、物流操作管理系统、全面物业管理系统以及电子采购、电子商贸等。该系统具有兼容性,世界著名的第三方物流链管理系统可与其联网。

资料来源:亚洲货柜物流中心香港有限公司. http://www.nwd.com.hk/lease-hk/asiac.aspx. 2010-06-17.

## 4.3 案例:卷烟智能物流配送中心设计

**1. 项目背景**

安徽省烟草公司阜阳市公司(简称"阜阳市公司")于2011年立项启动了新的物流配送中心建设项目。建设目标是,要把卷烟物流配送中心建成信息化程度较高的、满足远期发展需要的智能卷烟物流配送中心,充分考虑系统实用性、可靠性、兼容性、联动性,依靠先进的技术设备和科学的管理,将自然环境、建筑环境与建筑技术、计算机技术、自动控制技术、通讯与信息处理技术等先进技术相结合,应用适度超前且成熟的设备和系统,最终实现降本增效。本项目以2014年阜阳市公司的销售数据为基础,对仓储、分拣以及订单数据等进行全面分析。

1)仓储量的分析

根据《卷烟配送中心设计规范》规定的计算公式进行计算,$Q=(A\times10+B\times15+C\times25)\times\kappa$,其中 $Q$ 表示总仓储量,$A$ 表示省内烟日平均销量,$B$ 表示邻省烟日平均销量,$C$ 表示其余省份烟日平均销量。$\kappa$ 表示库存量峰值系数,为13。由于省内烟、邻省烟、远省烟比例为5:1:4,以阜阳市公司规划年销量281 000大箱(1大箱=5件=250条)为标准,年工作时间为250天,每托盘30件烟来计算,得出省内、邻省、省外烟的每天存储如下:

省内:281 000箱/年×5÷250天÷30件/托盘×50%=94托盘/天;

邻省:281 000箱/年×5÷250天÷30件/托盘×10%=19托盘/天;

省外:281 000箱/年×5÷250天÷30件/托盘×40%=75托盘/天。

按照省内烟10天的存储量,邻省烟15天存储量,远省烟25天的存储量要求,仓库所需要的总货位数量为3100货位,取1.3的峰值系数,阜阳市公司物流配送中心的总货位数为4 030个货位,其中立库货位数量设计为3 780个,件烟缓存区250个货位,仓库卷烟总存储量为24.2万大箱。

2)分拣量的分析

根据《卷烟配送中心设计规范》:按照年工作时间250天,每天7小时,销量波动系数1.2,设备综合利用系数 $\eta=80\%$ 计算,设计年销售量为281 000大箱;

日平均分拣量:28.1×10 000×250÷250=281 000条/天

日高峰分拣量:281000×1.2=337 200条/天

日高峰时段的系统分拣量:337 200÷7=48 172条/小时

考虑 $\eta=80\%$ 设备综合利用系数,则系统分拣效率需求为:

$$48\,172(条/小时)\div80\%=60\,215(条/小时)$$

若配备额定分拣效率为20 000(条/小时)的分拣设备,按照60 215(条/小时)÷20 000(条/小时)=3.01来计算,应配备分拣设备3套,因此在年销量为28万大箱的情况下,需要配备3条能力为20 000条/小时的复合分拣线。

3)订单品牌数量

通过对销售数据进行 EIQ(E:Order Entry;I:Item;O:Quantity)分析,即从用户订单、品种、数量数据出发,进行分拣配送特性的分析。从 EIQ 分析的结果分析配送中心的物流状态,得出诸如配送中心卷烟品种的销售情况、ABC 分类、出入库频次、时间特征、订单分布情况等内容。依此进行物流系统平面布局、分拣设备配置、出入库设备能力计算、自动化程度等要素的设计,同时根据实际销售量数据进行仿真验证,以保证整个配送中心规划设计合理和未来的可靠运行。

本次主要分析的指标包括:

(1)品种数量(IQ)

分析每一品种卷烟规格订货总数量的情况,用于确定 ABC 分类并根据此分类针对性地进行工艺布局和设备配置。

阜阳市公司年销售的总品牌数量为 122 个,总量为 54650047 条;日均销售品牌数为 66 个,日销售最大品牌数为 92 个。前 18 个品牌占销售总量的 80.49%,定义为 A 类烟;第 19 到第 31 个品牌为 9.86%,定义为 B 类烟;其余的定义为 C 类烟。

(2)品种受订次数(IK)

分析每一品种规格订货的次数。确定仓储的库存策略,分拣前缓存的策略、分拣设备的配置数量等条件。

由于 A、B 类品牌受订频次高,分拣量大,在仓储方面考虑到出库优先的原则,对 A、B 类品牌的存放可采用靠近出库端的方式,提高出库效率;增加 A、B 品牌卷烟的缓存数量,以保证对分拣设备的持续补货;在分拣方面采用自动补货系统,降低操作人员的劳动强度。C 类品牌由于受订频次少,分拣量一般,在仓储方面可考虑放置在货架顶层,备货采用拆垛或整托盘出库分批次备货的模式,分拣方面可以采用人工补货的方式。

(3)订单量(EQ)分析

分析订单订货数量的情况,了解订单的数量分布和相关比例,确定分拣后卷烟的包装模式。

(4)订货量分析

一定时间内的出货数量总量的分析,如每日、每月、高峰日、高峰月等,分析系统能力需求,用于确定仓储系统、分拣系统能力、根据情况设定系统的冗余度。

**2. 物流规划设计**

基于对卷烟仓储分拣数据分析,规划方从物流中心总体布局、仓储设计、件烟备货设计、分拣设计以及整体作业流程等进行规划设计,以满足智能物流配送的需求。

1)总体布局

如图 4-8 所示,阜阳市公司卷烟物流配送中心由卸车区、码垛入库区、拆垛出库区、立库区、分拣缓存区、条烟分拣区、空纸箱暂存区、发货备货区、异形烟打码区和发货装车区等组成,满足卷烟从入库到打包整个过程的自动化智能配送业务处理。

2)仓储区域的设计

仓储部分规划设计为自动化立体仓库,货位数 3780,省内烟采用整托盘收货,经信息录入后,由叉车取至入库站台,经输送设备到立体仓库的指定货位存放;省外烟由机器人码垛机码成实托盘(30 件/托盘)后,经输送系统送至入库站台,由输送设备送到指定货位存放。

按照年销售量 28.1 万箱进行计算,机器人码盘入库效率为 51 盘/小时,出库机器人拆垛效率为 57.5 盘/小时,2 台机器人拆垛效率为 1200 件/小时,每条分拣线的分拣效率为 20000 条/小时,即 400 件/小时。

3)件烟备货区域的设计

件烟备货区域采用件烟密集备货通道、配合多层穿梭车系统,实现所有标准的自动缓存备

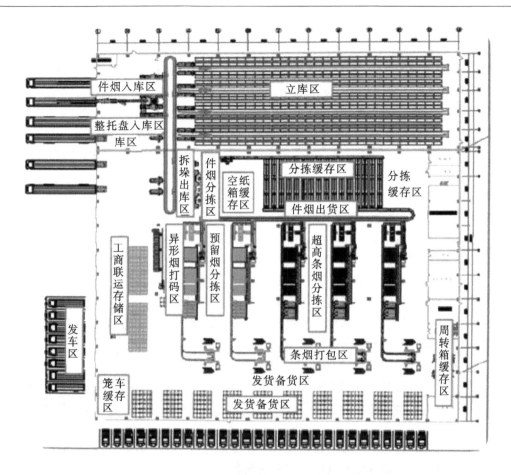

图 4-8 仓储分拣总体布局

货。其中,密集备货通道集中处理其中约占总销量前 50% 的 6 个品规,配置 1 台叠烟机,1 台补货穿梭车,8 组密集备货通道,8 台拆烟机及输送系统等设备,实现卷烟自动缓存、分拣线自动补烟。其余卷烟品牌作为中、小品规,采用多层穿梭车系统进行自动缓存备货,该部分由 3 台入库提升机、3 台出库提升机、14 台高速件烟穿梭车、穿梭车货架(14 层)、输送系统等组成。

多层穿梭车系统为阜阳市公司新引进的缓存拣选工艺,入库提升机分别通过与输送系统及货架入库站台的对接,可实现将需要存储的件烟提升至货架任意一层,也可以实现货架每一层内都存有所中、小品牌卷烟;货架共有 14 层,每层都设置有 1 台高速穿梭车,各穿梭车之间独立运行,互不影响,高速穿梭车通过与入库站台对接,以货叉形式将件烟搬运至穿梭车载货台内,通过穿梭车在该层内的纵向运动,到达相应货位,再以货叉形式将件烟搬运至货架内,完成件烟的缓存任务。分拣线产生补烟需求时,穿梭车运动至相应位置,选取所需卷烟。放置于出库站台,出库提升机通过与出库站台、输送系统配合,将件烟按照实际需求排序后输送至分拣线。方案中共设置 3 台出库提升机,一一对应 3 条高速条烟分拣线,各提升机独立工作,互不影响。

4) 分拣系统的设计

设计 3 条高速条烟分拣线,单条分拣线主要包括 2 台自动开箱机、10 台通道机、12 组卧式分拣机(10 通道/组)、2 条条烟皮带线,单线共设置 130 个通道。标准条烟分拣线实现 99.9%

以上自动补烟、自动开箱,100％自动分拣、自动打码、自动装箱及自动贴标;同时,设计一条异型烟分拣线,完成异型烟分拣任务。

根据上面订单数据分析,本方案采用国内领先的高速条烟分拣技术,合理设置通道数量及设备,使系统既做到科学合理符合实际要求,又有一定超前性,整体设计思路突出以下几点。

(1)适度自动化:自动上烟、自动补货、自动分拣、自动装箱,自动补货量在99％以上,人员的工作量与工作强度基本平衡,并能体现劳动效率的提高和劳动强度的降低;

(2)设备分拣革新:卧式、立式、通道分拣机均采用预分拣机,具有预分拣功能,提高分拣效率;

(3)分拣原理提升:分拣单机顺序下烟,基本为单机串行的工作模式改变为分拣单机并行预分拣、全部分拣单机为并行的工作模式;

(4)分拣下烟姿态:下烟姿态最优,并最高密度的布置在主分拣皮带线上;

(5)大幅提高分拣效率:在现有订单结构下,实现实际不低于20000条/小时分拣效率;

(6)流程简单:所有品牌在同一条线上分拣,没有合单过程,单品牌下烟;

(7)品牌集中度高:同一品牌固定在一个通道,便于发货交接;

(8)出现品牌超多的情况,系统会提示操作人员,是否调整到异形烟分拣线分拣,可以有效做到极小品规作为异形烟分拣的效果。

5)作业流程设计

如图4-9所示,卷烟物流配送中心的主要工艺流程设计为:收货→扫码→码盘整理→入库→仓储管理→出库→出库扫码→分拣补货(件烟补货)→分拣→打码→包装→整理→[暂存]→出货。

为了满足智能物流配送中心的建设要求。整个工艺流程的设计是完全信息化的过程,上位计算机按照事先设定的程序通过电气控制使设备按一定的规律运行,一些由人工完成的环节按计算机终端、无线终端、显示屏的信息进行操作,人工实施完成后通过计算机终端、无线终端、确认按钮等把信息传递到上位计算机,使整个系统始终处于正确的信息管理中运行,自动完成卷烟从入库到出库到分拣的业务过程。

**3. 信息系统设计**

物流园区的信息系统架构,如图4-10所示。配送中心物流系统分为决策层、管理层、业务层和控制执行层。

决策层包括负责采集全省或者地市物流仓储、运行、成本等信息,并通过BI等技术进行综合分析,形成省级和地市级的决策数据,同时,监控省级或者市级的物流业务运行过程。

管理层主要负责资源、费用、计费、绩效、综合管控等物流项目的管理统计。

业务层包括了仓储管理系统、分拣管理系统、运输管理系统,负责了物流仓储、分拣、配送的管理。

控制执行层,负责调度和控制自动化仓储和分拣物流设备完成上位系统下达的指令。

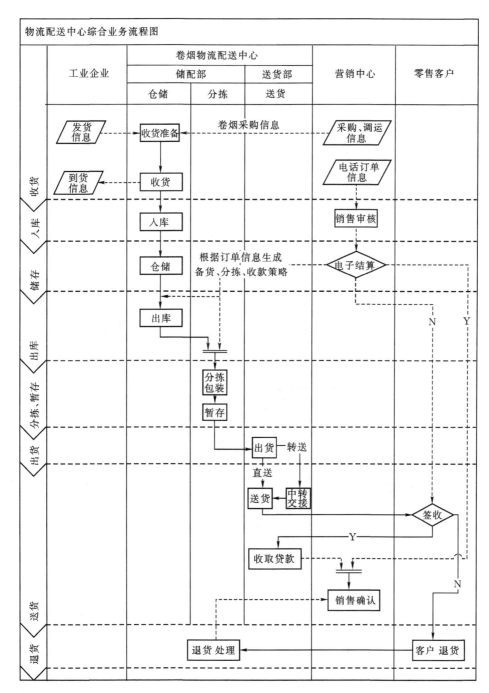

图 4-9 配送中心作业流程图

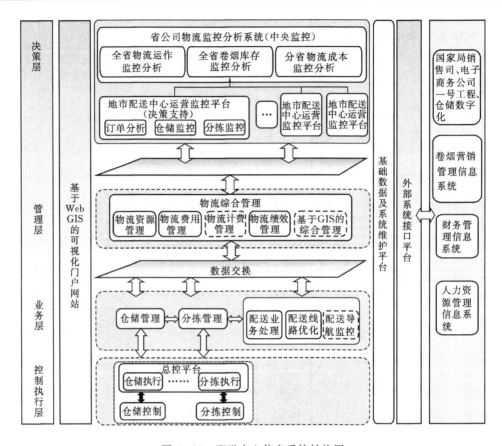

图 4-10 配送中心信息系统结构图

同时,物流系统与外部系统如专卖营销系统、一号工程、数字仓储、财务管理、人力资源等外部系统进行数据对接,完成整个配送中心的业务。

资料来源:许相华. 卷烟智能物流配送中心设计[J]. 物流技术与应用,2016(2):106-110.

## 本章小结

物流配送中心作业功能的规划设计包括三个方面:一是作业功能的总体规划;二是作业区域的功能规划;三是作业区的能力规划。物流配送中心的基本作业功能可以综合归纳为七项作业活动:(1)客户及订单管理;(2)入库作业;(3)理货作业;(4)装卸搬运作业;(5)流通加工作业;(6)出库作业;(7)配送作业。在作业功能规划后,可根据物流配送中心运营特性进行作业区域的规划,主要包括物流作业区和外围辅助活动区两大部分。在确定作业区之后,根据其功能设定,进行作业能力的规划,特别是仓储区和拣货区。一般在规划物流配送中心各区域时,应以物流作业区为主,再延伸到相关外围区域。对物流作业区的规划,可根据流程进出顺序逐区规划。当缺乏有关资料而无法逐区规划时,可对仓储区和拣货区进行详细分析,再根据仓储和拣货区的规划进行前后相关作业的规划。

物流配送中心布局规划的目标是有效地利用空间、设备、人员和能源,最大限度地减少物料搬运,简化作业流程,缩短生产周期,力求投资最低,为员工提供方便、舒适、安全和卫生的工作环境。物流配送中心布局规划的一般程序为:规划资料分析→流程分析→作业区域设置→物流相关性分析→活动相关性分析→区域平面布置→修正与调整→方案选择。

## 关键概念

- 作业功能
- 区域布置
- 作业流程
- 作业区域
- 能力规划
- 流程分析
- 物流相关性分析
- 活动相关性分析

## 思考题

4.1 物流配送中心作业功能规划需要注意的事项有哪些?
4.2 物流配送中心作业功能规划的主要内容有哪些?
4.3 物流配送中心布局规划的目标和原则是什么?
4.4 物流配送中心布局规划的一般程序是什么?
4.5 物流配送中心布局规划的主要内容有哪些?

## 课堂讨论题

4.1 物流配送中心作业功能与布局规划中应重点解决好哪些问题?

## 补充阅读材料

1. 王帆,王艳丽,王彬. 配送中心布局仿真实训:Flexsim 初级实训教程[M]. 北京:清华大学出版社,2015.
2. 马向国,刘昌祺. 现代物流配送中心规划、仿真及应用案例[M]. 北京:中国发展出版社,2014 年.
3. 物流作业货物分类和代码[S]. 中华人民共和国国家标准,GB/T 27923—2011.

# 第5章 物流配送中心设施规划与设计

## 学习目标

- 了解物流配送中心设施规划与设计的任务和内容；
- 掌握物流配送中心库房设计的相关知识；
- 掌握物流配送中心装卸货平台设计的相关知识；
- 掌握物流配送中心货场及道路设计的相关知识；
- 了解物流配送中心建筑公用设施规划的相关知识。

## 5.1 物流配送中心设施规划与设计的主要内容

### 5.1.1 物流配送中心设施规划的基本要求

根据中华人民共和国国家标准《通用仓库及库区规划设计参数》(GB/T 28581—2012)规定，仓库是用于储存货物及进行相应作业的建筑物。通用仓库指除冷藏冷冻货物、危险货物等具有特殊要求货物外，能满足货物一般储存要求的仓库。库区是指由一栋或若干栋仓库、货场及配套设施组成的区域。库区选址应从地区产业布局、企业发展战略、客户分布、库区定位、存储货物类别、包装、存储量及波动系数、环境与消防要求、交通条件、地址条件、城市规划、供水、排水、供电等方面进行综合评价，确定仓库建设具体地点及库区规模。

根据中华人民共和国国家标准《通用仓库等级》(GB/T 21072—2007)规定，具备连续2年营运历史，并且正在营运的库区可以参加通用仓库的等级评定。通用仓库的等级以独立库区为单位，以其设施条件、服务功能、服务质量、管理制度等划分，同一企业的不同库区分别评定等级。通用仓库划分为五级，一星级为最低，五星级为最高，由全国仓储行业组织设立专门机构具体实施评定。通用仓库等级条件表如表5-1所示，实质上它对物流基础设施的建设指明了方向。

表 5-1 通用仓库等级条件表

| 划分指标 | | 仓库等级 | | | | |
|---|---|---|---|---|---|---|
| 项目 | 类别 | 一星 | 二星 | 三星 | 四星 | 五星 |
| 设施条件 | 仓库 | 建筑总面积在 5 000m² 以上的普通平房或楼房仓库 | 建筑总面积在 5 000m² 以上的普通平房或楼房仓库 | 建筑总面积在 10 000m² 以上的普通平房或楼房仓库 | 建筑总面积在 10 000m² 以上 | 建筑总面积在 10 000m² 以上 |
| | | | | | 立体库所占比例达 30% | 立体库所占比例达 50% |
| | | | | | 有一定数量的站台登车桥 | |
| | 装卸机具 | 有必要的装卸机具 | 机械装卸作业量超过 30% | 机械装卸作业量超过 50% | 机械装卸作业量超过 70% | 机械装卸作业量超过 90% |
| | 库内通道 | — | 库区通道、作业满足一般货运车辆通行及作业要求 | 库区通道、作业满足一般货运车辆通行及作业要求 | 库区通道及作业区能满足 12.192m(40 英尺)集装箱卡车作业要求,拥有与业务规模相适应的停车场 | |
| | 信息系统 | — | 具有单机版仓储管理信息系统或用客户系统进行管理 | 具有单机版仓储管理信息系统,库区仓储业务实现信息化管理 | 企业全部仓储业务实现信息化管理 | |
| | | | | | 与重点客户能够实现网络对接,客户能够及时获得数据查询结果 | 具有数据交换平台、实时可视监控体系 |
| | | | 进行相关数据查询和传递 | 提供电子数据交换服务 | 具有条码数据扫描与处理能力 | 具有数据自动采集、处理能力,或一定自动分拣能力 |
| | | | | | 满足客户电子单证管理需求 | |

续表 5-1

| 划分指标 | | 仓库等级 | | | | |
|---|---|---|---|---|---|---|
| 项目 | 类别 | 一星 | 二星 | 三星 | 四星 | 五星 |
| 员工素质 | 管理层 | 经过必要的专业培训 | | 大专以上文化程度达50%或中级职称、行业认可的职业资质达60%以上 | 大专以上文化程度达60%或中级职称、行业认可的职业资质达70%以上 | 大专以上文化程度达70%或中级职称、行业认可的职业资质达80%以上 |
| | 操作人员 | 仓储一线操作人员执证上岗率在50%以上 | | 仓储一线操作人员执证上岗率在60%以上 | 仓储一线操作人员执证上岗率在70%以上 | 仓储一线操作人员执证上岗率在80%以上 |
| | | 需执证操作的设备,执证上岗率达100% | | | | |
| 服务功能 | | 仓储基本作业 | | 仓储基本作业及简单加工、包装服务 | 仓储基本作业与流通加工、包装、配送及信息服务等增值服务 | |
| | | | | 提供全天24小时服务 | 不受一般气候影响,提供全天24小时服务 | |
| | | | | | 满足客户差异化服务需求 | |
| 管理水平 | 安全管理 | 有健全的安全管理制度 | | | | |
| | | 仓库建筑、相关器材经过病虫害防治处理,如:白蚁的防治 | | | | |
| | | — | | | 有自动报警系统,立体库有喷淋灭火系统 | |
| | 管理制度 | 有健全的运作、考核、客户服务、持续改进和培训制度 | | | | |
| | 制度落实 | 各项制度得到贯彻落实,运作、质量、客户投诉管理及培训记录、档案完整 | | | | |
| | | — | | | 通过ISO9000质量管理体系认证 | |
| | 作业现场 | 库容库貌整洁;各种标志规范、清晰、易辨,符合GB2894、GB16179、GB13495的规定;作业规范;物品堆码整齐 | | | | |

物流配送中心各种设施的建设应符合国家及所属地方相关法规的规定。同时,在考虑防洪排泄、防火因素等要求的基础上,配套建设相适应的电力、供排水、通讯、道路、消防和防汛等基础设施。

物流配送中心应根据所属地电网规划的要求,建设符合中华人民共和国国家标准《城市电力规划规范》(GB 50293—1999)和《供配电系统设计规范》(GB 50052—2009)要求的电力设施和内部应急供电系统。

在遵守节约用水原则的基础上,提供满足生产经营需要的供水设施,并编制符合中华人民共和国国家标准《城市给水工程规划规范》(GB 50282—98)规定要求的用水规划。应建设完善的排水设施,编制符合《城市排水工程规划规范》(GB 50318—2000)规定要求的排水规划,并与所属城市总体规划相适应。当暴雨发生时,能够将暴雨所产生的地面水流及时排除,而不发生地面积水现象。

物流配送中心如需建设供热设施,应符合中华人民共和国行业标准《城市热力网设计规范》(CJJ 34—2002)的规定要求。如需建设燃气设施,应符合中华人民共和国国家标准《城镇燃气设计规范》(GB 50028—2006)的规定要求。

物流配送中心应统一建设消防设施和防汛除涝设施。其消防设施工程应由具有消防工程施工资质单位建设,各类建筑的建设应符合中华人民共和国国家标准《建筑设计防火规范》(GB50016—2006)的要求。根据中华人民共和国国家标准《防洪标准》(GB50201—94)的规定,确定防洪标准的重现期,如采用100年或50年不等;再结合当地实测和调查的暴雨、洪水、潮位等资料分析研究确定标高要求。物流配送中心应统一建设自然灾害应急设施。

物流配送中心各种基础设施的地下管线敷设,应符合中华人民共和国国家标准《城市工程管线综合规划规范》(GB 50289—98)的要求。

在物流配送中心内,应适当分配绿色户外空间,以创造一个良好的工作环境。

### 5.1.2 物流配送中心设施规划的主要内容

物流配送中心设施规划的主要内容包括库房设计、装卸平台设计、货场及道路设计和其他建筑设施规划。

**1. 库房设计**

根据物流配送中心的作业需求,确定不同的库房类型和要求,规划和设计库房的结构形式,如门式钢架结构或拱型彩板结构,同时设计和确定库房层数、库房净高、库房面积和门窗形式等。

**2. 装卸平台设计**

根据物流配送中心年吞吐能力的规划,规划相应的装卸平台的数量和类型,确定装卸平台的位置和高度,选择平台高度调节板,设计装卸平台的外围区域。

**3. 货场及道路设计**

根据物流配送中心的运营要求,确定库区内道路的主要技术指标,选择适宜的道路面层,确定货场的宽度和坡度,设计货场排水系统。

**4. 其他建筑公用设施规划**

根据物流配送中心的作业要求,主要进行给水、排水、电力、燃气和供热等设施的规划。

本书重点讨论物流配送中心的规划问题,关于一些具体的内容,感兴趣的学员可以参阅相关的建筑设计类的书籍。

**实例 5-1 嘉兴现代物流园**

根据南京大学、嘉兴城市规划院的规划,园区共规划有5个功能区块,简称"一心四区"。

1. 物流运营中心

中心用地7万平方米,项目重点构建"一平台、三基地、六中心"的"136"现代物流产业服务体系。

一平台:四方物流平台。

三基地:区域物流总部基地、物流实训基地、物流创新创业基地。

六中心:物流金融服务中心、区域采购分销中心、物流科技应用推广中心、物流与供应链研究中心、货物配载调度中心、管理服务中心。

2. 高端配送功能区

入驻项目有沃尔玛华东地区配送中心项目,总投资2.1亿元,占地12.73万平方米,由盖世理嘉兴投资咨询有限公司投资建设,已于1月12日正式启用。项目建设仓储设施4.8万平方米,为沃尔玛和好又多华东地区各门店提供商品分拨、配送服务。新族电器配送项目,总投资1亿元,占地4.2万平方米。浙江新族电器有限公司主要从事各类家用电器的批发、零售、代理,是世界500强之一的知名品牌LG液晶彩电、LG冰箱、LG洗衣机、飞利浦液晶彩电、清华同方彩电、步步高AV等众多品牌的代理商。该项目所需4.2万平方米用地已批准农转用,计划2009年建设完成,建成后将成为浙江新族电器有限公司的总部。

3. 制造业物流功能区

入驻项目有安博(嘉兴)物流设施项目,总投资1.82亿元,占地13.3万平方米,建设期限2008年—2009年。该项目2008年已投入8840万元,完成一幢2.4万平方米仓储设施建设。2009年将建设剩余5万平方米仓储设施。普洛斯(嘉兴)置业有限公司项目由世界500强企业普洛斯(Prologis)公司投资设立,投资总额为2400万美元,注册资本为1200万美元。该项目占地11.27万平方米,已动工兴建,建成后将为嘉兴经济开发区、秀洲工业园区内数百家工商企业服务,提供5.6万平方米仓储用房及相关物流设施服务。

4. 钢材加工配送功能区

宝银重钢物流项目,总投资约2亿元,占地23.3万平方米,建造加工及仓储用地3万平方米,货物堆场12万平方米,场内铁路及站台1000平方米,300～500吨内河码头2座及相应办公房。目前,已完成3000万元建设主体浙江宝银物流有限公司注册,一期投资1亿元,占地10万平方米,于2009年开工建设。项目将依托公铁水联运和国内钢铁公司参股优势,面向华东地区市场,发展重钢(构)加工、钢材剪切及物流配送产业。

5. 服务配套功能区

为园区及周边贸易、生产、物流服务、电子商务、物流信息服务、物流软件开发企业以及政府相关公共机构和居民提供一流的办公场所和居住环境。包括农民拆迁安置小区,一期建设规划9.2万平方米,安置157户,已基本建成。二期建设规划15.4万平方米,安置233户,目前正在建设中。黄埔商务配套项目,由美国黄埔投资集团开发建设,总投资4000多万美元,注册资金2400万美元,占地15.3万平方米土地。该项目将开发包含商住、办公、酒店、高速公路大型服务区等一系列项目,为嘉兴现代物流园及王店镇周边提供优质商业、商务配套服务和高档居住环境。项目已开工建设。

资料来源:http://www.jxlp.gov.cn/,嘉兴现代物流园.

## 5.2 物流配送中心的库房设计[*]

根据中华人民共和国国家标准《通用仓库及库区规划设计参数》(GB/T 28581—2012)规

---

[*] 姜超峰.物流中心模式研究[J].中国储运,2002(4):13-19.

定,应根据库区平面布局、储存货物类别、进出库频率、货架类别、作业方式、作业流程、消防要求等因素确定仓库的基本设计参数。仓库基本参数包括面积、仓库跨度与柱距、库内净高、库内地面的承重和地面处理、仓库平台(高度、宽度和类型)、库门(类型、数量、宽度和高度)、防雨棚、仓库结构类型、屋面系统等。仓库相关设施包括站台登车桥、仓库设施防护、仓库及库区照明、库区消防与监控设备、库区防雷、仓库通风以及配套设施。

### 5.2.1 库房类型

库房是任何物流配送中心必不可少的组成部分。物流配送中心的库房主要用于物品的保管、拣选、包装等。根据物品的形态和物流配送中心的主要功能不同,库房主要分为以下几类。

**1. 平库**

平库是指平面布局的仓库,是一层式库房,一般有钢筋混凝土结构、钢架金属屋面结构等。它主要包括基础、站台、骨架、柱、顶、墙、地面、门、窗、装卸平台、雨棚、通风装置、防潮、防火、电气、照明、保温等设施。在平库中进行收发保管,具有地面单位面积承载能力大、货物进出库作业方便等优点,但是平库占用土地面积大。

在平库中,货物可以堆码存放,也可以采用货架存放。使用货架存放的仓库,如果配备自动化存取分拣设施,又被称作自动化立体仓库。自动化立体仓库由货物存储系统、货物拣选系统、传送系统、自动控制系统所构成。存储系统由高层货架和托盘、货箱组成。高层货架有固定式货架、通廊式货架、悬臂式货架、垂直旋转式货架、水平旋转式货架、垂直重力式货架、水平重力式货架等许多种,它们有各自的储物特点,如悬臂式货架适合于存储长条形货物等。图5-1为罗马仓库(平库)外景。

图 5-1　罗马仓库(平库)外景

**2. 楼库**

楼库是立体布局的仓库即立体库,是多层式库房,多适用于土地紧缺地区。它利用仓库的高度,单位面积储存的物品量增大,可节省用地。由于楼库柱距较小,柱的数量增加,从而减少库房的储存面积,影响搬运车辆的行走。升降货梯常常是楼库物流的瓶颈,将影响物流速度,货梯增加又会减少储存面积。每楼层高度一般不超过5米,随楼层增加地面负荷会逐层减少。楼库占用土地较少,但造价较平库高。图5-2为日本名古屋港楼库外景。

图 5-2 日本名古屋港楼库外景

### 3. 保温库

常见的保温库为冷藏库、冷冻库以及恒温库。冷藏库的温度在 $-5℃\sim 10℃$ 之间,冷冻库温度在 $-5℃$ 以下,恒温库温度在 $15℃\sim 20℃$ 之间。保温库多用于储存食品、果蔬、粮食,要求有较好的封闭性,同时要有换气功能。有的果蔬、粮食还需要药物熏蒸,消灭病虫害。

**实例 5-2　中煤平朔煤业有限责任公司中央仓库**

中煤平朔中央仓库位于中煤平朔物流园区内,设计为单层轻型结构仓库,建筑主体结构(轴线)面积为 10816 米$^2$,轴线长度 169 米,宽度为 64 米,主体结构净高 21 米,室内外高差 0.3 米。设置托盘货位约 2.5 万个,货箱货位约 6 万个。

图 5-3 中煤平朔中央仓库

资料来源:http://cledi.org.cn/,中物协(北京)物流工程设计院.

## 5.2.2 库房结构设计

**1. 结构形式**

库房的建设可根据实际要求,结合建筑设计规范,采用相应的结构形式。目前,随着现代物流的发展及要求,流行的库房结构形式为门式钢架结构和拱型彩板结构。

门式钢架结构是一种建筑钢结构,具有强度高、自重轻、造价低、跨度大、抗震性能好、施工速度快、周期短、投资回收快、地基费用省、占用面积小、工业化程度高、维护费用低、施工污染环境小、外形美观、可拆迁等一系列优点。无论是结构性能、使用功能还是经济效益,钢结构都有一定优越性,与混凝土结构相比它是环保型的和可再次利用的。轻钢结构中门式钢架最受人们的青睐,因柱子与梁连在一起,形成一个门字形状,故称门式钢架结构。一般跨度在18~36米之间比较经济,必要时可超出此范围。业主可根据需要选择是否需要吊车和通风气楼等其他辅助设备。图5-4为门式钢架结构库房的简图。

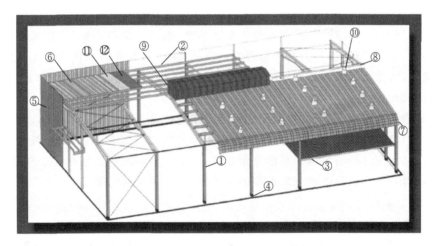

①梁柱变截面钢 ②檩条C型钢 ③楼承板 ④锚定螺栓 ⑤彩色钢板 ⑥彩光板 ⑦弧形钢板
⑧屋脊收边 ⑨气楼 ⑩免动力通风器 ⑪PU隔热发泡板、玻璃棉 ⑫铝箔、铁丝网

图5-4 门式钢架结构库房的简图

拱型彩板结构是直接将彩板根据跨度及荷载的要求制成拱型,做成库房的屋顶,墙体就可采用混凝土或砖墙。其主要技术特点是:无梁无檩,空间开阔,跨度8~42米任意选择;造价低,投资少;设计施工周期短,1万平方米屋顶建筑25天即可完成;彩色镀锌钢板,机械锁边连接,自然防水,没有渗漏。图5-5为拱型彩板结构库房。

**2. 库房层数与库房面积**

库房可采用单层库房或多层库房,但必须与库房的结构形式相匹配。根据目前物流发展的方向,货架和托盘的广泛应用,从便于理货分拣角度出发,宜采用单层的高架库房。

库房的长度和宽度应由库房所存储的物品类别、搬运方式及建筑构造选型等因素确定,库房的长宽比例应适当,一般采用矩形,长度为宽度的3倍左右比较合适,高架库房的最小宽度与长度不宜小于30米×60米,不宜大于60米×180米,但可根据物品的储存需要建成超大型

图 5-5 拱型彩板结构库房

库房。

**3. 库房高度**

在储存空间中,库房的有效高度也称为梁下高度,理论上是越高越好,但实际上受物品所能堆码的高度、叉车的扬程、货架高度等因素的限制,库房太高有时反而会增加成本及降低建筑物的楼层数,因此要合理设计库房的有效高度。在进行库房的有效高度设计时,应从以下三个方面进行考虑。

(1) 保管物品的形态、保管设备的形式和堆码高度

由于所保管物品的形态及所采用的保管货架形式均和高度有关,当采用托盘地面堆码或采用高层货架时,两者所需的堆码高度差距非常大,耐压的坚硬物品及不耐压的物品在采用地面堆码时,其对梁下有效高度的需求也有很大差异,故必须根据所采用的保管设备与堆码方式来决定库内的有效高度。

(2) 所使用堆垛搬运设备的种类

储存区内采用不同的作业设备,如各类叉车、吊车等,对梁下间隙有不同的要求,需要根据具体的堆垛搬运设备的起升参数和梁下间隙进行计算。这里,梁下间隙是为了消防、空调、采光等因素而必须预留的装设空间。

(3) 所采用的储存保管设备的高度

由于各种货架都有其基本设计高度,装设货架时必须达到此高度才有经济效益,因此有效高度的设计必须能符合所采用的保管储存设备的基本高度要求。

在实践中,一般单层高架库房的净高不应小于 7 米,如采用门式钢架结构,考虑钢结构特点及经济性,净高取 8~10 米,采用拱型彩板库房,净高为 8~12 米比较适合。

**4. 库房门窗与进出口的布局**

(1) 门窗

① 库房门的设置应考虑物品流量的大小和物品对环境条件的要求。

② 库房门高度与宽度应视作业机械和储存物品的外包装尺寸而定,宜按表 5-2 所示确定库房门高度与宽度(单位:米)。

表 5-2 物流配送中心库房门参考尺寸表（米）

| 作业机械 | 铲车、汽车 | 手推车、电瓶车 |
| --- | --- | --- |
| 门洞高 | 3.9～5.4 | 2.1～2.4 |
| 门洞宽 | 3.3～4.5 | 1.8～2.1 |

③库房门宽不大于 3.3 米时，宜用双扇外平开门，并在适当的位置设置定门器。库房门宽大于 3.3 米时，宜用双扇推拉门。

④门上方设置雨罩，雨罩比门洞每边应宽出 500 毫米，伸出墙外的长度不应小于 900 毫米，门外有站台时，按站台设计。

⑤库房的窗地面积比宜为 1∶10～1∶18，窗功能以采光为主的库房，宜用固定窗，窗地面积比应取大值；窗的功能以通风为主的库房，宜用中悬窗，窗地面积比应取小值，但应按自然通风换气次数验算核定。

⑥库房的通风口面积应通过计算确定，单个通风口的面积不宜大于 $0.2 \text{米}^2$，且应设置有安全防护措施，通风口底部距库房内地面的高度差不应大于 250 毫米。

(2) 进出口的布局

通常，库房设有两个站台，各位于一端，一个收货站台，一个发货站台。物品在两个站台之间移动。另一种布局是只有一个站台，在规定时间来分别进行收货和发货工作。前一种布局物品的移动路线是直线，而后一种布局物品在库内的移动路线是 U 型。前一种布局多占用一个站台的空间，而后一种布局物品的分拣和作业效率相对较低。

### 5.2.3 储存空间的规划布置*

储存是物流配送中心的核心功能和重要的作业环节，储存区域规划的合理与否直接影响到物流配送中心的作业效率和储存能力。储存空间是储存物品的空间，其有效利用已经成为物流配送中心作业改善的重要课题。在第 4 章详细讲述了仓储区面积的确定方法，但没有涉及储存空间的具体规划布置方法，这一节将重点讲述储存空间的规划与利用方法。

在布置储存空间时，首先考虑的是储存物品的多少及其储存形态，以便能提供适当的空间来满足需求。因为在储存物品时，必须规划大小不同的区域，以适应不同尺寸数量物品的存放。对于空间的规划，首先必须先行分类，了解各空间的使用目的，确定储存空间的大小，然后再进行储存空间的设施布置。倘若由于储存空间的限制而无法满足储存要求时，就要寻求可以提高保管效率的储存方法来满足规划要求。

**1. 影响储存空间的主要因素**

储存空间主要包括物理空间、潜在利用空间、作业空间和无用空间。物理空间是物品实际上占有的空间；潜在利用空间就是储存空间中没有充分利用的空间，一般物流配送中心中至少有 10%～30%的潜在利用空间可加以利用；作业空间是为了作业活动顺利进行所必备的空间，如作业通道、物品之间的安全间隙等。

影响储存空间的主要因素有八项，在人为因素上有作业方法及作业环境，在物品因素上有

---

\* 王转，程国全. 配送中心系统规划[M]. 北京：中国物资出版社，2003：207-217.

物品特性、物品存量、出入库量等,而在设备因素上有保管设备及出入库设备。各项因素对储存空间的影响程度如表5-3所示。

表5-3 储存空间的影响因素及其影响程度

| 影响因素<br>空间 | 人 | | 物 | | | 设备 | |
|---|---|---|---|---|---|---|---|
| | 作业方法<br>作业环境 | 物品<br>特性 | 保管<br>物品量 | 入出<br>库量 | 入出库<br>件数 | 保管<br>设备 | 入出库<br>设备 |
| 物理空间 | — | 很大 | 很大 | — | — | 很大 | — |
| 潜在利用空间 | — | 很大 | 很大 | — | — | 很大 | — |
| 作业空间 | 很大 | 大 | — | 很大 | 很大 | — | 很大 |

**2. 储存空间的有效利用策略**

在储存空间中,不管物品是地面直接堆码或是以货架储存,均得占用保管面积。在地价日益昂贵的今天,若能有效利用空间,可以大大地降低仓储成本。如何能有效地利用仓储空间呢?除了合理地放置柱、梁、通道外,储存空间的充分利用很重要。空间有效利用的方法和策略主要有三种。

(1)向上发展

当合理化设置好梁柱后,在有限的立体空间中,面积固定,要增加空间利用就是向上发展。仓库空间的向上发展会影响物品搬运工作的安全与困难程度,也会造成盘点困难,但是目前科学技术发展迅速,堆高技术日新月异,堆高设备推陈出新,因此向上发展的困难已不大。堆高的方法为多利用货架,例如驶出/驶入式货架便可高达10米以上,而窄道式货架更可高达15米左右。利用这些高层货架把重量较轻的物品储存于上层,而把较重的物品储存于下层,或使用托盘来多层堆放以提高储物量,增加库房的利用空间。

(2)平面区域的有效利用

①非储存空间设置角落:所谓非储存空间就是指厕所、楼梯、办公室、清扫工具室等,它们应尽量设置在储存区域的角落或边缘,以免影响储存空间的整体性,这样可以增加储存物品的储存空间。

②减少通道面积:减少通道面积相对就增加了保管面积,但可能会因通道的变窄变少而影响作业车辆的通行及回转,因此需要在空间利用率与作业影响两个条件中根据需求取得均衡。不能因为一时的扩展储存空间而影响了整个作业的方便性。一般性的做法是把通道设定成保管区中行走搬运车辆的最小宽度,再于适当长度中另设一较宽通道区域以供搬运车辆的回转。

③货架的安装设置应尽量采取方型配置,以减少因货架安置而剩下过多无法使用空间。

④储存空间顶上的通风管路及配电线槽,宜安装于最不影响存取作业的角落上方,以减少对货架安置的干涉。这样,可以增加货架数量,从而提高保管使用空间。

(3)采用自动化仓库

自动化仓库在空间的使用率上是最高的,但并不表示其就是最适合的。自动化仓库的选用必须先经过评估,在了解物流配送中心的物品特性、量的大小、频率的高低以及单元化处理的程度后,再行决定是否适合采用自动化仓库。

## 5.3 物流配送中心的装卸平台设计[*]

装卸平台的设计是整个物流设施流程设计的重要组成部分。装卸平台是物品在设施流通程序的起点和终点,它将物品在室内的流通与对外运输结合在一起,所以它必须与整个设施系统的效率相匹配,才能保持整个物流配送中心的高生产力。同时,装卸平台亦是隐藏着许多危险的地方(包括叉车掉下平台等),故装卸平台的安全设计必须给予高度的重视,以保障工人作业安全。

### 5.3.1 装卸平台位置的选择

为减少物品搬运成本,装卸平台的位置选择应考虑尽量缩短搬运工具(车辆)在库区内的行驶距离,同时应充分考虑库区内生产流程及操作的需要。根据物流配送中心年吞吐能力的规划,来规划和设计相应的装卸平台的数量和类型。

装卸平台布置有两种模式:合并式(装货与卸货在同一平台)、分离式(装货与卸货在不同平台)。合并式平台常用于物流量不大的小型库房,但因这种平台需同时完成两种功能,所以不可避免地增加了搬运工具(车辆)在库房内行驶的距离。在分离式模式中,物品从库房的一端进入作业区域,而从另一端的分离式平台离去,这样可最大限度地缩短物品在库房内流动的距离。

**实例 5 - 3 厦门国际会议展览中心**

厦门国际会议展览中心是由厦门市政府投资,厦门国际会展新城投资建设有限公司建设经营的,集展览、会议、信息、交易、商贸洽谈等大型活动为一体,并配套商务、广告、宾馆、餐饮、娱乐、保税仓储等服务的大型现代化展馆。会展中心距市中心、火车站、机场分别为 5、7、12 千米,城市主干道交汇于此,是厦门岛东部的交通枢纽,交通十分便利。

会展中心占地 47 万平方米,总建筑面积 15 万平方米,由主楼和辅楼组成。主楼长 432 米、宽 105 米、高 42.6 米。位于展厅前的大堂及功能前区面积近 4 500 平方米,高 18.5 米,可容纳 3 000 人参加开幕式。展厅总面积 3.3 万平方米,皆设在主楼第一层,可设 2 000 个标准摊位,展厅可同时使用,也可分隔为 A、B、C、D、E 五个展区单独使用;各展区面积均为 6 560 平方米,净高分别为 7.6 米、10 米、15 米,地面负载 1 吨/米$^2$ 和 3.5 吨/米$^2$;两翼各有跨度为 81 米×81 米的无柱展区。

展厅内给排水、220/380V 电源、空压气、计算机端口等都分布到位。展厅后侧均设有货物装卸平台,大型集装箱拖车可直驶入展厅,满足举办大型展览会的需要。

资料来源:厦门国际会议展览中心. http://www.chinaexposition.com/.

### 5.3.2 装卸平台外围区域的设计

装卸平台外围区域指装卸平台前至围栏区(或障碍物区)之间可供货车使用的区域。它应包括装卸货时用于泊车的装卸区及调动货车进出装卸区所必需经过的调动区。泊车位之间中心线距离建议应至少 3.5 米,如考虑同时开启车门,泊车位之间中心线距离可为 4 米。平台外围区域

---

[*] 姜超峰. 物流中心模式研究[J]. 中国储运,2002,4:13~19.

的大小取决于泊车位中心线距离、货车长度及货车的转弯角度。比较常用的 40 英尺标准货柜车所需外围区尺寸如表 5-4 所示。

表 5-4  40 英尺标准货柜车所需的最小平台外围区尺寸

| 中心线间距(米) | 3.5 | 4.0 | 4.5 | 5.0 | 5.5 |
|---|---|---|---|---|---|
| 外围区长度(米) | 36.5 | 35.5 | 34.5 | 33.6 | 32.8 |

### 5.3.3 装卸平台类型的选择

在确定装卸平台类型时,主要考虑保安的需要、交通控制、作业安全、工人工作环境、现有空间大小及气候情况等影响因素。

根据建筑物与货车的位置关系定义,最常用的平台可分为穿墙式和开放式两种类型。

**1. 穿墙式平台**

穿墙式平台的特征是,装卸平台设计在库房建筑物内,而货车装卸货时停靠在库房建筑物外。与合适的门封或门罩配合使用,这种设计可完全不受天气影响,保安工作也很容易实施。设计穿墙式平台时需要将库房建筑物的墙壁从平台边缘缩进一段距离,其作用是:

①防止货车撞到墙壁;
②便于安装门封;
③减少人员受伤的危险。

货车尾端与墙壁之间至少要留有 20 厘米的空隙(在平台平面以上 2 米处测量),货车尾端顶部与墙壁之间至少要有 15 厘米的空间距离。

**2. 开放式平台**

开放式平台的特征是,装卸货物平台和货车都处于建筑物外,如图 5-6 所示。

图 5-6  成都中储物流配送中心钢结构站台库

开放式平台因受天气因素影响大,故多用在温和气候地区的普通货物库房,通常在平台上方加雨蓬罩棚或在平台周围加垂帘,以作保护。在设计开放式平台时,要注意在建筑物墙壁与高度调节板之间留有足够空间深度(至少 4.5 米)以供叉车转弯调动用(需考虑双向叉车行走情况)。同时,有必要在平台边缘设置水泥柱、安全链或其他类似障碍物以减少叉车掉下平台的危险。

另外,由于库房建筑物本身的某些限制,可设计特殊平台布局,如锯齿形平台和码头式平台。当装卸平台外围区域不足时,锯齿形平台是最佳选择。它可大大减少卡车靠泊或驶离装卸区时所需的外围区域空间;当建筑物墙壁空间不足以设置足够平台位置或库房建筑物及周围通道布局使平台不能沿墙壁周围设置,则可设计码头式平台解决这一问题。

### 5.3.4 装卸平台高度的确定

装卸平台的高度是平台设计中的最重要的要素,必须与使用装卸平台的货车相匹配。在确定这一高度时,应尽量使装卸平台与货车车厢底板之间高度差缩至最小。使用平台高度调节板虽可解决高度差问题,但勿使形成的坡度过大,以免调节板擦碰到叉车底盘;同时,如坡度增大,会影响装卸效率,对调节板和叉车的结构和保养要求也相应会增高,更容易造成意外危险。在确定装卸平台高度时,首先应确定使用该平台的货车底板高度的范围,以这个范围的中间高度作为装卸平台高度的参考值。通常货车所需平台高度在120~140厘米之间。各种货车对应的装卸平台高度参考值如表5-5所示。

表5-5 各种货车对应的装卸平台高度参考值

| 货车类型 | 货柜车 | 平拖车 | 四轮货车 | 冷藏车 | 平板车 |
|---|---|---|---|---|---|
| 平台高度(cm) | 135 | 120 | 110 | 130 | 130 |

另外应注意,在卸货过程中,货车底板会升高;在装货的过程中,货车底板会降低。如装卸平台前的装卸区有下挖的坡度,则需适当降低平台高度。这一坡度会使货车底板高度降低最高达25厘米。开放式平台通常在货车停靠平台后才打开货车厢门,这就要求平台高度要低到可使车厢门打开而不会碰到平台的程度,通常这一高度是130厘米。装卸区地面如有坡度,平台高度还应再低一些,因为车厢门尾端在打开时会向下倾斜,通常坡度每增加一个百分点,平台高度需相应再降低1厘米。

### 5.3.5 装卸平台高度调节板的选择

装卸平台高度调节板安装在平台前端,其作用是消除装卸平台与货车之间的空隙和高度差,以便于叉车将货物直接运送上货车或卸下货物。平台高度调节板主要有两种:镶入式平台调节板和台边式平台调节板。

**1. 镶入式平台调节板**

这种平台调节板装入平台上预留的坑位内,如图5-7所示。

**2. 台边式平台调节板**

这种平台调节板安装在装卸平台边缘,其工作示意图如图5-8所示。

图 5-7 镶入式平台调节板

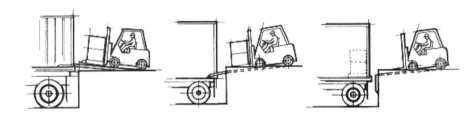

图 5-8 台边式平台调节板的工作示意图

### 5.3.6 现代化机械在装卸平台上的应用

随着现代化物流机械的不断研制和创新,装卸平台的建设,特别是调节板的应用已经越来越现代化。根据机械装置的特点,目前常见的装卸平台主要包括如下几种类型。

**1. 液压式装卸平台**

液压式装卸平台搭设在车辆和库房建筑物之间,以调整车辆底部与地面的高度差,如图 5-9 所示。其特点是:全液压动力,单个按钮操纵;两侧安全防护裙保护脚部安全;唇板与车厢始终紧密吻合;平台与唇板采用长轴铰接,充分保证其高强度、长寿命;附设检修安全撑竿及缓冲垫。液压式装卸平台与工业滑升门或金属卷帘门、门封一起构成泊存系统。

图 5-9 液压式装卸平台实例

因为工业建筑物或库房的装卸场地类型多种多样,所以液压式装卸平台有多种内设装置可供选择,最常见的是具有铰链悬臂的电控液压型。

液压式装卸平台的倾斜角度依赖于地面与车辆平台的高度差,液压式装卸平台长度对倾斜角度也有直接影响。装卸平台设备的制造商应对倾斜角度的限度给出建议,如斜面过于陡峭则会增加操作的危险性。

车辆平台的高度在空载的时候常常高于停泊平台面高度,而满载时又会低于停泊平台面高度。因此,在车辆装卸过程中液压式装卸平台必须伴随其倾斜运动以及垂直变化情况而保持平稳。电控液压式装卸平台适用于装卸场地上的车辆型号多种多样以及交通相对繁忙的场所。

**2. 气袋式装卸平台**

气袋式装卸平台是采用低压高容量充气原理,利用气袋提升装卸平台,如图5-10所示。气袋由特种纤维材料制成,内衬保护性发泡材料,并经严格防化学及防昆虫处理。气袋工作温度由-50℃~+65℃。坚固耐用的小型鼓风机需有安全过滤网设计,隔除尘埃,利用回流空气自动清理过滤网。利用调节板自重推出活页;在不伸展活页情况下,仍可将装卸平台降至低于平台操作以适合满载货物的矮车起卸第一排货物。支撑脚的作用在于,即使操作时卡车意外驶离,亦可支撑调节板保持平台水平位置,减少叉车或操作人员摔下平台的危险。这种平台不存在机械式定期调校弹簧或液压式保养费用高昂及漏油环保等问题。

图 5-10 气袋式装卸平台实例

**3. 机械式装卸平台**

机械式装卸平台适用于不需要利用电力进行装卸作业、缺乏电力、化学品仓库(需要防爆)、防污染行业(诸如食品等)、露天装卸的物流配送中心。如图5-11所示。

图 5-11 机械式装卸平台实例

机械式装卸平台利用机械弹簧的伸缩原理,利用弹簧动力提升装卸平台及前端之搭接板。在不伸展搭接板情况下,仍可将装卸平台降至低于平台操作,以适合满载货物的矮车起卸第一排货物。在管焊搭接板关节位置,有特别设计的装置供添加润滑油,以保证搭接板顺畅伸出。独有搭接板缩回装置设计,在搭接板伸出时,如意外碰到物体,搭接板便会自动缩回,以保护搭接板。

**4. 翻板式装卸平台**

翻板式装卸平台一般通过人力操作直接搭接在货车的车厢尾部,如图 5-12 所示。其最终目的和常规的装卸平台一样,为货车和搬运车辆搭接通道,最主要的特点是操作简易而方便,平时不装卸货物的时候可以向上折叠而不必担心占用空间。其起载重量一般小于 6 000 千克,尺寸小于 2 000 毫米×2 000 毫米。

图 5-12 翻板式装卸平台实例

**5. 装卸房**

装卸房一般由装卸平台、工业门、装卸门封、密封框构成一个完全自动化的泊存系统,如图 5-13 所示。

装卸房有如下的功能:节省内部空间、在库房建筑物和车辆之间形成保护屏障、节省能源、改善工作环境等。

装卸门封是装卸房的重要组成要件,如图 5-14 所示。

装卸门封密封了车辆与库房建筑物之间的空间,实现了防风、防雨以及外部冷空气,或是起到保存冷藏设备的内部冷空气的作用。装卸门封不仅改善了工作环境而且有助于节能和实现门洞内的有效操作。装卸门封一般分为机械式门封、垫式门封和充气式门封几种,其选择通常基于以下一些基本条件:建筑物的设计、车辆类型、节能要求以及需要特殊保管作业条件的货物。

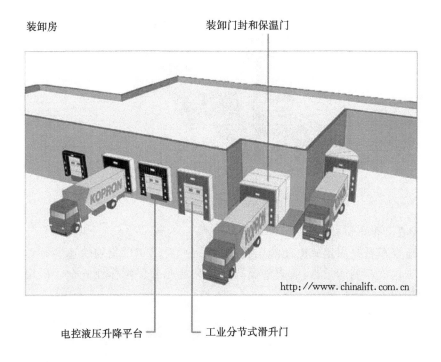

图 5-13 装卸房示意图

图 5-14 装卸房及装卸门封示意图

**6. 登车桥**

登车桥是实现货物快速装卸的专用辅助设备,如图 5-15 所示。它的高度调节功能使货车与库房的货台之间架起一座桥梁,叉车等搬运车辆通过它能直接驶入货车内部进行货物的批量装卸,仅需单人作业,即可实现货物的快速装卸。它能减少大量劳动力,提高工作效率,获取更大经济效益。

登车桥一般采用液压式,根据登车桥的安装特点,可以分为固定式液压登车桥和移动式液压登车桥。

图 5-15 登车桥实例

(1) 固定式液压登车桥

固定式液压登车桥是固定式电动液压装卸货平台，可以实现货物快速装卸。它可使叉车等搬运车直接进入货车装卸货物，能成倍提高工效又能充分保障作业安全。固定式液压登车桥平台设计图如图 5-16 所示。

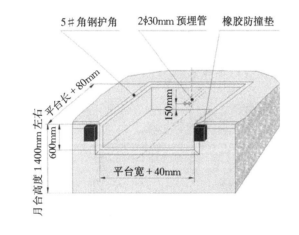

图 5-16 固定式液压登车桥平台设计图

(2) 移动式液压登车桥

移动式液压登车桥是与叉车配合使用的货物装卸专用辅助设备，如图 5-17 所示。借助移动式液压登车桥，叉车能直接从地面驶入汽车车厢内部进行批量装卸作业。移动式液压登车桥采用人工液压动力，不需接动力电源。只需单人操作，即可实现货物的安全快速装卸。

图 5-17 移动式液压登车桥实例

## 5.4 物流配送中心的货场及道路设计*

### 5.4.1 货场的设计

**1. 货场设计的主要技术指标**

(1)货场的宽度不宜小于30米,当长度超过200米时,中间应布置横向主干道。

(2)装卸货场的横坡不应小于0.4%。

(3)有门式起重机的储存货场的纵坡不应大于0.2%,横坡宜为0.6%~0.8%,主要考虑起重机的行车和作业的安全;无门式起重机的储存货场坡度,当采用纵坡排水时,不宜小于0.8%,横坡不宜大于0.5%;采用横坡排水时,纵坡不宜大于0.2%,横坡不宜小于0.8%。

(4)根据存储货物的不同要求,货场的地面可分别采用不同面层,如混凝土、碎石或级配碎石等。

(5)货场应采用有组织排水,可设置明沟或暗沟按相应的规范设计。

**2. 货场设计的主要地面形式的选择**

随着现代化工业生产的迅速发展,物流仓储业得到了空前的繁荣,同时随着企业对产品包装、存储要求标准的提高,物流仓储业对库区地面也提出了更高的要求。

(1)传统地面形式

目前物流配送中心的地面基本以普通水泥混凝土地面为主,部分条件较好的库区采用水磨石或地板砖,经过多年使用证明,这些地面分别存在着不同的问题。

普通水泥混凝土地面一般采用C20以上强度、15~20厘米厚的素混凝土直接收光做面层,或在混凝土垫层上再做3~5厘米厚、C30以上强度的水泥砂浆罩面层。这种地面形式是最便宜的地面形式,但并不是最经济的地面形式,一般使用两年以后,在叉车的作用下地面会出现不同程度的翻砂、起尘现象。随着使用年限的延长,加上碳化、水侵蚀和风化的作用,地坪表面会继续粉化,影响正常使用。具体表现在物品堆放无论时间长短,上面总是布满灰尘。

水磨石地面和地板砖地面,根据不同材质的选择,一般每平米造价比普通混凝土地面增加30~60元左右。这两种地面形式在使用功能上基本解决了混凝土地面的翻砂起尘问题,但其面层本身与混凝土基层是剥离的,所以在重车的作用下,极容易造成水磨石或地板砖面层起壳、空鼓、碎裂、脱落现象,不但影响了库区的整洁、平整,而且随着使用,破坏区域会越来越大,使用寿命也很短。

(2)新型地面形式

对于物流配送中心地面的要求,实际上关键问题是解决抗叉车碾压和抗车轮摩擦的问题,同时尽量能提高地面的装饰性,达到耐用、美观的效果。目前存在三种新型地面形式适应这些要求,分别是耐磨地坪、环氧涂装地坪和水泥地坪增硬剂。

①耐磨地坪

耐磨地坪是新建物流配送中心库区和站台地面最佳的选择,是所有地面形式中最耐用、最

---

\* 姜超峰.物流中心模式研究[J].中国储运,2002,4:13-19.

经济的一种地面方案。选择耐磨地坪，不但彻底解决了地面的翻砂起尘问题，使用寿命可达到20～30年以上，而且地面施工速度快、周期短，与混凝土摊铺施工同步进行和结束，地面完工以后还可以承受重荷载车辆的碾压。

耐磨地坪是在新浇筑水泥混凝土并摊铺平整的表面，均匀撒布一层耐磨地坪材料，运用专业的抹光机进行提浆和收光作业，利用基层混凝土的浆将耐磨材料润湿后与基层混凝土形成一个整体，并在表面形成一个防滑耐磨面层，明显提高了混凝土的表面强度，增强了耐磨性能，最大限度地解决了库区地面的翻砂、起尘问题。耐磨地坪材料是由含有不同精选（石英砂、金刚砂、金属、合金）骨料、特种水泥、聚合物添加剂、颜料等均匀混合而成的。耐磨地坪可以做成本色、灰色、红色、黄色、绿色等。

为了提高耐磨地坪的美观程度，可以对耐磨地坪进行上蜡处理，使地坪表面形成一层无色透明的蜡膜。蜡膜可以对地坪表面的微细孔洞进行封闭，隔绝水气、污渍、灰尘对地坪的渗透和污染；同时更有利于防止地坪的粉化和起灰。采用封闭打蜡的方法可以在几个小时之内完成对地坪的护理，在防滑要求上能够保证叉车、运输车的正常运营，使用过程中蜡面本身不粘附灰尘，整个封闭区域易于清理。

②环氧涂装地坪

环氧涂装地坪面层材料采用双组分、含溶剂彩色环氧涂料，是环氧地坪的一种，具有良好的耐久性、耐化学性、防尘、易保养、色泽鲜艳等特点，适用于旧仓库地面的改造，更适用于有耐酸、耐碱等抗化学腐蚀要求的库区地面，能够承受叉车和小轮车的碾压作用。环氧涂装地坪的颜色比较丰富，可以进行电脑任意调色。环氧涂装地坪一般有底涂、中涂和面涂三部分组成。环氧底涂特易渗入混凝土表面，有极好的附着力，可以密封混凝土表面，起到坚固基底的作用。环氧中涂含有适量的溶剂和砂粉，主要起到封闭混凝土表面砂眼和局部找平的作用。环氧面涂耐久性极好，并具有良好的耐化学性和耐磨性。对于一般的普通混凝土地面，整个环氧涂装地坪的厚度为0.4～0.6毫米，对于表面条件较差的旧混凝土面层，可以达到1毫米的厚度。

③地坪耐磨增硬剂

使用地坪耐磨增硬剂直接在混凝土地面表层上涂刷一层，是最便宜的一种地面护理方案。地坪耐磨增硬剂是一种高分子聚合物，含有独特的网状交联树脂，本身透明无色，具有超强渗透作用，可以渗透至混凝土内部3毫米，在混凝土内部及表面形成坚固持久的保护膜，可有效防止地坪粉化，延长地坪的使用寿命。地坪耐磨增硬剂可以单独在混凝土表面进行使用，也可以在耐磨地坪的表面配套使用，能达到更好的效果。

综合以上新推荐的三种地坪方案，根据物流配送中心的新建或改造项目的不同，可以采用不同的地面形式。对于新建的物流配送中心，应该考虑采用经济、实用的耐磨地坪；对于改造的物流配送中心，在考虑采用耐磨地坪的同时，可以在原地面的基础上考虑环氧涂装地坪和水泥地坪增硬剂进行处理。

### 5.4.2 道路的设计

(1)库区内道路主要技术指标如表5-6所示。

表 5-6　库区内道路主要技术指标

|  | 主干道 | 次干道 |
|---|---|---|
| 计算行车速度(千米/小时) | 15 | 15 |
| 路面宽度(米) | 12 | 6 |
| 路基宽度(米) | 14 | 8 |
| 最小曲线半径(米) | 15~20 | 15~20 |

(2) 道路宜采用水泥混凝土面层或沥青混凝土面层,水泥混凝土路面设计年限应采用30年基准值,其抗折设计强度设计值不应小于4.5MPa。

(3) 水泥混凝土路面板体分块一般采用矩形,横向尺寸应与道路行车道宽度(3.00米,3.50米,3.75米,4.00米)相一致,纵向尺寸不宜大于4米。混凝土板体的面积不宜大于16米$^2$。

## 5.5　其他建筑公用设施规划

在进行物流配送中心规划的时候,除了要规划物流配送中心的作业区域及建筑设施外,也需要对物流配送中心的公用设施进行规划。一般来讲,物流配送中心的公用设施包括给排水设施、电力设施、供热与燃气设施等。对公用设施进行规划,除了考虑物流配送中心的实际需要外,还要与物流配送中心所在地的市政工程规划相一致。

### 5.5.1　给水与排水设施

**1. 给水设施**

给水设施负责对物流配送中心生产、生活、消防等所需用水进行供给,包括原水的收集、处理以及成品水的输配等各项工程设施。物流配送中心给水设施的规划,应根据物流配送中心的用水需求和给水工程设计规范,对给水水源的位置、水量、水质及给水工程设施建设的技术经济条件等进行综合评价,并对不同水源方案进行比较,做出方案选择。同时,给水设施规划要考虑所在区域给水系统整体规划,应尽量合理利用城市已建成的给水工程设施。给水设施不应设置在易发生滑坡、泥石流、塌陷等不良地质条件的地区及洪水淹没和内涝低洼地区,地表水取水构筑物应设置在河岸及河床稳定的地段,工程设施的防汛及排涝等级不应低于所在城市设防的相应等级。物流配送中心输配管线在道路中的埋设位置,应符合中华人民共和国国家标准《城市工程管线综合规划规范》(GB50289—98)的规定。

**2. 排水设施**

排水设施负责收集、输送、处理和排放物流配送中心的污水(生活污水、生产废水)和雨水。污水和雨水的收集、输送、处理和排放等工程设施以一定方式组成,用不同管渠分别收集和输送污水和雨水,为使污水排入某一水体或达到再次使用的水质要求而进行净化。根据水资源的供需平衡分析,应提出保持平衡的对策,包括合理确定产业规模和结构,并应提出水资源保护的措施;而对于物流配送中心,应更注重考虑水污染的防治,避免它的建设对所在地的环境造成不必要的污染。

排水管道规划设计时,应严格遵守中华人民共和国国家标准《给水排水管道工程施工及验收规范》(GB50268—2008),尤其对管道的位置及高程设计,需要经过水力计算,并考虑与其他专业管道平行或交叉要求等因素后来确定。排水管道的管材、管道附近等材料,应符合国家现行的有关产品标准的规定,并应具有出厂合格证,具体施工时应遵守国家和地方有关安全、劳动保护、防火、防爆、环境和文物保护等方面的规定。

### 5.5.2 电力设施

电力设施由供电电源、输配电网等组成,应遵循中华人民共和国国家标准《城市电力规划规范》(GB50293—1999)进行规划。在物流配送中心规划过程中,要求物流配送中心的电力设施应符合所在城市和地区的电力系统规划;应充分考虑电力设施运行噪声、电磁干扰及废水、废气、废渣"三废"排放对周围环境的干扰和影响,并应按国家环境保护环境方面的法律、法规有关规定,提出切实可行的防治措施;电力设施应切实贯彻"安全第一、预防为主、防消结合"的方针,满足防火、防洪、抗震等安全设防的要求;电力系统应从所在城市全局出发,充分考虑社会、经济、环境的综合效应;电力系统应与道路交通、绿化以及供水、排水、供热、燃气、邮电通信等市政公用工程协调发展。

为物流配送中心新建或改建的供电设施的建设标准、结构选型,应与城市现代化整体水平相适应;供电设施的规划选址、选路径,应充分考虑城市人口、建筑物密度高、电能质量和供电安全可靠性要求高的特点与要求;新建的供电设施,应根据其所处地段的地形、地貌条件和环境要求,选择与周围环境、景观相协调的结构形式与建筑外形。

为实现物流配送中心的各项功能,保证物流作业正常(冷库储存、机电设备的运行等),避免或减少不必要的损失,供电系统的设计显得尤为重要。电力设施必须严格按照中华人民共和国国家标准《供配电系统设计规范》(GB50052—2009)设计和施工,应注意以下几点:

(1)电力负荷应根据对供电可靠性的要求、中断供电所造成损失或影响的程度进行综合确定。这里,物流配送中心内的冷库、机电设备、通信设施等的中断供电将会造成较大的损失,属于一、二级负荷;物流配送中心的其他设施设备属于三级负荷。

(2)应急电源与正常电源之间必须采用防止并列运行的措施。

(3)供配电系统的设计,除一级负荷中特别重要的负荷外,不应按一个电源系统检修或出故障的同时另一电源又发生故障的情况进行设计。

(4)物流配送中心的供电电压根据用电容量、用电设备特性、供电距离、供电线路的回路数、当地公共电网现状及其发展规划等因素,经技术经济比较后来确定。

### 5.5.3 供热与燃气设施

**1. 供热设施**

集中供热设施利用集中热源,通过供热等设施,向热能用户供应生产或生活用热能,包括集中热源、供热管网等设施和热能用户使用设施。供热设施在规划时应符合中华人民共和国行业标准《城镇供热系统安全运行技术规程》(CJJ/T88—2000),同时还应符合国家有关强制性标准的规定。

供热设施的热源应符合:

(1)新装或移装的锅炉必须向当地主管部门登记,经检查合格获得使用登记证后方可投入运行;

(2)重新启用的锅炉必须按国家现行的政策《热水锅炉安全技术监察规程》(劳锅字[1991]8号与劳部发[1997]74号)或《蒸汽锅炉安全技术监察规程》(劳部发[1996]276号)要求进行定期的检验,办理换证手续后方可投入运行;

(3)热源的操作人员必须具有主管部门颁发的操作证;

(4)热源使用的锅炉应采用低硫煤,排放指标应符合国家标准《锅炉大气污染物排放标准》(GB13271—2001)的规定。

供热设施的热力网运行管理部门应设热力网平面图、热力网运行水压图、供热调节曲线图表。热力网运行人员必须经过安全技术培训,经考核合格后可独立上岗。他们应熟悉管辖范围内管道的分布情况、主要设备和附件的现场位置,掌握各种管道、设备及附件等的作用、性能、构造及操作方法。

供热设施和泵站与热力站要求基本同上,也要具备设备平面图等图纸,管理人员也要经过培训考核。此外,供热设施的泵站与热力站的管道应涂有符合规定的颜色和标志,并标明供热介质的流动方向,安全保护装置要求更加灵敏、可靠。

供热设施的用热单位向供热单位提供热负、用热性质、用热方式及用热参数,提供热平面图、系统图、用热户供热平面图。供热单位应根据用热户的不同用热需要,适时进行调节,以满足热户的不同需求;用热单位应按供热单位的运行方案、调节方案、事故处理方案、停运方案及管辖范围,进行管理和局部调节;未经供热单位同意,用热户不得私接供热管道和私自扩大供热负荷,热水取暖用户严禁从供热设施中取用热水,用热户不得擅自停热。

**2. 燃气设施**

燃气供应是公用事业中一项重要设施,燃气化是我国实现现代化不可缺少的一个方面。燃气系统向物流配送中心供作为燃料使用的天然气、人工煤气和液化石油气等气体能源,由燃气供应源、燃气输配设施和用户使用设施所组成。

物流配送中心在燃气供应源选择时,应考虑以下一些原则:

(1)必须根据国家有关政策,结合本地区燃料资源情况,通过技术经济比较来确定气源选择方案;

(2)应充分利用外部气源,当选择自建气源时,必须落实原料供应和产品销售等问题;

(3)根据气源规模、制气方式、负荷分布等情况,在可能的条件下,力争安排两个以上的气源。

物流配送中心在燃气输配设施设计时,应考虑以下一些原则:

(1)燃气干线管路位置应尽量靠近大型用户;

(2)一般避开主要交通干道和繁华街道,以免给施工和运行管理带来困难;

(3)管线不准铺设在建筑物下面,不准与其他管线平行上下重叠;

(4)物流配送中心应向供气单位提供燃气负荷、用燃气性质、用燃气方式及必要的用燃气参数,提供供气平面图、系统图和用户供气平面位置图。供气单位应根据物流配送中心的用户需求,适时进行调节,以满足物流配送中心的需要;物流配送中心应按供气单位的运行方案、调节方案、事故处理方案、停运方案及管辖范围,进行管理和局部调节;未经燃气供应站及公安消防部门同意,未由这些相关部门进行施工监督和验收,物流配送中心不得私接供气管道、私自扩大供气负荷和擅自启用未经批准的燃气输配设施。

## 5.6 案例:高度自动化的国药一致物流中心

国药集团一致药业股份有限公司(下称"国药一致")坪山基地总占地7.3万平方米,分两期建设。一期总投资8.8亿元,设计有3个车间,17条全自动化生产线,厂房单层面积高达13 000平方米。其中占地面积8 600平方米、由山西东杰智能物流装备股份有限公司(下称"东杰智能")负责规划建设的医药物流中心,采用一体化集成软件系统进行全过程物流管理,通过机械手实现了自动物料配送、自动成品运输、自动码垛、自动分拣出货,物流系统自动化程度达业界先进水平。该物流中心的建成,进一步提升了国药一致的物流服务能力,完善了国药一致现代化产业体系,为国药一致遍布全国营销网络提供了有力的物流保障。

**1. 项目布局**

坪山基地物流中心主要由原辅料库、原辅料自动配送系统、成品自动入库输送系统、机器人码垛/拆垛系统、成品仓库、成品自动出库输送系统等组成,采用了高速堆垛机、拆码垛机器人、自动分拣线、纸箱缓存线、AGV、自动装车系统等先进高效的仓库设备,实现了从原材料采购到成品发货的全过程自动化。

(1)成品仓库

成品库区占地面积5 600平方米,自动立体仓库一期建设7个巷道,共124 004个托盘货位。

(2)原辅料库

原辅料库主要位于生产车间一层,并依据存储原料的品规、包装形式、流量等参数,分别采用了驶入式、横梁式、搁板式等多种类型货架,共有4 000多个托盘的存储量。

(3)原辅料自动配送系统

原辅料自动配送系统位于生产车间第二、第三层,鉴于生产车间设备繁多、人员流动频繁,物料供给路线复杂等特点,选配了4台AGV以达到原辅料供给的要求。

(4)成品自动入库输送系统

成品自动入库输送系统从各生产线末端直接承接成品,输送至自动仓库前的二层平台,并根据产品的品规、批号分道存储,达到一定量时自动输送至机器人处码垛入库。

(5)成品自动出库输送系统

发货成品自动输送至机器人处,机器人依据发货需求自动拣选纸箱并放在发货输送线上。纸箱输送至一层发货区后,根据不同的装载车辆进行自动分拣后直接装车。

**2. 作业流程**

(1)原辅包材库

原辅包材库主要是对原辅料、内外包材以及部分空托盘的管理,主要完成原辅包材的来货登记、组盘、入库,以及根据生产需求完成原辅包材的出库管理。采用的物流设备包括货架、叉车及叉车附属设备、RF手持系统、信息提示系统、无线通讯系统以及WMS管理系统等。

原辅包材通过往复式垂直提升机完成生产大楼一层到四层之间的原辅料、内外包材以及空托盘的往复输送,在输送的同时把相应的产品信息传递给AGV系统。生产大楼共布置2台往复式垂直提升机,每台设备要求满足86托盘/小时的搬运量。

(2) AGV 输送系统

AGV 主要完成原辅包材工位到各生产工位之间的托盘搬运工作,共 4 台,其中生产大楼的二层 2 台、三层、四层各 1 台。二层的 AGV 搬运车要求完成 16 盘/小时的搬运量,三层、四层楼的 AGV 要求各完成 9 盘/小时的搬运量。

(3) 生产车间至物流库区成品箱输送

生产大楼二层的 5 条生产包装线末端与箱式输送线对接,将二层生产出来的产品通过箱式输送线、爬坡输送机或连续提升机等设备运输到一条过廊输送线上再输送至库房。过廊输送线在产品输送库房前,首先进行箱体的条码检测。如果检测不合格将箱子剔除到人工整理工位,经人工处理后重新上过廊输送线。

生产大楼三层的 12 条生产包装线末端与箱式输送线对接,将三层生产出来的产品通过箱式输送线、爬坡输送机或连续提升机等设备运输到一条过廊输送线上。从生产大楼与立体库连廊处开始到库房机器人码垛分拣前,箱式输送线根据不同产品实现分层输送。过廊输送线在产品输送库房前,首先进行箱体的条码检测。同时,WMS 系统根据二层生产车间和三层生产车间的生产量匹配,实现三层产品到二层积放区进行积放。

在立体库的库前区二层,产品进入机器人码垛前,不同生产线的产品进入不同的积放道进行暂存,待积放够一托盘数量后,产品再进入机器人码垛区域进行自动码垛。

本项目中 WMS 系统与生产大楼的电子监管码系统进行对接,在各条线生产前,电子监管码系统将该条线本批所生产产品的电子监管码传递给 WMS 系统,以便 WMS 系统自动分拣产品。在各个生产线末端与箱式输送线的接口处设有相应柱式报警指示灯和手动操作按钮等,以便实现人工进行产品品种、批次的开始与结束登记等功能。

(4) 物流库区二层

物流库区二层主要完成生产产品入库、出库产品拆盘、生产所需空托盘供应以及拆盘后的空托盘回收、托盘出入库输送等作业。所布置的设备有成品箱输送系统、成品出库输送系统、机器人码垛/拆垛系统、拆盘机设备、出入库输送机系统等。

物流中心在全面采用自动化系统之外,还设有两个人工处理工位。第一处:托盘产品码垛完成后入库时,首先进行尺寸检测。尺寸检测异常则经自动输送机进入人工整理工位,经人工整理后重新检测入库;第二处:系统设有异常处理人工拆垛、码垛工位,待机器人异常时可以实现人工应急处理。

(5) 物流库区一层

物流库区一层主要完成成品箱出库发货、外调产品入库、空托盘垛出入库等功能。所布置设备有箱式输送设备、伸缩式皮带机、托盘提升机、RF 无线射频系统。箱式输送设备和伸缩式皮带机配合完成成品箱的出库发货;托盘提升机主要完成外调产品入库以及空托盘垛入库等;RF 无线射频系统主要完成成品出库发货时的扫描、外调产品登记以及空托盘登记等。

成品箱出库发货:从库房二层输送到一楼的成品箱首先进行电子监管码扫描以实现自动分拣,再通过箱式输送线和伸缩皮带机相结合的方式,将成品箱送到相应的装车工位装车。装车完毕通过 RF 无线射频系统确认后信息上传 WMS 系统,WMS 系统根据发货情况与 ERP 系统、电子监管码系统实现数据交换。

资料来源:高度自动化的国药一致物流中心[J].物流技术与应用,2016,21(4):94-96.

## 本章小结

物流配送中心设施规划是物流配送中心建设的重要组成部分,由库房设计、装卸货平台设计、货场及道路设计和其他建筑公用设施规划等内容组成。

库房是任何物流配送中心必不可少的组成部分。物流配送中心的库房主要用于物品的周转、换载、配载、分拣、保管、包装和加工等。根据物品的形态和物流配送中心的主要功能不同,库房主要包括平库、楼库和保温库几种形式。库房设计要关注库房层数、库房净高、库房面积和门窗等的技术指标。

装卸平台是物品在设施流通程序的起点和终点,其安全性需要高度重视,以保障工人作业安全。装卸平台位置的选择应尽量考虑缩短搬运工具(车辆)在库区内的行驶距离。装卸平台布置有合并式和分离式两种模式。从库房建筑物与货车的位置关系定义,最常用的装卸平台可分为穿墙式和开放式。装卸平台的高度是平台设计中的最重要的要素,必须与使用平台的货车相匹配。装卸平台高度调节板安装在平台前端,以消除装卸平台与货车之间的空隙和高度差,便于叉车将货物直接运送上货车或卸下货物。现代化物流机械广泛应用于装卸平台,形成了一系列功能良好的产品。

物流配送中心的货场及道路设计应遵循一定的技术指标,根据物流配送中心的新建或改造项目的不同,可以采用不同的地面形式。物流配送中心的公用设施包括给排水设施、电力设施、供热与燃气设施等。对公用设施进行规划,除了考虑物流配送中心的实际需要外,还要与物流配送中心所在地的市政工程规划相一致。

## 关键概念

- 平库
- 楼库
- 门式钢架结构
- 拱型彩板结构
- 穿墙式装卸平台
- 开放式装卸平台
- 液压式装卸平台
- 气袋式装卸平台
- 机械式装卸平台
- 翻板式装卸平台
- 装卸房
- 登车桥
- 耐磨地坪
- 环氧涂装地坪
- 水泥地坪增硬剂

## 思考题

5.1 物流配送中心设施规划需要注意的事项有哪些?

5.2 物流配送中心设施规划的主要内容有哪些?
5.3 物流配送中心的库房设计应注意哪些问题?
5.4 物流配送中心装卸平台设计应注意哪些问题?
5.5 物流配送中心货场和道路的设计应注意哪些问题?

## 课堂讨论题

5.1 在物流配送中心设施规划与设计中应重点解决好哪些问题?

## 补充阅读材料

1. 姜超峰. 物流中心模式研究[J]. 中国储运,2002(4):13-45.
2. 刘昌祺. 物流配送中心设计[M]. 北京:机械工业出版社,2001.
3. 通用仓库等级[S]. 中华人民共和国国家标准,GB/T 21072—2007.
4. 通用仓库及库区规划设计参数[S]. 中华人民共和国国家标准,GB/T 28581—2012.

# 第6章 物流配送中心设备选用与设计

**学习目标**

➤ 掌握储存设备的分类,了解几种常用储存设备的功能及其应用;
➤ 掌握装卸搬运设备的分类,了解几种常用装卸搬运设备的功能及其应用;
➤ 掌握输送设备的分类,了解几种常用输送设备的功能及其应用;
➤ 掌握分拣设备的分类,了解几种常用分拣设备的功能及其应用;
➤ 了解包装机械、流通加工设备和集装单元器具的相关内容。

物流配送中心的机械设备是实现物流活动的劳动手段,正确合理地配置和运用物流机械设备是实现物流配送中心良好效益的关键环节。

要选用何种搬运设备,才能使物品进出库快捷顺畅;要选用何种储存设备,才能使物品存取方便,并且能达到预期的储存效能;要选用何种输送设备,才能使物品从一个作业点高效、安全地移动到下一个作业点,这些都是物流配送中心规划时必须考虑的要点。

对物流配送中心的机械设备进行分类,可以有不同的角度,分类方式很多。同一机械设备在不同的环境或需求中,也会有不同的应用,这使得分类更加复杂。根据设备在物流配送中心实现的作业活动的不同,可以把物流配送中心的机械设备分为储存设备、装卸搬运设备、输送设备、分拣设备、包装设备、流通加工设备以及集装单元器具等。下面将对各类设备分别进行介绍。

## 6.1 储存设备

物流配送中心中最主要的储存设备就是货架。为提高物流配送中心的效率,储存设施与设备需要根据不同的物品属性、保管要求、用户要求等采用适当的货架,使得物品存取方便、快捷,减少面积占用。

### 6.1.1 设备分类与功能

根据中华人民共和国物资管理行业标准(WB/T 1042—2012)《货架术语》规定,货架是指用立柱、隔板或横梁等组成的立体储存物品的设施。货架在物流配送中必不可少,几乎无处不在。随着现代工业的迅猛发展,我国企业对物流的重视程度不断提高,从而对仓库管理也提出了更高的要求,因此货架的应用越来越普遍,而且货架的机械化、自动化程度也越来越高。货架在现代物流活动中,起着相当重要的作用,仓库管理实现现代化,与货架的种类、功能有直接的关系。货架的作用与功能主要有:充分利用仓库空间提高库容利用率;易于货物存放,提高货物保管质量,减少货物损失;货位明确,便于清点计量;存取方便,利于实现机械化、自动化作业。

货架的分类方式有很多,根据不同的应用,从不同的角度有不同的划分方式,主要有如下一些形式:

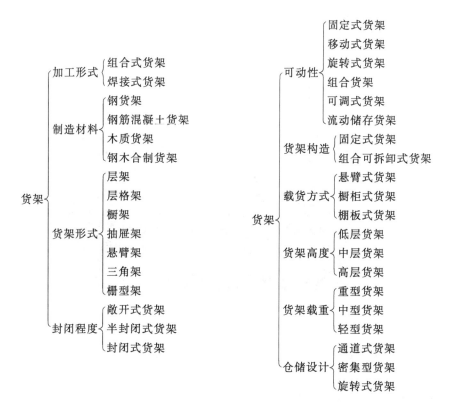

本章重点从物流配送中心设计的角度对货架进行分类与介绍。从设计角度可将货架分为:通道式货架、密集型货架、旋转式货架。其中通道式货架一般采用人工作业或机械作业方式,根据所使用的不同机械类型预留一定宽度的通道。常见的通道式货架有:托盘式货架、货柜式货架、悬臂式货架和贯通式货架等。密集型货架不以通道来分割,大大节省通道面积。常见的密集型货架有:移动式货架和重力式货架。旋转式货架存储的货物可随货架的回转移动到操作人员面前,可以方便操作人员对货物的拣选作业。常见的旋转式货架有:水平旋转式货架和垂直旋转式货架。

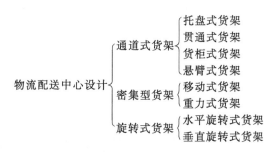

## 6.1.2 几种常用储存设备

**1. 托盘式货架**

(1) 普通托盘货架

托盘式货架是使用最广泛的托盘类货物存储系统,通用性也较强。其结构是货架通过单列或者双列连接成若干排,排与排中间留有通道供堆垛机、叉车以及其他装卸搬运设备运行,每个货架在垂直方向上分为若干层,从而形成大量的货格,用以存放托盘货物。如图 6-1 所示。

图 6-1 普通托盘式货架实例图

托盘式货架在存取货物时,每一块托盘均能单独存入或者取出,不需要移动其他托盘,货物装卸迅速,主要是用于整托盘进出库或者手工拣选的仓库。较高的托盘货架使用堆垛起重机存取货物,较低的托盘货架可用叉车存取货物。货架的配套成本相对较低,能快速安装与拆卸。因此,托盘货架的应用范围也最为广泛。

(2) 窄通道式货架

窄通道式货架的通道仅比托盘稍宽,继承了托盘式货架对托盘存储布局无严格要求的特点,充分利用仓库面积和高度,具有中等存储密度。但是窄通道式货架需用特殊的叉车或起重机进行存取作业,还需要其他搬运机械配套,同时设计与安装需要更高的要求。如图 6-2 所示。

(3) 双重深货架

双重深货架与普通的托盘货架具有相同的基本架构,只是把两个托盘货架结合,减少了中间的通道位置,储存密度可大大增加,如图 6-3、6-4 所示。但是另一方面,也由此带来了其存取性及出入库能力的降低,而且作业时必须配合使用专用叉车以存取存放在第二列的托盘货物。

图 6-2 窄通道式货架实例图

图 6-3 双重深货架实例图

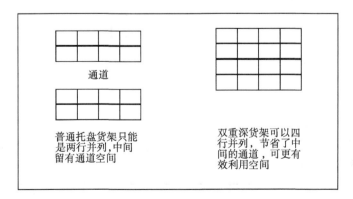

图 6-4 双重深货架示意图

**2. 贯通式货架**

贯通式货架是一种不以通道分割的、连续的整栋式货架,在支撑导轨上,托盘按深度方向存放,一个紧接着一个,叉车可以驶入、存取单元托盘货物的货架,即叉车作业通道与货物保管场所合一,因此货物存放密度很高,仓库面积利用率大大提高。贯通式货架按其存取托盘货物的作业方式不同可分为驶入式货架和驶入驶出式货架。驶入式货架在货物存取时,叉车从货架的同一方向直接进出货架,叉车与架子的正面成垂直方向驶入,在货架中间进行货物存取作业。装货时,从内向外逐个卸放托盘货物直至装满,取货时,再从外向内顺序取货。驶入式货架投资成本相对较低,可以提高仓库的库容率以及空间利用率。而另一方面,获得高空间利用率的代价是在货物管理上很难实现"先进先出"。因此,驶入式货架适用于保管品种少、批量大且不受保管时间限制的货物。图6-5为驶入式货架实例图。

图6-5 驶入式货架实例图

为了实现"先进先出"管理,可以在驶入式货架的基础上舍弃一部分存储空间换取存取的方便性,将其转变成驶入驶出式货架。与驶入式不同,驶入驶出式货架前后不封闭,前后均设置通道,前后均可进行货物存取作业。为了实现"先进先出"的管理,在存取货物时,一侧为进货通道,另一侧为取货通道,如图6-6所示。

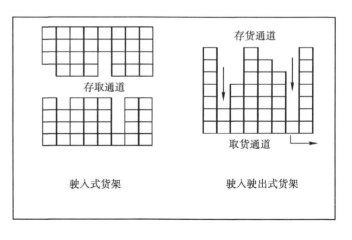

图6-6 驶入式与驶入驶出式货架比较示意图

## 3. 货柜式货架

货柜式货架一般用于储存非标准托盘、小件、零星货物,根据不同的货物需要可以有不同的形式。如图 6-7 所示。这种货架一般每格都有底板,货物可以直接搁置在底板上,这种货架的作业方式多为人工作业。货柜式货架又分为:重型层板货架、轻型层板货架、抽屉式货架等。

图 6-7 货柜式货架实例图

## 4. 悬臂式货架

悬臂式货架在立柱上装有外悬的杆臂,是一种边开式的货架,如图 6-8 所示。悬臂式货架适合存放长条状或长卷状、大件和不规则货物,例如钢材、木材、塑料等。若要放置圆形物品,应在其臂端装设阻挡块以防止滑落。货架前伸的悬臂具有结构轻巧、载重能力好的特点,但货架高度受限,一般在 6m 以下。悬臂式货架特别适合空间小、高度低的库房。此类货架不太便于机械化作业,存取货物作业强度大,同时空间利用率较低,尤其适用于杆料生产工厂,或长形家具制造商。

图 6-8 悬臂式货架实例图

**5. 移动式货架**

移动式货架的底部装有轮子,可以在轨道上沿直线水平方向移动,如图6-9所示。与固定式货架相比,移动式货架节省了固定式货架在每两排货架之间都要有的通道空间,可以在较多排货架中只保留一条通道。移动式货架通过货架移动,选择所需要的通道位置,让出通道,由叉车进行货物的装卸作业。移动式货架一般是电动的,每列货架的底部有马达驱动装置,一般通过控制装置与操作开关盘,进行操作并移动货架。对于轻型移动式货架也可以采用手动方式,如图6-10所示。移动式货架一般附加有变频控制功能,用来控制驱动、停止时的速度,以防止放置在货架上的物品因惯性造成颤动、倾斜或崩倒等危险,同时也配备定位用的光电传感器以及齿轮马达,提升停止定位精度。

图6-9 移动式货架实例图

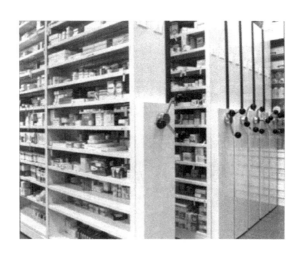

图6-10 轻型移动式货架实例图

移动式货架的储存量比一般固定式货架大很多,节省空间,适合少样、多量、低频度的货物保管。但是货架机电装置多、维护困难,建造成本高、施工速度慢。

**6. 重力式货架**

重力式货架可以分为自滑动式货架和后推式货架,存放的货物分为两类:一类是存放整批纸箱包装物品,另一类是存储托盘物品。存放纸箱包装物品的重力式货架比较简单,有多层并列的辊道传送带组成,物品上架及取出使用人力。存放托盘物品的重力式货架相对复杂,每个货架内设重力滚道两条,滚道由左右两组辊轮、导轨和缓冲装置组成。

重力式货架空间利用率较高,与普通通道托盘货架相比,大大节省了通道面积,同时减少货位的空缺现象,货物存取时叉车的行程最短。但是,重力式货架的投资成本高,对托盘及货架的制造加工要求高,日常维护与保养的要求高。

(1)自滑动式货架

这种货架的一侧通道作为存放用,另一侧通道作为取货用,货物是放在滚轮上,如图6-11所示。货架向取货方向倾斜一个角度。利用货物重力使货物向出口方向自动下滑,以待取出。

图 6-11 自滑动式货架实例图

这种货架特点主要包括:适用于大量储存短时发货的货物;适合于先进先出;空间利用率可达85%;适用于一般叉车存取;易搬动,人工拣取方便;高度受限、一般在6米以下;费用大,施工慢。自滑动式货架适用于少量多品种的拣取作业。

(2)后推式货架

后推式货架与自滑动式货架的主要区别是货物的存、取在一侧进行,存储密度比自滑式货架高。所谓后推式货架是叉车把后到的货物由前方存入货架时,此货物便把原先的货物推到后方。当从前方取货时,由于货架滑轨向前方倾斜,所以后方的货物自动滑向前方,以待拣取。这种货架的特点是:储存密度高,但存取性差,一般深度方向达3个货位,最多达5个货位;比一般托盘货架节省1/3空间,增加了货位;适用于一般叉车存取;适用于少品种大批量物品的储存;不适合太重物品的储存;货物自动滑向最前的货位;不能进行先进先出的存取。

**7. 旋转式货架**

旋转式货架结合自动仓储系统与货架功能,在拣选货物时,取货者不动,货架自动旋转至拣货点。旋转式货架设有电力驱动装置,货架沿着环形轨道运行。存取货物时,把货物所在的货格编号输入控制系统,该货格则以最近的距离自动旋转到拣货点停止。货架的货格可以根据所存放货物的种类、形态、大小、规格等不同条件选择。

旋转式货架其货架移动快速,可达每分钟 30 米速度,存取物品的效率很高,又能依需求自动存取物品,并可利用计算机快速检索、寻找指定的储位,适合拣货,进而达到存货自动管理。旋转式货架由标准化的组件及模块设计而成,能适合各种空间配置,同时由于其自动化程度较高可以减少操作人员。另一方面,由于其物品存取出入口固定,易于保证物品安全不易失窃,而且在存取口设计时可以更多地考虑并利用人机工程学的技术方法,以适合操作人员长时间工作,降低人员工作强度。但是,该类货架的建设和维护成本较高。旋转式货架适用于电子零件、精密机件等,少量、多品种、小物品的储存及管理。

旋转式货架系统由多台物品货架环列连结组成,依据储存物品的要求,可采用不同方向移动的货架连结组成,一般分为两种形式:

(1) 水平旋转式货架

水平旋转式货架按货架移动方式可分为整体移动式和分层移动式。整体移动式仅用一台马达带动,水平方向旋转时上下连在一起的各货架层整体水平式连动旋转;分层移动式货架每层各有一台马达,各单层能独立地水平运动旋转。

(2) 垂直旋转式货架

垂直旋转式货架,其原理与水平旋转式货架大致相同,只是旋转的方向是与地面垂直,充分活用仓库的上部空间,是一种空间节省型的仓储设备,其可比传统式平置轻型货架省 1/2 以上的货架摆设面积,但其移动速度较水平旋转式货架慢,每分钟约为 5~10 米速度。

垂直旋转式货架也有模块化设计,其以列为单位的独立构造,在需求增加时,可以再行购置模块,添加组合。该类货架具有强大扩充能力,在配置需要改变时,能够灵活地拆卸组合、调配位置。

### 6.1.3 货架的选型

货架的选择是物流配送中心设计规划的重要环节之一,设备选型要与物流配送中心实现的服务功能相配套,要根据所存储货物种类、外形、尺寸、包装状态、出入库频率、出入库数量、保管要求、存储方式等情况进行评估与选择。

一般地讲,选择货架的基本原则包括:

①经济高效原则;

②合理性原则;

③及时性原则;

④准确性原则;

⑤适应性原则;

⑥可持续发展原则;

⑦充分利用空间原则;

⑧安全可靠原则。

在货架选型时,一般要重点考虑经济高效原则,同时要综合分析各项因素,从而决定最适用的货架类型。通常考虑的因素包括货物属性、出入库情况、与相关设备的配套以及库房构造等。

(1) 货物属性

存储货物的外形、尺寸、重量等物理属性直接影响到货架规格、强度的选择,不同的存储单元、容器应选择与之相适应的货架。

(2) 出入库情况

出入库情况影响货架选型的策略,包括出入库的频率、出入库吞吐量、吞吐能力等。一般而言,货物的存取方便性与存储密度是相对立的,取得较高的存储密度,则会相对牺牲存储方便性。即使有些货架在存取方便性与存储密度两方面均有较好的效果,例如重力式货架,但其投资成本高,日常维护与保养的要求高。出入库频繁、吞吐量大的仓库在选用货架时要充分考虑货物存取方便性。

(3) 与相关设备的配套

货架的选择要考虑与物流配送中心其他相关设备的配套,尤其是装卸搬运设备。货架上存取货物的作业是由装卸搬运设备完成的,货架与搬运装卸设备的选择要一并考虑。

(4) 库房构造

货架的选用与库房的构造紧密相关,决定货架的高度时须考虑梁下有效作业高度,梁柱位置会影响货架的配置,地板承受的强度、地面平整度也与货架的设计及安装有关。另外还要考虑防火设施和照明设施的安装位置。

**实例 6-1  Helukabel 的料箱式立库作业**

德国电缆专家 Helukabel 公司服务于全球 15 000 家客户,年发货能力约为 24 000 吨电缆。业务的强势增长使 Helukabel 现有的配送能力达到极限,配送中心的产品存储、托盘存储及小配件存储作业屡屡受挫,订单拣选和预制订单需要在多个车间完成配送。

Helukabel 希望新的配送中心既能快速高效地处理订单,又能降低每笔订单的成本。德马泰克作为总承包商实施这个项目方案,包括拥有 16 000 个托盘位的新立体仓库及 7 台 RapidStore 托盘式堆垛机。堆垛机的补货可供辅料拣选,将大量的托盘货直接经输送线送至拣选工位,同时将不同长度的电缆盘订单及剩余的卷筒送回高架库存储。为优化高架库的可用空间,电缆盘以正/平面组合形式存储。

生产车间和仓库建筑占据了 2 层多的空间,垂直输送机将入库和出库楼层与存储和拣选层相连。这意味着最小的空间内可实现完美的物料流。配送中心也考虑到未来扩展可能性,为未来增长继续投资。

资料来源:Helukabel 的料箱式立库作业[J]. 中国储运,2016(6):83.

## 6.2 装卸搬运设备

装卸搬运设施和设备是进行装卸搬运作业的劳动工具或物质基础,其技术水平是装卸搬运作业现代化的重要标志之一。装卸搬运作业是物流配送中心的主要作业之一。随着物流业的发展,根据物流配送中心的实际需要,设计和生产的装卸搬运设备品种繁多,规格多样。物流配送中心的装卸搬运设备主要分为:起重机械和搬运车辆。

起重机械是一种最常见的装卸搬运机械,在建筑工地、工厂、仓库、港口等场合和多种行业中具有广泛的应用,在物流领域中起重机械是物流作业机械化、自动化的重要物质基础。起重机械是周期性间歇动作的机械。例如吊车的装卸货物的过程是:空钩下降至装货点,货物挂钩,然后把货物提升和运送到卸货点卸货,卸货完毕后空钩返回装货点进行下一次吊货。可以看出,在每个装卸货工作循环中都包括载货和空返的行程,即在一个工作循环中取料、运移、卸载等动作的相应机构是交替工作的,各机构经常处于起动、制动和正反方向运转的工作状态。起重机主要实现装卸功能,其搬运功能较差,搬运距离很短。就作业方式而言,起重机的作业是从货物上部起吊,需要较大的作业空间高度。起重机的种类很多:有轻小的起重设备,如千斤顶、起重葫芦、卷扬机等;有臂架式起重机,如轮胎起重机、门座起重机、汽车起重机、履带起重机等;有桥架式起重机,如桥式起重机(也称作天车、行车)、龙门起重机、装卸桥等;有升降机,如电梯、升降平台、缆车等;还有在立体仓库中使用的堆垛起重机。

搬运车辆是实现货物的短距离的运输与装卸。随着对装卸搬运的作业要求日益提高,越来越多的场所使用搬运车辆,以保证装卸搬运工作的高效与安全。常用的搬运车辆可以分为:载重量大,较长距离搬运的叉车系列;载重量轻,短距离搬运的手推车系列;柔性强,自动化的无人设备,如自动导引搬运车,简称 AGV(Automated Guided Vehicle)。

在物流配送中心中的装卸搬运设备主要完成货场、站台上的货物装卸,短距离搬运,以及在库房中从货架上存取货物。在货场、站台中采用的主要机械设备包括桥式起重机、龙门起重机、汽车起重机、门座起重机、叉车等;在库房中采用的主要机械设备包括起重设备中的堆垛起重机、升降平台,搬运车辆中的叉车、手推车、自动导引车等。下面几节分别介绍库房中常用的装卸搬运设备。

### 6.2.1 堆垛起重机

堆垛起重机是立体仓库中重要的起重运输设备,其主要作用是在立体仓库的通道内运行,在三维空间上(行走、升降、两侧向伸缩)按照一定的顺序组合进行往复运动,以完成对集装单元或拣选货物的出入库作业。

堆垛起重机的分类方式有很多种,根据不同的应用需要采用不同的分类方式,如按有无轨道可以把堆垛起重机分为有轨堆垛起重机和无轨堆垛起重机。无轨堆垛起重机又称为高架叉车,而常说的堆垛起重机是指有轨堆垛起重机。与高架叉车相比,有轨堆垛起重机所能达到的高度要高得多,需要的巷道宽度更小,定位精度更高,工作效率更高,但其机动性比高架叉车要差很多。

有轨堆垛起重机按照其构造分为桥式堆垛起重机和巷道堆垛起重机。桥式堆垛起重机是指堆垛货叉由悬挂立柱导向的堆垛起重机;巷道堆垛起重机是指金属结构有上、下支撑支持,起重机沿着仓库巷道运行,装取成件物品的堆垛起重机。另外也可以根据操纵方式分为手操纵堆垛起重机和自动控制堆垛起重机。手操纵堆垛起重机是指由人工操纵控制手柄或按钮的堆垛起重机;自动控制堆垛起重机是指对货物按给定程序自动认址的堆垛起重机。

**1. 桥式堆垛起重机**

桥式堆垛起重机根据其构造可以分为支撑桥式堆垛起重机和悬挂桥式堆垛起重机。支撑桥式堆垛起重机的大车轮沿着轨道顶面运行,悬挂桥式堆垛起重机的车轮沿着工字钢下翼缘运行。桥式堆垛起重机有大车、小车、立柱、货叉等主要零部件。大车桥架在仓库上方运行,回转小车在桥架上运行。立柱有伸缩立柱和固定立柱,是货叉和司机室导向并支撑载荷的结构件。货叉同样有伸缩式或者固定式,是用来堆取成件物品的叉型取物装置。

桥式堆垛起重机的货架和仓库顶棚之间需要留有一定的空间,以保证堆垛机的正常运行与安装维护。桥式堆垛起重机的立柱可以回转,以方便货物堆取和保证工作的灵活性。

**2. 巷道堆垛起重机**

巷道式堆垛起重机按结构可分为单立柱式和双立柱式。单立柱式使用在起重量2 000公斤以下、起升高度20米以下的场合;双立柱式使用于高大场合,最大起重量达10吨以上,如图6-12所示。巷道式堆垛起重机按存取方式可分为拣选存取式和单元存取式;按操作方式可分为带司机室和不带司机室;按运行方式可分为直线运行式和转轨式。转轨式堆垛起重机在多巷道仓库内通过转轨机构,可以进入任何巷道作业,从而使多巷道共用一台机成为可能,可以节省堆垛起重机数量。各种类型可以任意搭配,以满足不同的应用要求。

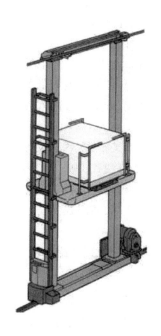

图6-12 双立柱式巷道起重机实例图

## 6.2.2 叉车

叉车又称铲车,具有自行的轮胎底盘并由能升降、前后倾斜的货叉、门架等部件组成,主要用于举高和搬运货物。叉车主要以货叉作为拣取货物的装置,一般依靠液压起升机构升降货物,靠轮胎实现货物的水平搬运。叉车主要用于成件货物的装卸搬运,在配备了其他装卸装置后,还能用于散货、集装箱和多规格品种的货物的装卸搬运作业。

叉车按举高能力可分为低提升和高提升两类。低提升车辆即一般的托盘叉车,其举高范围为100～200毫米;高提升车辆举高最高可达13米。

叉车按人员操作姿势可分为步行式和坐立式。步行式搬运车辆的操作速度通常在5千米/小时以下。单向搬运距离在100米以内。如果搬运距离太长,次数频繁,作业人员容易疲劳,降低作业效率。在储存密度高和堆垛高度较低的情况下,步行式车辆能发挥较好的作业性能。步行式叉车堆垛高度一般是在5m以下。坐立式叉车的搬运距离长,负载较重,提升高度较高。

叉车按采用的动力方式可分为手动叉车、内燃机叉车和电瓶叉车。其中内燃机叉车又可以分为汽油机叉车、柴油机叉车和液化石油气叉车等。内燃机叉车的机动性能好,功率大。电瓶叉车以蓄电池为动力,用直流电机驱动,操作简单、无废弃污染,适用于室内作业。

叉车按结构特点可分为平衡重式叉车、插腿式叉车、前移式叉车、伸缩臂式叉车、侧面式叉车、拣选叉车和高架叉车等等。

物流配送中心中常用的叉车基本情况分别介绍如下。

**1. 低提升托盘叉车**

一般的低提升托盘叉车,分为手动与电动两种方式。手动托盘搬运车是以人力操作水平及垂直方向的移动,如图6-13所示。电动托盘搬运车是以电瓶提供动力做举升及搬运操作,如图6-14所示。低提升托盘叉车的操作人员进行的所有作业都可站立于地板上完成,因此该类叉车一般为步行式搬运车辆。

手动托盘搬运车,在使用时将其承载的货叉插入托盘孔内,由人力驱动液压系统来实现托盘货物的起升和下降,并由人力拉动完成搬运作业。它是托盘运输中最简便、最有效、最常见的装卸、搬运工具。但由于以手动的拖动进行作业操作,除了费力外且易造成作业人员受伤,因此电动托盘搬运车使用得越来越普遍,尽管电动托盘搬运车的成本较高。

图 6-13　手动托盘搬运车　　　　图 6-14　电动托盘搬运车

**2. 平衡重式叉车**

平衡重式叉车在车体前方具有货叉和门架,货叉伸出到叉车的前轮前方,货物的重心落在车轮轮廓之外,如图 6-15 所示。为了平衡叉车前部的载荷,在车体尾部设有平衡重,以保证叉车的纵向稳定性。平衡重式叉车的叉卸货物作业要依靠叉车的前后移动才能完成。

该类叉车适应性较强,是叉车中应用最广的一种。平衡重式叉车也有坐式和立式两种。坐式叉车适用于长距离搬运,坐式叉车的轴距较立式的大,为此负载能力也大。立式的轴距小,在窄道中作业比较方便。

**3. 插腿式叉车**

插腿式叉车有两条支腿位于叉车前端跨于底部,支腿下有很小的轮子。如图 6-16 所示。支腿能与货叉一起伸到货物底部,然后货叉提升货物,利用支腿支撑平衡,承载负载。这种设计方式可减少配重的重量,以较轻的车重,得到较高的稳定度。插腿式叉车与平衡重式叉车相比,结构简单,自重和外形尺寸小,适合在狭窄的通道和室内作业,但其速度较低,行走轮直径小,对地面要求较高。

图 6-15　平衡重式电瓶叉车　　　　图 6-16　插腿式叉车

**4. 前移式叉车**

前移式叉车是门架或货叉可以前后移动的叉车,如图 6-17 所示,分为门架前移式和货叉前移式。门架前移式的货叉与门架一起移动;货叉前移式的货叉移动而门架不动,货叉借助于伸缩机构单独前伸。前移式叉车的特点是在存取货物时,货叉伸出的长度超过底部支腿长度,动力系统和操作者起配重作用,行走平稳,当货叉缩回时,与插腿式叉车相同,稳定性好,负载能力大。另外,货叉前移式叉车在地面具有一定的空间允许插腿插入的情况下,叉车能超越前排货架,对后一排货物进行作业。

图 6-17 前移式叉车

前移式叉车与无轨堆垛机有相似之处,也有不同,表 6-1 是对二者的比较。

表 6-1 前移式叉车与无轨堆垛机对照表

| 比较项目 | 前移式叉车 | 无轨堆垛机 |
| --- | --- | --- |
| 适用场合 | 平面库、中高层立体库、超市(巷道宽2700毫米以上),最大起升高11.5米 | 窄巷道、中高层立体库(空间利用率高,巷道宽1500~1700毫米),最大起升高13米 |
| 单台售价(元) | 15万~40万 | 80万~120万 |
| 控制系统 | 技术含量低于无轨堆垛机,是无轨堆垛机的基础部分 | 自动化程度高,包括自动货道识别、选层、选列,数据通信系统可选,易于实现自动化仓库计算机管理 |
| 工作装置 | 前移门架+货叉 | 门架固定+三向工作装置 |
| 导向 | 无 | 机械,电磁(自动)导向 |
| 其他各系统 | 相对简单 | 复杂 |
| 工况显示,监控,安全保护功能 | 相对简单 | 复杂 |

### 5.侧面式叉车

侧面式叉车是货叉和门架位于车体侧面的装卸作业车辆,如图 6-18 所示。该类叉车主要设计用来搬运特殊形状的物品,最普遍的侧面叉车是装卸和搬运长形的货物,如金属管、木材等。通常是在有导引的通道内作业,存取高度可至 9~11 米。

按动力不同可分为内燃型和电瓶型;按作业环境可分为室外工作(充气轮胎)型和室内工作(实心轮胎)型。

图 6-18 侧面式叉车

**6. 拣选式叉车**

拣选式叉车是操作台上的操作者可与装卸装置一起上下运动,并拣选储存在两侧货架内物品的叉车。按升举高度可分为低位拣选式叉车和高位拣选式叉车。

低位拣选式叉车适于车间内各个工序间加工部件的搬运,操作者可乘立在上下车便利的平台上,驾驶搬运车并完成上下车拣选物料,以减轻操作者搬运、拣选作业的强度。如图6-19所示。低位拣选式叉车一般乘立平台离地高度仅为200毫米左右,支撑脚轮直径较小,仅适用于车间平坦路面上行驶。按承载平台(货叉)的起升高度分为微起升和低起升两种,可根据拣选物料的需要进行选择。

图 6-19 低位拣选式叉车　　图 6-20 高位拣选式叉车

高位拣选式叉车适用于多品种少量入出库的特选式高层货架仓库,如图6-20所示。起升高度一般为4~6米,最高可达13米,可以大大提高仓库空间利用率。为保证安全,操作台起升时,只能微动运行。

**7. 高架叉车**

高架叉车又称作无轨巷道堆垛机或者三向堆垛叉车,如图6-21所示。

高架叉车的货叉在水平面内可以做旋转和侧移的动作,即叉车向运行方向两侧进行堆垛作业时,车体无须作直角转向,而使前部的门架或货叉作直角转向及侧移,这样叉车作业时可以更加节约空间,作业通道就可大大减少,提高了面积利用率。高架叉车的门架宽度相对较大,刚性好,同时为了提高起升高度,高架叉车一般采用3节或者4节门架,高架叉车的起升高度比普通叉车要高,一般在6米左右,最高可达13米,提高了空间利用率。其作业的基本动作是:提升(把负载提升到所需要的高度)、旋转(货叉向左或向右旋转,并对准所需的货位)、侧移(在货位中取出或存入货品)。根据作业形式分为司机室地面固定型和司机室随作业货叉升降型。司机室地面固定型的高架叉车起升高度较低,因而视线较差;司机室随作业货叉升降型的高架叉车,起升高度较高、视线好。

图 6-21 高架叉车

在选择叉车时,根据实际需要应主要考虑其负载能力、尺寸、升程、行走及提升速度、机动性和爬坡能力等指标。随着物流业的发展,现在开发出了许多类型的叉车,上述只是列出了叉车中的一部分,在物流配送中心的规划与设计中,应根据需要通过调查分析加以选择。

**实例 6-2  丰田叉车完美匹配冷库作业**

大连獐子岛中央冷藏物流有限公司(以下简称"獐子岛中央冷藏")由獐子岛集团和日本中央渔类株式会社、株式会社报水于2012年共同投资组建,2014年2月正式对外运营,专业从事冷链物流服务及国际大洋渔业资源贸易服务。

獐子岛中央冷藏总存储能力5万吨,是国内首家采用世界先进的氨-二氧化碳复叠制冷技术的冷藏物流公司。运营两年多时间以来,獐子岛中央冷藏发展快速、业务增长迅猛,这也给他们这支年轻的冷库运营团队带来不小的压力,尤其是货物出入库高峰,更是对每位员工作业能力的极大考验,所幸他们拥有过硬的技术和长期练就的默契配合,并且拥有搬运货物的"法宝"——丰田冷库叉车。

一进入獐子岛中央冷藏的冷库内,就看到十几辆丰田电动叉车在缓冲区内忙忙碌碌地穿梭工作,这些叉车全部安装了白色环保轮胎,獐子岛中央冷藏叉车方面的负责人侯晓春介绍,库内所有交付使用的丰田电车都安装了环保轮胎,在冷库内作业不会在地面上留下胎痕,能够较长时间保持冷库地面的干净整洁,这也是对生鲜食品物流品质的确保。

目前獐子岛中央冷藏拥有各型叉车40余台,其中28台是丰田叉车。包括四轮电瓶叉车、三轮电瓶叉车、前移式叉车、内燃式叉车等不同车型。在安全细节上,丰田四轮电瓶叉车与三轮电瓶叉车都标准配置了丰田独有的"SAS"稳定系统与"OPS"操作者存在感应系统。SAS系统可以自动感知货物的重量以及提升的高度,在急转弯、急启动、急减速等操作过程中,将车辆的行驶速度和加速度控制在最合理的范围内以防止翻车事故。FHPS全液压转向同步控制,帮助操作人员在装卸货后轻松定位行进方向。同时,以一键调平货叉的自动水平控制功能,在取放货物时可帮助、操作人员能够快速准确地插入托盘,大大提升作业效率,也减少了对托盘的损坏。OPS操作者存在感应系统可以探测驾驶员不在正常的操作驾驶位置时,自动停止行驶和装卸操作,保障驾驶员的安全。在操控性细节方面,丰田三轮电瓶叉车车身紧凑,不到2m的车身全高加上全自由提升门架,可以轻松胜任集装箱作业。

獐子岛中央冷藏的冷库一共有6层,1~5层是堆垛存储,第6层是移动式货架存储,主要存储的货物种类如冷冻鱼、虾、贝及肉类制品。一台丰田站驾式前移式叉车7FBR,可以连续工作2班时间。兼顾电力持久性和高效性的7FBR AC交流动力系统可以确保至少5~6h的高动力作业时间,提升了车辆的使用率。7FBR冷库车型经过特殊低温防水和防锈处理可以适应冷藏仓储环境的低温和凝露条件,不仅可在低至-45℃环境下进行连续工作,还可胜任频繁的出入库作业。丰田前移式叉车即使在很小的空间里,也可以自转,可以让我们最大化利用存储空间。这对我们非常重要。因为冷凝水的关系,冷库地面湿滑,为作业稳定性带来考验。7FBR标配的前移式主动式稳定系统SAS-R能全面提升车辆在湿滑路面的驱动和制动性能,一方面牵引控制可以自动调节驱动轮的输出动力,解决车轮打滑和车辆甩尾等问题。另一方面,7FBR在负载前轮上安装有制动油缸,可以提升车辆在湿滑路面的制动性能。

资料来源:丰田叉车完美匹配冷库作业[J]. 中国储运,2016(8):90.

### 6.2.3 手推车

由于手推车轻便灵活,广泛应用于仓库、物流配送中心、生产工厂、百货公司、机场以及医院。由于一般手推车没有提升能力,所以一般承载能力在5 000公斤以下。物流台车也是手推车之一,台车主要用于配送发货之前的集货用。它存放货品多,一般高度为1.7米以上,并可折叠,便于空笼回送。手推车主要根据其用途及负荷能力来分类,一般分为两轮手推车、手推台车和物流台车三类。

**1. 两轮手推车**

两轮杠杆式手推车是最古老的、最实用的人力搬运车,它轻巧、灵活、转向方便,但因靠体力装卸、保持平衡和移动,所以仅适合装载较轻、搬运距离较短的场合。如图6-22所示。

为适合现代社会的需要,目前还采用自重轻的型钢和铝型材作为车体,阻力小的、耐磨的车轮,还有可折叠、便携的车体。

**2. 手推台车**

根据其应用和形式的不同,手推台车可分为立体多层式、折叠式、升降式、登高式等。

(1)立体多层式手推台车

立体多层式手推台车是为了增加置物的空间及存取方

图6-22 二轮杠杆式手推车

便性,而把传统单板台面改成多层式台面设计,此种手推车常常用于拣货场合。如图6-23所示。

(2) 折叠式手推台车

为了方便携带,手推车之推杆常设计成可折叠方式,此种手推车因使用方便、收藏容易,故普及率高,市面上均有标准规格销售,如图6-24所示。

图6-23　立体多层式手推台车　　　　图6-24　折叠式手推台车

(3) 升降式手推台车

在某些体积较小、重量较重之金属制品或人工搬运移动吃力的搬运场合中,由于场地的限制而无法使用堆垛机时便可采用可升降式手推台车,如图6-25所示。此种手推车除了装有升降台面来供承载物升降外,其轮子一般采用耐负荷且附有刹车定位之车轮以供准确定位和上下货。

(4) 登高式手推台车

在物流配送中心中,手推车的应用场合大多以拣货作业中使用最广,而拣货作业常因货架高度的限制而得爬高取物,故有些手推车旁设计附有梯子以方便取物,称为登高式手推台车,如图6-26所示。

 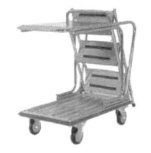

图6-25　升降式手推台车　　　　图6-26　登高式手推台车

**3. 物流台车**

物流台车是在平托盘、柱式托盘、或网箱托盘的底部装上脚轮而成,既便于机械化搬运,又宜于短距离的人力移动,如图6-27所示。物流台车适用于企业工序间的物流搬运,也可在工厂或物流配送中心装上货物运到商店,直接作为商品货架的一部分。

图 6-27 物流台车

### 6.2.4 自动导引搬运车

自动导引搬运车(AGV)是指装有自动导引装置,能够沿规定的路径行驶,在车体上还具有编程和停车选择装置、安全保护装置以及各种物料移载功能的搬运车辆。如图 6-28 所示。多台不同类型的、用计算机控制的自动引导搬运车组成自动搬运车系统(AGVS),该系统一般由自动导引装置、计算机信息管理系统、交通管制系统、调试和监控系统、安全系统等组成,各台自动导引搬运车在计算机的交通管制下有条不紊地运行,并通过物流系统软件集成在物流系统、生产系统中。

AGVS广泛应用于柔性制造系统(FMS,Flexible Manufacturing System)、柔性搬运系统和自动化立体仓库中。

根据导引方式的不同,AGV 可分为固定路径导引(包括电磁导引、光导导引和磁带(磁气)导引)和自由路径导引(包括激光导引、惯性导引等)。

根据 AGV 装卸物料方式的不同,AGV 可分料斗式、辊道输送式、链条输送式、垂直升降式、叉车式。

图 6-28 自动导引搬运车

### 6.2.5 装卸搬运设备的选型

装卸搬运设备种类繁多,各种设备的使用环境、适用货物和作业要求各不相同,在设备选择时,应根据实际的用户需求进行综合评价与分析。在通常情况下,需要关注的因素主要包括货物属性、货流量、作业性质、作业场合、搬运距离、堆垛高度等。

**1. 货物属性**

货物所具有的不同的形状、包装、物理化学属性,都对装卸搬运设备有不同的要求。在配置选择装卸搬运设备时,应尽可能地符合货物特性,以保证作业合理、货物安全。

**2. 货流量**

货流量的大小关系到设备应具有的作业能力。货流量大时,应配备作业能力较强的大型专用设备;作业量小时,可以采用构造简单、造价相对较低的中小型通用设备。

**3. 作业性质**

需要明确作业类型是单纯的装卸作业或搬运作业,还是同时兼顾装卸搬运作业,在此基础上选择合适的装卸搬运设备。

**4. 作业场合**

作业场合不同,所配备的装卸搬运设备也不同。对于作业场合,应主要考虑如下一些因素:室内、室外或者室内外作业,作业环境的温度、湿度等,路面情况、最大坡度、最长坡道、地面承载能力,货物的存放方式是货架还是堆叠码放,通道大小、通道最小宽度、最低净高等。

**5. 搬运距离**

搬运路线的长度、每次搬运装卸的货物量,也影响着设备的选择。为了提高装卸搬运设备的利用率,应结合设备种类的特点,使行车、货运、装卸、搬运等工作密切配合。

**6. 堆垛高度**

堆垛高度的大小,直接影响到装卸搬运设备最大起升高度的选择。

在选择装卸搬运设备时,应注意尽量选择同一类型的标准机械,以便于维护保养。对于整个物流配送中心的设备也应尽可能避免其多样化,这样可以减少这些设备所需要的附属设备并简化技术管理工作。在作业量不大而货物品种复杂的情况下,应尽量发展一机多用,扩大机械适用范围。

## 6.3 输送设备

本节的输送设备主要是指连续输送机。连续输送机是自动化物流配送中心必不可少的重要搬运设备,是沿着一定的输送路线以连续的方式运输货物的机械。连续输送机根据所运货物的种类分为成件货物输送机和散装货物输送机;按结构特点分为有挠性牵引构件和无挠性牵引构件的连续输送机。有挠性牵引构件的连续输送机运送货物时,是在牵引构件的作用下,利用牵引构件的连续运动使货物沿一定方向运输,它包括带式输送机、链式输送机、斗式提升机等。无挠性牵引构件的连续输送机是利用工作构件的旋转或震动等方式,使货物沿一定方向运输,它包括气力输送机、螺旋输送机、振动输送机等。

与间歇动作的起重机械相比,连续输送机的特点主要是生产率高,容易实现自动控制,驱动功率小,通用性较差。

(1) 生产率高

连续输送机可以连续不停地输送货物,整个作业的装载、输送、卸载过程连续进行,不必因空载回程而引起运货中断,工作速度较高,且稳定,不必经常地启动与制动。因此,连续、高速的输送可以实现较高的生产率。

(2) 容易实现自动控制

连续输送机输送货物的路线固定,动作单一,机构结构紧凑,便于实现自动控制,是自动化仓库以及物流配送中心实现机械化、自动化作业的重要保证。

(3) 驱动功率小

在同样生产率的情况下,由于载荷均匀、速度稳定,连续输送机的功率较小,重量较轻,造价较低,输送距离长。

(4) 通用性较差

连续输送机只能按照一定的路线输送,当输送路线复杂或者变化时,会造成机构复杂或者需要重新布置。另外,每种机型只能用于一定类型的货物,一般不适于运输重量很大的单件物品。

### 6.3.1 成件货物连续输送机

成件货物连续输送机主要用于固定路径的输送。输送机输送的是托盘、纸箱或固定尺寸的物品。输送机按动力源可分为重力式和动力式两种。重力式输送机就是利用输送物品的本身重量为动力,在倾斜的输送机上由上往下滑动;动力式输送机就是以马达为动力。另外在规模较大的工厂中经常采用立体输送机,作为车间之间和车间内部的机械化、自动化连续输送设备。大型物流配送中心一般采用动力输送机,根据实际需要还可选择立体输送机等等。成件货物连续输送机的主要工作参数是搬运货物的最大宽度和长度以及最大重量;此外,单位时间的搬运量也是重要参数。在物流配送中心中,使用最普遍的输送机包括辊道式输送机、滚柱式输送机、带式输送机、链条式输送机。

**1. 辊道式输送机**

辊道式输送机是利用辊子的转动来输送成件物品的输送机。如图 6-29 所示。它可沿水平或曲线路径进行输送,其结构简单,安装、使用、维护方便,对不规则的物品可放在托盘或者托板上进行输送。

按驱动方式的不同,分为无动力辊道式输送机和动力辊道式输送机。按无动力辊道输送机的曲线段形式不同,分为柱形辊子式、锥形辊子式、差速辊子式、短辊子差速式等。按转辙装置的形式不同,分为曲线段转辙、岔道分流、平面分流、小车转辙、直角转辙、回转台转辙、辊子输送机升降装置转辙等。

图 6-29　辊道式输送机

图 6-30　滚柱式输送机

**2. 滚柱式输送机**

滚柱式输送机是采用滚柱来取代辊道的输送机。如图 6-30 所示。其特点是结构简单，一般用于无动力驱动，适用于成件包装货物或者整底面物料的短距离搬运。

**3. 链式输送机**

链式输送机是利用链条牵引、承载，或由链条上安装的板条、金属网、辊道等承载物料的输送机。如图 6-31 所示。根据链条上安装的承载面的不同，可分为链条式、链板式、链网式、板条式、链斗式、托盘式、台车式等。此外，链式输送机也常与其他输送机、升降装置等组成各种功能的生产线。

图 6-31　链式输送机

图 6-32　带式输送机

**4. 带式输送机**

带式输送机是一种利用连续而具有挠性的输送带连续地来输送物料的输送机。如图 6-32 所示。它可以输送各种散状物料；也可以输送单位重量不太大的成件物品。更详细的介绍见散装货物连续输送机部分。

### 6.3.2　散装货物连续输送机

在现实生活中，某些货物如煤、化肥、粮食等的散装、散卸、散储、散运，是重要的物流活动。散装货物连续输送机在其中发挥了重要的作用。常见的散装货物连续输送机包括带式输送机、刮板输送机、斗式提升机、螺旋输送机、气力输送机、振动输送机等。

**1. 带式输送机**

带式输送机由挠性输送带作为货物承载件和连续牵引件。根据摩擦传动原理，由驱动鼓轮带动输送带,可以在水平方向和小倾角的倾斜方向上运输货物。

按安装方式不同可分为固定式和移动式两种,其结构基本相似,由输送带、驱动鼓轮、导向鼓轮、张紧鼓轮、张紧装置、支撑滚柱、减速装置、机架等部件所构成。

按输送带的不同,可分为织物芯胶带、织物芯PVC带、钢带、网带等。织物芯又可分为棉帆布、尼龙帆布(NN)、聚酯尼龙交织帆布(EP)等。

带式输送机是应用最为广泛、最典型的连续输送机。在各种连续输送机中,它的生产率最高、输送距离最长、工作平稳、能耗小、自重轻、噪音小、操作管理容易,最适合于水平或低倾斜角度的倾斜方向上连续输送散货或者小型成件货物。

**2. 刮板输送机**

刮板输送机可以水平、倾斜和垂直输送粉尘状、小颗粒及小块砖等散货。输送物料时,刮板链条全埋在物料之中,它主要由封闭断面的机槽(机壳)、刮板链条、驱动装置以及张紧装置等部件所组成,刮板链条既是牵引构件又是承载构件。工作时,物料可以由加料口进入机槽内,也可在机槽的开口处由运动着的刮板从料堆取料。

刮板输送机分为固定式、移动式和吊装式。固定式刮板输送机多用于仓库和加工厂中输送物料;移动式刮板输送机长度较小,多用于汽车、飞机等场合的物料装卸以及清理等过程中的加料;吊装式刮板输送机多用于港口卸船。

刮板输送机结构简单、造价低、密封性好、便于中间进料或卸料,但由于物料与刮板和机槽有摩擦,功率消耗大而且磨损严重,也易磨损物料。

**3. 斗式提升机**

斗式提升机可在垂直或接近垂直的方向上连续提升粉粒状物料。其牵引构件绕过上部和底部的滚筒或链轮,牵引构件上每隔一定距离有一个料斗,由上部滚筒或链轮驱动,形成具有上升的载重分支和下降的空载分支的无端闭合环路。物料从载重分支的下部进料口进入,由料斗把物料提升至上部卸料口卸出。

按牵引构件的不同分为链式和带式两种。链式多用于油脂和矿石运输,带式多用于粮食运输。按卸料方式的不同分为离心卸载、重力卸载和混合卸载。

斗式提升机构造简单、横向尺寸小,提升高度高,生产能力大,并可以在全封闭下工作,减少灰尘对环境的污染。但它对过载较为敏感,必须均匀进料。

**4. 螺旋输送机**

螺旋输送机是没有挠性牵引构件的输送设备。它利用螺旋叶片的旋转推动物料运动,在输送物料的过程中能起到掺合、搅拌和松散物料的作用,可分为水平螺旋输送机和垂直螺旋输送机。螺旋输送机适用于输送粉状、颗粒状或小块物料,不宜输送大块的、磨损性强、易破碎、粘性大、易结块的物料。

螺旋输送机结构简单、紧凑,没有空返分支,可多点装卸物料,工作可靠,可实现封闭输送。由于物料对螺旋和料槽的摩擦以及物料的搅拌,使得螺旋输送机功率消耗大,螺旋和料槽易磨损、物料易破碎,螺旋输送机对超载较敏感,容易产生堵塞现象。

**5. 气力输送机**

气力输送机是运用风机使管道内形成气流来输送散粒状物料。气力输送机分为吸气式、压气式和混合式。与其他输送机相比,气力输送机操作简单,生产率较高,易于实现自动化;其结构简单,易于装卸,机械故障少,维修方便,有利于实现散装运输。但是,气力输送机功率消耗大,鼓风机噪音大,弯管等部件容易磨损,物料的块度、粘度、湿度受到一定限制,输送过程中物料易破碎。

**6. 振动输送机**

振动输送机可把块状、粉粒状物料均匀连续地输送到卸料口。振动输送机料槽磨损小,可以实现水平、倾斜或垂直输送,同时可对物料进行干燥、冷却作业,广泛用于冶金、矿山、煤炭、建材、化工、粮食、玻璃等行业,按工作原理的不同分为电磁振动输送机和机械振动输送机。

### 6.3.3 输送设备的选型

输送设备是提高物流配送中心作业效率的重要设备,应结合相关作业环节进行系统分析和整体规划。选择输送设备时通常关注货物属性、输送量大小、输送距离和方向、工艺流程以及安装场地等因素。

**1. 货物属性**

货物是成件货物还是散装货物,成件的货物是托盘还是纸箱包装,成件货物的外形、尺寸、单位重量,散装货物粒状大小、表面状态、容重、散落性、外摩擦系数、破碎性等特性,都影响输送设备的选用。形状不规则的成件物品可以选用链板式输送机;辊式输送机适用于底部是平面的成件货物,可输送较大单件重量的货物;对于表面粗糙、坚硬的散装货物应选用耐磨材料构件的输送设备;为提高散装货物的输送量,防止货物散落,可选用深槽型带式输送设备。

**2. 输送量大小**

输送量与输送物品的最大重量、输送速度相关。在输送物品最大重量相同的情况下,输送速度越快对应的输送量越大,在选择速度时要考虑输送稳定性、电耗增大比例、设备机械性能、货物属性等因素。

**3. 输送距离和方向**

长距离、小倾角的货物输送可选用带式输送机;垂直输送可选用斗式提升机;既有水平输送又有垂直输送的场合可选用刮板输送机或螺旋输送机。

**4. 输送中的工艺流程**

输送过程中,接收和发送货物的环境、接口设备、进料或出料点的数量,都影响输送机的选用。工艺流程不同,对输送机的要求也不同。例如,如果在输送的过程中需要搅拌,可以选用螺旋输送机。

**5. 安装场地**

不同的安装场地,不同的位置条件,需要根据实际情况配置合适的输送设备。

总之,选用输送设备时要综合考虑上述各方面的因素,进行系统的评估和综合分析比较,从而选择出经济合理的输送设备。同时,在选用输送设备时应注意考虑如下一些主要的技术性能参数,包括生产率、输送速度、充填系数(输送设备承载件被货物填满程度的系数)、输送长度、输送宽度、提升高度、最大输送倾角、输送物品最大重量、单驱动机最大长度、安全系数、制动时间、启动时间、发动机功率、轴功率、工作环境要求等。

**实例6-3 英特诺助力"HalLeonard"**

"HalLeonard"是音乐制品出版公司,公司总部位于威斯康辛州密尔沃基,除制作散页乐谱、歌集和带 CD 的乐器演奏教材外,它还提供乐队和合唱谱、参考书籍、教学 DVD、音乐软件、应用软件、电子图书、杂志、儿童音乐制品和更多其他产品。HalLeonard 目前在许多国家都设有分公司,并拥有全球发行权。

该公司与系统集成商 ISG 合作,以寻找合适的输送解决方案。在对比了不同的输送系统后,采用 24V 微型电动滚筒的英特诺 Intelliveyor 输送系统最终胜出,并成为目前为止最佳的解决方案。采用英特诺微型电动滚筒的新式输送系统具有分布式驱动的特点。驱动器位于每个独立的输送机分区,而没有中心驱动站。也就是说,控制系统能根据需要单独打开/关闭输送区。只有实际运输待输送的货物时,整个输送机才会运转。

英特诺微型电动滚筒可用于构建能分成不同输送区的智能化控制的输送系统。与标准 400V 驱动技术相比,同样的输送距离需要的能耗更低,因为只有在实际输送货物时,单独的微型电动滚筒才会运行。由于具有按需运行功能,并且去除了多余的驱动组件,所以整个输送系统的运行噪音大幅降低。与中心驱动系统相比,这样的系统能节约高达 50%的能耗。它不仅运行噪音低、易于操作,而且能有效提高仓储与配送工作的效率。

资料来源:英特诺助力"HalLeonard"[J].中国储运,2016(5):93.

## 6.4 分拣设备

### 6.4.1 设备组成与功能

物流配送中心的作业流程中包括入库、保管、拣货、分拣、暂存、出库等作业活动,其中分拣作业是一项非常繁重的工作。尤其是面对零售业多品种、少批量的订货,物流配送中心的劳动量大大增加,若无新技术的支撑将会导致作业效率下降。与此同时,对物流服务和质量的要求也越来越高,致使一些大型连锁商业公司把拣货和分拣视为两大难题。

随着科学技术日新月异的进步,特别是感测技术(激光扫描)、条码及计算机控制技术等的导入使用,自动分拣机已被广泛用于物流配送中心。我国的邮政等系统也已多年使用自动分拣设备。自动分拣机的分拣效率极高,通常每小时可分拣物品 6 000~12 000 箱。在日本和欧洲,自动分拣机的使用很普遍。特别是在日本的连锁商业(如西友、日生协、高岛屋等)和宅急便(大和、西浓、佐川等)中,自动分拣机的应用更是普遍。可以肯定,随着物流大环境的逐步改善,自动分拣系统在我国流通领域大有用武之地。

自动分拣机种类很多,而其主要组成部分相似,基本上由下列各部分组成:

①输入装置:被拣物品由输送机送入分拣系统。

②货架信号设定装置:被拣物品在进入分拣机前,先由信号设定装置(键盘输入、激光扫描条码等)把分拣信息(如配送目的地、客户户名等)输入计算机中央控制器。

③进货装置:或称喂料器,它使被拣物品依次均衡地进入分拣传送带,与此同时,还使物品逐步加速到分拣传送带的速度。

④分拣装置:它是自动分拣机的主体,包括传送装置和分拣装置两部分。前者的作用是把被拣物品送到设定的分拣道口位置上;后者的作用是把被拣物品送入分拣道口。

⑤分拣道口:它是从分拣传送带上接纳被拣物品的设施。可暂时存放未被取走的物品,当分拣道口满载时,由光电管控制阻止分拣物品不再进入分拣道口。

⑥计算机控制器:它是传递处理和控制整个分拣系统的指挥中心。自动分拣的实施主要靠它把分拣信号传送到相应的分拣道口,并指示启动分拣装置,把被拣商品送入道口。分拣机的控制方式主要是采用脉冲信号跟踪法。

随着经济和信息技术的不断发展,自动分拣设备的发展十分迅速,自动分拣系统的应用范围日益广泛。自动分拣系统特别适用于分拣量较大、一次性分拣单位较多、被分拣的货物适应自动分拣机的货物分拣工作场合。其优点是分拣准确、迅速、吞吐能力大。缺点是系统设施复杂,投资和运营成本较高,需要计算机信息系统、作业环境等一系列配套设施和外部条件与之相适应。

### 6.4.2 几种常见的分拣设备

在选用分拣设备时,为了取得最为有效的应用,一般需要考虑以下因素:物品包装的大小、包装形式、物品的重量、易碎性、物品分拣的预期能力、分拣数量、批数、操作环境等。分拣设备有许多不同的类型,常见的分拣设备按照其分拣机构的结构不同,可以分为挡板型、浮出型、倾翻型、滑块型。

**1. 挡板型**

挡板型分拣设备是利用一个挡板(或挡杆)挡住在输送机上向前移动的物品,将物品引导到一侧的滑道排出。挡板的另一种形式是挡板一端作为支点,可作旋转。挡板动作时,像一堵墙似地挡住物品向前移动,利用输送机对物品的摩擦推力使物品沿着挡板表面移动,从主输送机上排出至滑道。平时挡板处于主输送机一侧,可让物品继续前移,如挡板作横向移动或旋转时,则物品就排向滑道。

挡板一般是安装在输送机的两侧,和输送机上平面不相接触,即使在操作时也只接触物品而不触及输送机的输送表面,因此它对大多数形式的输送机都能适用。

就挡板本身而言,也有不同形式,如有直线形、曲线形,也有在挡板工作面上装有辊筒或光滑的塑料材料,以减少摩擦阻力。

**2. 浮出型**

浮出型分拣设备是把物品从主输送机上托起,而将物品引导出主输送机的一种结构形式。从引离主输送机的方向看,一种是引出方向与主输送机成直角;另一种是呈一定夹角(通常是$30°\sim45°$)。一般是前者比后者生产率低,且对物品容易产生较大的冲击力。浮出型分拣机大致有以下几种形式:

(1)胶带浮出式

这种分拣结构用于辊筒式主输送机上,将有动力驱动的两条或数条狭胶带或单个链条横向安装在主输送辊筒之间的下方。当分拣机构接受指令启动时,胶带或链条向上提升,接触物品底面把物品托起,并将其向主输送机一侧移出。

(2)辊筒浮出式

这种分拣机构用于辊筒式或链条式的主输送机上,将一个或数个有动力的斜向辊筒安装在主输送机表面下方。分拣机构启动时,斜向辊筒向上浮起,接触物品底部,将物品斜向移出主输送机。这种上浮式分拣机,有一种是采用一排能向左或右旋转的聚氨酯辊筒,以气动提升,可将物品向左或向右排出。

**3. 倾翻型**

倾翻型分拣设备大致有两种形式:倾斜式、翻盘式。

(1) 倾斜式

这是一种特殊型的条板输送机,物品装载在输送机的条板上,当物品行走到需要分拣的位置时,条板的一端自动升起,使条板倾斜将物品移离主输送机。物品占用的条板数是随不同物品的长度而定,经占用的条板数如同一个单元,同时倾斜。因此,这种分拣机对物品的长度在一定范围内不受限制。

(2) 翻盘式

这种分拣机是由一系列的盘子组成,盘子为铰接式结构,可向左或向右倾斜。物品装载在盘子上行走到一定位置时,盘子倾斜,将物品翻倒于旁边的滑道中,为减轻物品倾倒时的冲击力,有的分拣机能控制物品以抛物线状来倾倒出物品。这种分拣机对分拣物品的形状和大小可以不限制,但以不超出盘子为限。对于长形物品可以跨越两只盘子放置,倾倒时两只盘子同时倾斜。

**实例 6-4 普天万向大托盘高速包刷分拣机**

普天万向物流技术股份有限公司生产的大托盘高速包刷分拣机兼用于包裹和印刷品分拣,如图 6-33 所示。它采用先进的可编程控制,可实现上位机联网、条码扫描、故障显示,翻盘可配置气动系统。可分拣大、重包裹,最大可达 28 公斤。

这种分拣机常采用环状连续输送,其占地面积较小。又由于是水平循环,使用时可以分成数段,每段设一个分拣信号输入装置,以便商品输入,而分拣排出的商品在同一滑道排出(指同一配送点),这样就可提高分拣能力。例如,日本川崎重工公司生产的翻盘式分拣机系统设有 32 个分拣信号输入装置,有排出滑道 255 条,每小时分拣商品能力为 14 400 件;住友重机械工业株式会社生产的分拣机系统的分拣能力达每小时 30 000 件;铃木公司生产的分拣机系统的排出滑道有 551 条。

资料来源:普天万向大托盘高速包刷分拣机. http://www.putianwx.com.cn.

主要技术参数:
主机运行速度: $V=0.5\sim1.25$m/s
主机分拣率: 2 400~4 800 件/小时
小车承载能力: ≤28kg
驱动功率: 5.5kW
空翻差错率: 不大于 1/10 000
实物分拣差错率:不大于 2/10 000
整机最大噪音: 不大于 72dB
物件的最大重量: 1~28kg
物件的最大长度:≤700mm

图 6-33 大托盘高速包刷分拣机

**4. 滑块型**

这也是一种特殊形式的条板输送机。输送机的表面用金属条板或管子构成,如竹席状,而在每个条板或管子上有一枚用硬质材料制成的滑块,能沿条板横向滑动,而平时滑块停止在输送机的侧边。滑块的下部有销子与条板下导向杆连结,通过计算机控制,滑块能有序地自动向输送机的对面一侧滑动,因而物品就被引出主输送机。这种方式是将物品侧向逐渐推出,并不冲击物品,故物品不易损伤;它对分拣物品的形状和大小适用范围较广,是目前国外一种最新型的高速分拣机。

### 6.4.3 分拣设备的选型

在选用分拣设备时,应根据物流配送中心的货物种类、分拣方式、作业条件、作业环境等条件综合考虑分析,同时还应注意遵循以下原则。

**1. 符合所分拣货物的特性原则**

所分拣货物的物理、化学性质及其外部形状、重量、包装等特性千差万别,必须根据这些基本特性来选择分拣设备,如浮出式分拣设备只能分拣包装质量较高的纸箱等。这样才能保证货物在分拣过程中不受损失,保证配送作业的安全。

**2. 适应分拣方式和分拣量需求原则**

分拣作业的生产效率取决于分拣量大小及设备自身的分拣能力,也与分拣方式密切相关。因此,在选择分拣设备时,首先要根据分拣方式选用不同类型的分拣设备。其次,要考虑分拣货物批量大小,若批量大,应采用分拣能力高的大型分拣设备,并可选用多台设备;而如果批量小,则适合采用分拣能力较低的中小型分拣设备。

**3. 经济实用性**

设备选用时不应一味强调高技术、高性能和自动化,应结合实际的情况,以提高经济效益为目的,同时应注意选用操作和维护方便、安全可靠、能耗小、噪音低、成本低、能保证操作人员安全和货物安全的设备。

**4. 整体匹配性**

分拣设备的选用应与物流配送中心相关的设备相配套,只有整个物流配送中心的设施设备运行相互协调,才能使各环节达到均衡作业,从而使得整个物流配送中心的物流作业过程最经济和优化。

**实例6-5 大型连锁超市物流配送中心拆零拣选设备系统的应用**

溢兴顺连锁超市是一家立足于某沿海开放城市、向周边数个省份延伸的区域性连锁企业,集杂货、超市、便利店、物流等业务于一体,拥有店面1200多家,2012年实现105亿元的销售总额。从2007年初该企业开始进行物流配送中心建设和规划,规划建设的项目包括三期工程,一期为拆零拣选系统,第二期为该系统添加两个工作线A和B,第三期为冷链运输的拆零拣选系统。

1. 模块化拣选

为了实现对商品的快速拆零拣选,物流配送中心规划建设中首次使用了复合输送路径模式,以模块化的方式进行拆零拣选作业,即每个操作人员只负责某个特定区域的补货、拣选工作,这就可以节省操作人员来回行走的时间以提高拣选效率,此外由于作业的专注也可以降低拣选过程中的出错率。图6-34给出了模块化拣选系统规划。

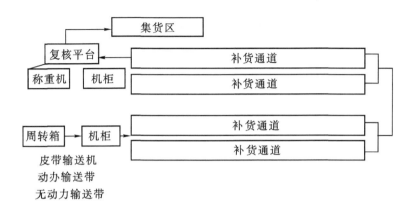

图6-34 模块化拣选系统规划

商品拣选现场遵循以下的流程:操作人员首先用条码扫描器扫描物流箱上的订单条形码;各作业区操作人员核对物流箱订单标号与本区域订单编号是否一致,如果一致则开始根据电子标签进行货物拣选;装满一整箱货物后就将该箱货物送入输送带,然后进入货物复核程序;货物复核区域的操作人员在对货物逐一复核后进行封箱作业;集货区的操作人员再次根据订单对封箱货物进行审核,审核无误后即进行装车配送。图6-35给出了拆零拣选流程。

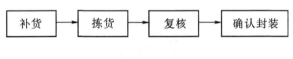

图6-35 拆零拣选流程

**2. 复合输送线路的设计**

远大物流公司为溢兴顺连锁超市的物流配送中心拣货区规划了两条可以同时并行的输送带,即一条动力输送带和一条无动力输送带。动力输送带可以有效地节省拣货区的空间占用,使操作人员可以同时在前后两个货架进行拣货;无动力输送带与动力输送带紧密相连,操作人员拣选用的物流箱可以摆放其上,在操作人员完成某个区域的货物拣选、物流箱未装满前,可以将物流箱往下一个分拣区推送,下一个分拣区的操作人员根据电子标签指示进行继续分拣直到货物装满物流箱,物流箱装满后进入动力输送带送往复核区。

**3. 模块化拣选设备系统和操作人员的规划**

连锁超市与电子商务零售业不同的是其所销售的商品种类繁多,因此其电子标签的使用通常以产品类别为基础,而不是像电子商务那样以门店和订单为基础进行拣选,因此连锁超市的一个门店所要拣选的商品种类远远超过了电子商务零售业的水平,其单张订单的拣选流程需要一条完整的输送带流程,所以模块化的拣选设备主要使在补货和拣选环节中,该流程的终点在集货区和复核区,这两个区域不在模块化功能区域内,将其划归为选配的范畴,这样的规划不仅可以降低拆零拣选作业的作业空间,而且不同操作人员的分工协作还会使作业效率大为提升,加快拣货速度。图6-36给出了模块化拆零拣选设备系统示意图。

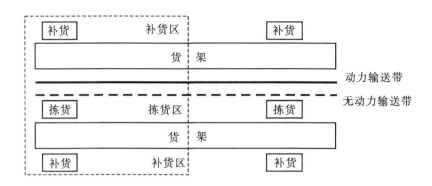

图 6-36　模块化拆零拣选设备系统示意图

**4. 模块化拆零拣选系统设备配置**

(1)标准化配置。模块化拆零拣选系统的标准化配置包括滑移架、电子标签、动力输送带、无动力输送带、补货推车、功能标签以及控制箱等。

(2)可选配置。模块化拆零拣选系统的可选配置包括动力输送设备、复核平台、扫描枪等。

根据上述模块化拆零拣选系统的结构,全场共设置了 35 个货架,535 个货位,7 个拣选作业区域,3 位数电子标签 535 个对应每个货位,4 个 5 位数的电子标签作为作业区作业启动的标识。这样这个货场只需 6 个拣选人员即可完成全部的商品拣选工作。

资料来源:陶俪蓓. 大型连锁超市物流配送中心拆零拣选设备系统的应用[J]. 物流技术,2014(4):66-69.

## 6.5　其他相关设备

### 6.5.1　包装机械

包装是产品进入流通领域的必要条件。包装机械是指能完成全部或部分产品和商品包装过程的机械,是实现包装的主要手段。包装机械有多种分类方法,按功能可分为单功能包装机和多功能包装机;按使用目的可分为内包装机和外包装机;按包装品种又可分为专用包装机和通用包装机;按自动化水平分为半自动机和全自动机;按包装的功能可分为填充机、装箱机、液体灌装机、裹包机、封口机、捆扎机、标签机、清洗机、干燥机、杀菌机等。

随着技术的进步,包装机械在流通领域中正起着越来越大的作用。随之而来的是包装机械的全面更新换代,其主要特点是:大量移植采用民用和军用工业的各种现代化高精技术、电子技术、微电子技术,进一步加速提高包装机械装备和生产线的可靠性、安全性、无人作业性等自动化水平。智能化将进入整个包装机械装备和生产线领域,发展趋势表明,包装机械装备、生产线愈来愈向标准化、系列化、综合化、组装化、联机化的模式发展。

物流配送中心根据其不同的作业功能和处理的物品类型,会采用不同的包装机械,常用的包装机械有装箱机、裹包机、捆扎机等。

在物流配送中心中,装箱机一般用于完成运输包装,它将包装物品按一定排列方式和定量装入箱中,并把箱的开口部分闭合或封固。如图 6-37 所示。其实现的功能包括容器成形(或

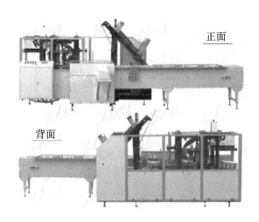

图 6-37 全自动装箱机

打开容器)、计量、装入、封口等。

裹包机是用包装材料进行全部或局部裹包物品的包装机械。如图 6-38 所示。裹包机按裹包物品的形式分为全裹式裹包机、半裹式裹包机;按裹包方式可分为折叠式裹包机、接缝式裹包机、覆盖式裹包机、扭结式裹包机、缠绕式裹包机、拉伸式裹包机等。裹包机械适用于对具有一定刚度的块状物品的包装。

捆扎机是用于捆扎封闭包装容器的包装机械。如图 6-39 所示。捆扎机利用带状、绳装捆扎材料将一个或多个包件扎紧。捆扎机按自动化程度分为自动捆扎机、半自动捆扎机、手提式捆扎机;按捆扎材料分为塑料带、钢带、聚酯带、纸带捆扎机和塑料绳捆扎机。

图 6-38 全自动拉伸式薄膜裹包机　　　　图 6-39 标准型捆扎机

### 6.5.2　流通加工设备

流通加工是为了提高物流速度和物品的利用率,在物品进入流通领域后,按客户的要求进行的加工活动。在中华人民共和国国家标准《物流术语》GB/T18354—2006 中其定义是:物品在从生产地到使用地的过程中,根据需要施加包装、分割、计量、分拣、刷标志、拴标签、组装等作业的总称。即在物品从厂商到消费者的物流过程中,为了促进销售、维护产品质量、实现物流作业高效率所采用的使物品发生物理或化学变化的功能。

为了满足如促进销售、维护产品质量、实现物流作业高效率等不同的目的和作用,流通加工设备的形式非常多样化。总体上讲,物流过程中的流通加工功能主要有以下一些作用。

(1)促进销售、满足客户的多样化需求

客户对产品的需求是多样化的,而在生产过程中生产部门为了实现高效率、大批量生产,客户的需求往往得不到很好的满足。这就需要在流通环节对产品进行进一步的改制加工,使产品符合客户的个性化需求,让客户感到更加方便、省力、省时。例如,对钢材卷板的舒展、剪切加工;平板玻璃按需要规格的开片加工;木材改制成枕木、方材、板材等的加工。

(2)维护产品的质量

这种流通加工的目的是使产品的使用价值得到妥善的保存。例如,水产品、肉产品、蔬菜等要求保鲜、保值的冷冻加工、防腐加工、保鲜加工等;丝、棉、麻等织品的防虫加工、防腐加工;木材的防腐朽、防干裂加工;金属的防锈蚀加工;水泥的防潮、防湿加工等。

(3)实现物流作业的高效率

在物流作业过程中,有些物品由于自身的特殊形式,在运输和装卸时效率较低。为了提高这类物品的物流作业效率,需要对其进行适当的流通加工。例如,自行车整车运输效率低、物流资源利用率低,因此在自行车销售时才进行整车装配加工,避免整车运输的低效率;类似的家居类产品的"平板包装",造纸用木材磨成木屑后运输,等等。通过此类流通加工达到提高运输效率和降低运输成本的目的。

(4)为提高产品利用率、提高加工效率

流通加工是集中的加工,其加工效率要比分散加工高得多。在分散加工的情况下,加工的水平、加工的熟练程度、加工设备的利用率等都无法与专业化的集中的流通加工相比。流通加工提供的是社会化的专业化服务,加工的对象和加工的数量相对较大,能形成规模加工的优势,容易达到提高加工效率、降低成本的目的。同时由于集中加工可以提高物品的利用率,从而减少原材料的消耗,提高加工质量。

流通加工设备是完成流通加工任务的专用机械设备。流通加工设备通过对物流中的物品进行加工,改变或完善物品的原有形态来实现生产与消费的"桥梁和纽带"作用。流通加工设备根据其实现的功能不同可分为包装设备、分割设备、分拣设备、组装设备、冷冻设备、精加工设备等;根据加工物品的不同,可分为金属加工设备、木材加工设备、玻璃加工设备、煤炭加工设备、混凝土加工设备等。

### 6.5.3 集装单元器具

集装单元技术是现代物流发展的标志之一,是利用集装单元器具,把物品组成标准规格的单元货件,以加快装卸、搬运、储存、运输等物流活动。集装单元化技术已广泛应用于物流的各个环节。集装单元化为装卸作业机械化、自动化创造了条件,加速了运输工具的周转,缩短了货物送达时间,从总体上提高了运输工具在重量和容积上的利用率。其次,集装单元化节约了包装材料,减少包装费用,同时减少物流过程的货损、货差,保证货物安全。第三,集装单元化便于堆码,提高了库房、货场单位面积的储存能力。通过集装单元化技术,促使物流实现标准化和批量化,促进物流向社会化、机械化和自动化方向发展,有利于降低物流成本。

集装单元容器是实现物流单元技术的关键和基础。集装单元器具中最主要的是集装箱和托盘,仓库中最常用的是托盘。

**1. 集装箱**

集装箱是海、陆、空不同运输方式进行联运时用以装运货物的一种容器,是具有一定强度、刚度和规格专供周转使用的大型装货容器。使用集装箱转运货物,可直接在发货人的仓库装货,运到收货人的仓库卸货,中途更换车、船时,无须将货物从箱内取出换装。关于集装箱的定义,国际上不同国家、地区和组织的表述有所不同。

根据国际标准化组织(ISO)TC104委员会的定义,凡具备下列条件的运输容器,可称为集装箱:

①具有足够的强度,能长期反复使用;
②中途转运时,不用搬动箱内的货物,可整体转载;
③备有便于装卸的装置,特别是便于从一种运输方式转移到另一种运输方式;
④便于货物的装入和卸出;
⑤具有 1m$^3$ 以上的内部容积。

集装箱这一术语不包括车辆和一般包装。在中华人民共和国国家标准《集装箱名称术语》(GB/T1992—1985)中,引用了上述定义。

集装箱可以从不同的角度进行分类,按所装货物种类分,有杂货集装箱、散货集装箱、液体货集装箱、冷藏箱集装箱等;按制造材料分,有木集装箱、钢集装箱、铝合金集装箱、玻璃钢集装箱、不锈钢集装箱等;按结构分,有折叠式集装箱、固定式集装箱等,在固定式集装箱中还可分密闭集装箱、开顶集装箱、板架集装箱等;按总重量分,有 30 吨集装箱、20 吨集装箱、10 吨集装箱、5 吨集装箱、2.5 吨集装箱等。这里,标准干货集装箱如图 6-40 所示,散装水泥罐箱如图 6-41 所示。

图 6-40　标准干货集装箱

图 6-41　散装水泥罐箱

为了有效地开展国际集装箱多式联运,集装箱标准化是必要条件之一,在这方面国际上和我国国内都做了大量的工作。集装箱标准按使用范围分,有国际标准、国家标准、地区标准和公司标准四种。

(1)集装箱国际标准

国际标准集装箱是指根据国际标准化组织(ISO)第 104 技术委员会制订的国际标准来建造和使用的国际通用的标准集装箱。

集装箱标准化经历了一个发展过程。国际标准化组织 ISO/TC104 技术委员会自 1961 年成立以来,对集装箱国际标准做过多次补充、增减和修改,现行的国际标准为第 1 系列共 13 种,其宽度均一样(2 438 毫米)、长度有 4 种(12 192 毫米、9 125 毫米、6 058 毫米、2 991 毫米)、高度有 4 种(2 896 毫米、2 591 毫米、2 438 毫米、<2 438 毫米);第 2 系列和第 3 系列均降格为技术报告。

(2)集装箱国家标准

各国政府参照国际标准并考虑本国的具体情况,制订了本国的集装箱标准。我国现行国家标准《系列 1 集装箱分类、尺寸和额定质量》(GB/T1413—2008)中规定了集装箱各种型号的外部尺寸、公差及额定重量。

(3)集装箱地区标准

此类集装箱标准,是由地区组织根据该地区的特殊情况制订的,此类集装箱仅适用于该地区。例如,根据欧洲国际铁路联盟(VIC)所制订的集装箱标准而建造的集装箱。

(4)集装箱公司标准

某些大型集装箱船公司,根据本公司的具体情况和条件而制订的集装箱标准,这类集装箱主要在该公司运输范围内使用。

**2. 托盘**

托盘是物流作业中必不可少的装载工具。它具有装载面,可供集合一定数量的物品,便于物品的装卸、运输和仓储。由于物品的种类繁多、性质不同、规格尺寸多样、形态各异,为此与之相适应的托盘种类也多种多样,主要有平托盘、箱式托盘、箱柜托盘、储槽式托盘等。图 6-42~图 6-52 所示为各种托盘形式。

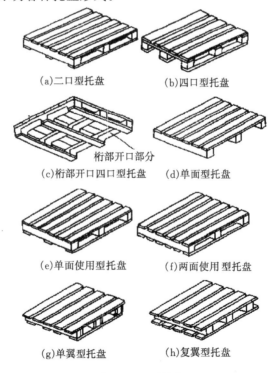

(a)二口型托盘　　(b)四口型托盘

(c)桁部开口四口型托盘　　(d)单面型托盘

(e)单面使用型托盘　　(f)两面使用型托盘

(g)单翼型托盘　　(h)复翼型托盘

图 6-42　平托盘

平托盘没有上层结构,用途较广,品种较多。按货叉插入口又分为二口型、四口型。按使用面可分为单面型、两面型。这种托盘主要积载箱式包装物。

箱式托盘的面上具有上层结构,其四周至少有三个侧面固定,一个侧面是可拆叠的垂直面。各侧面可以是平板、条状板和网状板。

箱柜托盘主要用于液体的搬运。它具有密闭侧面和盖子,底部和顶部附有装入口和流出口。

储槽式托盘主要用于粉状物的搬运。它具有密闭状的侧面和盖,顶部和底部有开闭装置,即在箱式托盘中间增加一个容器。

图 6-43　箱式托盘

图 6-44　箱柜托盘

图 6-45　储槽式托盘

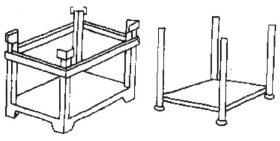
图 6-46　附柱托盘

图 6-47　附轮托盘

图 6-48　附轮货架托盘

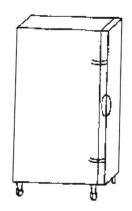
图 6-49　附轮保冷柜托盘

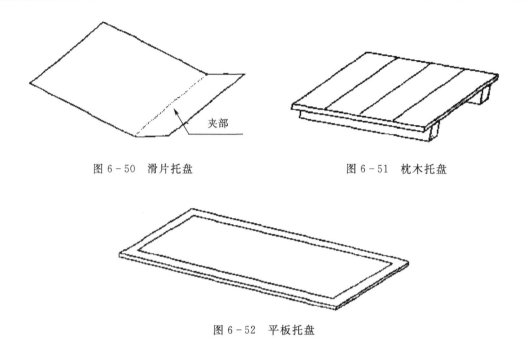

图 6-50 滑片托盘

图 6-51 枕木托盘

图 6-52 平板托盘

为促进物流作业机械化和自动化,平托盘必须标准化。中华人民共和国国家标准《联运通用平托盘 主要尺寸及公差》(GB/T 2934—2007)规定托盘平面尺寸优先推荐 1 200mm × 1 000mm,制造公差为 $^{+3}_{-6}$ mm。

托盘载重量有 50kg、1 000kg、1 500kg 和 2 000kg 四个级别。

托盘材料有木材、金属和塑料三大类。木材含水率最高为 30%。目前,木材托盘应用较广。在工业发达国家塑料托盘应用较广。

托盘强度是很重要的。如果托盘受力变形超过一定范围,将影响正常物流作业的进行,甚至造成设备事故。平托盘强度如表 6-2 所示。

表 6-2 平托盘强度

| 内容 | | 允差 |
| --- | --- | --- |
| 压缩强度 | 变形量 | ≤4mm |
| 抗弯强度 | 挠度 | 2.5%以下 |
| | 残留挠度 | 0.5%以下 |
| 面板强度 | 挠度 | 2.5%以下 |
| 坠落强度 | 对角线变化率 | 3%以下 |

托盘出厂时应有合格证,并在托盘明显处标明公司名称、托盘规格、编号、制造日期、托盘重量及承载能力等。

按照物品具体情况来选择相应托盘。在此就不再逐一说明了。

## 6.6 案例:电商企业物流配送中心货物拣选模式分析与应用

**1. "无线射频拣货+电子标签分拨"货物拣选模式及实例应用**

1)模式简介

"无线射频拣货+电子标签分拨"的货物拣选模式在电商企业物流配送中心中的具体实施过程如下:客户订单到达物流配送中心后,配送中心对客户订单信息进行分解并依据配送时间要求、配送站点区位、配送公司次序等参数启动货物拣选作业,将来自客户的订单转变为具有次序特征的货物拣选队列,每个货物拣选队列可以为多个订单的客户进行拣货,拣选完毕生成拣货单,如果物流配送中心仓库中有多个拣货区域的划分,考虑到货物拣选的效率要求,这时可以将拣货单拆分为多个子拣货单,使每个拣货区域和子拣货单形成一一对应的关系。然后使用无线射频(RF)在各拣货区进行货物拣选,拣选出来的货物装入周转箱,再将周转箱输送到电子标签货架,从而完成将货物向客户的分拨,为了保证分拨的准确性,需要对每个客户的订单进行一次复核,然后再对货物进行包装、归集并配送到相应的站点集货位置。

2)实例应用

(1)案例。S电商企业是一家面向全国的大型电子商务企业,其2012年度销售额达到了600亿元人民币,货物配送金额在同行业中处于领先地位,同时其投巨额资金建造的物流配送中心拥有单体较大的仓库,各项仓储物流的软硬件技术水平较高,为了更好地赢得客户忠诚和保持较高的客户满意度,提出了100%的货物拣选准确率,为此该电商企业采取了"无线射频拣货+电子标签分拨"货物拣选模式。

(2)具体应用。S电商企业所采取的"无线射频拣货+电子标签分拨"货物拣选模式其具体流程如图6-53所示。

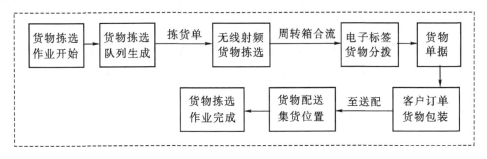

图6-53 电商企业所采取的"无线射频拣货+电子标签分拨"货物拣选模式作业流程

①货物拣选队列生成。客户订单到达配送中心后系统根据订单参数生成货物拣选队列以决定拣选作业的优先级和顺序,然后根据拣选作业资源生成拣货单和电子拣货单,并将拣货单发布以便为无线射频货物拣选准备数据。

②无线射频货物拣选。货物拣选操作员使用载有多个周转箱的拣货车进行拣选,周转箱的数量一般为7~8个,仅在物流配送中心内部使用,用无线射频在各个货位区域中进行拣选并将拣选的货物存放在周转箱内,当一个货位区域内的货物拣选完成后,将已经完成拣选的货物放置在预拣选的货架位置上。

③周转箱合流。将预拣选货架位置上的货物集合到合流周转箱内,一个合流周转箱存放一个拣货单的货物,包括来自多个客户的订单,在完成客户订单货物合流以后,将周转箱搬运到分拨区区位。

④电子标签货物分拨。使用扫描器对周转箱上的条码和货物条码进行扫描,根据不同的电子标签指示灯信息,将货物置于客户订单分拨货位。

⑤货物单据打印。在完成客户订单货物的分拨后,打印客户的货物订单明细、货物发票和其他面单。

⑥客户订单货物包装。将货物发票、出货单、货物放在包装箱或包装袋内并进行打包,再将面单粘贴在外包装箱或包装袋上。

⑦货物配送至集货位置。将客户货物包装,包裹配送到配送中心指定的集货位置上等待快递公司为客户配送。

(3)拣选设备和作业能力。

S电商企业"无线射频拣货＋电子标签分拨"货物拣选模式作业中使用的主要拣选设备包括无线射频终端机、电子标签、各种货架等,并且采用了多货多位的设计方式,一个种类的货物在多货位存放,一个货位也可以存放多个种类的货物。

S电商企业的货物拣选作业实践表明,使用电子标签进行货物分拨,每个标签每天可以完成90个拣货队列的货物分拨需求,每个拣货队列可以包含120个行的订单;货物拣选的差错率在万分级,较好地满足了企业对于较高货物拣选准确率的需求,平均每个拣货操作员可以完成60个拣货单。

**2. "标签拣货＋标签分拨"货物拣选模式级实例应用**

1)模式简介

当客户订单到达物流配送中心并启动货物拣选队列后,每个拣选队列的拣选任务来自多个客户的订单,将该拣选队列的拣货标签全部打印出来,使每一件货物对应一个标签,标签中包含了客户订单和拣货货位等信息。货物拣选操作员每次拣选一个队列的货物,并按照标签将拣选出来的货物放置在拣货车中,在完成一个队列的货物拣选后,把拣货车置于货物分拨区,再把订单所对应的货物置于客户分拨货位,然后用电子标签(RF)将分拨货位和货物拣选标签关联起来,在完成货物分拨后,将发票、出货单、面单等单据打印出来放入客户分拨货位,最后将货物与单据打包称重并完成集货。

2)实例应用

(1)案例。R是一家体育用品品牌供应商,在进行实体渠道销售的同时,电子商务渠道逐步成为了企业一种重要的销售渠道,并且销售额也逐渐上升,为了满足不断增长的电子商务交易数量的供货需求,该企业组建物流配送中心,但其仓库规模相对较小,平均每天的出货量在10 000单左右,货物的单价相对较高。R电商企业根据自身的特点采取了"标签拣货＋标签分拨"的货物拣选模式。

(2)具体应用。图6-54给出了R电商企业"标签拣货＋标签分拨"货物拣选模式的作业流程。

①接收客户订单。ERP系统将来自客户的订单信息形成配货单发送到WMS系统,然后WMS形成配货通知单,该数据传递到快递公司,以方便快递公司预先安排快递配送能力。

②配货拣选作业。配货拣选作业也称为拣选队列管理,根据订单客户类型、订单来源、快

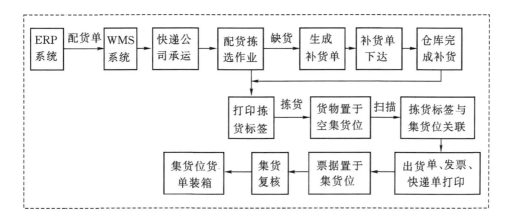

图 6-54 R 电商企业"标签拣货+标签分拨"货物拣选模式的作业流程

递公司配送能力配置、票据是否齐备、客户是否 VIP 等多种信息对配货单进行筛选和确定拣选优先次序,而后开始仓库内部的货物拣选作业,拣货单供仓库内部拣货时使用。另外系统会自动按照货物的拣选队列需求数量以及现有拣选货位货物的数量来判断是否缺货,如果缺货则需要从存储货位向拣选货位进行补货,补货单自动生成并将补货指令自动发送到补货员的电子标签终端设备上。

③货物补充。当客户订单的拣选货位库存不足时就需要进行库存补充,货物补充有多种策略和补货时机可供选择,可以在货物拣选前将一个货物拣选队列所需求的全部货物都完整地补充到拣选货位上,也可在货物拣选过程中以多批次的方式将货物逐次地补充到货物拣选位置上去,既可以根据客户的个性化需求制定个性化的补货方式,也可以根据相关算法来制定补货策略。

④根据拣货标签进行拣货。每个货物拣选操作员在进行货物拣选时可以同时为多个客户的订单进行拣货,他能拣选的客户订单数量取决于他可以拣选的最大数量,不同客户订单的货物可以分别摆放在拣货车的不同隔层,考虑到货物拣选操作员工作量考核的需要,拣货操作员在领取拣货标签时要刷工作卡。

⑤货物分拨。在完成货物拣选后将其置于货物分拨货位上,并使客户订单和分拨货位一一对应,在货物置于货位以后使用无线射频将拣货标签和集货位两者关联起来,并将关联信息传递到 WMS 系统中。

⑥出货单、发票、快递面单打印。打印出来相关单据后将其分拨到订单所对应的集货位上。

⑦集货复核。在集货位置上对所有的拆零物品和整箱物品进行清点,用无线射频终端设备对货物、单据和集货位置等信息进行扫描,复核完毕后将集货位上的物品和单据装箱称重。

(3)拣选设备和作业能力。

R 电商企业在其"标签拣货+标签分拨"货物拣选模式中使用的主要拣选设备包括条码机、分拨货位等。其货物拣选实践数据显示,每天每个分拨货架可以完成 50 个拣选队列的货物分拨,每个拣选队列约有 120 个订单行,其拣货差错率为万分之一,每个货物拣选员每天可以完成 40 个拣货订单。

### 3. "表单拣货+表单分拨"货物拣选模式及实例应用

1) 模式简介

当客户订单到达物流配送中心并开启货物拣选队列后,系统统一生成并打印货物拣选单和出货单,然后将快递面单和发票打印出来统一装订。货物拣选操作员根据货物拣选单进行拣货,并将已经拣好的货物置于分拨货位,然后以出货单为依据完成向客户订单货位的分拨,货物分拨完成后根据出货单进行复核,最后对货物和单据进行打包称重以完成集货。

2) 实例应用

(1) 案例。T电商企业原来是一家主要依托传统实体销售渠道进行销售的公司,在公司意识到电子商务的巨大优势后,投资建设了电子商务网站和物流配送中心,由于初期订单数量有限以及物流配送中心投资水平不高等多种原因,该企业采用了"表单拣货+表单分拨"的货物拣选模式。

(2) 具体应用。"表单拣货+表单分拨"的货物拣选模式的作业流程与标签拣货比较相似,只是货物拣选的依据不再是电子标签,而是改成了表单,具体作业流程不再赘述。

(3) 拣选设备和作业能力。

T电商企业所采取的"表单拣货+表单分拨"的货物拣选模式,其采用的主要设备包括拣货车、分拨货架等。其货物拣选实践表明,每天每个分拨线可以完成10个货物拣选队列的分拨,每个拣货队列约有10个订单行,其货物拣选差错率约为百分之一,每个操作人员每天可以完成10个订单的货物拣选工作。

### 4. 总结

电商企业物流配送中心货物拣选模式的选择直接影响着其货物配送效率、准确率以及客户满意度,本文结合案例介绍了几种货物拣选模式并对每个模式的作业流程、采用设备和作业能力进行了分析,希望能够为电商企业物流配送中心货物拣选模式的选择与应用提供一定的借鉴。

资料来源:肖离离. 电商企业物流配送中心货物拣选模式分析与应用[J]. 物流技术(装备版),2014(4):48-51.

## 本章小结

机械设备是实现物流配送中心功能的手段和硬件保证,正确、合理地配置和运用物流机械设备是实现物流配送中心良好效益的关键环节。物流配送中心机械设备分为储存设备、装卸搬运设备、输送设备、分拣设备、包装设备、流通加工设备以及集装单元器具等。

物流配送中心中最主要的储存设备就是货架。从设计角度可将货架分为通道式货架、密集型货架、旋转式货架。其中通道式货架一般采用人工作业或机械作业方式,根据所使用的不同机械类型预留一定宽度的通道。常见的通道式货架有托盘式货架、货柜式货架、悬臂式货架和贯通式货架等。密集型货架不以通道来分割,大大节省通道面积。常见的密集型货架有移动式货架和重力式货架。旋转式货架存储的货物可随货架的回转移动到操作人员面前,可以方便操作人员对货物的拣选作业。常见的回转式货架有水平回转式货架和垂直回转式货架。

装卸搬运设施和设备是进行装卸搬运作业的劳动工具或物质基础,其技术水平是装卸搬运作业现代化的重要标志之一。物流配送中心的装卸搬运设备主要分为起重机械和搬运车辆。堆垛起重机是立体仓库中重要的起重运输设备,其主要作用是在立体仓库的通道内运行,在三维空间上按照一定的顺序组合进行往复运动,以完成对集装单元或拣选货物的出入库作业。堆垛起重机分为有轨堆垛起重机和无轨堆垛起重机。叉车又称铲车,主要用于举高和搬运货物。叉车按举高能力可分为低提升和高提升两类;按人员操作姿势可分为步行式和坐立式;按采用的动力方式可分为手动叉车、内燃机叉车和电瓶叉车;按结构特点可分为平衡重式叉车、插腿式叉车、前移式叉车、伸缩臂式叉车、侧面式叉车、拣选叉车和高架叉车等等。手推车一般分为两轮手推车、手推台车和物流台车三类。自动导引搬运车(AGV)是指装有自动导引装置,能够沿规定的路径行驶,在车体上还具有编程和停车选择装置、安全保护装置以及各种物料移载功能的搬运车辆。

连续输送机是沿着一定的输送路线以连续的方式运输货物的机械。连续输送机根据所运货物的种类分为成件货物输送机和散装货物输送机;按结构特点分为有挠性牵引构件和无挠性牵引构件的连续输送机。有挠性牵引构件的连续输送机运送货物时,是在牵引构件的作用下,利用牵引构件的连续运动使货物沿一定方向运输,包括带式输送机、链式输送机、斗式提升机等。无挠性牵引构件的连续输送机是利用工作构件的旋转或震动等方式,使货物沿一定方向运输,包括气力输送机、螺旋输送机、振动输送机等。

自动分拣机种类很多,其主要组成部分相似,基本由下列各部分组成:输入装置、货架信号设定装置、进货装置、分拣装置、分拣道口、计算机控制器。常见的分拣设备按照其分拣机构的结构不同,可以分为挡板型、浮出型、倾翻型、滑块型。

包装机械是指能完成全部或部分产品和商品包装过程的机械,是实现包装的主要手段。流通加工设备是完成流通加工任务的专用机械设备。集装单元技术是现代物流发展的标志之一,是利用集装单元器具,把物品组成标准规格的单元货件,以加快装卸、搬运、储存、运输等物流活动。集装单元器具中最主要的是集装箱和托盘。

## 关键概念

- 储存设备
- 货架
- 堆垛起重机
- 叉车
- 手推车
- 自动导引搬运车
- 辊道式输送机
- 滚柱式输送机
- 带式输送机
- 链条式输送机
- 分拣设备
- 自动分拣系统
- 包装机械
- 流通加工设备
- 集装单元技术

- 集装箱
- 托盘

## 思考题

6.1 物流配送中心储存设备的分类有哪些？
6.2 简述几种常用的储存设备的特点。
6.3 物流配送中心装卸搬运设备有哪些？
6.4 简述几种常用的装卸搬运设备的特点。
6.5 简述几种常用的输送设备的特点。
6.6 简述几种常用的分拣设备的特点。
6.7 简述几种常用的包装机械的特点。
6.8 简述几种常用的流通加工设备的特点。
6.9 集装箱标准主要有哪些？

## 课堂讨论题

6.1 在物流配送中心规划与设计时，主要包括哪些典型设备，各类设备如何选择？

## 补充阅读材料

1. 徐正林,刘昌祺. 自动化立体仓库实用设计手册[M]. 北京:中国物资出版社,2009.
2. 肖生苓. 现代物流装备[M]. 北京:科学出版社,2009.
3. 田奇. 仓储物流机械与设备[M]. 北京:机械工业出版社,2008.
4. 联运通用平托盘 主要尺寸及公差[S]. 中华人民共和国国家标准,GB/T 2934—2007.
5. 连续搬运机械术语[S]. 中华人民共和国国家标准,GB/T 14521—2015.
6. 货架术语[S]. 中华人民共和国物资流通行业标准,WB/T 1042—2012.
7. 货架分类及代码[S]. 中华人民共和国物资流通行业标准,WB/T 1043—2012.

# 第 7 章
# 物流配送中心作业流程

**学习目标**
- 正确理解物流配送中心作业的指导思想和基本原则；
- 理解物流配送中心的基本作业流程；
- 掌握物流配送中心人员岗位设置方法及职责；
- 掌握物流配送中心各作业活动的具体内容；
- 了解物流配送中心作业信息及单据的组成和内容。

## 7.1 物流配送中心的作业准则及流程

### 7.1.1 物流配送中心作业的指导思想和原则

**1. 指导思想**

物流配送中心作业的指导思想为：以客户服务为中心，做到"两好"、"四快"、"四统一"。

"两好"为：客户服务好，在库货物保管好。

"四快"为：入库验收快、出库发运快、财务结算快、解决问题快。

"四统一"为：统一服务标准、统一流程、统一单证、统一岗位。

**2. 作业原则**

物流配送中心作业的基本原则是准确、及时、经济、安全。

(1) 准确：如实反映货物的数量、规格、型号及质量情况。对于储存期间的货物要勤检查，发现问题及时采取措施。加强对储存货物的维护和保养，确保货物在库储存期间数量不短缺、使用价值不改变，实现在库货物的数量和质量都符合准确可信的要求。

(2) 及时：快进、快出，在规定时间内保质、保量地完成收货、验收、出库、结算等项任务。即一方面充分做好进货准备工作，安排好货物入库的场地、货位和垛型，不压车、压线，及时验收、堆码、签单入库，做到快而不乱，既快又准；另一方面，合理安排和组织备货人员和机械设备，提高装卸、发运、托运、签单速度并做好出库的复核、点交工作，不发生错发、串发等事故。

(3) 经济：合理调配和使用人力、设备，充分利用仓容，提高作业效率。加强经济核算，节约费用和开支，降低物流作业成本。

(4) 安全：贯彻"安全第一、预防为主"的安全生产方针，消除货物保管及作业中的一些不安全因素。物流配送中心要把防火、防盗、防自然灾害、防霉变残损，确保货物、仓储设施、机械设备和人身安全作为作业工作的重中之重。

**3. 多仓库物流配送中心的作业管理原则**

针对有多个仓库网点的物流配送中心,在作业管理上应该坚持"四统一"的原则。

(1) 统一服务和作业标准

从客户至上、优质高效的服务宗旨出发,切实方便客户,改善物流配送中心各仓库网点的服务功能、简化手续。例如,对客户实行"一票到底"的服务,即所有提货、送货业务(包括单据验证、结算、收费、办理代理服务等)手续均在业务服务大厅一次办理完成(特殊情况例外),切实改变部门设置不合理、办事手续繁琐,造成客户往返找人、等待时间长、提送货物难的状况。

(2) 统一和规范作业流程

从提高物流配送中心整体管理水平和服务档次的角度出发,根本上改变各仓库网点分散作业的传统形象,统一和规范作业流程,使业务运作更加科学、合理、高效、严谨,从而创立统一的服务品牌。

(3) 统一作业单证

在物流配送中心全系统内,实行各种主要业务单证的规范和统一,同时规范、明确各类单证在业务中的流转、使用方法和要求。改变长期以来各仓库网点普遍存在的单证格式不统一、无单证、使用不规范、不便管理的现状。统一作业单证,不仅便于规范使用与管理,也便于计算机系统的应用。中华人民共和国国家标准《物流单证分类与编码》(GB/T 29184—2012)规定了物流单证分类与编码的原则和方法。

(4) 统一部门和岗位设置

在物流配送中心全系统内,统一、规范设立业务部门和岗位职责。按业务需要和发展设岗,以岗位需要定员和选人。同时强化业务流程中各岗位间的衔接、监控机制,确保业务流程的严谨合理和安全可靠。中华人民共和国国家标准《物流中心作业通用规范》(GB/T 22126—2008)规定了建立物流中心作业规范体系的基本要求与管理方针、作业流程与规范、作业规范的实施保证,以及对作业规范体系的评审与改进等内容,适用于规范物流中心的作业活动,也可供配送中心和企业物流中心参照应用。

### 7.1.2 物流配送中心的基本作业流程

物流配送中心的作用在于"化零为整"和"化整为零",使物品通过它迅速流转。无论是以人工作业为主的物流系统,还是机械化的物流系统,或者是自动化或智能化的物流系统,如果没有正确有效的作业方法配合,那么不论多么先进的系统和设备,也未必能取得最佳的经济效益。

总体上讲,物流配送中心的基本作业流程如图7-1所示。综合归纳为七项作业活动:(1)客户及订单管理;(2)入库作业;(3)理货作业;(4)装卸搬运作业;(5)流通加工作业;(6)出库作业;(7)配送作业。

**1. 客户及订单管理**

物流管理的最终目标是满足客户需求,因此客户服务应该成为全局性的战略目标。通过良好的客户服务,不仅可以提高物流配送中心的信誉,增加物流配送中心对客户的亲和力并留住客户,而且可以通过客户服务获得第一手市场信息和客户需求信息,为企业的进一步发展打

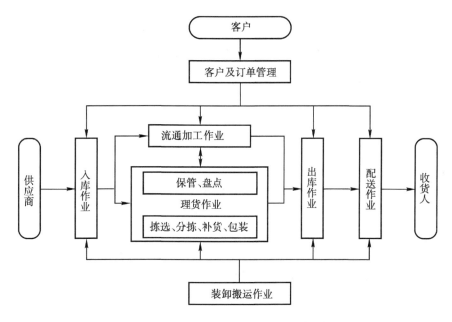

图 7-1 物流配送中心的基本作业流程

下基础。

在本项作业活动中,主要完成客户合同的签订、客户管理、订单处理以及客户结算等工作。

**2. 入库作业**

入库作业是指货物到达仓储区,经过接运、验收,码放至相应的货位,并完成交割手续的过程。入库作业的大致过程为:从送货车上将货物卸下,并核对该货物的数量及状态(数量检查、质量检查、开箱等),进行验收和做出分类,并搬运到物流配送中心的储存地点,然后将必要信息给予书面化等等。在入库作业中,货物质量管理即验收工作至关重要。

**3. 理货作业**

理货是物流配送中心的基本作业活动,主要完成货物的储存保管、库存控制、盘点、拣选、分拣、补货、再包装等工作。

储存保管作业的主要任务在于妥善保存货物,根据货物属性、货物存储对环境的要求等,对货物进行不定期检查、保养,善用仓储空间,对环境因素进行调整,科学地确保货物质量和数量完整。

在物流配送中心的工作过程中,货物不断的进库和出库。在长期积累下理论库存数与实际库存数是不相符的。有些货物因长期存放,品质下降,不能满足客户的需要。为了有效地掌握货物数量和质量情况,必须定期对各储存场所进行清点作业,即盘点作业。

拣选是按订单或出库单的要求,从储存场所选出货物,并放置指定地点的作业。在物流配送中心内部所涵盖的作业范围中,拣选作业是极为重要的一环。其重要性相当于人体的心脏部分。拣选作业的目的在于正确而迅速地把客户所需的货物集中起来。

分拣是将货物按品种、出入库先后顺序进行分门别类堆放的作业。

补货作业是从保管区把货物运到另一个拣选区的工作。补货作业的目的是确保货物能保质保量按时送到指定的拣选区。

在物流配送中心的运作过程中,包装作业发挥了极其重要的作用,具有保护货物、方便物流、促进销售、方便消费四大功能,有力地促进了物流的合理化。

**4. 装卸搬运作业**

装卸搬运作业是指装货、卸货、实现货物在物流配送中心不同地点之间的转移等活动。装卸、搬运是物流各环节连接成一体的接口,是配送运输、保管、包装等物流作业得以顺利实现的根本保证。装卸和搬运质量的好坏、效率的高低是整个物流过程的关键所在。

**5. 流通加工作业**

流通加工是指按照发货单或者客户订单需要将货物加工成所需的形状、大小等作业过程。这是货物从生产到消费中间的一种加工活动,或者说是一种初加工活动,是社会化分工、专业化生产的新形式,是使货物发生物理性变化(如大小、形状、数量等变化)的物流方式。通过流通加工,可以节约材料、提高成品率,保证供货质量和更好地为客户服务。所以,对流通加工的作用不可低估。流通加工是物流过程中"质"的升华,使流通向更深层次发展。

**6. 出库作业**

出库是指货物离开货位,经过备货、包装和复核,装载至发货准备区,同时办理完交割手续的过程。

货物出库要根据"先进先出、推陈储新"的发货原则,做到先进的先出,保管条件差的先出,包装简易的先出,容易变质的先出,对有保管期限的货物要在限期内发出。

货物发运质量直接影响货物流通的速度和货物运输安全。按照"及时、准确、安全、经济"的货物发运原则,做到出库的货物包装牢固,符合运输要求,包装标志和发货标志鲜明清楚。要单证齐全,单货同行,单货相符;要手续清楚,货物交接责任分明,确保货物配送顺利进行。

**7. 配送作业**

所谓配送作业就是利用配送车辆把客户订购的货物从物流配送中心送到客户手中的工作。

在单个客户配送数量不能达到车辆的有效载运负荷时,就存在如何集中不同客户的配送货物,进行搭配装载以充分利用运能、运力的问题,这就需要配装。和一般送货不同之处在于,通过配装送货可以大大提高送货水平及降低送货成本,所以,配装也是配送系统中有现代特点的功能要素,也是现代配送不同于以往送货的重要区别之处。

配送运输由于配送用户多,一般城市交通路线又较复杂。如何组合成最佳路线,如何使配装和路线有效搭配等,是配送运输的特点,也是难度较大的工作。如何集中车辆调度,组合最佳路线,采取巡回送货方式,是运输配送活动中送货组织需要加以解决的主要问题。

交货是配送活动最后的作业,它是把运送到客户的货物,按客户要求,在指定地点进行卸车、办理核查、移交手续等作业活动。

## 7.1.3 物流配送中心的若干典型作业流程*

**1. 存储型物流配送中心的作业流程**

这种物流配送中心以中、小件杂货配送为主。由于货物较多,为保证配送,需要有一定的储存量,属于有储存功能的物流配送中心。理货、分类、配货、配装功能要求较强,很少有流通加工的功能。如图7-2所示。这种流程也可以说是物流配送中心的典型流程,其主要特点是有较大的储存、分货拣选、配货场所,作业装备也较多。

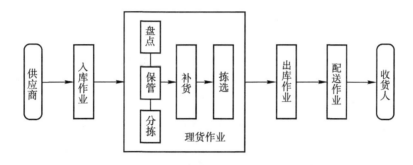

图7-2 存储型物流配送中心的作业流程

**实例7-1 先进物流系统助力雀巢奈斯派索咖啡香飘全球**

雀巢拿铁自2006年突破了10亿杯销量大关后,近年销量突飞猛进。面对如此强势的增长势头,雀巢拿铁确定在瑞士阿旺什投资新建一座生产和配送中心。

1. 项目需求分析

此项目的投资目标是将新建筑工程建成连续生产的第二个缓存基地,并支持若干条渠道的产品配送。咖啡胶囊及小咖啡袋的生产几乎不能中断,然而配送约需每周6天,每天两个班次的时间才能完成,配送能力和生产的不匹配成为一大难题。因此新工程的主要任务就是作为生产和配送之间的产品短期立体仓库缓存中心,这样生产便不会因货物积压受影响,且物料处理的技术区域仓库设施必须极为可靠。

2. 解决方案出炉

解决方案集成了立体仓库双伸位堆垛机、与生产区域相连的输送轨道、托盘更换装置、出入库输送系统等物流设备,通过WCS管理软件和曼哈顿仓库管理软件完美链接,将仓库各区域的多个物料流组织起来,实现如下咖啡及辅助品的物料流管理:接收来自生产中心的产品托盘;单个托盘的存取便于质量管控;提取整托盘送往其他配送中心;提取产品托盘向不同区域的订单拣选供货;咖啡辅助品的物料流管理;第三方供应商的产品物料存储;通过自动化托盘更换装置给生产中心供应物料;整托盘、订单拣选混合托盘及单个邮寄物品缓存在16个装货口前方空地;处理2种不同类型的空托盘。

解决方案中,高架库长宽高分别为93米、38米、36米,总体为双伸位的设计结构,能容纳22638个托盘,可承受500~800公斤重的托盘货物;同时高架库内有5台双伸位堆垛机负责

---

\* 何明珂等.现代物流与配送中心:推动流通创新的趋势[M].北京:中国商业出版社,1997:136-139.

存取咖啡及咖啡辅助物料。

3. 顺畅的作业流程

装满咖啡的纸箱离开卫生生产区域后,被放在车间邻近的木托盘上,然后经输送轨道将托盘货物送出生产车间。位于高架库右侧的输送轨道爬坡向上,其中有 100 米输送线将生产车间与仓库物料处理区域链接。考虑到雀巢奈斯派索对空间的限制要求,于是将 100 米输送线与货架系统对接,还可以作为入库托盘缓存区域。水平方向输送系统可承载 1000 千克重的托盘货物,集成了辊筒、链条、转向台及内置辊筒型等多种输送设备。

入库产品首先进入一楼的出入库输送系统,托盘货物将在此进行称重和外形检测。待各项检查符合标准后,所有托盘都被送至二楼入库存储,不符合标准的托盘将退回到一楼的退货区域。

半托盘提取出库后向二楼的订单拣选和拣选与包装区域供货,辅助产品的订单拣选也在同一个区域进行。值得注意的是,德马泰克采用了相同的输送技术来处理包装物料和空托盘,大大优化了空间利用率。

生产性物料从高架库取出后,通过输送线及输送轨道送至生产车间,将货物从木托盘转放到塑料托盘后再进入卫生生产区域。在进入卫生生产区域之前,所有的咖啡将通过一个托盘更换装置从木托盘上自动移至塑料托盘上。此托盘自动更换装置是德马泰克按雀巢公司的需求为其量身开发定制的设备。作业人员只需从货物安全抓取装置处释放托盘,一旁的自动注入设备事先准备好塑料托盘,托盘更换装置将整个托盘的货物推到塑料托盘上即可。

资料来源:先进物流系统助力雀巢奈斯派索咖啡香飘全球[J]. 中国储运,2016,4:82－83.

**2. 不带存储库的物流配送中心作业流程**

在这种流程中,专以配送为职能,只有为一时配送备货的暂存,而无大量储存。暂存区设在配货场地中,物流配送中心不单设储存区。如图 7-3 所示。这种物流配送中心的主要场所都用于理货和配货。

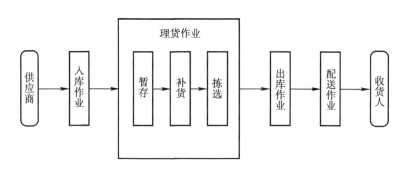

图 7-3 流通型配送中心的作业流程

**3. 加工配送型物流配送中心的作业流程**

加工配送型物流配送中心有多个模式,随加工方式不同而有所区别。典型的加工配送型物流配送中心的流程如图 7-4 所示。在这种流程中,货物按少品种或单一品种、大批量进货,货物很少或无需分类存放。加工一般是按客户要求进行,加工后便直接按客户要求配货。所以,这种物流配送中心有时不单设分货、配货或拣选环节,而加工部分及加工后分放部分是主要作业环节,占较多空间。

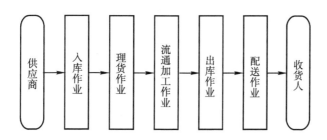

图 7-4 加工配送型物流配送中心的作业流程

**4. 批量转换型物流配送中心的作业流程**

在这种物流配送中心,货物以单一品种、大批量方式进货,在物流配送中心转换成小批量。如图 7-5 所示。这种物流配送中心的流程十分简单,基本上不存在分类、拣选、分货配货、配装等工序。但是,由于是大量进货,储存能力较强,所以储存及装货作业最为重要。

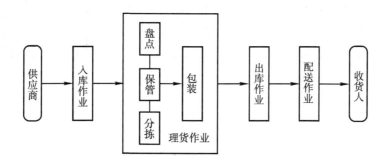

图 7-5 批量转换型物流配送中心的作业流程

## 7.2 物流配送中心组织管理体系及岗位职责

### 7.2.1 组织管理体系建设原则

在物流配送中心组织管理体系的建设上,应坚持以下原则。

(1)客户服务原则

客户开发、客户管理、客户服务是物流配送中心业务发展的龙头,应该从组织体系建设上强化这项工作的落实。应该设立专门的客户服务与管理部门和岗位,负责客户开发、服务和客户档案管理、资料查询工作,包括合同的签订、管理,客户的联系、访问、开发、服务,市场信息的采集、整理、分析,客户档案资料的建立和管理,受理客户投诉等业务。

(2)流程控制原则

应该坚持流程控制原则,改变长期以来我国许多单位一直沿用的仓库保管员从收货到发货一人全程负责以及各管一摊、相互独立封闭的传统管理方式。将对外业务受理、单证、资料及帐务管理同货物的现场作业、管理业务分开,分别设置业务受理员和理货员岗位进行管理,明确各自的分工范围和岗位职责,实现相互监督、相互制约,改善服务功能如减少客户提货、办事来回找人和等候的时间,提高作业效率,进而从根本上克服以往流程当中保管员"一杆子插到底"的弊端。进行这种改变后,为了确保库存货物帐面与实物相符,岗位之间的清点、交接、记录和动态盘点、定期盘点工作就显得尤为重要。

### 7.2.2 组织管理体系设置

根据上述原则,物流配送中心典型的组织管理体系和岗位设置如图7-6所示。

如果物流配送中心吞吐量大,岗位划分相对要细致一些;若吞吐量小也可以将有关岗位合并起来,减少人员使用、降低成本。

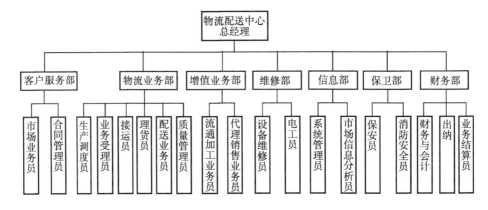

图7-6 物流配送中心部门、岗位设置

### 7.2.3 岗位人员设置及其职能

**1. 物流配送中心总经理**

负责物流配送中心整个业务和生产的指挥、管理与协调工作。其职责主要包括以下几个方面:

(1)制定物流配送中心年度、月度生产经营工作计划,并负责组织实施与督促、检查。

(2)组织协调各生产经营环节和各业务部门间的关系。定期召开生产经营分析会,掌握物流配送中心的生产经营动态,及时有效地发现、处理和协调生产经营中出现的各类问题,并检查、督促具体落实的情况和效果。

(3)负责业务的开发和客户的管理与协调,了解和掌握存货、仓容、客户以及市场的动态变化。

(4)负责物流配送中心的安全生产和业务质量管理。强化内部管理,杜绝和减少各类事故和差错的发生。

(5)负责审核、签发、授权业务部门提交的业务单证、资料及其变更申请。

**2. 市场业务员**

主要负责业务的接洽、客户的开发与合同的签订。

**3. 合同管理员**

主要负责客户合同及客户档案的管理。其主要职责包括：

(1) 对客户合同进行分类、编号和归档管理。

(2) 对签订合同时客户提供的预留印鉴、单证式样等进行妥善、严格管理，以便进出库时核对和验证。

(3) 按照国家标准以及业务的需要，制定货物、客户等编码。

(4) 建立并不断充实完善客户档案，为有关业务部门和领导以及系统内其他单位提供各种客户信息、资料的查询服务。

**4. 生产调度员**

主要负责物流业务部门内部各业务岗位间的组织、协调、指挥和收发货业务当中各种问题的处理。其主要职责包括：

(1) 负责对各业务岗位进行管理、指导和协调。

(2) 及时、妥善地处理、解决收发货业务中出现的各种特殊情况和问题，经常了解和掌握库存货物的储存、保管情况和质量状况，遇到问题指导和配合理货员及时、妥善处理。

(3) 根据业务量大小和缓急合理组织和调配人力、设备。

(4) 负责掌握仓容情况，合理安排货物储存和规划。

(5) 负责货物储存、保管、装卸、运输当中的有关技术问题的处理，并提供相应的技术指导。

**5. 业务受理员**

主要负责受理客户的收、发货请求，对由物流配送中心出据的有关业务单据进行验证、复核以及打印提供。其主要职责包括：

(1) 负责受理客户的收、发货业务。

(2) 完成有关业务单证与资料的验证、审核、填制、建档、保管。

(3) 主要负责进出库数量的统计、建帐和出具各类业务报表。

(4) 向有关业务部门以及客户提供所管货物的相关资料和信息查询、咨询。

**6. 接运员**

在货物到达仓储区后，主要负责对货物装载工具封装情况等进行检验，以及完成卸货、收货、发货、代运和货物中转的工作。其主要职责包括：

(1) 负责与铁路运输部门（车站）的业务联系（包括有关单据、资料的送取、运输费用结算等），负责经由铁路专用线到达货物的接收与货物发运以及专用线营运与管理工作。

(2) 负责由汽车运输（包括铁路、公路、水运、航空、邮件等运输形式）到库货物的接收（包括到承运单位或供货单位提货）和出库货物的发运（包括送货承运单位或直接为客户送货）工作。

(3) 负责现场的监装监卸和作业组织。

(4) 负责到、发货物的交接及向有关部门索取、出具有关记录。

(5) 负责专用线中转运输业务、专用线的营运与管理工作。

**7. 理货员**

负责完成货物检验和复核，进行仓储区、货位安排、码放、备货，并负责完成货物在库保管维护的工作。其主要职责包括：

(1) 负责货物的现场收、发、保管、清点、交接工作。

(2) 熟悉和掌握库存与仓容情况，合理安排货物存储与堆码。

(3) 经常了解和掌握库存货物的保管情况和质量状况，遇到问题要及时通知业务受理员或存货人，并积极配合、妥善处理。

(4) 负责库存货物的定期或动态清查、盘点。

(5) 负责库房、货场、货区、货位的现场管理，如作业现场的清理，货物标志、货牌的制作等。

(6) 负责收发货业务中货物检斤（过磅）、检尺工作；记录和出具计量的结果与凭证。

**8. 配送业务员**

负责处理货物从仓库运往目的地时，运输工具的组织、运输时间安排等事务。其主要职责包括：

(1) 主要负责客户委托代运货物的运输计划安排和组织，为客户设计和提供科学合理的物流组织方案。

(2) 负责与承运部门、客户间的提、送货等业务联系及有关问题的协调与处理。

(3) 负责将到车站、码头、机场、邮局提取货物的到货凭证、发货运单、结算单据等单证、资料交业务受理员。

(4) 熟悉和掌握各种运输方式的业务规程和要求，了解和掌握社会运输资源、有关信息、收费标准、交通路况等，熟悉和掌握本单位自有运输能力和车辆、设备状况。

**9. 质量管理员**

主要负责对物流配送中心内部货物收发、储存保管、作业和配送运输等各业务环节的工作质量、安全生产等进行监督、检查和考核。其主要职责包括：

(1) 制定质量管理计划及质量考核、奖惩办法。

(2) 深入作业现场，对货物装卸、搬运、堆码等作业质量进行检查、监督、指导。发现不符合有关质量要求和安全生产规定的，有权当即提出纠正和制止。

(3) 负责帐物相符（或帐卡物三相符）率的检查与考核工作。填制自查、互查考核表，建立质量检查考核档案。

(4) 负责处理货损货差事故和货物损溢情况。

(5) 受理客户提出的有关质量与服务方面的意见和建议，进行跟踪、处理，出具质量事故处理报告。

(6) 主动向主管领导提供质量分析报告和建议，积极配合有关部门和岗位，共同改进业务质量。

**10. 流通加工业务员**

负责为客户提供所需的包装或拆箱重装等流通加工作业，进一步提高物流的附加价值。其主要职责包括：

(1) 本着节约能源、节约设备、节约人力、节约耗费的原则，根据客户配送的需要进行合理包装和加工。

(2) 根据合理运输的需要，进行货物拼装、裁减等操作。

(3) 根据客户的需要，进行简单改变包装等措施，形成方便的购买量。

**11. 代理销售业务员**

负责向物流配送中心客户提供销售增值服务,具体完成有关存储货物的销售策划和直销工作。其主要职责包括:

(1)针对物流配送中心存储货物的特点和区域范围,制定合理有效的营销策略。

(2)具体负责存储货物的销售工作。

(3)负责客户的筛选、客户资料的整理与归类和客户关系维护工作。

(4)负责与客户的资金结算。

**12. 设备维修员**

负责物流配送中心各作业设备的维护和保养,确保其正常运行。其主要职责包括:

(1)了解和遵守设备使用方面的有关制度与规定,熟练和正确掌握各类设备的使用和养护。

(2)随时掌握设备的使用状况,进行设备的日常检测和保养,确保设备正常运行。

(3)发现未经法定检定机构检定合格或超过检定使用期限的设备,有权向主管领导反映和拒绝使用。

**13. 电工员**

负责物流配送中心电路、电气设施的正常运行。其主要职责包括:

(1)了解并宣传电路安全知识,熟练掌握电力维修工作。

(2)严格按照电力操作规程操作,杜绝野蛮作业。

(3)保证日常巡查工作,督促整改电力隐患,预防电力事故的发生。

(4)保持与当地供电局的良好关系,保障中心用电。

(5)参加建筑工程有关电力设施的审核验收。

**14. 系统管理员**

负责物流配送中心内部计算机系统的维护和正常运行。其主要职责包括:

(1)认真做好系统运行环境的建立与维护。

(2)维护机器设备等硬件设施的正常运行,及时发现和处理各类机器设备故障。

(3)负责软件系统设置、运行维护和技术管理,监控软件和数据库管理系统运行状态,并通过适当的干预手段确保整个软件系统稳定、高效运行。

(4)做好微机使用人员操作应用辅导,监督操作员按程序操作微机,及时处理计算机系统运行过程中的异常情况。

(5)按时做好软件维护与数据备份,确保数据库数据的安全性、完整性和一致性,及时清理数据库中的"脏数据"。

(6)负责系统的安全保密工作,根据领导的决定,为各部门、各操作员分配相应的系统操作权限,并根据工作岗位、职能变动情况及时作出调整。

**15. 市场信息分析员**

负责市场、政策等信息的收集、整理和分析,为各相关部门决策提供支持。其主要职责包括:

(1)完成市场信息的调查和收集工作,负责市场信息数据库的建立和维护。

(2)负责市场调查数据和信息的处理、分析和整理。

(3)负责市场调查报告的撰写,为各级管理人员提供信息服务。

**16. 保安员**

负责物流配送中心库区大门值班、警卫和进出库人员、车辆的登记、查验、管理,确保库区安全。其主要职责包括:

(1)严格执行进出库人员、车辆登记制度,对所有进库人员和车辆进行登记、验证,包括人员、事由、时间、有效证件、车辆牌照号、货物名称、数量、随车物品等。

(2)负责检查进库车辆及随车物品是否符合仓库关于安全与消防方面的规定和要求。

(3)根据发货单或出门证和进库登记内容,检查单证有无涂改、伪造;有关印鉴和经办岗位人员签字是否齐全;核对出库车辆装载货物品名、件数、车辆牌照号、随车物品等是否与之相符。发现不符或可疑之处,应当即与有关部门联系、核实。经确认无误后,方可放行出库。

(4)负责库区的安全保卫、交通疏导、特殊情况的处理与报警等。

**17. 消防安全员**

负责物流配送中心消防安全工作。其主要职责包括:

(1)认真贯彻执行国家消防安全法规。

(2)建立健全各项安全防火制度,遵照"预防为主、防消结合"的原则,加强防范,抓好落实。

(3)加强防火知识教育,做好防火宣传、演练。

(4)坚持经常性地安全监督检查,督促整改火险隐患。

(5)搞好义务消防队的组织建设和业务培训。

(6)负责中心灭火器材的购置、配备、维修、保养,做到器材设备底数清、情况明、档案全。

(7)参加建筑工程有关消防安全设施的审核验收。

(8)参加火警、火灾事故的扑救,查明原因,提出处理意见。

**18. 财务与会计**

负责物流配送中心的财务与会计工作。其主要职责包括:

(1)主要参与公司财务、会计制度的制定、修改和完善。

(2)负责公司帐务处理,外报报表的编撰,以及内部管理报表的编撰与分析工作。

(3)负责公司短期和长期预算的编制与控制。

(4)负责设计公司税务方案,并处理公司的日常税务问题。

(5)负责分析公司投资项目的运作情况,为公司的项目投资提供参考意见。

(6)审阅公司的经营合同。

(7)妥善保管会计凭证、账簿、报表和其他会计资料。

(8)审核并指导出纳的工作。

**19. 出纳**

负责物流配送中心的出纳工作。其主要职责包括:

(1)认真执行现金管理制度。

(2)严格审核收付凭证,据以收付款项,并记录现金、银行存款日记账。

(3)严格支票管理制度,遵守支票使用手续。

(4)每日清查借款凭证,及时对拖欠借款者进行例行催报。

(5)编制银行存款余额调节表,做好银行对帐、报账工作。

(6)配合会计做好各种账务处理。

**20. 业务结算员**

负责收发货业务中各项费用的结算、收费,向客户出具结算和相关的收费凭证等。其主要职责包括:

(1)根据业务受理员转来的收货单、发货单等,按照实际收发货数量和有关收费标准,进行结算和收取费用,同时向客户出具发票或收款凭证。

(2)查验客户交付钱币、转帐支票、汇票的真伪。

**实例7-2 物流人才缺口近17万**

"58同城"网站公布了一组物流人才招聘数据,2016年6月份全国物流人才缺口近17万。今年上半年,物流行业的平均月薪在6430元左右。

从物流人员的供需来看,职位供应量大于求职者数量,物流行业人才紧缺。不过,物流人才的缺口或可在今年夏天有所改观。调查显示,2016年高职毕业生中,物流领域就业意愿较2015年上涨了146.7%,居高职生求职意向TOP15的前列,本科生在此领域的就业意愿同比也上涨了97.3%。

数据显示,今年上半年,物流行业的平均薪资在6430元左右,在一二线城市薪资更高,如顺丰快递员月均收入在一万元左右,远超出其预期。

资料来源:http://finance.china.com.cn/,京华时报,2016-07-12.

中华人民共和国物流行业标准《物流从业人员职业能力要求 第1部分:仓储 配送作业与作业管理》(WB/T 1055—2015)对物流从业人员仓储、配送作业与作业管理的职业能力提出了规范性要求,适用于各类物流企业在仓储、配送的作业和作业管理。物流配送中心对岗位人员的职业能力要求也可参照该标准。

## 7.3 物流配送中心的作业活动[*]

### 7.3.1 客户服务及订单管理

从物流角度来看,客户服务是一切物流活动或供应链流程的产物,客户服务水平是衡量物流系统为客户创造时间和空间效应能力的尺度。客户服务水平决定了物流配送中心能否留住现有客户及吸引新客户的能力,直接影响物流配送中心所占市场份额和物流总成本,并最终影响物流配送中心的盈利能力。

物流配送中心客户服务的要素组成可分为三大类:交易前要素、交易中要素和交易后要素。交易前要素主要是为开展良好的客户服务创造适宜的环境,如目标市场客户的确定与交流。这部分要素直接影响客户对物流配送中心及其服务的初始印象,为物流配送中心稳定持久地开展客户服务活动打下良好的基础。交易中要素主要是指直接发生在物流过程中的客户服务活动。例如,根据所存货物的品种、类型、储存数量、储存条件要求、验收标准、计量方式、储存期限、收费标准、结算方式等内容签订相关合同,进入订单处理程序。交易后的客户服务

---

[*] 中国物资储运总公司.货物储存保管规则.(内部资料),1998.

主要是指在客户收到服务后继续提供服务,如与客户的业务联系、走访、受理客户的意见和投诉等,这对提高客户满意程度和留住客户是非常重要的。

伴随着客户服务,订单的管理与处理是一项重要的作业内容。订单处理涉及物流配送中心作业的全过程,其中包括有关客户和订单的资料确认、存货查询和单据处理等内容。

订单处理有人工和计算机两种形式,目前主要是用计算机进行处理。这样不但速度快、效率高、准确可靠,而且成本低。例如,条码、光学扫描仪以及计算机的大量使用极大地提高了订单录入活动的效率,其中条码和扫描技术对于准确、快速、低成本地录入订单信息尤为重要。

客户服务管理的目的是以适当的成本实现高质量的客户服务。良好的客户服务有助于保持和发展客户的忠诚与满意。物流服务水平的提高有利于创造需求,扩大市场,但要达到一定的客户服务水平,一定的投入又是必不可少的,服务水平的提高必然推动经营成本的抬升。因此,物流配送中心要平衡成本与收益,选择最优服务水平。这里,订单履行的策略和处理次序影响到整个作业的服务水平。

在多个订单同时到达时,采取何种处理策略是十分重要的。一般地讲,存在以下一些可供选择的作业处理策略:(1)先收到、先处理、先服务;(2)优先处理作业量较小、相对简单的订单;(3)优先处理承诺交货期最早的订单;(4)优先处理距约定交货期最近的订单,等等。

另外,订单处理与其他作业环节密切相关,需要协调处理。例如,在接到订单后并不立即履行订单、发运货物,而是压后一段时间以集中货物的运量,降低单位运输成本,这种决策需要制定更为周详的订单处理程序。只有与送货计划妥善协调,才能全面提高订单处理、交货作业的效率。

### 7.3.2 入库作业

入库作业是指货物到达仓储区,经过接运、验收、码放至相应的货位,并完成交割手续的过程。

入库作业分为到货接收和货物验收入库两个主要环节。货物入库管理按货物交接的方式分为提货入库(到车站、码头、民航、邮局或者生产厂、流通企业提取货物并运输入库)和送货入库,按运输工具分为铁路专用线到货和汽车运输到货,按货物交接人分为承运单位和供货单位到货。这几种分类方式相互结合,形成实际入库业务。

**1. 入库形式**

(1)铁路专用线接货

铁路专用线接货是物流配送中心直接与铁路部门在库内发生货物交接的一种方式。要做好下列五个方面工作。

①做好接车卸货准备工作

接到预报后,接运员立即确定卸车的位置。力求缩短装卸搬运距离,组织好卸车机械和人力,确保能够按时完成卸车作业。

接到确报后,接运员要在现场接车引位,根据运单和有关业务凭证进行到货检查。

②检查实物状况,把好货物入库第一关

接运员接车引位指挥火车停在预定的位置后,开始检查车皮及货物,检查内容包括:车皮封闭情况是否良好,车卡、车窗、铅封、苫盖等有无异状;根据铁路运单和有关凭证核对到货品名、规格型号和标志,并仔细点清件数,查看外观质量和包装捆扎情况;查看到货有无进水、受潮、污染、弯曲等损坏现象;查看需要返回的各种物料,要点清件数,查看质量,集中存放,及时送回。

检查中发现问题时,接运员应会同铁路在库值班的司检人员当场复查确认,当场编制有关记录,留作处理问题的依据。

③进行货物收卸作业

要遵循"安全、快速、准确、方便"的收卸原则,做到车号、货物品名、规格型号不混、不乱;不碰坏、不压伤货物;保证包装及捆扎完整;做好临时下垫上盖;在限定时间内卸完到货,不压车压线。

接运员要及时准确地做好收卸货物标记,在货物上写明车皮号、件数和卸货日期,以便验收时识别。

④填写到货台帐,办理内部交接

接运收货台帐是专用线接运情况的原始记录。要准确记明到货品名、规格型号、数量、到货日期、货物发站、发货单位、送货车皮号、货物有无异状等。收卸作业完毕后,接运员要在二十四小时内与理货员办理货物现场交接。同时,安排人力清扫、整理收卸现场,回收废旧物料。

⑤及时完成车皮的排空

货物卸完后,接运员要及时向车站报空,等待"排空",并将报空时间和铁路接报时间记录下来备查。

(2)到承运单位提货

承运单位包括车站、码头、民航、邮局等。提货时按下列要求办理。

①了解货物情况,做好各项准备

了解和掌握所提货物的特性、单位质量、外形尺寸及搬运注意事项。安排好相应的吊装运输设备、人力和储存货物的货位。

②对所提货物认真进行核对、查验

接运员应根据提单、运单及有关资料在承运单位现场详细核对所提货物的品名、规格型号、数量等,认真查看货物的包装、封印、标志以及有无受潮、沾污、受损等情况。若有短缺、损坏、货票不符等问题,必须当场要求查验确认,索取相关的证明。

③注意货物安全

随车装卸人员要时刻注意货物的安全,严防混号、碰损、丢失等情况发生。对于腐蚀性物品、易燃、易碎物品和放射性物品等应严格按有关装卸搬运规定办理。精密仪器仪表、贵重物品、怕潮物品、怕冻物品不宜在露天卸货。若条件所限必须露天卸货时,要采取必要的防护措施并严加管理。

④办理货物的内部人员交接手续

货物到库后,随车装卸人员要将货物逐一点清交给接货的接运员,并配合做好卸货工作,确保货物不受损。如发生数量、质量方面的问题,随车提货人员应当签名作证,不得拒签。

(3)到供货单位提货

供货单位包括生产厂家和流通企业。到供货单位提货时要按下列要求办理。

①提货与现场验收相结合

接运员在提货前要了解和掌握所提货物入库验收的有关要求和注意事项。当供货单位点交所提货物时,接运员要负责查看货物的外观质量,点验件数和质量,并验看供货单位的质量合格证、材料码单等有关凭证。

②现场点交，办理签收手续

货物提运到物流配送中心后，接运员、理货员、随车装卸工人要密切配合，逐件清点交割，同时核对各项凭证、资料是否相符和齐全。

(4) 供货单位送货到物流配送中心

供货单位送货到物流配送中心时，要做好下列两项工作。

①现场直接交接验收

接运员直接与送货人在收货现场办理接货手续。凭送货单或订货合同、订货协议等当面点验所送货物的品名、规格型号、件数和数量以及有关单证、资料，并查看货物的外观质量。无法当面完成验收项目的，要在送货单回执联内注明具体内容待验。

②发现问题要分清责任

在验收、检查过程中如发现短缺损坏等问题时，要会同送货人查实，由送货人出具书面证明、签章确认，留作处理问题时的依据。

(5) 承运单位送货到物流配送中心

交通运输等承运部门受供货单位或货主委托送货到物流配送中心。接货要求与供货单位送货到物流配送中心的要求基本相同。所不同的是发现错、缺、损等问题后，除了要送货人当场出具书面证明、签章确认外，还要及时向供货单位和承运单位发出查询函电并做好有关记录。

(6) 过户

过户是指对已存入物流配送中心的货物通过购销业务使货物所有权发生转移，但仍要求储存于原处的一种入库业务。此类过户入库手续，只要购销双方下达的调拨单和入库单，更换户名就可以了。

**2. 货物编码**

为保证物流配送中心的物流作业准确而迅速进行，在入库作业中必须对货物进行清楚有效的编码。这是极为重要的。编码的重要意义是对货物按分类内容进行有序编排，并用简明文字、符号或数字来代替货物的"名称"、"类别"等。对货物编码后可通过计算机系统进行高效率和标准化的管理。

**3. 入库验收**

所谓货物的验收是对产品质量和数量进行检查。按照验收标准，对质量进行物理、化学和外形等方面检查。在数量验收时一方面核对货物号码，另一方面按订购合同进行长短、大小和重量的检查。入库验收是物流配送中心业务的重要环节，要求做到及时、准确，严格按照客户合同办事。在入库验收时，应注意做好如下几个方面的工作。

(1) 验收准备

验收准备是货物入库验收的第一道程序。要做到下面五个方面的准备工作：

①收集、整理并熟悉各项验收凭证、资料和有关验收要求；

②准备所需的计量器具、卡量工具和检测仪器仪表等，要准确可靠；

③落实入库货物的存放地点，选择合理的堆码垛型和保管方法；

④准备所需的苫垫堆码物料、装卸机械、操作器具和担任验收作业的人力。如属特殊性货

物,还须配备相应的防护用品,采取必要的应急防范措施,以防万一;

⑤针对进口货物或按客户要求需对货物进行质量检验时,要预先通知商检部门来库进行检验或质量检测。

(2) 证件核对

核对证件应按下列三个方面的内容进行:

①核对业务主管部门或客户(货主)提供的入库通知单、订货合同、协议书等;

②核对供货单位的质量证明书或合格证、装箱单、明细码单等;

③核对承运单位提供的运单、提货通知单和货物残损情况的商务记录、有关签证等。

在整理、核实、查对以上凭证中,如果发现证件不齐或不符等情况,要与客户(货主)、供货单位、承运单位及时联系解决。

(3) 实物检验

实物检验分质量检验和数量检验两个方面。国产货物的验收项目一般为品名、规格型号、数量、外包装状况以及无须开箱拆捆直接可辨的质量情况。进口货物的验收项目按照订货合约和有关标准、资料及保险部门的规定从严检验。

质量检验分货物外观质量检验和货物内在质量检验。外观质量的检验由物流配送中心负责;内在质量检验一般由专业检验单位负责,物流配送中心给予配合。

在货物外观质量检验时,可以参考如下的一些要求展开工作。

①金属材料外观质量检验要求

炉料:查验表面与断面是否有非金属夹杂物、受潮、批号混淆等。

板材:查验截面是否有夹杂、分层,表面是否有气泡、麻面、结疤、折迭、水浸、锈蚀、凹凸等。

型材:查验是否有显著的裂缝、扭转、折迭、结疤、夹杂、锈蚀、弯曲变形等。

管材:查验内外表面是否有裂缝、折迭、锈蚀、丝口损伤,管壁厚薄偏差是否符合要求等。

薄板:查验是否有气泡、裂缝、结疤、拉裂、外表夹杂、分层、锈蚀等。

镀锌板:查验表面是否有油污、沥青、脱锌、裂缝等。

金属制品:表面是否有斑点、毛刺、脱皮、裂缝、变形、损伤、受潮、划伤等。

②机电产品外观质量检验要求

起重、机械产品:查看本体表面是否脱漆、擦(碰)伤、锈蚀、水浸、缺件、残损,以及资料、附件是否齐全等。

电器、电机:查看是否有裂纹、气泡、脱漆、受潮、锈蚀、撞击损瘪等。

仪器、仪表:查看指针是否失灵、呆板、弯曲、偏位、松动、沾污、表盘字迹有无模糊、刻度不清、变形等。

阀门:查看有无裂缝、变形、损伤、锈蚀、、毛刺、凸痕、裂口等异状,以及密封口有无缺陷等。

小件产品:对于轴承、工量具、配件、电线等小件产品要箱箱开、只只验。查看有无水浸、受潮、发霉、破损、老化、锈蚀、变色等异状和不允许存在的缺陷。密封件只作外表面检查,不得随意启封。玻璃等外壳制品要查看外壳有无破损、裂缝、气泡、皱纹等。

汽车:查看油漆表面是否光洁平滑、色泽一致;查看整个车身有无碰伤、划痕、斑点、杂质、气泡、龟裂、脱漆、生锈等;电镀件及镶条是否光亮、无油漆沾染;门窗玻璃、大小车尾灯有无破碎;查看油箱、水箱、输送管道有无漏油、漏水;查看发动机罩是否紧密关闭、不漏水,开启灵活;查看仪表盘是否完整无损;带有收音机的收听效果是否良好;查看发动机及底盘各部分有无裂纹、变形、损伤、锈蚀等;查看各总成的螺丝装配部分是否牢固旋紧,摩擦面是否注入润滑油,油嘴是否充满油脂;查看蓄电池有无裂缝、破损及腐蚀变质;查看轮胎及备用胎的充气压力是否符合标准,有无裂口、老化、龟裂等。

③轻化工产品及建材外观质量检验要求

橡胶及轮胎:查看有无发硬、发粘、龟裂、老化、发霉、水湿、渗杂、油污、划痕、修补痕迹、缺胶、气门嘴是否齐全,垫带是否完整等。

包装、箱装、桶装物:查看有无渗漏、破损、残缺等。

纸张:查看有无水渍、虫蛀、机械损伤、断裂、戳洞等。

玻璃:查看是否破碎等。

油毡:查看是否受潮、松卷、发粘、发脆、受压断裂、边口损坏等。

④日用百货商品的查验

主要查验商品的包装是否完整、牢固,有无破损、受潮、水浸、油污等异状;液体商品是否有渗漏;商品标志是否与入库单证一致。

在货物外观质量检验时,应按照合同规定的技术标准进行。如果合同未作规定的,要考虑下列因素:

①商品性质。易损商品验收比例应大一些,非易损商品则小一些。

②商品价值。贵重商品验收比例要大,甚至全验。

③运输条件。中转环节多、路途长、震动大的要多验。

④商品生产。国内生产的货物,若证件齐全、包装完整,拆包装易损伤或不易恢复原包装的货物,以及生产企业供货稳定、有严格的质量检验制度和质量信誉高的货物,其外观质量可免检。

对于检验货物外观质量中查出的各种缺陷,要做详细记录,签送客户(货主)。外观缺陷严重的货物要单独存放,未做出处理之前不得动用。

数量检验分全验和抽验两种方法。物流配送中心进行货物的数量验收时,可根据供货状况、包装完好情况以及凭证、资料完备程度来选择其中的一种验收方法。

在全验方法中,要注意以下情况的处理:

①按重量交收的货物要按交货码单进行复磅,全部检斤验收。国产货物一般按净重计量。

②按件数交收的货物要全部点清件数。带有附件和成套的机电产品,要仔细查清主件、部件、零件、备件和工具等是否齐备,并编上总号和分号,避免配套弄错。定量包装、按件交货的国产轻化工产品及危险品货物要按件全部点数验收。

③按理论换算交收的货物要根据规定的换算标准全部检尺换算出实收数量。

具有下列情况之一的到货,可以采取抽验的方法:

①与生产厂商关系稳定、供货企业质量信誉较高且交货数量大、证件齐全、包装完整的国内产品。

②包装严密,拆开包装之后容易损坏货物质量或不易恢复原包装的。

③理论换算的货物,规格整齐划一并逐一标明重量的货物。

(4)验收记录

验收记录是现场查验实物的原始记录。通过它可以了解货物在入库前的数量、质量和包装等情况,为处理存在问题提供第一手可靠依据,有利于货物入库后的保管与保养,因此要认真做好货物的验收记录工作。

(5)验收天数考核

验收天数是指到库货物物证齐全,具备验收条件之时起,到货物验收完毕、签单入库时止的累计天数。它是衡量物流配送中心货物验收速度的指标,物流配送中心在管理上应做好这个指标的控制,不能在验收上拖延太长的时间。

**4. 货物验收中发生问题的处理**

(1)凭证、资料不齐全的处理

主要凭证、资料不齐,应及时通知客户(货主),并将货物单独存放,妥善保管,等待证件到齐后再验。验收天数的计算从证件到齐之日起计算。

凭证、资料虽未到齐,但对货物的规格型号、材料、计量方法已掌握的情况下,可以预先验收。验收大数的计算待凭证到齐之日起计算。

(2)质量证明书(合格证)不符的处理

质量证明书与入库单(验收单)、订货合同不符时应及时与客户(货主)联系,按客户(货主)提出的办法处理。验收完毕后应在入库单(验收单)内签明,以分清责任。验收天数从接到客户(货主)通知之日起计算。

质量证明书与实物不符时,要按实收情况签发验收记录与凭证交客户(货主),最后按照客户(货主)书面通知的办法补办入库手续,并在入库单(验收单)内签明变通的原委,以分清责任。验收天数从接到客户(货主)通知之日起计算。

(3)规格发错、质量不合格、包装不符合要求的处理

通过验收将合格品与不合格品以及错发的货物分拣出来,单独堆放。合格部分先签单办理入库手续;不合格的部分开具验收记录凭证交客户(货主),等待货主的通知再定。

发生包装破损或不合规定要求时,一面通知客户(货主)到库查看,一面通过验收,将破损的或不符合规定要求的货物分拣出来,单独存放。验收完毕签单时,将包装破损数和不合要求数详细记录于入库单(验收单)内,供客户(货主)与供货方交涉时用。

(4)数量短溢的处理

短重超过规定磅差范围或计件商品缺件的,物流配送中心应按实收数签入库单(验收单),并出具缺重、短件验收凭证交客户(货主)。未做出处理前不得发货。

重量、数量溢出多的货物也应按实收数量签入库单(验收单),由客户(货主)与供货方协商退货或者补交货款。若退货时须由客户(货主)开具出库凭证,然后退发货。

(5)资料到齐而货物未如期到库的处理

各种证件、资料已齐,而货物在规定期内未到库时应通知客户(货主)向供货单位查询,及时做出处理。

(6)进口货物出现质量、规格、数量、重量等问题时的处理

在索赔期内出具验收凭证,由客户(货主)报商检部门复检出证对外提出索赔。

(7)进口货物在使用保证期内因内在质量问题用户要求索赔时的处理

进口货物在使用保证期内(进口机械设备、电器仪表、车辆等在订货合同中通常还订有产品使用保证期)因货物内在质量低劣、性能不符合订货合同要求而需要对外提出索赔时,应由用户直接通过货主或原订货单位联系解决。

**5. 办理入库手续**

(1)签收

① 核查货物验收情况

入库货物验收完毕,在签入库单(验收单)之前要做好"一复、二对、三相符"工作:

一复:复核上桩上垛的货物是否编号明、件数清、重量准;理论换算的货物,是否件数对、米长准确、垛位分明;按件数验收的货物,是否每垛件数清楚、总数不缺;残损及地脚、散落货物是否分清,另行堆放。

二对:查对上桩上垛的货物与验收码单、验收记录,以及各项凭证资料是否完全相符。

三相符:经过一复、二对无误后,登帐挂牌,保证帐卡物三相符,做到随时可调拨使用。

② 签单结算

检查验收工作结束后,按下列顺序做好签收工作:

签单:经过检验合格的货物要及时签入库单(验收单)。签收的数量应为实收净重数量,验收中发生的情况以及需要说明的问题都要在入库单内签明,以分清责任。签单人、复核人都要签名。签入库单的同时,要在入库单的存查联内填明一次作业量和苫盖量。

结算:理货员签出的入库单(验收单)先由内部审核,核对无误后,附上各项费用单据转财务部门结算,结算手续办齐后再送客户(货主)单位。财务部门根据签出的入库单和各项费用单据,办理收费手续,向客户(货主)结算。

(2)登帐

货物入库明细帐是物流配送中心货物储存保管的总帐,是对帐的基础,一定要重视登建帐目这项工作。

①登建货物保管明细帐

根据货物入库单(验收单)和有关凭证建立货物保管明细帐。登建货物保管明细帐要达到下列要求:

首先,根据入库验收凭证立帐。货物保管明细帐要根据入库单(验收单)和正式的收发凭证分类记帐,要记明货物的类别、品名、规格型号、货主等。

其次,标明货物所有权。明细帐除了记明货物的品名、规格型号、批次、材料、产地外,还要标明货物所有权的货主,以及货物的单价、货物的存放库区货位等。

②登建帐目注意事项

如果物流配送中心的帐目管理是手工完成,那么记帐要认真规范,不得混乱、草率从事。严格按货物进出库凭证及有关要求及时登销帐目,填写要清楚、准确。帐目、凭证要装订成册保存好,不得遗失。登销帐目必须用兰、黑墨水钢笔书写。字体要端正,不得越格、潦草、涂改、挖补。帐目登错时要用红色笔在登错处划一红色直线,另起行重新登销帐目。更正处要加盖订正章。

如果帐目管理是通过计算机系统来完成,那么要严格按照计算机系统程序来执行。

理货员收发货签单后要及时登销帐目,应在当天登销完毕。每月应对帐卡进行核对,防止出现漏登漏销、错登错销。

(3)挂货牌

货牌又叫货卡或料卡,是挂在货垛上的货物标记,目的是便于查找和核对货物。挂牌的要求及注意事项如下:

① 货牌的形式

货牌一般有两种形式：一种仅标明客户（货主）、入库单号、品名、规格型号、产地、入库时间等内容，而收发存数量另有明细帐卡存放于理货员处供登销帐目用；另一种形式除了在货卡上标明以上内容外，还记载有货物收发存的时间和数量，这种方法适用于品种规格单一的计件货物，但货牌容易失落、损坏、涂改和漏销（尤其是漏天货场），因此也不宜以卡代帐。推荐采用前一种货牌形式。

② 有物就应有牌

货物验收完毕，签收入库单后，要及时在货垛上面朝主道方向悬挂货牌。要求有货物就应当有货牌。

③ 货牌的核对与清理

核对货牌：货牌容易发生失落、损坏、串挂、错挂等情况。因此在备货、发货时一定要仔细核对，防止张冠李戴把货备错、发错，造成差错事故。货牌上记载有数量时发货后要及时登销帐卡。每月应核对一次帐卡，防止出现漏销、错销。

货牌的回收：对于失散在地面的货牌，要送交理货员核对后方可挂到货垛上去。清卡后的货牌要有回收制度，经过重新加工整理后再用。

（4）建档

建立货物档案可以了解货物入库前和保管期间的全貌，有利于掌握库存货物的质量情况，积累保管经验。货物档案的内容和有关要求如下：

① 货物档案的内容

库存货物的档案由原始资料、运输资料、保管资料、出库资料等组成。

原始资料主要包括订货合同、技术资料、装箱单等，是入库验收时的依据，也是出库时向提货单位提供货物情况的依据。

运输资料主要包括海、陆、空、邮运等到货的运单、通知单等，反映货物到库时的情况。

保管资料主要包括验收记录、维护保养记录、货物变动凭证等，它对于做好在库货物的保管工作十分重要。

出库资料主要包括货物出库凭证、出库码单、交换记录等，起着反映货物出库时的情况的作用。

② 建档方法和管理要求

立档时要细心整理，仔细核对，避免发生遗漏或错误。同货物有关的各种单证资料经核对无误后应装订成册，存入资料袋。保管期间的货物档案由理货员管理。货物发清之后由物流配送中心统一归档，指定专人管理。货物档案保管年限为五年，到期在查明无保存价值、报经物流配送中心领导批准后销毁。

### 7.3.3 理货作业

理货是物流配送中心的基本作业活动，主要完成货物的储存保管、库存控制、盘点、拣选、分拣、补货、再包装等工作。货物在库储存期间的日常管理、清查盘点及养护工作主要由理货员和业务受理员负责。需要动用人力、设备时，出具相应的作业通知单，由相应的作业班组负责作业（可设置专门的保养班组，也可以由其他仓储作业班组兼职）。

**1. 货物保管与养护**

在仓储活动中,货物保管与养护是指根据货物属性、货物存储对环境的要求等,对货物进行不定期检查、保养,对环境因素进行调整,确保货物质量和数量的过程。货物的保管养护是保管工作的重点。为了能够及时、准确、完好地将货物收发保管好,要按照下列要求对在库货物施以有效的保管养护措施。

(1)储存场所的确定

①货场储存的货物品种

金属材料中的大中型钢材和管材、中厚钢板、生铁、铸铁管、铜、铅、锌、铝等可存放于露天货场保管。

超高、超长、超重的机电设备及卡车,铁桶密封包装的一般轻化工产品,可存放于露天货场保管。

②库房储存的货物品种

金属材料中的细、小、薄材料,铁合金、有色金属制品、贵金属、稀有金属等应入库房存放、保管。

机电设备中的各类中、小型产品和小汽车,全部轻化工产品都要存入库房保管(部分铁桶密封包装的除外)。应存入库房保管的货物因库房无空货位时,经客户(货主)同意可存放于露天货场,但必须进行严密的苫垫密封和经常检查。

日用百货、家电、食品等要存入库房保管。

(2)货物苫垫

理货员应根据客户(货主)的要求和货物的情况,采取及时有效的措施对所存货物进行必要和妥善的苫垫、养护,以确保在库储存期间不降低其使用价值。

对在库货物进行苫垫,是防止货物锈蚀霉烂变质的有效养护措施。采取何种苫垫方式,要考虑货物性能、周围环境、季节气候对货物的影响及物流配送中心管理的需要。

在进行堆垛时,主要采用石块、水泥墩、木料(方木、枕木)等下垫物料。下垫的高度经常有如下几种类型:库房内下垫高度一般为10~30厘米;露天货场下垫高度一般为20~50厘米;台式货场可以不做下垫。因为下垫的主要目的是保证货物不受水浸和潮湿,故楼库及立体仓库无垫垛的必要。另外,货场地面要铺平、垫实。下垫材料应当能够满足负重的要求,防止货垛倾斜、倒塌。

苫盖是避免和减少雨雪、阳光以及大气等对货物造成侵蚀的必要养护措施。苫盖后的货垛一定要达到稳定、牢固、严密、不渗漏雨雪的目的。

①苫盖的要求

规则货物的苫盖:对于定尺、规则的货物要五面苫盖,简称一类苫盖。

不规则货物的苫盖:对于非定尺、不规则的货物要四面苫盖,不整齐的一面允许敞露,但不齐一端的下垫要低,避免积水或雨水倒灌。这类苫盖方法简称二类苫盖。

货棚的苫盖:活动、固定货棚四周必须有围壁或遮盖,符合这一要求的可列为一类苫盖。活动货棚非作业时间必须合拢,不得敞露。

②苫盖操作方法

就垛苫盖法:将苫盖材料直接苫盖在货物上面,它适用于屋脊形货垛和大件包装货物的苫盖。

鱼鳞苫盖法:用苫盖材料沿垛底逐层向上苫盖,外形似鱼鳞状,适合于铁皮、油毡等苫盖的施封。如垛内需要通风,可在苫盖材料内衬上隔离架。

③苫盖范围

金属材料:型钢,例如12号以下工字钢、8号以下槽钢、边厚5毫米以下角钢、直径20毫米以下圆钢、边长20毫米以下方钢、厚度8毫米以下扁钢;钢板,如带钢、厚度4毫米以下(冷轧板5毫米以下)薄板、黑铁皮、马口铁、矽钢片;钢窗料;钢管,如外径89毫米、壁厚5毫米以下钢管;钢轨,如24千克以下;金属制品,如钢丝绳、铝绞线、炉料、散铁合金;石油套管、钻探管,可按客户(货主)要求来确定;有色金属成品材。

机电产品:需要五面苫盖。

轻化产品:除桶装外,需五面苫盖。

属于苫盖范围的待验、待发货物亦应苫盖。不属于苫盖范围的货物但客户(货主)要求苫盖的,可按客户(货主)的要求办理。

④苫盖时间

第一次苫盖:是指货垛堆码完成后进行的初次苫盖。属于应苫盖的货物,由理货员填写苫盖作业单。自下单之日起,要在五天内苫盖完毕,并在苫盖作业单内填明苫盖类别和苫盖量,以作统计考核用。

第二次苫盖:是指发货后对货垛上剩余货物的再苫盖。第二次苫盖要求也要及时。批量小的库存货物,应在发货完毕当天苫盖好;批量大的库存货物,发货完毕应在三天内苫盖好。若遇阴雨天,要在发货后随即进行临时苫盖,不允许敞露。

⑤苫盖物料

主要有雨布、铁皮、芦席、油毡等。

⑥注意事项

根据货物的性质、保管要求、垛形以及安全、经济的要求选择苫盖材料和方法。

无论采用何种材料和方法,苫盖时都要求垛顶料面必须平整,以免积水渗入。垛垫不可露在苫盖材料外面,以防雨水顺延流下。苫盖物要拴牢扎紧,以防掀起、脱落。

(3)货物堆码

分拣是将物品按品种、出入库先后顺序进行分门别类堆放的作业。堆桩码垛是分拣工作中的一个重要环节,货物的堆码质量在一定程度上反映出仓储作业和管理水平。作业时应按照有关码垛标准和货物的有关堆码要求进行堆码,不码"自由垛"和"懒垛",要确保库存货物、仓储设施和作业人员的安全。货垛要整齐美观,便于收发和盘点。要充分合理地利用仓容,提高仓储利用率。

①码垛要求

合理:对不同品种、规格型号、牌号、等级、批次和不同生产厂家的货物要分开堆码,不能混杂不清。所选垛型要符合货物的性能和特点要求。库房内码垛要符合"五距"(墙距、顶距、灯距、柱距、垛距)的要求;库房外码垛要距离建筑物2米以上;排水沟附近不能堆码货物。同时还要根据"先进先出"的原则,按货物进库先后次序堆码。

稳固:货垛要不偏不斜,不倒不歪,不压坏货垛底层货物和地坪。要留有"五距",确保货物和仓储设施的安全。

定量:每行每层数量力求成整数,便于过目知数。不具备整数堆码条件的货物,其垛层要明显,以便于清点数目、发货和盘点。

整齐:排列要整齐有序,严格按规定的垛型标准堆码。横竖均成行、成列,包装标志一律朝外,做到整洁、美观。

节省:节省仓位,节省人力机力,提高仓库面积利用率。

②垛型及码垛方法

重叠式货垛:逐件逐层向上重叠堆高形成垛形。钢板、箱装货物等质地坚硬、包装牢固、占地面积较大且不易倒塌的货物可采用此方法堆码。箱装重叠式货垛要不偏不斜,与地面垂直,垛高1米以上允许偏差不超出2～3厘米。中厚钢板重叠式货垛要垛层分明,不歪不偏。为便于起吊和清点,层间应前后交错或左右交错,两层交错距离为5～20厘米。凡是定尺单张板材要码成四面齐,非定尺板材要码成三面齐。成捆有色锭材的重叠式货垛堆码要四面齐,压缝向上堆码,层次清楚。松散的锭材要码在货垛的顶部,不得混码于每层之中。袋装化工产品可码成二横一竖或二横三竖的重叠式货垛。要求垛的四个侧面与地面垂直,误差不得超出5厘米。

纵横交错式货垛:将货物一层压一层纵横交叉向上堆码,形成方形桩垛,故称方型垛。此垛型适宜码大垛、高垛,垛形牢固、整齐。金属材料中的成捆型钢、管材、紫铜锭等采用此方式堆码既快又安全。码垛时要将垛底码紧堆实不得松动。堆码单根圆形货物(如管材、圆钢)时,每层两边要用铁丝箍紧,避免滚动滑落,造成倒桩。定尺货物要四面齐,非定尺货物要三面齐。

仰伏相扣式货垛:将货物仰放一层,伏放一层,正反相扣,互相咬紧形成桩垛。这种货垛适用于金属材料中型钢材和锭材的码垛。

压缝式货垛:将底层排列成方形、长方形、环行等垛底,然后起脊卡缝逐层码高,形成压缝起脊式垛型,故也称起脊压缝式垛型。环行垛底形成的货垛为圆柱形,卷板、电动机、盘条和筒装货物适宜采用此种方式堆码。

行列式货垛:一些体积大而且重,外形特殊需要经常查看四周变化情况的货物,只能平放,排列成行。此种方式适合于大型变压器、搅拌机、汽车等,有利于通风、检查,也便于发货。汽车可以根据车种、车型分组排列成行列式存放,后车紧接前车排成列,行间距离一般为30～50厘米。搅拌机、变压器堆码时两件相靠,并列成行(有的为单列)。两行之间应留出通道,以便于检查和发货。

插柱式货垛:堆码货物时,在货垛两侧插入两对或三对钢棒或钢管作插桩,然后将货物平铺于插桩之中,每层或第二层拉铁丝,以防倒塌。此货垛是长条形金属材料常用的垛形。为起吊出货方便,层间宜采用缩进伸出的方式堆码。

衬垫式货垛:四面是不规则的产品(如裸体电动机、减速器等)常采用此垛形。堆码时每层垫入与物体相适应的衬垫物,以加强货垛的稳定性,然后向上堆码。

串连式货垛:利用货物中间的管道或孔隙(如管子零件、轮胎等),用绳索将一定数量的货物串连起来,逐层向上堆码。

鱼鳞形货垛:将圆圈形货物(如电线、盘条等)半卧,其一小半压在另一圈货物上,顺序排列,第一件和最后一件直立作柱或另放柱子。码第二层时,方法与第一层相同,唯方向相反。这种货垛稳固,花纹象鱼鳞一样,故称鱼鳞形货垛。

通风式货垛:需要通风保管的货物,堆码时在每层或每件货物之间都留出一定空隙,以便于通风透气。

托盘式货垛:用重叠式码垛法将货物整齐地码在托盘上,从第三层起压缝堆码,码齐后带动托盘上桩,逐层向上堆码。

货架式货垛:货架常用的有固定式和活动式两种,适用于规格品种复杂的小件货物。最好采用专库存放,严禁外人入内,以防失窃。存放时要分清品种、规格、型号、等级、单价等,不得混杂。对于出入频繁、怕潮、易锈、易霉的小件物品,要用密封材料封闭起来,防止受潮和落入尘土。

(4)货物养护

物流配送中心要认真贯彻"预防为主、防治结合"的方针,建立专业维护保养队伍,做好库内温度控制、防锈蚀、防虫害以及各种维护保养工作,从而达到养护好在库货物的目的。粮食、棉花、食糖等特殊货物的养护,应按专业仓库的养护规范进行。

①控制库内温湿度

首先要加强温湿度管理。实行专人管理,推行责任制,即由专职或兼职管理员负责物流配送中心的温湿度管理工作。同时可以配置干湿温度计。库房内的干湿温度计不得挂在靠近门窗和风直接吹到的地方,要挂在库房中部距离地面1.5米的地方。库外的干湿温度计要挂在百叶窗内,百叶箱门要朝北,干湿温度计距离地面2米左右。负责测量和记录的理货员要经常检查和养护干湿温度计,盛水要保持在三分之二左右,表面要清洁,湿球纱布不干硬发粘。

其次建立气象报告制度。设置气象通告牌,每日定时公布。

第三要适时通风,调节库房内温湿度。一是通风降温,在夏季对空气湿度条件要求不严的怕热物品,应于晴朗的清晨打开库房门窗通风降温;二是通风降潮,在天气晴朗、风力不超过4级、库房外绝对湿度低于库房内时,可打开门窗进行通风降潮;三是通风提温,严寒季节,在库外温度最高时打开相应的库房门窗采光通风,达到提高库房内温度的目的。采用以上自然通风方法应在天气晴朗,无雨、雪、露、雾和周围不存在有害气体的情况下进行。如果有条件也可采取机械通风、降温、除湿方式。

②防锈和除锈

对于金属货物的保管,要做好防锈工作,注意采取以下一些措施:不同的金属材料物品要存放在不同的场所,凡因锈蚀影响使用价值以及要长期保管的材料都应存放于库房内;适时通风,保持库房干燥;妥善存放,定型码垛;经常打扫库内外卫生,随时清除杂物和杂草;苫盖密封要适当,养护喷涂要及时;清除污垢,保持包装完整,货物沾有尘土、油污等,要及时进行清洁处理;包装破损的要进行加固、修复后再堆码入垛。

针对金属货物发生锈蚀的情况,及时做好除锈的处理工作。发现货物锈蚀要及时开出建议出库通知单,通知客户(货主)将锈蚀货物尽快调拨出库。暂无去向的生锈货物,在征得客户(货主)同意后进行除锈保养。

除锈方法有手工除锈、机械除锈、化学除锈和电化学除锈等。一般的轻、中锈蚀可采用下列三种简易手工除锈方法:一是用抹布、沙头、棕刷除锈。各种金属材料上的水渍、污垢和一般轻、中锈都可以用抹布、纱头、棕刷除锈。除净锈蚀后应再用干净的抹布或纱头擦一次。二是用木屑除锈。此法适用于擦除钢板材的轻、中锈蚀。先将清洁干净的木屑撒在锈蚀部位上,然后用抹布敷盖反复擦拭,待锈蚀除净后将木屑扫去,再用干净的抹布或纱头擦一次即可。三是用刷子除锈。用钢(铜)丝刷可以刷除各种形状金属上的锈蚀。根据各种金属材料的形状自制成与其形状相吻合的钢(铜)丝刷去除锈蚀,使用效果会比一般的钢(铜)丝刷更好。

③防霉和除霉

对保管货物要做好防霉工作，注意采取以下一些措施：一是严把接货关，不让霉烂变质货物混入物流配送中心。提运人员接运货物时要认真检查所提货物的包装以及实物本身有无霉变现象，发现霉变货物要拒提并通知客户（货主）处理。收货人员收货时不仅要认真点收货物的数量，还要仔细查看货物的外包装和实物是否存在霉腐迹象。一旦发现霉烂变质货物，要分开堆放并尽快通知客户（货主）处理，防止污染。二是分库储存，加强巡查。容易发生霉变的货物与不易发生霉变的货物要分库储存。将易发霉的货物储存于环境干燥、密封条件好、下垫高、通风良好的库房内保管，或用密封货架储存。每天要巡查一次，做好检查记录。化工危险品要严格执行一日三查制。检查的内容主要有，查码垛牢固、查包装渗漏、查库房内有无异味、查稳定剂是否足量等等。三是控制好库内温湿度，使货物保持干燥。严格执行观察、记录干湿度计的有关制度，使库内的相对湿度保持在75%以下，避免霉变的产生，确保货物的安全储存。四是因地因物因时采用密封措施，防止霉变。根据货物保管的要求，结合物流配送中心储存条件，可以将存放易霉变货物的库房门窗关闭，挂上棉门窗帘，以防止和减少外界空气对货物的不良影响。对于一些怕潮、怕不良空气影响、短期内又不会调拨的货物可用油毡进行密封，以避免霉烂和锈蚀。

货物发生霉变时，要及时做好除霉的处理工作。货物发生霉变时，及时开出催发货通知单，通知客户（货主）尽快将霉变货物调拨使用。对暂时无去向的霉变货物，在征得客户（货主）的同意后，可采用下列方法除霉：一是日光直晒除霉。将霉变货物放在日光下直晒，利用日光中的紫外线杀灭霉菌。二是电烘除霉。用电烘烤霉变货物，达到去除潮湿、杀灭霉菌的目的。但最高温度一般不超过45℃，并要注意防止发生火灾。三是调换外包装除霉。有些货物发生霉变的位置在外包装上，可及时调换外包装和内衬，并将货物放在日光下直晒，以防止沾染上霉菌。

④防治虫、鼠、鸟害

首先要加强货物的接收和在库期间的检查工作。对接运、到库货物进行严格检查，提运货物和接收货物时要进行目视检查，发现有虫害，应予拒收。有些进口货物还须经过海关卫生检疫部门的检验。发现虫害、鼠害应将货物隔离存放并及时通知客户（货主）处理。理货员每月要对遭虫、鼠、鸟害的库存货物和储存区进行一次定期检查。

其次要采取预防措施，消灭虫、鼠、鸟害。发现虫害后要及时喷洒杀虫剂，并采取有效的隔离措施，防止虫害的蔓延。设置障碍物，阻止鼠、雀进库。库房内的孔洞、门缝、格栅、窗户等要用金属网或其他适当的材料封住；管道、电线导管空隙处要堵塞起来，不给鼠、雀留有可入之处。使用捕鼠器具或投放毒饵，消灭鼠害。在窗户、檐底、墙头等处设置金属网，防止鸟类进入库房，污染货物。

⑤及时处理异状货物

在库货物经过检查发现问题，要及时采取措施，防止异状的扩大。可按以下五种方法处理。

通风翻垛：把受潮、发热部分的货物翻出来通风，或者重新码垛。将受潮比较严重的货物码放到货垛上面去。

修补、调换包装：这种处理方法适用于桶装、听装或袋装货物。凡包装破损或渗漏的，要及时修补。不能修补的要调换包装。

擦洗涂油：金属材料、机电设备、配件等，发现有锈斑、霉点的，应根据货物的各自特性，予以清除并喷涂防护剂。

喷洒药剂,防虫防腐:发现有虫蛀的货物,要随即把生虫的货物送到隔离区,防止蔓延,并同时喷洒灭虫药剂。

注水降温:这种处理方法专门用于发生自燃的煤炭。当煤炭自燃时,要用打水降温的办法解决。这是应急措施,不能彻底解决煤炭的自燃问题。解决煤炭自燃的有效办法是在煤炭入库堆垛时将煤层压紧,不让煤层中存在空气,煤炭就不会发生自燃。

⑥维护保养

在货物验收入库之前,就要高度重视维护保养工作。根据到库货物的维护保养要求,应在入库堆码前或堆码时对货物进行必要的技术保养:到库钢材中需要除锈和喷涂防护油的,要先除锈、涂油,然后再堆码;到库的机电产品、配件等,需要涂油防锈蚀、霉变的要先进行干燥处理,然后再涂防护油脂;煤炭堆垛以后要先打洞散热,防止自燃。

在货物保管期间,更要加强维护保养工作。一是针对包装破损要加工维护。货物的原包装如果发生破损,要及时修复、加固,并给予拭锈和除污。受潮的原包装要摊晾驱潮,干燥后再上垛堆码。原包装已破损不能使用的要重新调换新包装,防止货物受损和变质。二是针对货物锈蚀、霉变要进行养护。金属材料和机电产品发生表面防锈层失效或生锈,要在客户(货主)的指导下,换涂防护层和进行分类养护。货物本体沾污、受潮和有变质迹象时,要在客户(货主)的指导下,予以擦拭清除和摊晾干燥。有些货物无法拭净干燥或已经出现质量变化的,要另行存放并及时通知客户(货主)做出妥善处理。

(5)保管检查

理货员应掌握库存货物的储存时间和质量情况。对储存货物发生质量劣变或超过保质期的,应及时报告业务受理员。由业务主管部门尽快以书面形式通知客户(货主),采取妥善处理措施。

为了确保储存保管期间货物质量完好、数量不失,必须按照下列内容和要求进行经常和定期的检查。

①查数量

查数量必须仔细清点和核对库存实物的数量与帐目有无出入,规格型号有无混淆,检查帐目有无漏登漏销、错登错销和盈亏等,检查帐卡物是否完全相符。帐卡物三相符工作是提高货物保管水平,防止各种差错事故发生的一项行之有效的办法,也是保管业务中的一项重要工作。帐是指物流配送中心进、出、存货物的保管帐;卡是指货垛上能够反映货物动态状态的货卡;物是指与帐、卡相对应的库存实物。

在帐卡物三相符的考核上,可以采用三相符率这个指标。帐卡物三相符率定义为抽查帐、卡、物相符笔数之和与抽查总笔数之百分比。用公式表示为:

$$三相符率=\frac{抽查相符笔数之和}{抽查总笔数}\times100\%$$

在日常工作中,帐、卡登记的货物名称、规格、型号、结存数量、存放地点和各项凭证为检查三相符的必要项目,填写要齐全、规范,不能有丝毫出入。发货凭证、发货码单的存查联要按照出库发运日期的先后顺序装订备查。多货主并垛保管的货物要在品名、规格型号、材质、等级、价格、生产厂等相同时方可并存。货物出库后,帐卡物以及货物档案等都会发生变化,要及时登销帐、卡并做好清理核对工作。发现盈亏要查明原因,按规定申报,保证帐、卡、物三相符。

收发频繁的货物,每日要查对结存数,至少每月要对一次帐,确保帐、卡、物一致。另外要定期查库盘点。

②查质量

要定期检查在库货物是否发生锈蚀、霉变、潮解、老化、虫蛀、鼠咬等质量变化,必要时可进行鉴定。要区别轻重缓急,掌握重点,有计划地把质量检查工作做好。下列货物应是检查的重点:容易发生质量变化的货物,或已经发生质量变化并可能继续发展的货物;性能特殊或对储存条件有特殊要求的货物;入库前就存在问题的货物;储存时间较长或接近失效期的货物;储存场所不适宜的货物;包装破损的货物。

③查保管条件

检查货垛是否牢固,苫垫是否妥善和二次苫盖是否及时,清洁卫生是否符合要求,货场是否积水,库房是否漏雨,门窗是否良好,通风设施是否有效等。

④查计量工具

计量工具的正确使用和维护与做好货物保管工作关系非常密切,要做出经常性检查。在量具方面,应检查各种内外卡测量工具刻度是否准确,是否进行日常维护,是否有维护保养制度;应查校皮尺和钢卷尺的长度是否准确,有无折断等损坏现象。在衡器方面,应查验磅秤的使用,检查磅秤是否准确,检查过磅时是否进行空磅校验后再使用,检查磅秤有无专人维修和管理及规章制度的贯彻执行情况。

⑤查安全

检查各种安全措施和消防设备是否齐全、有效,是否符合安全要求。在检查各种安全措施中不能忽视货物安全保管这个重点,应检查在库货物的安全保管是否符合规定。

在金属材料的保管方面,应注意以下几点:金属材料应存放于远离锅炉房、喷水池等,防止锈蚀;金属材料不得与酸、碱、盐类混存一库;不同金属材料的存放,必须留出一定的间隔距离,防止腐蚀;有色金属要存放于干燥处,包装要完好,不得散裸存放;保管锡的库房,库温一般不能低于12℃。

在非金属材料的保管方面,木材要存放于空旷、通风、干燥处,不得与可燃物同存,要严禁烟火,防止腐朽、虫蛀、火灾、变形、污染等问题的发生;水泥要存放于干燥的库房内,防止受潮,并不得与玻璃、电柜等货物同存一处;橡胶要存放于库房内或干燥通风的货棚内,不得受潮,避开日照,防止老化变质;烧碱存放于干燥通风库房内,不得受潮,不要与其他飞扬粉粒物同存。

在机电产品保管方面,机电设备进出库要按照包装上的作业标志操作,防止损伤设备;防潮要求高的机电设备一定要存放于库房内,因超高、超重、受搬运条件限制存放于货场时,要妥善苫垫,做好防潮、防尘土污染工作;电工设备要存放于干燥通风库房内,不能挤压、倒置和碰撞,要防潮、防浸水,防止绝缘层老化、霉变,防止设备实体损伤和锈蚀,要严格控制库房温湿度;不能与酸、碱、盐等腐蚀物及飞扬物同存一库;车辆储存期长的要离地垫高,短期存放的,要定期移动,防止轮胎受压老化;电缆电线及有绝缘材料做的零部件,要避免温度过高、过低,防止日晒,注意通风。

(6)仓容管理

将库内各库房、货场、货区、货位进行标准化编号定位,并将仓容量、实际存货量等库存、仓容信息录入计算机,以便随时在各终端上查询存货的准确位置以及仓容情况,合理使用调配仓容。

有关业务人员(包括客户管理与市场开发人员、业务受理员、理货员、接运员以及主管业务的领导等)都应随时了解和掌握存货、仓容、储存能力等基本情况和动态变化。

在物流配送中心业务管理中,为了提高仓容利用率,常常会进行并垛或移垛的操作。并垛一般是物流配送中心为了便于管理货物和货位,有时也是为了更有效地利用货位而进行的操作。一般有以下两种情形:不同存货人、同一生产厂家的货物码放在一个垛的情况;同一存货人,不同时期的、同一生产厂家的货物码放在一个垛的情况。移垛是指货主的货物全部或部分从一个货位移到另一个货位的操作。移垛一般是物流配送中心为了节省空间、最大限度地利用现有货位而进行的。

**2. 盘点**

盘点是针对实际货物状况与帐薄上记载的货物码放、数量、品质以及在库状态进行核对的作业过程。

盘点主要由理货员负责。根据进出库货物的情况,随时掌握各类库存货物的动态变化,确保库存帐面与实物完全相符。对于进出库频繁、批量较大的货物,要及时进行动态盘点、复核,并且应有严格的交接班制度。一般货物应做到至少每月定期盘点一次。

盘点作业主要采取如下三种策略:

(1)动态盘点,是指在每次码放或取货的过程中对与之有关的货位核对货物数量。

(2)定期盘点,是按照固定的周期(一个星期、月)核对货物数量。

(3)循环盘点,是指根据一定的盘点原则自动抽取一部分货物,由工作人员进行盘点。循环盘点要保证在一个周期内所有种类的货物或货位都能盘点到。

盘点作业是一项极繁重、最花时间的作业。盘点工作不仅仅是对现有的货物库存状况的清点,而且可以针对过去的货物管理的状态作分析,进一步为将来货物管理的改进提供参考资料。因此,盘点作业是衡量物流配送中心经营管理状况好坏的标准尺度。

**3. 拣选**

拣选是按订单或出库单的要求,从储存场所选出货物,并放置指定地点的作业。

在物流配送中心内部所涵盖的作业范围中,拣选作业是极为重要的一环。其重要性相当于人体的心脏部分。拣选作业的目的在于正确而迅速地把客户所需的货物集中起来。

实践证明,物流成本约占货物最终售价的30%,其中包括配送、搬运、保管或储存等成本。一般说来,拣选作业是物流配送中心最复杂的一项作业,其成本占物流装卸搬运成本的绝大部分。为此,若要降低物流搬运成本,首先应以拣选作业着手改进,这样才能达到事半功倍的效果。欲提高拣选作业的效率和效益,必须把握好人员、设备、策略、质量等几个因素。

拣选人员的专业化水平直接影响拣选效率和准确性,应该注重人员素质和能力的培养。拣选设备的优劣和拣选策略的选择都会直接影响拣选效率和准确性,应该引起足够的重视。拣选质量差将对后续工作造成较坏影响,必须加以重视。

拣选单位分成托盘、箱和单品三种形式。拣选单位是根据订单分析结果而决定的。如果订货的最小单位是箱,则拣选单位最少是以箱为单位。对于大体积、形状特殊的无法按托盘和箱来归类的特殊品,则用特殊的拣选方法。

动态拣选是按照待分拣货物数量、分拣工作量确定分拣次序,从而使在验收或者出库环节等待时间最短的拣选方法。拣选作业一般有两种方法,即摘果法和播种法。

(1)摘果法:让拣货搬运巡回于储存场所,按客户订单挑选出每一种货物,巡回完毕也完成了一次配送作业。将备齐的货物放置到发货场所指定的货位。然后,再进行下一个客户的配货。

(2)播种法:将每批订货单上的同种货物各自累加起来,从储存仓位上取出,集中搬运到理货场地,然后将客户所需的数量取出,分放到该客户货物暂储待运货位处,直至配货完毕。

### 4. 补货

补货作业是从保管区把货物运到另一个拣选区的工作。补货作业的目的是确保货物能保质保量按时送到指定的拣选区。补货的单位一般是托盘。

拣选区存货量的多少是决定补货的重要因素。一般地讲,补货策略主要有以下三种形式:

(1)批次补货。每天由计算机系统计算出所需货物的总拣取量,再查看拣选区存货量后,在拣货之前一次性补足,从而满足全天拣货量。

(2)定时补货。把每天分成几个时点,当拣选区存货量小于设定标准时,立即补货。

(3)随即补货。巡视员发现拣选区存货量小于设定标准时,立即补货。

### 5. 包装

随着物流技术的不断发展,物流对包装不断提出新的要求,包装也为现代物流的合理化起到了非常重要的作用

包装可大体划分为两类。一类是工业包装,或叫运输包装、大包装;另一类是商业包装,或叫销售包装、小包装。工业包装的原则是便于运输、便于装卸、便于保管,能保质、保量。工业发达的国家,在产品设计阶段还考虑包装的合理性、搬运装卸和运输的效率性以及尊重搬运工人的能力性(如每个包装单位不超过24公斤,这样的重量妇女也可以承受)等。商业包装的目的主要是促进销售,包装精细、考究,以利于宣传、吸引消费者购买。

(1)包装的作用

一般地讲,包装的作用主要体现在三个方面:

①包装在运输中的作用。首先是防护作用,保证货物在复杂的运输环境中的安全,保证其质量和数量不受损失;其次是方便作用,提高运输工具的装载能力,减小运输难度,提高运输效率。

②包装在装卸搬运中的作用。有利于采用机械化、自动化装卸搬运作业,减小劳动强度和难度,加快装卸搬运速度;在装卸搬运中使货物能够承受一定的机械冲击力,达到保护货物、提高工效的目的。

③包装在储存中的作用。方便计数、方便交接验收,从而缩短接收、发放时间,提高作业速度及效率;便于货物堆、码、叠放,节省仓储空间;良好的包装能够抵御储存环境对货物的侵害。

由此看来,包装的功能和作用不可低估,注重包装是保证整个物流系统流程顺畅的重要环节之一。

(2)绿色包装概念

绿色包装是指不会造成环境污染或恶化的商品包装。当前世界各国对环保的意识日渐增强,特别是一些经济发达国家出于对环保的重视将容易造成环境污染的包装也列入限制进口之列,而成为非关税壁垒的手段之一。

20世纪80年代发达国家提出了绿色包装的"3R"原则,即减量化(reduce)、重复使用(reuse)和再循环(recycle)。90年代又提出"1D"原则,即包装材料应"可降解"(Degradable)。根据上述原则,绿色包装应符合节省材料、资源和能源,废弃物可降解,不致污染环境,对人体健康无害等方面的要求。

(3) 物流包装合理化

包装是物流的起点,包装的合理化和现代化是物流的合理化和现代化的组成部分及基础。从现代化流通的观点来分析,物流包装的合理化及现代化不是包装本身的事情,而是在整个物流系统实现合理化及现代化的前提下的包装合理化及现代化。这种合理化及现代化一般是用宏观的物流效益与微观的包装效益的统一来衡量的,包括包装材料、包装技术、包装方式的合理组合及运用。因此,应该从物流总体角度出发,用科学方法确定最优包装。

例如,由于包装强度不足、包装材料不足等因素所造成货物在流通过程中发生的损耗不可低估。由于包装物强度设计过高、保护材料选择不当而造成的包装过剩问题,在发达国家表现得尤为突出。

另外,物流包装标准化是物流管理现代化的重要组成部分。物流包装标准化是以物流包装为对象,对包装类型、规格、容量、使用材料、包装容器的结构造型、印刷标志、产品的盛放、衬垫、封装方法、名词术语、检验要求等给予统一的政策和技术措施。

### 7.3.4 装卸搬运作业

装卸、搬运是物流各环节连接成一体的接口,是配送运输、保管、包装等物流作业得以顺利实现的根本保证。装卸搬运是物流系统的构成要素之一,是为入库、储存、保管、出库、配送的需要而进行的作业。

装卸和搬运质量的好坏、效率的高低是整个物流过程的关键所在。装卸搬运工具、设施、设备不先进,搬运装卸效率低,货物流转时间就会延长,货物就会破损,就会增大物流成本,影响整个物流过程的质量。由于目前我国装卸作业水平、机械化、自动化程度与发达国家相比还有很大差距,野蛮装卸造成包装破损、货物丢失现象时有发生,人工费用居高不下,货物破损率一直很高,重视搬运装卸环节显得非常重要。装卸搬运的功能是连接运输、保管和包装各个系统的接点,该接点的质量直接关系到整个物流系统的质量和效率,而且又是缩短物流移动时间、节约流通费用的重要组成部分。装卸搬运环节出了问题,物流其他环节就会停顿。

**1. 装卸搬运作业的基本内容**

在同一地域范围内如物流配送中心内部,装卸是指改变物的存放、支承状态的活动,而改变物的空间位置的活动称为搬运,两者全称装卸搬运。在习惯使用中,物流领域如铁路运输常将装卸搬运这一整体活动称作货物装卸;在生产领域中常将这一整体活动称作物料搬运。实际上,活动内容都是一样的,只是领域不同而已。在实际操作中,装卸与搬运是密不可分的,两者是伴随在一起发生的。因此,在物流学中并不过分强调两者的差别,而是将其作为一种活动来对待。

装卸搬运作业活动的基本动作包括装车(船)、卸车(船)、堆垛、入库、出库以及连接上述各项动作的短程输送,是随运输和保管等活动而产生的必要活动。物流的作业流程中,从进货入库开始,储存保管、拣货、流通加工、出库、卡车装载直到配送到客户手上,装卸搬运活动是不断出现和反复进行的,它出现的频率高于其他各项物流活动,每次装卸活动都要花费很长时间,所以往往成为决定物流速度的关键。装卸搬运活动所消耗的人力也很多,所以装卸搬运费用在物流成本中所占的比重也较高。例如,据我国对生产物流的统计,机械工厂每生产 1 吨成品,需进行 252 吨次的装卸搬运,其成本为加工成本的 15.5%。此外,进行装卸搬运操作时,往往需要接触货物,因此装卸搬运是在物流过程中造成货物破损、散失、损耗、混合等损失的主要环节。

由此可见,装卸搬运活动是影响物流效率、决定物流技术经济效果的重要环节。因此,物流的合理化必须先从搬运系统着手,搬运系统也成为物流中心或仓库效率化的关键因素之一。在装卸搬运作业过程中应采用有效的装卸搬运设备。使用的搬运机械大致可分为起重机类、输送机类、升降机类、提升绞车类、工业车辆类以及其他机器。

**2. 装卸搬运作业的指导原则**

(1) 安全性原则

要根据"按时、保质、保量、保安全、保急需"的要求,做好货物的装卸、搬运、堆码工作,搞好装卸搬运中的质量管理。在作业中,要确保人身和机械设备的安全,不损坏货物、不发生工伤事故。

在进行作业前,要仔细检查所用车辆和设备是否安全可靠,制动系统是否有效。所使用的工器具一定要能够保证安全。作业时要指定有工作经验的人员负责作业现场的安全。

(2) 有效性原则

装卸搬运作业不仅不增加货物的价值和使用价值,而且会增加货物破损的可能性和成本,降低货物的使用价值。因此,要对货物搬运和存储活动做出计划,千方百计地取消、合并搬运环节和次数,排除无效作业,以最少的搬运次数达到作业目的。

(3) 系统化原则

局部最优不等于总体最优。在装卸搬运作业时,要将货物搬运与采购供应、收货、存储、流通加工、检验、包装、装货、运输作为一个系统来看待,不仅要提高局部作业的效率,而且要提高全部作业的总体效率。

根据作业量的大小适当调配人力,其中要有懂业务、精操作的人员参加。调度人员要深入现场,协调作业进度,及时解决好作业中发生的问题。

(4) 集装化原则

所谓集装化是指将货物集中一定数量,使之形成一个单元,从而利用装卸搬运设备搬运,进而形成输送、保管的集装系统。

(5) 顺畅原则

在搬运货物时,需要将装卸搬运前后的相关作业进行有机地组合,各工序间要紧密衔接,作业路径尽量为直线,消除迂回和交叉,使货物运动非常顺畅,从而提高装卸搬运效率。这样,在货物连续流动时,才能获得较好的经济效果。

作业现场要畅通无阻,作业场地要满足操作需要,车辆经过的路线应保持通畅,不发生拥堵现象。要确保设备运转无障碍,操作安全有保障。

(6) 机械化原则

利用装卸搬运设备,可以将工人从繁重的体力劳动中解放出来,从而大大提高装卸搬运作业效率,提高装卸搬运作业的安全性。在选择装卸搬运设备时,要考虑货物搬运的所有方面,如移动的物品和移动的方法以及移动的安全性等。

根据货物及作业量的大小和路线的远近,确定使用的车辆、设备和工器具。作业之前要将所需的苫垫材料、包装材料、防滑物料等准备齐全。危险品操作的防护措施要按规定配备完好。夜间作业事先要配置良好的照明设备,并安排电工值班。

(7)灵活性原则

所谓装卸搬运的灵活性是指在装卸搬运过程中进行货物装卸搬运作业的难易程度。在堆放货物时,事先要考虑到货物装卸搬运作业的方便性。

**3.装卸搬运作业合理化**

装卸搬运作业本身不会提高货物的价值,而且还会因破损、损坏等原因降低货物的价值,因此不必要的装卸搬运应尽量避免。装卸搬运是在运输和储存保管活动的连结点上进行的,因此装卸搬运作业必须追求合理化。一般地讲,装卸搬运作业合理化的策略主要包括如下几个方面。

(1)合理地规划装卸搬运方式和装卸搬运作业过程

在装卸搬运作业过程中,要从整体上对整个装卸搬运作业的连续性进行合理的安排,以减少运距和装卸次数。

装卸搬运作业现场的平面布置是直接关系到装卸、搬运距离的关键因素,装卸搬运机械要与货场长度、货位面积等互相协调。要有足够的场地集结货物,并满足装卸搬运机械工作面的要求,场内的道路布置要为装卸搬运创造良好的条件,有利于加速货位的周转。使装卸搬运距离达到最小平面布置是减少装卸搬运距离的最理想的方法。

提高装卸搬运作业的连续性应做到:作业现场装卸搬运机械合理衔接;不同的装卸搬运作业在相互联结使用时,力求使它们的装卸搬运速率相等或接近;充分发挥装卸搬运调度人员的作用,一旦发生装卸搬运作业障碍或停滞状态,立即采取有力的措施补救。

(2)推广组合化装卸搬运

在装卸搬运作业过程中,根据不同货物的种类、性质、形状、重量的不同来确定不同的装卸搬运作业方式。处理货物装卸搬运的方法有三种形式:普通包装的货物逐个进行装卸,叫做"分块处理";将颗粒状货物不加小包装而原样装卸,叫做"散装处理";将货物以托盘、集装箱、集装袋为单位进行组合后装卸,叫做"集装处理"。对于包装的货物,尽可能进行"集装处理",实现单元化装卸搬运,可以充分利用机械进行操作。大体上讲,组合化装卸具有很多优点,例如:

①装卸单位大、作业效率高,可大量节约装卸作业时间;

②能提高货物装卸搬运的灵活性;

③操作单元大小一致,易于实现标准化;

④不用手去触及各种货物,可达到保护货物的效果。

(3)防止和消除无效作业

所谓无效作业是指在装卸搬运作业活动中超出必要的装卸、搬运量的作业。显然,防止和消除无效作业对装卸搬运作业的经济效益具有重要作用。为了有效地防止和消除无效作业,可以从以下几个方面入手。

①尽量减少装卸次数:要使装卸次数降低到最小,要避免没有物流效果的装卸作业。

②包装要适宜:包装是物流中不可缺少的辅助作业手段。包装的轻型化、简单化、实用化会不同程度地减少作用于包装上的无效劳动。

③缩短搬运作业的距离:在货物装卸、搬运当中,要实现水平和垂直两个方向的位移,选择

最短的路线完成这一活动,就可避免超越这一最短路线以上的无效劳动。

(4)实现装卸作业的省力化

装卸搬运使货物发生垂直和水平位移,必须通过做功才能实现,要尽力实现装卸作业的省力化。

在装卸作业中应尽可能地消除重力的不利影响。在有条件的情况下利用重力进行装卸,可减轻劳动强度和能量的消耗。将设有动力的小型运输带(板)斜放在货车、卡车或站台上进行装卸,使物料在倾斜的输送带(板)上移动,这种装卸就是靠重力的水平分力完成的。在搬运作业中,不用手搬,而是把物品放在车上,由器具承载物体的重量,人们只要克服滚动阻力,使物料水平移动,这无疑是十分省力的。

利用重力式移动货架也是一种利用重力进行省力化的装卸方式之一。重力式货架的每层格均有一定的倾斜度,利用货箱或托盘可自己沿着倾斜的货架层板自己滑到输送机械上。为了使物料滑动的阻力越小越好,通常货架表面均处理得十分光滑,或者在货架层上装有滚轮,也有在承重物资的货箱或托盘下装上滚轮,这样将滑动摩擦变为滚动摩擦,货物移动时所受到的阻力会更小。

**4. 装卸搬运作业注意事项**

(1)一般操作注意事项

装卸搬运货物要注意稳挂、稳吊,不抛掼、不重放。袋装货物不要用铁钩。标志向上的货物不可倒放。

作业区内禁止闲杂人员随便进入,杜绝一切火种火源。作业前不饮酒,作业时思想集中,不打闹,不开玩笑,不赌气赌力。

作业中要严格遵守安全操作规程,不得超速、超高、超负荷,防止发生工伤及机件损坏事故。堆桩码垛时要注意人身和货物安全,不码"自由垛"和"懒垛",应达到稳固、整齐、清洁、美观、节约的要求。

作业时应根据货物的性能和操作要求,使用合理的安全防护工具,保护作业人员的安全和健康。

(2)危险品操作注意事项

①爆炸品和氧化剂的装卸搬运

严禁摔、碰、滚、撞击、震动和摩擦,要轻装轻卸。工作时要穿防护服、戴加厚口罩、风镜和手套。

②压缩气体和液化气体的装卸搬运

要注意不可在日光下暴晒。搬运毒性气体时,应戴防毒面具、手套,不可赤手操作。气瓶要拧紧安全帽,搬运时瓶口朝上,放在专用的小车上推运。液态氯和液态氨由于性能有很大的抵触,不可混存同运。

③自燃品装卸搬运

不能让物品暴露在空气中,防止氧化自燃。禁止日光暴晒,隔绝火种和热源。搬运时轻拿轻放,禁止摔滚,防止震动、摩擦、撞击。黄磷和硝化纤维片受潮受热要分解,因此要分别保管和维护。

④遇水燃烧物品的装卸搬运

切勿受雨淋或受潮,发现包装破漏应立即修补。操作时要穿工作服,戴口罩和橡皮手套。

修理后改换包装时还要佩带风镜。

⑤易燃物品的装卸搬运

作业时严禁抽烟和接触明火。不可滚动、摩擦、撞击,不可在阳光下爆晒,不可与氧化剂接触。

⑥有毒物品的装卸搬运

一定要注意防护,严禁与皮肤接触。作业时要穿防护服,佩戴滤毒口罩、风镜、手套。操作挥发性毒品或剧毒品应戴防毒面具,固体剧毒品必须戴加厚纱布口罩。工作完毕要洗手、脸、淋浴,将所用防护用品妥善保管。不得穿粘染剧毒品的工作服进入食堂及公共场所。

⑦腐蚀性毒品的装卸搬运

操作时不可肩扛、背负,严禁与皮肤接触。工作时要穿工作服、橡胶鞋,佩带橡胶围裙、橡胶手套、风镜。同时要准备稀石灰或小苏打溶液,以防酸液沾染皮肤时冲洗急救(冲洗后要再用清水冲干净)。

⑧放射性物品的装卸搬运

装卸、搬运、堆码时尽可能采用机械操作,工作时间不宜过长过累。作业时要穿好放射性物品专用防护用具,严防放射性粉尘进入体内和放射性物品接触皮肤。皮肤有破裂者不可参加作业。作业后换去工作服,用肥皂清洗手脸、漱口、淋浴后方可进食。作业完毕后必须将现场放射性残物打扫干净并埋入深土,防止完毕扩大污染。为增强工作人员的抵抗力,可按有关劳动保护规定供应适当的营养品。

**5. 装卸搬运作业安全操作技术**

(1)装卸工安全操作要求

作业开始前必须做好"三检查"。检查货物的性质、形状、规格、重量以及包装情况。检查吊具、工具、索具是否安全、齐备、完好。检查作业现场有无影响作业的障碍物。

作业时必须戴好安全帽、手套,穿好工作鞋等劳动保护用品。严禁光臂、赤脚、穿高跟鞋、拖鞋或趿拉鞋工作。

严禁在货物原包装上的铁腰、木档上起吊,吊起的货物下严禁站人。

起吊易散、易滑物品必须捆牢,防止货物落下伤人损物。

车辆行驶中严禁上下车,保险杠和板翼上严禁乘人。

装卸铁路车辆时,车上人员一般不宜超过二人,操作时应选择安全位置站立。车帮上严禁站人。吊起的货物下不得站人或停留。

起吊货物时必须挂平挂牢,不得倾斜,否则不得起吊。货物起吊后,装卸人员应用手勾推拉货物,严禁用手直接扶拉货物。

装卸人员应熟悉设备构造和性能,严禁超负荷使用和违章作业。

起吊有尖锐棱角的货物时,必须加衬垫物,防止起吊作业中发生钢丝绳损坏或断裂。

起吊货物时钢丝绳挂钩夹角应在60°左右。在夹角大于90°时,绳头必须用卸扣或S钩锁牢,防止钢丝绳滑钩。

货物装卸过程中的临时桩垛要摆放稳妥、安全可靠。过磅验收入库的货物进行堆码时必须做到安全、稳固、整齐、层次分明,并且要保证作业通道的畅通。

凡收储过去没有操作过的新品种,要由理货员和质量管理员研究制定出安全操作方案后方可进行作业。在安全措施未落实前,严禁违章冒险操作。

货物装车要码放均匀。作业完毕要关好车厢的门窗,并根据需要进行加固或加盖苫布。

各装卸作业点都应有质量管理员,并佩戴安全员标志,负责作业现场的安全生产。作业过程应当由专人指挥,统一信号,不准多人乱指挥,以保证作业人员和货物的安全。

作业完毕要及时清除现场杂物和垃圾,整理回收苫垫、包装等物料。

(2) 人力装卸搬运工安全操作要求

作业开始前必须做好三检查。检查了解货物性质、形状、规格、重量和包装情况。检查工器具是否齐备完好。检查作业现场有无障碍物,道路是否平坦,跳板是否牢固、平稳。

作业现场要清洁、畅通,夜间作业要有良好的照明。

多人同搬运一个大件货物时要有人指挥喊口号,动作要一致。

搬运笨重物件或易碎、怕震、怕碰、怕倾斜的货物时,要有专人接肩,轻拿轻放。

装卸搬运货物要严格按货物包装上标明的要求,做到一般货物不压易碎货物、大型货物不压小型货物、型钢不压管材。

人力装卸搬运作业应遵守"六不、六稳、六防"的安全操作制度。"六不"是车不停稳不上下车,行车时不坐危险地方,不向车上车下扔货物,不擅自离开工作岗位,工作时间不开玩笑、不吸烟,不违章作业。"六稳"是跳板搭稳,接稳,抬稳,走稳,放稳,垫稳。"六防"是防止掉人、掉物、掉车帮,防止绊脚跌倒事故,防止捆扎不牢,防止铁钉扎脚扭腰,防止起落乱套,防止工具反弹伤人。

作业完毕要及时清理作业现场,收拾、清点工器具。

装卸搬运危险品时还应严格执行危险品装卸搬运作业的有关规定。

拆除各种货垛时禁止数层同时拆除,防止货垛倒塌,伤人损物。

冬季作业一定要有防冻、防滑措施。

(3) 人力高空作业安全操作要求

患有高血压、心脏病、癫痫病以及其他高空禁忌病症的人员,严禁高空作业。

高空作业人员必须配备安全带和工具袋。

遇有六级以上大风时,禁止高空作业。

在建筑安装工程中,上下两层间必须设有专用的防护网或其他隔离措施,否则不准许在同一垂直线的下方工作。

作业、施工中的脚手架、斜边板、跳板和运输通道应随时清扫,如有雨、雪、冰、水要及时清理并采取有效的防滑措施。

高空拆除工程要设置溜滑槽,便于散碎物料顺槽滑下。较大的物料要使用吊绳或起重设备运送,禁止向下抛掷。

(4) 起重钢丝绳安全操作要求

钢丝绳要经常检查,妥善保管,按规定报废或更新。

严禁超负荷吊物。

每次作业前要有专人负责检查钢丝绳的磨损程度,防止作业当中出现绳索折断事故。

吊物时要使钢丝绳受力均衡。吊块状物件或有尖锐棱角货物时要在接触处衬垫保护物,防止损伤、折断绳索。

不得使用长短不等、规格不同的钢丝绳起吊货物。

(5)S钩安全操作要求

要经常检查,保持完好,严格按规定报废或更新。

要确保安全,严禁超负荷使用。

每次作业前要仔细检查S钩的磨损程度和结构情况。

严禁使用未经检测的自制S钩。

### 7.3.5 流通加工作业

流通加工是指产品从生产领域向消费领域的运动过程中,为了促进销售,提高物流效率,在保证产品使用价值不发生改变的前提下,对产品进行的加工。流通加工是物流过程中一个比较特殊环节,它具有一定的生产性质,同时它还将生产及消费(或再生产)联系起来,起到桥梁和纽带作用,完成货物所有权和实物形态的转移。通过流通加工,能够提高原材料利用率、进行初级加工方便客户、满足客户的具体要求,弥补了专业生产方面的不足,解决了产品的标准化生产与消费个性化之间的矛盾和供需矛盾。目前,在我国物流配送中心的发展过程中,流通加工作业越来越成为一项重要的作业活动。

流通加工是一般生产性加工的延伸,二者在加工方法、加工组织、生产管理方面是相同的,但在加工对象、加工程度方面差别很大,这些差别主要表现在以下几个方面:

(1)流通加工的对象是进入流通过程的产品,它具有商品的属性,生产加工的对象不是最终产品,而是零配件、半成品。

(2)流通加工程度大多是简单加工,而不是复杂加工。流通加工是生产加工的一种辅助及补充,它绝不能取消或代替生产加工。

(3)生产加工的目的在于创造产品的价值及使用价值,流通加工则在于完善产品的使用价值,并在不做大改变的情况下提高其价值。

(4)流通加工的组织者是商业或物资流通企业如物流配送中心,它们能够密切结合流通的需要进行这种加工活动,而生产加工则由生产企业来完成。

实践证明,有的流通加工通过改变装潢便使商品档次跃升而充分实现其价值,有的流通加工可使产品利用率一下子提高20%~50%。流通加工在物流中的地位是必不可少的,属于增值服务范围。例如在仓储期间进行产品混装,可以带来运输中的经济效益。如果没有这样的混装点,就要直接在生产地履行客户订单,由于货运量小,运输费率偏高。通过混装点则可以将各部分生产的零部件通过大批量运输集中到一个地点,然后根据订单组合零部件,再将混装后的货物运送到客户处。通过混装或延期,在最后工序里根据客户定单或需求配置标签或包装,从而实现个性化的定制,而在前面环节里则实现了大批量生产,这样可以大大降低物流系统运营的总成本。

流通加工是一种辅助性的加工,经过流通加工,产品会发生物理、化学等变化。流通加工内容包括装袋、定量化小包装、拴牌子、贴标签、混装、刷标记、剪断、打孔、折弯、拉拔、组装、配套以及混凝土搅拌等。

### 7.3.6 出库作业

出库是指货物离开货位,经过备货、包装和复核,装载至发货准备区,同时办理完交割手续的过程。

货物出库要根据"先进先出,推陈储新"和"接近储存期限的货物先出库"的发货原则,做到先进的先出,保管条件差的先出,包装简易的先出,容易变质的先出。对有保管期限的货物要在限期内发出。

**1. 出库形式**

按照货物交接的方式,出库可以分为自提出库、中转出库、代运出库等多种形式。

(1) 自提出库

自提出库是指由客户或其指定的人员到物流配送中心提取货物的作业方式。按出库货物的检验性质分为明确数量和不明确数量两种类型,这两种情况在出库流程上有一定区别。明确数量指根据客户或存货人开具的提货凭证,可以得到确定的出库数量(如点件的货物);不明确数量是指出库的货物不能直接确定准确的数量,只有通过检斤、检尺或过磅后才能确定实发货物的数量。

(2) 代运出库

代运出库就是客户或货主委托物流配送中心代理其发货、完成配送运输业务。在代运业务进行之前,客户要和物流配送中心签订代运合同,明确双方的权利和义务。

(3) 中转业务

中转业务是指货物由生产地运达最终使用地,中途经过一次以上落地并换装的一种运输方式。货物在中间仓库或站点不经过验收、入库过程,直接从一个运载工具换到另一个运载工具;或者货物到达仓库后部分入库,部分直接发往其他地方。中转业务因出库方式不同分为中转自提和中转代运两种方式。物流配送中心必须与客户或货主签订中转合同才能开展此项业务,在合同中将规定货主采取何种中转出库方式。

**2. 出库程序**

(1) 核对出库凭证

货物出库(包括过户、转库、取样)必须凭客户(货主)或物流配送中心有关部门(业务受理员)开出的货物提单发放。

如果发货业务是完全依据客户(货主)的指令进行,那么在发货之前要认真核对如下内容:对照货主留存的货物提单样张,防止假冒;对照货主留存的印签,查验提单上的印签与之是否相符,印签是否齐全。发现假冒单证及伪刻印章交保卫部门处理。印签不齐不发货。同时,核对货物提单所开各项内容与所存货物是否相符,发现错开、漏开、涂改等情况要与货主联系,拒绝发货。查对提货日期,超过提货期限的出库凭证不发货。

(2) 备货

接到提单后,要查对帐和货物档案,逐项验明提单所开品名、规格、型号、材质等是否正确,是否属于客户存放的货物,数量是否在库存数额之内。如有不符与货主或业务受理员联系更正,完全相符后方可备货。

开始备货前,要根据帐卡上记载的库区货位,查对货垛上悬挂的货牌和实物,确认无误后方可备货,避免张冠李戴,造成备错、发错货事故。

应该做到按单备货。备货数量(实发数)要根据提单开列的数量(应发数)从严掌握,正负差一般不得超过最小的块、条,检重货物一般不得超过5%。如因不便拆件、拆包装而必须多发或少发时,要得到货主的同意,物流配送中心无权随意增减数量。

备好货后要在出库码单和发运单上分别详细写明数量。特别是有色金属和贵重金属更要填写详细,不得马虎从事。将出库码单、质量证书(合格证)、包装计费单等与实物同行的有关资料配齐,签单送配送发运部门托运,做到单货同行。

(3)复核

认真坚持发货复核制度可以防止多发、少发、错发等差错事故的发生,避免由此造成的经济损失。未经复核的货物不准出库发运。

(4)包装整理

理货员或复核人员在复核发货的同时,要检查包装或捆扎是否符合作业标准,以确保货物运输安全。例如,箱(包)装货物出库,包装要完整,破损不出门;捆扎货物出库,腰箍要捆紧扎牢,散(松)捆不出门;化工桶用草绳捆扎牢固,打成二横四竖;电线、电缆要包紧,结头要扎牢;有色金属材料、细小薄货物出库,要分别用木夹板、草席、麻布条包装和捆扎,(钢材)板材用打包机打包,长条形货物包扎好后,每米打一道铁丝。

另外,理货员还要检查防止货物混淆。例如,品名相同、规格一样而材质不同、互有影响的货物不得混装一起,以防混淆;品名、规格、材质等都相同,不同时间、同一到站的货物,要做到不同的发货标志以便区分和识别,避免到达目的地后发生错误、错收等事故。

(5)发运标志

在货物的两侧使用统一印制的发运标记。发货标志字迹要清楚,要挂紧贴牢,防止丢失。发货票签或标牌要使用承运部门统一规定的式样,要悬挂或张贴。

利用旧包装发货的,发货前要将原包装上的标记清除掉,避免错发、串发事故的发生。

货物发运质量直接影响货物流通的速度和货物运输安全。按照"及时、准确、安全、经济"的货物发运原则,做到出库的货物包装牢固,符合运输要求,包装标志和发货标志鲜明清楚;要单证齐全,单货同行,单货相符;要手续清楚,货物交接责任分明,确保货物运输顺利进行,收货单位能准确、及时收到货物。

(6)登帐

货物发出后要及时登销帐目,同时核对库存实物,避免因登错或漏登造成帐、卡、物不符。出库凭证记帐完毕后,要按月份和发货时间的先后顺序装订成册备查。

(7)清理

货物发出后,一是要清理帐务,即清理单据、核对帐目,出现盈亏的要办理盈亏手续,确保帐、卡、物三相符。清理后的单据、资料、货物档案要装订保存和归档备查。二是要清理货场,即翻桩调位,核对、订正货牌,整理、回收废旧物料,清理、打扫现场。

### 7.3.7 配送作业

所谓配送作业就是利用配送工具或车辆把客户订购的货物从制造厂、生产基地、批发商、经销商或物流配送中心,送到客户手中的工作。

**1. 配送作业的基本原则**

配送服务是物流配送中心直接面对客户的服务,其服务的优劣对物流配送中心的效益和信誉影响较大。因此,在配送作业中必须坚持如下的原则。

(1)时效性

所谓时效性就是能在指定时间内交货。

(2) 可靠性

可靠性是指完好无缺地把货物送到客户手中。

(3) 友好性

送货人员是代表物流配送中心的形象在和客户交往,因此必须以最佳的服务态度对待客户,从而维护物流配送中心的信誉。

(4) 便利性

为让客户方便,一定按客户的要求送货,如紧急送货服务等。

(5) 经济性

满足客户要求,不仅品质要好,而且价格要合理。通过物流配送中心精心运作,降低成本,对客户收费低廉,让客户感到实惠。

**2. 配送作业活动**

从配送的作业过程来看,主要包括配装、运输配送、送达服务三项重要作业活动。

(1) 配装作业

配装是对多用户、少批量、多品种货物的配送所进行的装车作业,是为提高车辆满载率,保证装运安全,提高运送效率而采用的组装车措施。

在单个客户配送数量不能达到车辆的有效载运负荷时,就存在如何集中不同客户的配送货物,进行搭配装载以充分利用运能、运力的问题,这就需要配装。和一般送货不同之处在于,通过配装送货可以大大提高送货水平及降低送货成本,所以,配装也是配送系统中有现代特点的功能要素,也是现代配送不同于以往送货的重要区别之处。

配装必须首先了解货物形态特点,互相有影响的货物不能配载,保证运输安全;其次要讲求装载方法,重心要低,放置紧密,提高车辆装载量和安全程度。

(2) 配送运输作业

配送运输作业是将配好的货物利用汽车等运载工具送到客户手里的运送过程。

配送运输作业的规划和实施,对物流配送中心的作业成本和效益影响很大。在实际运输配送的作业分派过程中,受许多动态、静态因素的影响。动态因素主要包括车流量变化、道路施工、客户变动、车辆变化等;静态因素主要包括客户的分布区域、道路交通网络、车辆通行限制、送达时间要求等。因此,必须做好运输配送的作业规划和安排,科学地进行组织,方可提高配送效率和效益。

配送运输由于配送用户多,一般城市交通路线又较复杂。如何组合成最佳路线,如何使配装和路线有效搭配等,是配送运输的特点,也是难度较大的工作。如何集中车辆调度,组合最佳路线,采取巡回送货方式,是运输配送活动中送货组织需要加以解决的主要问题。

配送运输车辆的调配,必须按送货批量和送货间隔、每次配送客户多少、货物形态特点等因素加以确定。送货批量大而选择车型小,会增加送货次数;送货批量小而选择车型大,会浪费运力。此外,还要按货物形态特点选择不同车型,如用棚车还是用敞车,车型选择不好会造成送货中货物损坏,影响送货经济效益。因此,在车辆调配上要做出最佳选择。

送货运输路线选择也是很重要的问题。必须结合客户多少、各客户距离、配送需要量的大小、交通线路情况、车辆条件等,综合各种影响因素进行分析计算,选择最佳方案,最终达到运送时间短、运送速度快、运输成本低、货物安全到达客户的目的。

(3) 送达服务作业

配好的货运输到客户还不算配送工作的完结,这是因为送达货和客户接货往往还会出现不协调,使配送前功尽弃。因此,要圆满地实现运到之货的移交,并有效地、方便地处理相关手续并完成结算,还应讲究卸货地点、卸货方式等。交货是配送活动最后的作业,它是把运送到客户的货物,按客户要求,在指定地点进行卸车、办理核查、移交手续等作业活动。送达服务也是配送独具的特殊性。

送货交货是配送最后一环,直接和客户接货人接触,对协调与客户的关系,取得较好评价有决定性影响。如果和客户在接触中协调不好,就会使配送前功尽弃。因此,送货人必须讲究态度,周到服务、充分协调,圆满完成送达交货任务。

**实例 7-3 阿里联姻海尔投资物流**

2013 年 12 月 9 日,阿里巴巴集团与海尔集团旗下海尔电器联合发布战略合作公告:阿里集团对海尔电器进行总额为 28.22 亿元港币的投资,并与海尔日日顺物流合作,共同提升大件物流"最后一公里"配送服务。

在阿里巴巴集团与海尔集团合作之前,海尔电器旗下的日日顺物流很少引起业界关注。阿里巴巴的注资使得深藏的日日顺物流摆在了公众面前。而根据海尔提供的数据,日日顺物流在全国建立了 7600 多家县级专卖店,2.6 万个乡镇专卖店,1000 多家社区店,19 万个村级联络站,以及在全国 2800 多个县建立了物流配送站,布局了 1.7 万多家服务商,解决了三四级市场的配送难题,而且日日顺物流不仅在家电领域非常专业,其网点覆盖的广度和纵深上也超过京东、苏宁,尤其在纵深上,日日顺避开激烈竞争的一二线城市,运用加盟的形式在三四线城市广布配送渠道和网络,做好了战略布局。

近几年来,物流投资与电商消费形成互相促进的良性循环。即便如此,我国物流格局依然存在重一二线城市,轻三四线城市的事实。在一二线城市如火如荼的电子商务,到三四线城市却门可罗雀。即便大多数电商宣称的是"全国送达",事实上却多指城市区域,如果想要送达到农村周边基本上不能实现。其根本原因在于电商物流基础的严重不足,最后一公里仍然是不可逾越的鸿沟,这一态势在大件物流的配送中表现得尤为突出。而海尔电器旗下的日日顺物流却通过自身足够多、深入到乡镇的经销商弥补了这一缺陷。

日日顺作为海尔电器的物流品牌,其实很早以前就确定了要向外发展,争取成为具备开放平台性质和能力的自建物流体系,而这一点无疑与马云的物流平台型战略不谋而合,也为双方合作奠定了基础。另一方面,日日顺物流一旦成为继"菜鸟"、京东物流之外,另一个具备开放平台性质和能力的自建物流体系,可衍生的增值服务不亚于零售业务本身。分析人士指出,作为国内首个过千亿的传统企业,海尔正在面对一家制造型企业在互联网时代转型中可能碰到的所有问题,此次与阿里巴巴合作显然就是要借助阿里的电商网络优势。另据了解,目前日日顺的配送中,70%到80%的订单均来自海尔自有品牌(线上大致在50%到60%),剩余的20%到30%之间是天猫的个体小卖家和小品牌。同时在整个家电市场,海尔品牌线上市场份额超过10%,在一个品牌集中度高、相对标准化的领域中,非海尔系的家电品牌仍然徘徊在日日顺物流体系之外。因此,日日顺物流未来的机会将更多的会锁定在长尾市场和后端服务体系,尤其是针对淘品系、进出口品牌。实际上,日日顺物流希望在短期内做到海尔系订单与非海尔系订单各占一半。这也意味着,将会有50%的品牌商的用户数据被海尔和阿里巴巴掌握,而新增的订单中也包括像家具这样的非标品类,这也与天猫接下来O2O方向非常契合,在一定程度上反映了阿里巴巴这笔投资的价值所在。

资料来源:阿里联姻海尔投资物流[J]. 中国物流与采购,2014(1):42-43.

## 7.4 物流配送中心作业信息及单据

物流信息是连接运输、保管、装卸、包装各环节的纽带,没有各物流环节信息的通畅和及时供给,就没有物流活动的时间效率和管理效率,也就失去了物流的整体效率。充分掌握物流信息,能使物流配送中心减少浪费、节约费用、降低成本、提高服务质量,确保物流配送中心在激烈的市场竞争中立于不败之地。

物流信息管理是对物流信息进行采集、处理、分析、应用、存储和传播的过程。在这个过程中,通过对涉及物流信息活动的各种要素如人员、技术、工具等进行管理,可以实现资源的合理配置。在信息的收集、整理、加工过程中,尤其要注意避免信息的缺损、失真和失效,保证信息的及时、准确、全面。除了技术保障外,实现对信息的有效管理还需要强化物流信息活动过程的组织和控制,建立有效的管理机制;同时要加强交流,信息只有经过传递交流才会产生效用,使信息增值,所以要有信息交流、共享机制,以利于形成信息积累和优势转化。

根据物流配送中心各作业环节的实际情况,总结出其作业信息和单据的类型,如图 7-7 所示。

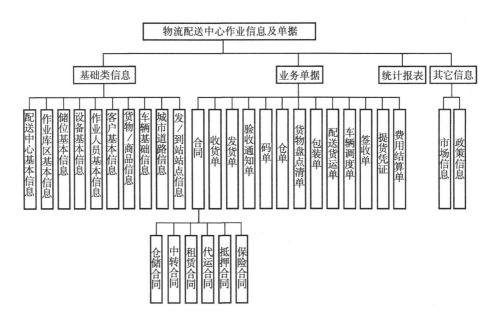

图 7-7 物流配送中心作业信息及单据

### 7.4.1 基础类信息

**1. 配送中心基本信息**

物流配送中心是指开展物流配送业务的、具有独立法人资格的实体。其基本信息主要包括工商注册信息、印签信息、联系信息及企业从业人员状况、作业区域情况、铁路专用线情况等信息。

工商注册信息应包括:名称、企业代码、上级主管部门、经济性质、注册资金、注册地址、营业地址、法人代表、经营方式、经营范围、营业执照号、全国统一标识代码、国税号、地税号、开户行、银行帐号。

印签信息主要是物流配送中心印章图形信息。

联系信息应包括:联系人名、联系人身份证号、电话号码、传真号、电子邮件地址。

企业从业人员状况包括:员工总人数,基于文化程度、年龄、性别等指标的人员构成。

作业区域情况包括:仓储区占地面积、使用面积、库房面积、货场面积、料棚面积。

铁路专用线情况包括:铁路到站、专用线名称、专用线长度、站台(库)面积。

**2. 作业库区基本信息**

作业库区基本信息主要包括仓储作业区代码、仓储作业区名称、建筑类型、仓储作业区类型、仓储作业区面积、仓储作业区高度、地面负荷、储位个数和仓储作业区状态。

对于仓储作业区域,应按照区、排、位和层、行、列设计编码。推荐使用10位数字代码,编码规则如下:

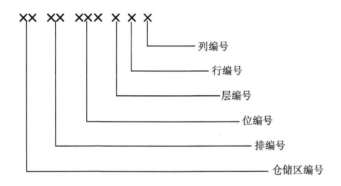

仓储作业区类型用于标明仓储作业区是库房、货场还是料棚。

仓储作业区状态应标明仓储作业区是否可以使用。当仓储作业区在已满、装修和检修的时候,仓储作业区状态应该标明仓储区当前不可使用。

**3. 储位基本信息**

储位基本信息主要包括储位代码、储位名称、储位类型、储位面积、储位高度、储位长度、储位宽度、地面负荷、储位数、储位状态。

储位类型用于标明储位是平面、立体或者其他特殊形状。

**4. 设备基本信息**

设备信息主要包括设备代码、设备型号、生产厂家、出厂编号、起重/运输吨位、出厂日期、购买日期、启用日期、报废期限、设备状态。

设备状态用于标明设备是否可用,处于检修还是空闲等状态。

**5. 作业人员基本信息**

作业人员信息主要包括人员代码、姓名、性别、身份证、岗位、所属班组以及在管理中用到的其他信息。

### 6. 客户基本信息

客户是指在物流配送中心中存放货物的企业法人,是物流配送中心服务的对象。

客户信息主要包括客户的工商注册信息、联系信息、客户资信情况。

工商注册信息包括客户代码、客户级别、客户地址、登记时间、法人代表、法人身份证号、全国组织机构代码、注册资金、国家税务局登记号码、地方税务局登记号码、开户行帐号、经济类型、经营范围、主要产品、印签。

联系信息应包括联系人姓名、联系人身份证号、联系电话、传真号、手机号码、电子邮件地址。

资信情况包括信用等级、欠费情况、结存费用。结存费用是对预付款的客户而言的,欠费情况是对后计算费用的客户而言的。

### 7. 货物/商品信息

货物信息应包括货物序号、货物代码、货物性质、货物品名、规格型号、产地、生产厂家、生产日期、批号、有效期、码放要求、检验标准、保管标准、货物体积、单件重量、计量单位、厂家条码、仓储管理条码。

### 8. 车辆基础信息

车辆信息应包括车辆编号、车牌号、所属城市、车辆类型(机车/挂车/车头等)、发动机号、车架号、车型、车厢类型(一般/密封/保温/冷冻等)、车辆品牌、购车时间、油箱容积(升)、核定载重、最大载重、最大容积、车厢净宽、车厢净长、全封闭高度、半封闭高度、自带附件、营运证号码、养路费号、保险卡号码、保险卡电话、车辆所属(自有/社会)、车辆状态(正常/年审/修理/报废等)。

### 9. 城市道路信息

道路信息包括道路序号、道路名称、长途/市内标志、起始城市、终点城市、运输方式、道路等级、总距离(公里)、总天数(天)、总小时(小时)、停靠点个数/节点数、加油站个数、收费关卡数、关卡收费总额、道路综合情况。

### 10. 发/到站站点信息

站点信息包括站点编号、站点名称、所属城市、所属省份、所属地区、邮政编码、电话区号、道路概况。

## 7.4.2 业务单据

### 1. 仓储合同

仓储合同基本信息应包括:
(1)存货人的名称、存货人代表的联系方式;
(2)仓储物的品种、数量、质量、包装、计量单位;
(3)仓储物的损耗标准;
(4)仓储合同有效期:合同起始期、合同截止期;
(5)仓储要求:货物代码、规格型号、保管要求;
(6)仓储费用:费用类型、收费方式、货物类别、收费标准、收费单价,合同所约定若干种货

物保管要求及收费标准,预付款情况;

(7)其他事宜:是否有折扣、折扣率、违约责任、滞纳金;仓储物已办理保险的保险类型、保险公司、保险起始期、保险金额、保险期间以及保险人的名称,签定日期、配送中心人员代表。

**2. 中转合同**

中转合同基本信息应包括:

(1)委托中转经办人信息:姓名、联系方式;

(2)中转货物的品种、数量、收货人、收货人地址、收货人邮编、到站(港)、联系人、联系人电话号码、联系人传真号码、电子邮件地址、运输方式、中转期限、中转方式;

(3)中转货物的损耗标准;

(4)中转合同有效期:合同起始期、合同截止期;

(5)中转收费:收费方式、中转费用、计算方式、超期收费、预付款情况;

(6)其他事宜:是否有折扣、折扣率、违约责任、滞纳金;货物已办理保险的保险类型、保险公司、保险起始期、保险金额、保险期间以及保险人的名称,签定日期、配送中心人员代表。

**3. 租赁合同**

租赁合同基本信息应包括:

(1)承租代表人信息:姓名、联系方式;

(2)租赁地点:租用地点名称、位置;

(3)租赁合同有效期:合同起始期、合同截止期;

(4)租赁收费:收费标准、租赁合同号、租用内容、租用数量、计算方式、租金单价、收费方式、超期收费、预付款情况;

(5)其他事宜:管理方式、管理费计量单位、管理费单价、违约责任、滞纳金,签定日期、配送中心人员代表。

**4. 代运合同**

代运合同基本信息应包括:

(1)委托代运经办人的名称、联系方式;

(2)代运货物的品种、数量、收货人、收货人地址、收货人邮编、到站(港)、联系人、联系人电话号码、联系人传真号码、电子邮件地址、运输方式、到站(港)、专用线;

(3)代运合同有效期:合同起始期、合同截止期;

(4)代运收费:代理费、运费单价、其他费用单价、收费方式、计算方式、预付款情况;

(5)其他事宜:货物已办理保险的保险类型、保险公司、保险起始期、保险金额、保险期间以及保险人的名称;违约责任,签定日期、配送中心人员代表。

**5. 抵押合同**

抵押合同基本信息应包括:

(1)存货人、存货人代表名称或姓名、联系方式;

(2)抵押货物的品种、计量单位、数量、存量下限、抵押货物范围、联系人、联系人电话号码、联系人传真号码、电子邮件地址;

(3)抵押合同有效期:合同起始期、合同截止期;

(4)抵押收费:计费方式、收费方式、预付款情况;

(5)其他事宜:货物已办理保险的保险类型、保险公司、保险起始期、保险金额、保险期间以及保险人的名称;违约责任,签定日期、配送中心人员代表。

**6. 保险合同**

保险合同基本信息应包括:

(1)保险公司名称、保险公司联系人、联系方式;

(2)投保货物的品种、数量、保险类型、最低保险费、免赔额、保险费折扣;

(3)保险合同有效期:合同起始期、合同截止期;

(4)保险费用:保险费率、计费方式、结算方式、预付款情况;

(5)其他事宜:违约责任,是否自动延期,签定日期、配送中心人员代表。

**7. 收货单**

收货单的基本信息应包括:

(1)存货人信息:名称、代码、对应的仓储合同号;

(2)发货人信息:名称、联系人、发货站、到货方式;

(3)承运人信息:名称、联系人;

(4)预计到货时间:到货日期、交接人、交接时间;

(5)货物信息:货物类别、验收技术标准、计量单位、应到货数量、计量单位;

(6)实际到货信息:收货单编号、填表日期、到货日期、到货记事、验收记事、代垫费用、车船号、运单号、货物代码、数量、计量单位、外观质量、卸车位;

(7)配送中心作业人员信息:接运员及印签;

(8)其他信息:收货单编号、收货单备注信息。

**8. 发货单**

发货单的基本信息应包括:

(1)提货凭证信息:发货单编号、货物名称、规格型号、批号、存放储位、计量方式、计量单位、应发数量、码单号;

(2)提货人信息:提货人名称、提货经办人姓名、经办人证件名称、经办人证件号码、经办人地址、经办人电话;

(3)存货人信息:存货人名称、仓储合同号;

(4)收货人信息:收货人名称、收货人地址、收货人电话、邮政编码、到站、到货目的地;

(5)发生费用:出库费、装卸费、包装费、运杂费、中转费、其他费用、费用合计、结算方式;

(6)发运详细情况:备货位、备货日期、预计发运日期、备货完成日期、发货日期、出库方式、车船号、联系人、到站、专用线名称;

(7)配送中心作业人员信息:业务受理员签名信息、理货员签名信息、结算员签名信息,复核人员签名信息;

(8)保险情况:保险公司、保险起始期、保险截止期、保险金额;

(9)其他信息:发货项目备注、制单时间、发货单备注等。

**9. 验收通知单**

验收通知单主要描述验收对象和验收标准。验收通知单的基本信息应包括:

(1)合同信息:仓储合同编号、存货人、货物类别、计量方式、计量单位、包装方式、保管要

求、结算方式;

(2)货物信息:货物名称、规格型号、生产日期、批号/批次、外观质量、数量、计量单位、到货日期、产地、生产厂家、车船号、运单号;

(3)应收:应收数量合计、计量单位;

(4)实收:实收数量合计、计量单位;

(5)配送中心作业人员:业务受理员签名、理货员签名、结算员签名、复核人员签名;

(6)其他信息:验收通知单号、收货单号、保管人、仓储区代码、验收人、制单人、制单日期。

**10. 码单**

码单的基本信息应包括:

(1)货物信息:货物名称、规格型号、批号、等级、保质期;

(2)当前码放信息:储位号、货牌号、序号、垛号、层号、列号、顺向、数量、计量单位;

(3)待发货物信息:已发未出库数量、计量单位、预计车船号、发货形式、发货状态、发货单号、发货人;

(4)配送中心作业人员:业务受理员签名、理货员签名、结算员签名、复核人员签名;

(5)已发货物信息:发货单号、发货时间;

(6)其他信息:码单号、验收通知单号。

**11. 仓单**

仓单的信息应包括:

(1)存货人信息:名称、业务联系人、联系方式、仓储合同号;

(2)货物信息:货物名称、规格型号、批号、等级、保质期、保管特殊要求、结算方式;

(3)到货信息:收货单编号、到货方式、到货日期;

(4)验收信息:验收通知单号、验收标准、损耗标准、计量方式、数量、计量单位;

(5)码放信息:码单号、验收通知单号;

(6)保管人(仓库)信息:名称、地址、联系电话、传真号码;

(7)配送中心作业人员:业务受理员签名、理货员签名、复核人员签名;

(8)危险品:是否属危险品,危险级别;

(9)其他信息:仓单号、仓单有效期限、仓单的密码、配送中心印签、制单日期。

**实例7-4 防范仓单重复质押 首家全国物流金融服务平台上线**

2014年6月15日,国家级行业协会联合支持的首家全国性物流金融业务全过程管理与增值服务平台正式上线。据相关人士介绍,中国物流金融服务平台上线的首要功能,就是针对此前物流金融中时有出现的"重复质押"手段。

中国银监会统计部副主任叶燕斐对《每日经济新闻》记者表示,这个平台对仓单重复质押有一定限制作用,但是对假单并没有太大制约性,假单主要是骗贷,要靠第三方监管,我国应该完善第三方监管的责任和义务。

1. 解决信息孤岛问题

近年来,物流业与金融业的融合愈加深化,物流金融业务取得了突飞猛进的发展,市场规模迅速扩大,《每日经济新闻》记者从在北京举行的新闻发布会现场获悉,物流金融业务规模在2012年已达到3万亿元。

然而,从华东钢贸危机到近期青岛港融资骗贷事件,均暴露出物流金融业目前面临的风险。

中国物流金融服务平台总策划刘景福表示,现在,无论是金融企业还是物流企业,物流金融业务的瓶颈开始出现,在越来越广的管理跨度下,金融业、物流业和第三方监管企业管理手段相对落后,团队建设比较滞后,全行业的管理比较薄弱。

"随着国民经济下行压力,中小企业面临资金断裂的风险,有些企业铤而走险,重复质押解决资金需求。同时,在客户、银行业、物流企业信息不对称的前提下容易产生误导,信用体系缺失等都是物流金融风险的重要原因。"刘景福说。

据了解,国内开展物流金融业务的银行,基本上都与多家大型物流企业签订了"总对总"合作协议,但是整个物流金融业务基本上属于点对点各自经营的状态,造成了银行与银行之间、物流监管企业与物流监管企业之间的跨行、跨企业之间信息的不对称,各自形成信息孤岛,进而导致物流金融业务隐藏着极大的潜在风险。

"对于出现的恶性事件,监管员可以通过建立失信人名单制在平台上查询到,而一些质押资产可以在平台上拍卖。"刘景福说。

2. 第三方监管有待完善

据中国物流金融服务平台人士介绍,与战略合作伙伴中国仓储协会共同建设的"全国担保存货管理公共信息平台",是一个针对担保存货第三方管理企业的备案、资质、仓储管理与仓单管理的公共信息平台。

商务部流通业发展司副司长王选庆表示,上述平台关键是取得银行的信任,这个平台由各方协会联合支持,跨行业的协会联合支持尚属首例,对银行、物流企业、融资企业都有益处。

"从政府的监管角度来说,物流金融业涉及很多部门,商务部去年出台了仓储业转型升级的指导意见,制定了动产质押监管企业评估标准、服务规范,今年将出台担保、第三方管理规范国家标准,下一步将准备与银监会等相关部门密切配合,开展相关的调研。"王选庆说。

叶燕斐表示,目前,整个物流等批发零售的不良率可能超过工业生产、农业生产等领域,最主要原因就是缺乏一个金融基础设施,也就是动产质押登记系统,造成物流行业、批发零售行业重复质押,第三方监管又没有履行责任。

据叶燕斐介绍,美国动产质押都需要有登记,为了避免一个动产多次到不同银行质押,一个地区的银行就组织起来,并成立动产登记部,企业业主的名单按照字母排序,后来随着由州运作,经济署专门做动产质押,起到了公示、排序的作用,而且各州都联网,银行随时可以查到企业对动产的质押情况。

不过,叶燕斐也坦言,这个平台对仓单重复质押有一定限制作用,但是对假单并没有太大制约性,假单主要是靠骗贷,我国应该完善第三方监管的责任和义务。

某物流公司总经理向《每日经济新闻》记者表示,此前出现一些假仓单主要原因就是没有人管。

"美国第三方监管个人要投责任险,而且需要联邦政府发执照才有资格监管,时常进行突击检查,所以第三方监管制度和动产登记质押是我们避免物流或者整个批发行业减少融资难、融资贵的基础设施,中国目前第三方监管还比较缺失。"叶燕斐表示。

资料来源:http://www.nbd.com.cn/,每日经济新闻,2014-06-16.

针对仓单的电子交易,中华人民共和国国家标准《电子商务仓单交易模式规范》(GB/T 26839—2011)规定了电子商务在线仓单交易模式框架、基本流程和所涉及的交易商入市、仓单品种定义、在线仓单交易、资金结算、货物交收和信息发布等业务内容,适用于电子商务在线仓单交易中心的交易活动。

**12. 货物盘点清单**

货物盘点清单的基本信息应包括:
(1)盘点范围信息:存货人、货物储位、货物大类、货物名称;
(2)货物盘点信息:货物名称、实际储位、帐面件数、帐面数量、帐面重量、实盘件数、实盘数量、实盘重量、盘点日期、复核日期;
(3)配送中心作业人员:制单员签名、理货员签名、复核人员签名;
(4)其他信息:存货人代表提供的件数、数量、重量及核实日期。

**13. 包装单**

包装单的基本信息应包括:
(1)包装汇总信息:包装单编号、被打包货物种类、重量、体积、总包数;
(2)包装明细信息:包装序号、货物名称、数量、重量、体积;
(3)配送中心作业人员:制单员签名、打包员签名、复核人员签名;
(4)费用信息:打包费、切割费、材料消耗费;
(5)其他信息:发货单、加工单,备料日期、包装日期。

**14. 配送货运单**

配送货运单的基本信息应包括:
(1)存货人信息:名称、业务联系人、联系方式、代运合同号、发站地;
(2)收货人信息:名称、业务联系人、联系方式、地址、到站地;
(3)货物信息:货物名称、数量、重量、体积;
(4)费用信息:包干费用、非包干费用、预收费用、实收费用;
(5)其他信息:接单时间、货运方式、结算方式。

**15. 车辆调度单**

车辆调度单的基本信息应包括:
(1)货运公司信息:名称、业务联系人、联系方式、车辆、司机;
(2)收货人信息:名称、业务联系人、联系方式、地址、到站地;
(3)调度信息:配送业务员、调度日期、要求起运日期、要求到达日期、要求行驶路线;
(4)货物信息:货物名称、数量、重量、体积;
(5)费用信息:包干费用、非包干费用、预付费用、实付费用;
(6)其他信息:运输投保、投保费用。

**16. 签收单**

签收单的基本信息应包括:
(1)收货人信息:名称、业务联系人、联系方式、地址、到站地;
(2)签收信息:收货签收人、收货时间,正点运到、无破损确认结果;
(3)货物信息:货物名称、实收数量、实收重量、实收体积、破损数量、破损重量、破损体积、赔偿数量、赔偿重量、赔偿体积;
(4)费用信息:收货人实付运输费用、货运公司破损赔偿金额;

(5) 其他信息：运到延期原因、收货人拒收原因。

**17. 提货凭证**

提货凭证的基本信息应包括：

(1) 保管人（仓库）信息：名称、地址、联系电话、传真号码；

(2) 存货人信息：名称、业务联系人、联系方式、存货人印鉴；

(3) 提货人信息：名称、经办人姓名、经办人电话、经办人证件名称、经办人证件号码、提货时间、提货车船号、结算方式；

(4) 提取货物信息：货物名称、规格型号、提取数量、计量单位；

(5) 配送中心作业人员：业务受理员签名、理货员签名、复核人员签名；

(6) 其他信息：提货凭证号、配送中心印鉴、验收通知单号、码单号、备注信息、开单日期、有效期。

**18. 费用结算单**

费用结算单是物流配送中心对外收费的凭证。费用结算单的信息应包括：

(1) 费用类别；

(2) 计费标准：仓储合同号；

(3) 结算时间；

(4) 费用支付人；

(5) 费用明细：仓储费、装卸费、分拣费、加工费、管理费、包装费、出库费、进库费、代理费、代垫费、劳务费、运杂费，实收费用、预收费、欠费；

(6) 收费人：收费员代码。

### 7.4.3 统计报表和其他信息

**1. 统计报表**

统计报表由各物流配送中心根据其管理的需要而制定。通常，有如下几种类型的统计报表：收货统计报表、发货统计报表、库存统计报表、配送业务统计报表、作业工作量统计报表等。

**2. 市场信息**

物流配送中心的经营管理活动，离不开市场信息。其经营过程，实际上是一个信息处理过程。在 21 世纪，买方市场的特征更加明显，市场竞争更为激烈。为了在市场竞争中获胜，物流配送中心对市场信息的依存性日益加强。与此同时，信息量激增，经营管理对市场信息的识别、收集、加工和应用的要求日益加大。

一般地讲，物流配送中心所涉及的市场信息主要包括市场环境信息、消费者及其行为信息、顾客或用户信息、消费需求信息、商品生产信息、商品供应信息、供求关系信息、竞争信息、产品信息、价格信息、销售渠道信息、促销信息、国际营销环境信息等。

**3. 政策信息**

当然，在搞好企业经营管理时，单单掌握物流信息是不够的，商流信息如销售状况、合同签约、批发与零售等信息，同行业企业商流、物流信息，乃至一个国家的政治、经济、文化信息，包括政治事件、经济政策、重大项目计划、股市、金融、保险、国民经济重要指标、失业率等信息，都是企业经营所不可缺少的。

## 7.5 案例:医药物流配送中心作业管理与策略优化研究 ——以 S 公司为例

S 医药物流公司目前具备了一定规模的存储仓库、运输交通工具以及一定程度的信息化系统,从本质上来讲具备现代医药物流的基本条件。但财务报表分析的结果却显示,该公司医药转运和配送环节效率比较低下,分拣和配送环节成本过高,用户的满意度也存在一定的问题。针对这一现状,从智能硬件系统、智能软件系统以及立体化存储系统方面对该公司的医药物流配送中心进行了改进。

**1. 配送作业流程简介**

S 公司药品配送中心的配送步骤主要包含以下几个部分:订单信息录入、分拣操作、转运操作和配装操作。细的描述如图 7-8 所示。

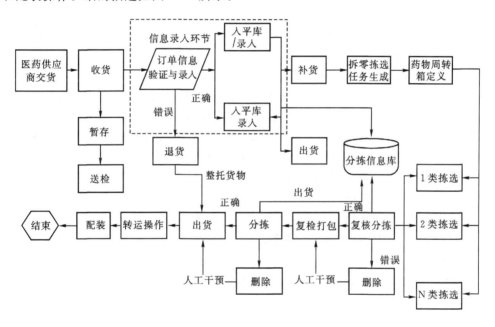

图 7-8 医药物流配送中心的作业流程

**2. 配送中心的优化内容**

针对该医药物流配送中心各方面的不足,对配送中心作业管理与相关策略进行了优化。具体内容包括以下几方面内容。

(1)升级智能化硬件设备

智能化硬件设备可以有效减轻人员工作强度,提高操作效率,并能与信息管理系统进行无缝对接,是未来物流系统中必不可少的工具。优化方案中建议增加的智能终端设备包括手持式终端条码识别器、触摸平板式信息显示器、RFID 元件、GPS 定位设备等。

①手持式终端条码识别器。可以通这种设备识别和读取条码的信息并同时完成药品数据和状态的动态更新,该设备对信息的处理过程直接与中央服务器进行同步,实现信息的实时化

处理，减少人工操作可能导致信息延时和数据不一致。

②触摸平板式信息显示设备。该设备方便携带，能与中央服务器的订单、拣货信息和配送信息进行同步，方便用户实时查看订单信息、库存信息以及货物存放位置等内容，并能够使操作员利用触摸机制提供人性化的反馈。

③RFID元件。包括RFID标签和标签读写器，读写器可对标签进行非接触式感应，可用于货物位置感应等场合。

④GPS定位设备。该设备主要用于配送环节，配送人员利用该设备获取自己的位置信息，并实时与配送中心的服务器进行同步，方便配送中心结合交通路况信息和用户目的地进行最优路径的建议。也可使用户获知货物在配送路线上的位置，方便其估计货物的送达时间，提高了用户的满意度，并可以减少由于用户不在目的地造成的无效配送。

(2) 升级用于智能化分拣及库存布局的软件系统

①智能化分拣系统。该系统主要用于智能建立分拣信息库，将订单信息转化为最合理的分拣信息。订单信息录入人员对订单进行录入操作后，中央信息服务器对订单进行自动化处理。按照药品的存放位置、拣货员的位置及拣货员的工作负荷，对不同订单的信息进行智能整合，生成按照位置和方便拣货员进行拣货的最优路径的拣货清单。同时通过无线方式将清单发送到最方便取货的拣货员信息显示终端上，方便其进行工作。

②智能化库存布局系统。该系统主要用于仓库中各种药品货物存放位置的智能确定，能根据历史库存和历史拣货数据，利用大数据技术做出最优存储位置的计算。仓库中货物的位置及其库存数量需要进行合理布局和控制。改进的方案中，我们利用大数据技术对关联性较强的药品进行了聚类处理，使其放置较为接近，从而方便拣货员进行取货操作。具体利用的是基于复杂网络的社团发现技术，该技术为近几年发展起来的网络数据挖掘技术。

(3) 升级仓库立体化存储体系

仓库的布局需要满足库房面积的有效利用和拣货方便的需求，并且能充分利用立体存储的优势。为了满足立体化存储的需要，我们补充的具体硬件设置有立体化升降机、桥式堆垛起重机和部分叉车。

立体化升降机主要用于对大宗货物进行立体化存储，将其搬运到较高的存储单元中。桥式堆垛起重机是针对高层货架上存储货物的专用起重机，具有占用场地小、设备轻便的优点，可以实现高层货架物品的高效率搬运。它采用高空横梁提供支撑，可以实现传统仓库的自动化改进。

另外，立体化系统中还采用了阁楼式搁板货架，用于存储以周转箱以及原包装箱为包装形式的药品存货，高度也通常与人体功能学比较符合，便于相关人员进行存取工作。

资料来源：徐静. 医药物流配送中心作业管理与策略优化研究——以S公司为例[J]. 物流技术，2014(24):53-56.

## 本章小结

物流配送中心作业的指导思想为：以客户服务为中心，做到"两好""四快""四统一"。物流配送中心作业的基本原则是准确、及时、经济、安全。

物流配送中心的作用在于"化零为整"和"化整为零"，使产品通过它迅速流转。无论是以人工作业为主的物流系统，还是机械化的物流系统，或者是自动化或智能化的物流系统，如果没有正确有效的作业方法配合,那么不论多么先进的系统和设备,也未必能取得最佳的经济效益。总体上讲,物流配送中心的基本作业流程综合归纳为七项作业活动:(1)客户及订单管理;(2)入库作业;(3)理货作业;(4)装卸搬运作业;(5)流通加工作业;(6)出库作业;(7)配送作业。

在物流配送中心组织管理体系的建设上,应坚持客户服务原则和流程控制原则。客户开发、客户管理、客户服务是物流配送中心业务发展的龙头,应该从组织体系建设上强化这项工作的落实。应该坚持流程控制原则,改变长期以来我国许多单位一直沿用的仓库保管员从收货到发货一人全程负责以及各管一摊、相互独立封闭的传统管理方式。将对外业务受理、单证、资料及帐务管理同货物的现场作业、管理业务分开,分别设置业务受理员和理货员岗位进行管理,明确各自的分工范围和岗位职责,实现相互监督、相互制约,改善服务功能,提高作业效率。

物流信息是连接运输、保管、装卸、包装各环节的纽带,没有各物流环节信息的通畅和及时供给,就没有物流活动的时间效率和管理效率,也就失去了物流的整体效率。充分掌握物流信息,能使物流配送中心减少浪费、节约费用、降低成本、提高服务质量,确保物流配送中心在激烈的市场竞争中立于不败之地。

## 关键概念

- 客户及订单管理
- 入库作业
- 理货作业
- 装卸搬运作业
- 流通加工作业
- 出库作业
- 配送作业
- 货物堆码
- 仓容
- 绿色包装
- 动态拣选
- 业务受理员
- 理货员
- 接运员
- 码单
- 仓单

## 思考题

7.1　物流配送中心作业的指导思想是什么？其核心内容是什么？

7.2　物流配送中心的作业活动主要包括哪些内容？

7.3　物流配送中心组织管理体系的设置原则是什么？

7.4　货物验收入库时常会出现哪些问题？如何处理？

7.5　货物保管检查的主要工作内容是什么？

7.6　货物养护主要涉及哪些技术处理？

## 课堂讨论题

7.1 在物流配送中心组织管理体系的建设上,流程控制原则的实施有何益处?有何弊端?

## 补充阅读材料

1. 贾春霞. 配送与配送中心管理[M]. 北京:清华大学出版社,2016.
2. 浦玲玲. 仓储与配送管理实务[M]. 北京:中国环境出版社,2016.
3. 沈文天. 配送作业管理[M]. 北京:高等教育出版社,2014.
4. 物流中心作业通用规范[S]. 中华人民共和国国家标准,GB/T 22126—2008.

# 第 8 章
# 物流配送中心信息系统规划

**学习目标**
- 了解物流配送中心管理信息系统的作用;
- 掌握物流配送中心管理信息系统规划的要点;
- 理解物流配送中心管理信息系统的功能结构及其组成;
- 了解物流配送中心管理信息系统的开发模式与运行维护过程。

## 8.1 物流配送中心管理信息系统概述

### 8.1.1 物流配送中心管理信息系统的作用

一个现代化的物流配送中心除了具备自动化的物流设备和物流技术之外,还应具备现代化的物流管理信息系统,这样才能取得最大的效率和效益。建立物流配送中心的根本意义在于提高服务水平、降低成本和增加效益。

现代化的物流配送中心管理信息系统的作用在于:
(1) 缩短订单处理周期;
(2) 保证库存水平适量;
(3) 提高仓储作业效率;
(4) 提高运输配送效率;
(5) 接受订货和发出订货更为简便;
(6) 提高接受订货和发出订货精度;
(7) 提高发货、配送准确率;
(8) 调整需求和供给。

物流配送中心管理信息系统就是要解决好上述这些问题,总的目的都是为了提高对顾客的服务水准和降低物流总成本。但需要注意的是,提高服务水平和降低总成本之间存在"效益背反"关系。物流配送中心管理信息系统起着控制物流各种机能,并加以协调的作用。

### 8.1.2 物流配送中心管理信息系统的发展历史

物流配送中心的作业管理经历了以使用计算机作为记录工具,使用自动输送设备、自动仓储、自动叠放托盘设备并通过自动分类、自动识别等方式结合信息系统进行存货管理为特征的自动化阶段,以及以普遍采用电脑终端作为作业数据输入输出工具,利用网络、自动化设备等作为自动输送设备,以工作站、自动仓储、自动拣货系统等进行系统化、最佳化作业控制并降低仓储成本为特征的整合阶段。

伴随着物流配送中心作业方式的不同,物流配送中心管理信息系统大致可划分为四个阶段:人工作业时代,计算机化管理时代,自动化信息整合时代,智能化信息整合时代。

**1. 人工作业时代**

该时期仓储、配送作业均以手工为主,各项事务管理作业均由经营管理者根据任务紧迫程度而设定,没有固定的文档、报表格式及固定的作业流程。

**2. 计算机化管理时代**

随着仓储搬运设备机械化和自动化,物流配送中心在经营管理中需要较准确的信息作为有效管理的依据,因此它们普遍开始对事务作业进行规范化、标准化并引进计算机或机械设备来排除人工作业所产生的进度缓慢及统计数字失真等问题。

该时期具有以下特征:

(1)作业流程规范化;
(2)报表单据合理化、标准化;
(3)开始采用计算机进行数据统计;
(4)采用计算机编制各项管理报表;
(5)各计算机信息系统之间相互独立,拥有独立的数据库,形成"信息孤岛"。

**3. 自动化信息整合时代**

伴随着仓储设备自动化程度的提高,自动仓储系统、自动搬运系统、自动分拣系统等自动化设备的使用,使得作业数据的处理量和处理速度成为整个系统运行的瓶颈,因此如何处理自动化设备的输入输出数据及如何连接这些系统至关重要,直接关系到能否有效发挥这些自动化设备的作用。信息整合时代的作业特征为:

(1)电脑软硬件整合;
(2)建立数据库管理系统;
(3 物流配送管理信息系统与不同的作业系统自动转帐;
(4)对数据进行一定的统计分析并辅助制定各种决策;
(5)物流配送管理信息系统能与外部网络连接,接收、储存外部信息并进行数据格式转换。

该阶段物流管理信息系统作业内容已经涵盖了物流配送中心绝大部分的作业,包括:

(1)订单处理;
(2)销售预测;
(3)商品管理;
(4)集货、拣货排程;
(5)车辆调派;
(6)配送路径选择;
(7)厂商管理;
(8)与自动化设备间数据传输、处理控制;
(9)各类信息系统整合连接;
(10)与银行间的自动转帐;

(11) 绩效管理。

**4. 智能化信息整合时代**

当各项作业及管理事务实现计算机化、网络化管理后,经营管理者对信息系统的需求已由作业管理的自动化转向经营决策自动化,经营管理者可参考各项作业数据统计结果,利用信息系统完成数据查询、排序、分类等功能,从而实现快速信息处理,并且引进人工智能与机器学习、专家系统等技术来简化分析推理时间并减少人工作业的错误,增加系统运行效率。

该阶段事务作业特征主要表现为:
(1) 引进人工智能技术;
(2) 引进专家系统技术,建立企业知识库;
(3) 计算机辅助制定运营决策。

### 8.1.3 物流配送中心管理信息系统的发展趋势

**1. 网络化**

网络化是物流及物流系统发展的必然趋势,是电子商务环境下物流活动的主要特征之一。基于 Internet 的应用及普及,物流配送中心管理信息系统常常建构在计算机通信网络之上,包括物流配送中心与供应商或制造商的联系可以通过计算机网络完成,另外与下游顾客之间的联系也可通过计算机网络实现。例如,物流配送中心向供应商发出订单就可以使用网络方式,借助于增值网(Value Added Network,VAN)上的电子订货系统(Electronic Ordering System,EOS)和电子数据交换技术(Electronic Data Interchange,EDI)来自动实现;物流配送中心通过计算机网络收集下游客户的订货信息的过程也可以自动完成。

**2. 智能化**

智能化是物流配送系统自动化、信息化的一种高层次应用,物流作业过程大量的运筹和决策,如库存水平的确定、运输(搬运)路径的选择、自动导向车的运行轨迹和作业控制、自动分拣机的运行、物流配送中心经营管理的决策支持等问题都需要借助于大量的知识才能解决。在物流配送中心的自动化进程中,智能化是不可回避的技术话题。目前专家系统、机器学习等相关技术已经有比较成熟的研究成果,智能化已成为电子商务背景下物流配送中心管理信息系统发展的一个新趋势。

**3. 柔性化**

柔性化本来是为实现"以顾客为中心"理念而在生产领域提出的,但要真正做到柔性化,即真正地能根据消费者需求的变化来灵活调节生产工艺,没有配套的柔性化的物流配送系统是不可能达到目的的。20世纪90年代国际上发达国家在生产领域中还纷纷推出柔性制造系统(Flexible Manufacturing System,FMS)、计算机集成制造系统(Computer Integrated Manufacturing System,CIMS)、制造资源系统(Manufacturing Requirement Planning,MRPII)、企业资源计划(Enterprise Resources Planning,ERP)以及供应链管理的理念和技术,将生产、流通进行集成,根据需求端的需求组织生产、安排物流活动。柔性化的物流配送正是适应生产、流通与消费的需求而发展起来的一种新型物流配送模式。这要求物流配送中心建立相应的管理信息系统,根据消费需求"多品种、小批量、多批次、短周期"的特色,灵活组织和实施物流作业。

**实例 8-1　江铃企业生产基地的管理信息系统建设**

2010 年江铃汽车小蓝基地 30 万辆整车项目开工,2012 年 6 月开始投入生产。伴随着这一项目的启动,江铃汽车对与新的生产环境相配套的管理信息系统有着迫切的需求。在这一大背景下,2012 年小蓝基地 28 000 m² 仓储建设一期项目启动。随着江铃汽车业务的快速发展以及其对仓储、精确化管理严格要求,需要对数据进行系统化集中管理,在现有江铃仓储管理业务模式基础上进行升级改良,进一步优化仓库的作业流程,提高生产效率和仓储执行准确率。

1. 基于江铃收货业务的入库流程整合功能

功能简要描述:SAP 接口导入、EXCEL 批量导入、手工录入(紧急)到货通知功能;提供码盘指导功能;留检(抽检)功能;系统自动计算库位功能,同时也支持人工指定库位;打印上架标签、新品标签功能;一步入库和收货后再入库功能;入库冲销功能。

2. 基于江铃发货业务的出库流程整合功能

功能简要描述:SAP 接口导入、MES 接口导入、EXCEL 批量导入、手工录入(紧急)出库通知功能;补货功能;合并波次和分波次出库功能;打印拣货任务清单、管制品标签功能;圆整出库功能;出库冲销功能;欠料处理功能;生产线边物料清理功能。

3. 库存管理功能

功能简要描述:库存事务查询;库存余量;库存冻结功能;库存转移功能;库存移动功能;控制科循环盘点功能;自定义循环盘点功能。

4. 码头调度功能

功能简要描述:为到货司机提供码头预约和排队功能(类似银行排队系统)。

5. 无线手持终端功能

功能简要描述:PDA 收货功能;PDA 上架功能;PDA 拣货确认功能;PDA 发货功能;PDA 库存查询功能;PDA 移库功能;PDA 欠料查询与发运功能。

6. 业务规则配置功能

功能简要描述:上架规则自定义配置功能;周转规则自定义配置功能;补货规则自定义配置功能;大小区模式配置功能;打印排序配置功能。系统共有 300 多项规则配置和 200 多项参数配置。

7. 报表以及分析功能

功能简要描述:KPI 分析报表;产品档案完整性检查;报表;空库位报表;货架利用率分析;仓库入库作业汇总单;仓库出库作业汇总单;入库差异报表;出入库日报表;叉车司机工作量统计报表;国产件\进口件欠料到货情况;盘点任务报表;出库跟踪报表;物流流量报表;线边滚动量报表。

8. 与 SAP 以及 MES 的实时数据交互功能

功能简要描述:SAP 产品信息实时交互功能;SAP 客户信息实时交互功能;SAP 入库信息实时交互功能;SAP 投料单信息实时交互功能;SAP 转储信息实时交互功能;MES 紧急请料信息实时交互功能;MES 2-BIN 请料信息实时交互功能。

客户评价:系统在 2013 年 6 月上线投入生产,成功支持了江铃 30 万整车生产项目。达到了客户的预期效果。系统在提高仓库作业效率和系统本身的稳定性有着优秀的表现。但也有些瑕疵,比如 PDA 操作,还可以再进行易用性改进。

资料来源:http://www.gongkong.com/,中国工控网。

## 8.2 物流配送中心管理信息系统规划与设计

物流配送中心管理信息系统的开发与应用决不仅仅是采用计算机、通讯网络及相应的软件系统去简单地反映和模拟当前的手工系统,而是要求首先用现代管理思想、体系、方法和手段去变革现有企业,重构业务流程,然后在此基础上建立信息系统。只有这样才能充分发挥信息技术的战略优势。首先优化业务流程然后建设信息系统已成为现代企业信息化建设的重要原则。过去,企业管理信息系统的建设是面向职能部门的,针对企业职能化的组织结构来规划、设计信息系统,其主要问题是由于信息来源于各个职能部门,造成各个子系统间信息接口复杂,信息交流困难,因而系统运行效率低。所以必须摈弃传统的根据职能部门设计子系统及系统功能的原则而采用根据业务流程来设计子系统和系统功能的新原则,即要建设一个面向业务流程的管理信息系统。一个根据业务流程设计的系统能提高信息处理效率,更好地实现信息集成,更好地适应组织机构的变化。在规划和设计过程中,有很多因素对整个信息系统的功能结构和流程有着影响作用,必须充分进行考虑和权衡后才能确定系统的功能及其构成方式。中华人民共和国国家国家标准《物流管理信息系统应用开发指南》(GB/T 23830—2009)给出了物流管理信息系统的应用原则、功能、技术架构、系统集成和开发方法,适用于物流管理信息系统的规划、开发和应用。中华人民共和国国家标准《物流管理信息系统功能与设计要求》(GB/T 26821—2011)规定了物流管理信息系统的功能构成和设计要求,适用于物流管理信息系统的设计。这些国家标准也可为物流配送中心管理信息系统的规划与设计提供参考。

### 8.2.1 影响规划和设计的因素分析

不同类型的物流配送中心,其信息系统的功能和构成会有很大的区别。影响物流配送中心信息系统规划的主要因素包括物流配送中心的业务职能定位、物流配送中心所具备的功能与作业流程、物流配送中心的组织结构及作业内容和物流配送中心的作业管理制度。这里,物流配送中心的业务职能定位将直接影响信息系统边界的划分;物流配送中心所提供的各项功能与服务,将对信息系统的结构产生重要的影响;物流配送中心组织结构和作业项目的分类、作业阶段的划分,将影响信息系统的划分及功能模块的构成方式;物流配送中心的作业管理制度,将影响信息系统的操作、设计、分析方法及其实用性。这些影响因素如图8-1所示。

**1. 物流配送中心在流通渠道中的业务职能定位**

在商品的供销及运输过程中,不同的行业或不同的商品,由于其自身的特点不同而常常采用不同的流通方式。一般而言,常见的商品流通渠道主要有批发零售型、直配直送型和直销型三种形态。

批发零售型的渠道特点在于由制造商供货,通过多次的批发转卖,辗转至最终消费者手中,通常经过该渠道销售商品的行业包含日用百货类、五金类、农副产品等。直配直送型的交易过程及作业,与批发零售型的交易一样,经过多次转手,然而物品的实际运输配送则直接由制造商或中介商送至零售商或消费者手中,采用这种流通渠道的商品均属不易搬运的或商品

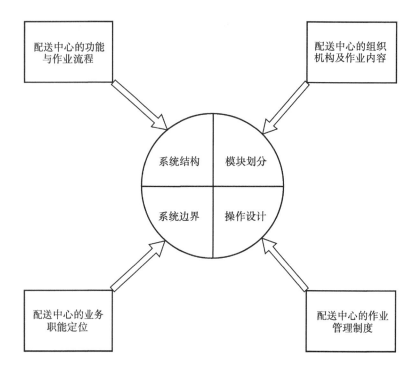

图 8-1 物流配送中心管理信息系统规划与设计的影响因素

本身不易直接销售推广的物品,例如体积较大或较重的建筑材料如水泥、磁砖、钢筋等或大型家具、家电产品。直销型流通渠道的特点是销售方可直接由消费者处取得消费信息及各种商品的供求状况,其本身不仅具备销售机能,还具有商品的调配、库存管理、商品的进出库、派车配送等功能,通过该流通渠道销售的商品一般是较轻便、易携带,或是消费者可以直接采购选用的商品。

信息系统边界的划分确定了信息系统的服务范围、所覆盖的功能范围及接口边界。物流配送中心业务职能定位不同、服务的流通渠道不同,则物流配送管理信息系统设计时的系统边界也会有所不同。与批发型渠道中的物流配送中心相比,直配直送型渠道中的物流配送中心在信息系统的规划上更注重订单的跟踪与联系,而在物品的进出库及仓库管理系统上则关注较少;直销型渠道中的物流配送中心在信息系统的规划上则注重销售、采购、库存、配送系统的一体化开发与应用。

**2. 物流配送中心的功能与作业流程**

不同类型的物流配送中心在流通渠道中所扮演的角色、在渠道中的地位各不相同,因而具有各种不同的功能。物流配送中心一般包括集货发货功能、储存功能、分拣功能、流通加工功能、配送功能、信息功能等。要完成以上功能,物流配送中心需要采用不同的作业环节及其组合。这里,物流配送中心所提供的功能和相应的作业流程决定了物流配送中心管理信息系统的功能结构及组成。

例如,订单处理作业常常包含受理客户订单、客户授信信用额度调查、现有库存数及各项配送资源是否足以提供此订单出货的查询、订单信息的管理等有关内容。还有一些作业是随物流配送中心作业内容的不同而来的,例如涉及进出口业务的物流配送中心会加入进出口押汇、报关等作业功能,在相应的信息系统设计时就应考虑货币类型、语言的国际化;若对外接受订单的方式或数据传送媒介有多种时,则应考虑由媒介接收订货数据后的数据转换与标准化处理等工作。

**3. 物流配送中心的组织结构划分及作业内容**

为了便于信息系统的使用和扩展,需要将信息系统的功能按一定规则归类到子系统或功能模块中。在信息系统的建设中,子系统的划分与模块的设计一般有以下两种方式:

(1) 按组织结构及各职能部门的权责内容划分子系统

针对不同类型的物流配送中心,在设计其信息系统时,可根据或参考其组织架构的设置采取不同的系统分类设计方式。一种是按横向的部门分类来划分子系统,例如可划分为总公司子系统、事业部子系统、子公司仓库子系统等;也可以采取纵向垂直式划分方式,即按照各部门的职能设计信息系统的内容或功能,如设立财务管理子系统、仓储管理子系统、运输配送管理子系统等。

(2) 按作业内容及其信息的相关度来划分功能模块

对一个功能、部门齐全的物流配送中心而言,其管理信息系统的整体结构应能满足物流配送中心的服务功能。在建立物流配送中心管理信息系统之前,可依据物流配送中心成立的目的、所期望提供的功能,来分析该中心的工作内容、信息化需求,再针对其作业内容将其作业过程进行合理化的流程改造,将作业环节及相应的信息处理内容划分成组,例如涉及到入库过程的入库单信息管理、入库检验等归于入库管理模块,这种归类过程是按作业内容及信息相关程度来构造有关的功能模块。

**4. 配送中心的作业管理制度**

为顺利高效地完成配送中心各项基本职能,物流配送各项作业活动的执行必须遵照一定的作业政策与管理制度,例如服务政策、库存政策、仓库管理政策、人员与设备的管理政策。这些政策与制度的建立将成为物流配送中心管理信息系统详细设计时应遵从的规则与约束。

在这些作业管理制度中,服务政策主要涉及商品种类、仓库服务内容、客户下订单方式、订购批量限制、订单处理方式、结账方式、交货方式、退货方式等内容。库存政策主要包括库存控制水平的制定、库存管理政策、盘点政策、仓库数的确定及商品品种的分布等。仓库管理政策主要包括进出货方式及进出货管理方法、货位的分配管理制度、包装容器的管理和财务结算管理政策等。人员与机器设备的管理政策主要包括人员的采用、机器设备工具等的选用方式和设备自动化的程度等。

这些政策内容的不同,会影响信息系统中对应功能模块的设计。而现实中物流配送中心往往没有固定的业务模式和一成不变的系统需求,其作业管理政策也各不相同,所以物流配送中心管理信息系统这些年在我国广泛兴起后,迄今为止仍无固定成熟的模式。在物流配送中心管理信息系统实际开发中往往利用可以快速生成原型的第四代开发环境构造系统,在运行中不断加以改进和完善,最后进化成一个比较理想、符合实际需要的系统。

## 8.2.2 物流配送中心管理信息系统功能结构

一个完整的物流配送中心管理信息系统必须覆盖物流配送中心各项作业,在系统分析与设计时可以依据各项活动与活动之间的相关性,将作业内容相关性较大者或所使用数据相关性较大者划分为同一个子系统,并将这些子系统作为信息系统的基本组成单位。综合来看,物流配送中心的业务管理信息系统应该包含下列基本功能。

**1. 标准化管理**

负责整个系统中使用的货物代码及人员、货位等基础信息的维护,是整个信息系统应用的基础。

**2. 业务承接**

负责物流配送中心对外业务的信息处理,即受理客户的收、发货请求,对由物流配送中心出据的有关业务单据进行验证、复核,负责打印有关单据。

**3. 合同管理**

负责有关合同、客户档案的管理。

**4. 入库管理**

负责对入库作业的支持,处理不同形式与要求的入库指令,生成入库单并通知下一环节。

**5. 理货管理**

完成对货物的检验和复核,仓储区、货位的安排,及货物在库保管维护、码放、备货、盘点作业的相关信息和流程的管理。

**6. 出库管理**

应支持按多种出库方式处理不同的出库指令。

**7. 车辆调度**

根据出货订单数据及物流配送中心车辆资源状况合理进行车辆的安排。

**8. 货物装车**

按一定算法将货物指派到特定车辆上以实现最佳的车辆使用效率。

**9. 货物在途监控**

负责货物运输过程中信息的反馈和发布。

**10. 到货交接**

负责货物到货交接环节的相关信息的处理。

**11. 费用结算**

负责整个物流配送业务过程中相关业务费用的计算和业务单据、报表的打印。

**12. 电子订货系统(EOS)数据接口**

电子订货系统的功能在于利用先进的电子技术手段,如POS机、电话、互联网等,从批发商、零售商获取即时的订货数据信息,有助于提高服务质量,建立高效、快捷的物流体系,提高工作效率。该系统需要将这些信息直接通过网络传给物流配送中心管理信息系统,及时由物流配送中心管理信息系统组织商品的采购、储存以及配送。

**13. 电子数据交换(EDI)数据转换接口**

电子数据交换是一种在合作伙伴企业之间交互信息的有效技术手段,有时也称为"无纸贸易"。供应链环境中不确定的是最终消费者的需求,所以,必须对最终消费者的需求做出好的预测。虽然预测的方法有上百种,但通过 EDI 预测,可以最有效地减少供应链系统的冗余性所导致时间的浪费和成本的增加。通过利用预测信息,用户和供应商可以一起努力缩短订单周期(循环时间)。

**14. 条码系统数据接口**

主要应用条码、IC 卡或射频识别技术对物品的属性进行标识,方便人们对物品进行配送,及销售过程中对身份的识别。物流配送中心管理信息系统必须设计相应的数据接口对条码系统获取的数据按标准格式导入系统进行处理。

**15. RF 无线网络系统接口**

RF 技术主要用于对物品所带条码、IC 卡或射频识别卡进行身份识别,并将识别到的信息通过无线方式传输到物流配送中心管理信息系统。因此,配置了 RF 无线网络的物流配送中心,在设计物流配送中心管理信息系统时应考虑设计专门的数据接口功能对其进行支持。

**实例 8-2  RFID 数据采集设备在智能可视化仓储信息管理系统中的应用**

一家从国有大型仓库转变而来的从事仓储经营服务的物流公司,将 RFID 技术引入到仓储管理中,并借助计算机技术来实现仓储作业和对库存物资的跟踪、识别、可视化管理。该公司智能可视化仓储信息管理系统的框架如图 8-2 所示。

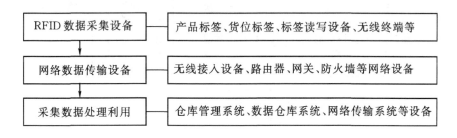

图 8-2  智能可视化仓储信息管理系统的框架

系统结构可以划分为三个层次,即 RFID 数据采集设备、网络数据传输设备和采集数据处理利用,分别承担了仓储信息的采集、传输和应用。

RFID 数据采集设备主要是对仓储管理中的信息进行自动化采集,它包括了一系列基于 RFID 技术的产品标签、仓位货位标签、标签读写设备、无线网络终端等;网络数据传输设备的功能是将采集到的信息通过无线通信的手段传送到数据仓库中,为数据处理准备条件,其主要包括无线接入设备、无线路由器、网关、防火墙等网络设备;采集数据处理利用主要是对存储在数据仓库中的数据进行分析、处理、计算和应用,它主要包括仓库管理系统、数据仓库系统、网络传输系统等设备。

在该公司的智能可视化仓储信息管理系统中,数据采集设备层由一系列的手持、车载、固定的射频识别读写器组成,其负责对相关标签信息的读取和写入,连接着库存货物和智能可视化仓储系统,读写器从标签中采集到的信息会通过网络传输到数据库中,如图 8-3 所示。

智能可视化仓储信息管理系统采用浏览器/服务器的架构方便了用户基于浏览器的访问,客户通过浏览器可以借助系统实时地查询库存物品的位置和状态信息,客户端可以有多种形

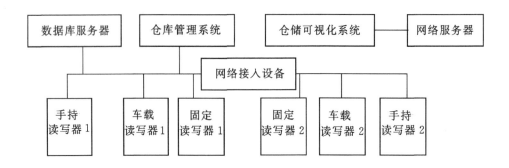

图 8-3 各类读写器的网络连接

式,可以是计算机、手持读写器或车载读写器。智能可视化仓储信息管理系统的功能模块如图 8-4 所示,其包含 6 个功能模块和 4 个业务数据库。6 大功能模块组成可视化管理平台,与 RFID 数据采集设备直接进行数据交换,并将采集来的数据写入到底层数据库中,在用户需求驱动下对数据库的数据信息进行读取处理等操作。

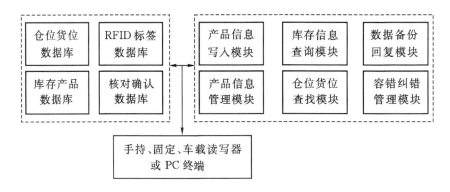

图 8-4 智能可视化仓储信息管理系统的功能模块

资料来源:胡晓燕. 智能可视化仓储信息管理系统的设计[J]. 物流技术,2014(24):80-82.

**16. GPS 系统接口**

GPS 是现代物流配送中心普遍采用的一种卫星定位技术。其主要的功能有:车辆跟踪、配送路线的规划和导航、指挥调度、紧急援助以及车辆信息查询等。此外,对安全运输、优化运输路线等很有作用。同样,GPS 系统数据也需通过特定接口转换功能导入物流配送管理信息系统使用。图 8-5 是基于 GPS 的物流配送车辆实时跟踪系统示意图。

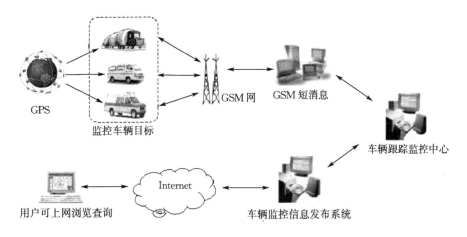

图 8-5 基于 GPS 的物流配送车辆实时跟踪

**实例 8-3 基于 RFID 的物流配送中心信息管理系统模型设计研究**

**1. 系统设计目标**

信息管理系统在现代物流配送中心的运作中起着核心枢纽作用,它不仅链接着供应商、生产制造企业、批发零售商以及其他相关客户,而且通过信息共享手段有机地将存储、捡货、理货、收货、加工、流通、配送等环节整合起来,从而来控制和安排各种物流资源高效率地运作,同时对相关业务信息和客户信息进行基于商业智能的分析以为相关决策提供支持和服务。

面向商品零售业提供服务的物流配送中心应该能够有效地满足各种便利商店、连锁超市对货物的销售需求,同时还应该将相关货物的商品信息和库存信息及时有效地反馈给上游供应商,以帮助其及时正确地制定各种补货计划,从而保证各种零售商店能够得到持续不断的商品供应。配送中心还应该对各个零售商店的销售信息进行搜集、整理和分析,从而帮助其制定各种货物采购计划和进货数量,从而在此基础上来制定自己的货物配送计划,并最终实现物流配送中心的精细化运作和管理。

**2. 系统功能分析**

图 8-6 给出了基于供应链的面向零售商服务的物流配送中心信息系统功能模块结构组成,该系统将面向零售商服务的物流配送中心信息管理系统的功能划分成了五大模块,即客户管理系统、订单管理系统、库存管理系统、配送管理系统和财务管理系统。

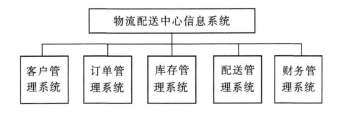

图 8-6 物流配送中心信息系统功能模块结构

客户管理系统模块的主要功能包括:与原材料物资供应商、货物承运人、客户以及其他供应链节点企业进行联系和信息沟通,将外部的供应链环节与物流配送中心的内部业务职能有机地链接起来,从而促进信息资源的共享和价值的提升,并在此基础上提升整个供应链的运作效率。

订单管理系统模块的主要功能包括:对客户的货物配送订单需求进行分析,并对后续环节诸如货物库存信息、客户信用资质审查、货物发票管理、货物分拣归类分配等进行处理从而做出如何履行订单的决策。卓有成效的订单管理可以帮助供应链相关企业实现库存管理的优化、缩短订单履行周期、提高订单履行绩效,从而加速仓库货物的周转速度。

库存管理系统模块的主要功能包括:涵盖了从货物入库开始直到货物出库为止的所有环节,包括货物分拣、上架、加工、包装、拣货路线、工作量安排、拣货员职责划分、库存水平控制等环节,同时使用一些库存管理控制的先进方法和思想来提供库存管理水平。

配送管理系统模块的主要功能包括:货物运输车辆的调度、零散货物的拼车与整装、运输路线的优化和选择、在途货物的跟踪和监控、客户意见投诉的处理以及运输费用的计算和控制等。

财务管理系统模块的主要功能包括:配送成本费用的计量、应收应付货款的记录与登记、发票的开具、货物对账单证的整理和收集、货款收付等财务核销管理等。

3. 系统架构设计

(1)层次结构。物流配送中心的信息系统划分为3个层次,即数据层、业务层和决策层,每层的关系及其包括的内容见表8-1。数据层存储整个系统的业务数据;业务层处理对来自数据库中的报表信息、合同信息和票据信息进行计算处理;商业应用指将来自业务处理所得的信息应用于实际配送业务,诸如仓库作业计划、运输路径选择、库存管理实施;系统控制指对物流作业中的智能设备进行自动化控制,对其完成动作指令和执行结果等情况进行反馈;决策层是指通过构建物流配送作业分析模型来辅助高层管理人员进行物流战略和计划的制定。

表8-1 系统的层次结构

| 决策层 | 决策系统 |
| --- | --- |
| 业务层 | 业务处理 |
|  | 商业应用 |
|  | 系统控制 |
| 数据层 | 数据库 |

(2)系统架构。图8-7给出了面向零售服务的物流配送中心信息系统架构。图8-7所给出的系统架构从底层至上层依次包括以下部分,即系统安全环境、基础信息设施、支持平台、物流服务平台、物流服务应用、信息展示、客户端以及外部链接系统等。

系统安全环境可以保护系统免受外部攻击威胁和非法入侵,从而保证整个系统可以安全稳定的运行;基础信息设施构成了整个系统运行的平台,它主要包括一系列RFID设备仪器、条形码标签、GPS设备、网络硬件、操作系统、数据库系统以及相关网络协议等;支持平台的作用和功能是保障系统的效率和性能,它可以对系统性能的优化、系统的开发与维护、系统的管理和可靠运行以及相关应用的可操作性提供支持;物流服务平台可以为相关物流信息系统和应用软件的开发维护提供辅助性功能,从而简化相关应用程序开发的流程和任务;物流服务应

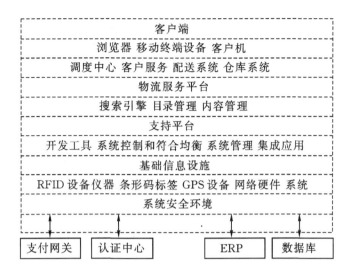

图 8-7 面向零售服务的物流配送中心系统架构

用是该信息管理系统的核心组成,它负责整个系统物流服务核心业务的逻辑,定制各种物流作业流程,并通过对业务单元组建的调用来完成各种应用;信息展示主要面向各种商用应用终端,为其制定具体的信息表达方式和显示模式,将物流服务应用中的各种逻辑计算结果提交给客户端系统并负责客户端与服务器之间的信息交互;客户端是客户与服务器之间进行信息交互的媒介,包括各种浏览器、移动终端设备、java 客户机等;外部链接系统与物流配送信息管理系统进行数据交换和共享,主要包括银行的支持网关、客户认证中心以及供应链合作伙伴之间的信息系统等。

在构建面向零售服务的物流配送中心信息管理系统时,根据零售物流服务货物配送的特点,一般会包括多种类型的技术架构,其中建立在 Web Service 基础之上的集成式 B/S 架构模式最为常见。

资料来源:方淡玉,冯艳茹,李艳涛. 基于 RFID 的物流配送中心信息管理系统模型设计研究[J]. 物流技术,2014,33(1):342-344.

在本章中我们只针对一般性的物流配送中心讨论其物流配送中心管理信息系统的规划和设计,不同物流配送中心所具有的不同的特殊功能需求暂不做考虑。针对以上所列举的基本功能,按照功能之间的相关性、其涉及到的作业内容的相关性及作业流程的关联性,确定和划分了物流配送中心管理信息系统的子系统及模块,如表 8-2 所示。

表 8-2 物流配送中心管理信息系统的子系统划分

| 子系统名称 | 功能简介 |
| --- | --- |
| 订单管理子系统 | 接受客户的订单信息,并(在网络远程下达订单模式下)进行一定的数据转换处理 |
| 客户信息服务子系统 | 为物流配送中心客户提供各种方式的信息查询,包括在库物品查询、货物在途信息查询等功能 |

续表 8-2

| 子系统名称 | 功能简介 |
| --- | --- |
| 仓储管理子系统 | 包含与仓储管理活动相关的各项功能，如入库管理、出库管理、理货管理等功能 |
| 配送管理子系统 | 包含与配送业务过程紧密相关的各项功能，如车辆调度、装车管理、路径选择、在途监控等功能 |
| 绩效管理子系统 | 提供与绩效考核、经营管理相关的各项功能，以此作为政策、管理及实施方法修正的依据，为科学化运营提供信息支持，具体包含绩效考核、存货周转分析、资源管理等功能 |
| 财务结算子系统 | 提供与财务结算相关的各项功能，包含对账、结算、会计报表管理等功能 |
| 系统管理子系统 | 提供涉及系统正常运行所需要的各项功能，包括初始化、数据备份、操作权限管理、数据采集接口管理等 |

物流配送中心管理信息系统的子系统及其模块结构如图 8-8 所示。

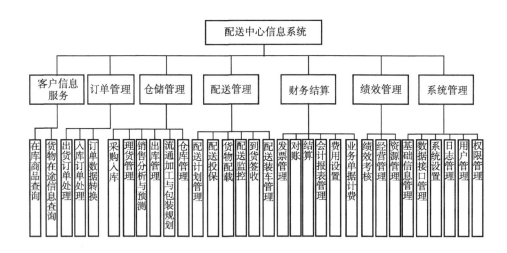

图 8-8　物流配送中心管理信息系统功能模块总图

物流配送中心管理信息系统的各子系统及功能模块间的交互关系及处理流程如图 8-9 所示。

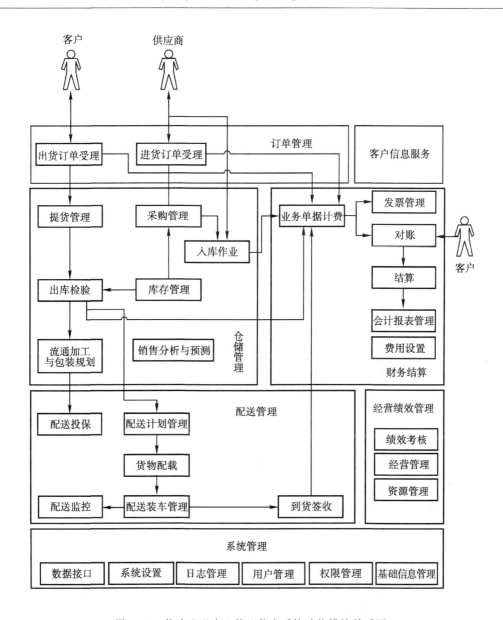

图 8-9 物流配送中心管理信息系统功能模块关系图

上述各子系统之间通过功能的协同实现物流配送中心物流、信息流、资金流的一体化管理。使用物流配送中心管理信息系统后，物流配送中心的作业信息处理流程与物流配送中心管理信息系统各功能子系统的关系如图 8-10 所示。

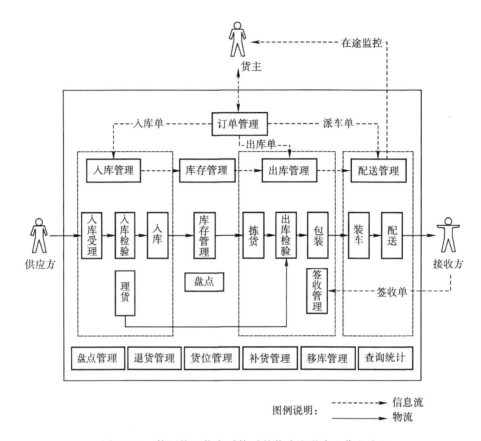

图 8-10 使用管理信息系统后的物流配送中心作业流程

## 8.2.3 系统体系结构与应用环境

**1. 系统体系结构**

信息系统体系结构也称系统架构,是指一个系统各构件的结构、它们之间的相互关系以及进行设计的原则和随时间进化的指导方针,它是软件设计过程中的一个高级层次,主要处理算法与数据结构之上的关于整体系统结构设计和描述方面的一些问题,如全局组织和全局控制结构、通讯、同步与数据存取协议等。

随着企业规模的不断扩大,物流管理信息系统的规模在不断的增加,其开发难度也越来越大。因此,对企业管理信息系统体系结构的设计也得到更大的重视。目前,在软件行业比较有代表性的统一软件开发过程中,明确提出用例驱动、以体系结构为中心和迭代式开发,突出了体系结构在软件开发中的核心作用。遵循好的体系结构设计,能够降低信息系统开发难度、缩短开发周期,开发出来的信息系统便于部署、易于扩展、易于维护。

一般地讲,企业信息系统体系结构的发展大致经历了以下三个阶段。

(1)主机/终端体系结构

早期的软件系统采用主机/终端(Host/Terminal,H/T)体系结构,在大型主机上部署中央 CPU 和各种应用系统,典型的系统如批处理系统、联机交易系统等。这种软件系统的体系结构也称为单层体系结构,所有的功能和操作集中在主机上,终端仅仅是作为输入和输出设备使用。

(2) 分层体系结构

随着个人电脑的普及和网络的出现,主机/终端这种单层的体系结构被逐步淘汰,演变为分层的体系结构。典型的分层体系结构有以下两种。

① 客户机/服务器(Client/Server,C/S)模式

C/S模式采用两层结构,在前端计算机上要安装专门的应用程序来操作后台数据库服务器中的数据,前端应用程序可以完成计算和接收处理数据的工作,后台数据库服务器主要完成数据的管理工作。C/S模式的优点是速度较快、功能完备,缺点是维护升级很不方便,主要适用于一部分基于行业的数据库应用系统。由于在每个客户机上都需要安装特定的前端客户程序,因此这种工作模式也被称为胖客户机模式。

② 浏览器/服务器(Browser/Server,B/S)模式

B/S模式采用三层结构,客户机只需安装浏览器软件,如 IE 即可,无须开发特定的前端应用程序,因此这种工作模式也被称为瘦客户机模式;中间层的 Web 应用服务器,是连接前端客户机和后台数据库服务器的桥梁,主要的数据计算和应用都在此完成,因此对中间层服务器的要求较高,开发中间层应用的技术人员需要具备一定的编程基础;后台数据库服务器主要完成数据的管理。

因为 B/S 模式相比 C/S 模式,具备更多优点:分层更加清晰、无需开发特定客户端、应用软件升级方便、系统可配置性和可扩展性更强等。因此,随着 Internet 的普及,B/S 模式已成为目前企业信息系统和电子商务应用的常用模式。在物流配送中心管理信息系统的设计上,目前更多的也是采取 B/S 模式。

(3) 面向服务的体系结构(Service-Oriented Architecture,SOA)

随着企业信息系统的不断建设和发展,同一企业内部和不同企业的系统之间连接和交互的需求日益迫切,要打破这些已有的信息孤岛,解决在 Internet 环境下业务集成的需要,就需要一种更高层的跨系统的体系结构来完成,面向服务的体系结构 SOA 由此产生。

区别于主要用于企业内部网(Intranet)的 B/S 模式和 C/S 模式,SOA 适用于更加复杂、庞大的互联网(Internet)环境。在 Internet 环境下:大量异构系统并存,计算机硬件工作方式不同,操作系统不同、编程语言也不同;大量、频繁的数据传输仍然速度缓慢并且不稳定;版本升级无法完成;我们根本就无法知道互联网上有哪些机器直接或者间接的使用某个服务。

SOA 描述了一套完善的开发模式来帮助客户端应用连接到服务上,这些模式定制了系列机制用于描述服务、通知及发现服务、与服务进行通信。SOA 明确地强调了软件组件之间的松散耦合以及其独立标准界面的使用,重点强调了服务的提供和管理。SOA 利用便于集成和重用的模块化业务服务创建出一个真正灵活、具有适应性的 IT 基础架构,实现不同系统之间的业务集成,加快企业应用程序开发。

根据担任的角色不同,SOA 把各种各样的软件程序和系统分为服务提供者、服务代理和服务使用者。服务提供者需要把自己的服务信息注册到服务代理上供服务使用者来查询、定位和使用;服务代理为网络中的服务提供者和服务使用者提供一个沟通的平台,实质上就是提供目录服务;服务使用者在服务代理上查询和定位到服务后,就可以直接访问某些服务了。

SOA 作为一种体系结构思想,并不限定具体的技术实现,Web 服务(Web Service)技术是

目前最适合实现 SOA 的一组技术的集合。服务提供者通过 Web 服务描述语言（Web Services Description Language，WSDL）定义服务；服务使用者通过服务代理的统一描述、发现和集成协议（Universal Description Discovery and Integration，UDDI）的目录服务来查找服务和使用服务；所有的访问都通过简单对象访问协议（Simple Object Access Protocol，SOAP）来完成。

随着信息技术的飞速发展，又出现了很多新的技术和软件应用模式，比如移动商务、物联网、软件即服务（Software-as-a-service，SaaS）和云计算等，这些都对物流管理信息系统体系结构的设计提出了更高的要求，也将引发一些新的变化。

**2. 应用环境**

物流管理信息系统作为复杂的大型应用软件系统，对应用环境有严格的要求。系统应用环境按照层次由底层到高层通常包括：网络要求，如交换机、路由器等；硬件服务器要求，如 CPU、内存、硬盘等；安全要求，如防火墙、入侵检测、防病毒、灾备等；操作系统要求，如 UNIX、Linux、Windows 等；中间件要求，如 JavaEE、.NET等；数据库要求，如关系型数据库、全文检索数据库等；客户端要求，如 IE 浏览器等；移动终端系统要求，如 Symbian、Iphone、KJava、WinCE 等。只有满足了应用环境要求，物流管理信息系统才能够正常运转、发挥应有的作用。物流管理信息系统应用环境的运行维护，也是一项非常复杂的工作，需要科学和系统化的运行维护技术和管理，才能保证系统正常运行。

## 8.3 物流配送中心管理信息系统功能设计及其描述

### 8.3.1 订单管理子系统

订单是现代企业运作的重要驱动力，采购、设计、生产作业、销售等一系列工作都围绕订单展开，因此订单处理的支持对于物流配送中心而言至关重要。订单管理子系统包含一组与订单处理相关的功能模块，其涉及到的作业主要包括：客户订单的受理，包括入库和出货订单的受理，进而进行相应的订单处理生成入库计划与发货计划；EDI 数据转换，即当客户通过 EDI 方式直接与物流配送中心进行订单数据交换时完成相应的数据格式转换。这些作业处理对应为相应的功能模块：出入库订单受理；订单数据转换。

**1. 出入库订单受理**

订单处理包括自动报价与接受订单。自动报价系统需要输入的数据包括客户名称、商品名称、商品详细规格、商品等级等。信息系统根据这些数据调用产品明细数据库、客户交易此商品的数据库、对该客户报价的历史数据、客户数据库、生产厂商报价数据等，以取得此项商品的报价资料、数量折扣、客户以往交易纪录及客户折扣、商品供应价格等信息。再由物流配送中心根据所需利润与配送成本、保管成本等，制定估价公式并计算销售价格；接着再由报价单制作系统打印出报价单，经销售主管核准后可送给客户，经客户签回后成为正式订单。

**2. 订单数据转换**

订单传送有多种方法，包括邮寄、销售人员取回、电话订购、传真订购、通过计算机网络订购等，所以订单的接收需要考虑订单数据的识别及法律效力等问题。若订单是由报价单确认而来,则可由信息系统将报价数据转换为订购数据;若订单由计算机网络传送,则需根据 EDI 标准格式或约定的数据接口形式将数据转换成内部订单文件格式。输入转换后的订购资料需由销售人员核查在客户指定出货日期是否能如期出货。这样,当销售部门了解到无法如期配送时,可以由销售人员跟客户协商是否能分批交货或延迟交货,然后按照协商结果调整订单数据文件。销售人员还须检查客户付款状况及应收帐款数是否满足公司信用策略中设定的相应信用额度,超出该额度时则需要销售主管核准后再重新输入订购数据。

当商品退回时,可按订单号码找出原始订单数据与配送数据,修改其内容并标识退货记号,以备退货数据处理。

**实例 8-4　连邦日常采购中的订单管理系统**

连邦日常采购量的决定主要依据订单管理系统。对于每种产品,连邦会定期设置一个最低库存量和一个最高库存量值,而且会定期进行调整。最低库存量值与最大库存量值的设置,是根据产品的畅销程度、产品所处的销售生命周期、资金占用大小、采购的容易程度(厂商是在北京供货还是在外地、厂商是送货还是连邦自提等)、货源紧张程度等情况进行人为设置。这个人为设置是根据实际销售经验而确定的。例如 KV300 这个产品,属于特别畅销的产品,最低库存为 500 套,最高库存量为 2 000 套。一般一周采购一次,一次 1 500 套左右。这个产品所占体积不大,全年畅销程度没有很大差别。有的专卖店一次就订购 200 套。连邦收到各地专卖店的订货单之后,订单管理系统会自动汇总,库存数与订货数相减,如低于最低库存量,就立即安排采购;库存数与订货数相减,如高于最高库存量,说明采购量过大,就采取相关措施尽快减少库存。库存管理系统包含订单管理系统,根据库存数和订单数,每天早晨自动生成当天的采购清单,由采购部安排采购事宜。

资料来源:中国营销传播网,http://club.emkt.com.cn/.

### 8.3.2　客户信息服务子系统

在物流配送中心门户网站上及时发布在库信息及发运信息,供客户、收货人、货运公司实时查询;或客户服务人员按客户查询条件生成统计报表,保存成指定数据格式,进而与客户信息系统进行数据交换。

### 8.3.3　仓储管理子系统

仓储管理子系统负责货物从采购入库到销售出库的整个过程,一方面管理入库和出货订单的实际处理过程,另一方面处理与配送管理相对应的仓储作业。该子系统主要包括以下功能模块:采购入库、理货管理、销售预测、流通加工与包装规划、出库管理、仓库管理,分别对应于实际物流配送过程中的入库作业、理货作业、流通加工作业、出库作业等。

**1. 采购入库管理**

采购入库负责与上游供应商之间的交互,包括订货过程的管理、商品入库过程信息的处理、以及根据入库商品内容而进行的库存管理。该子系统与物流配送中心管理信息系统其他子系统的逻辑关系如图 8-11 所示。其处理过程是,从供应商处取得商品并将应付账款信息转入会计部门,然后根据销售出库管理子系统的订货量统计将商品转入出货部门,当库存数达一定标准时即向供货商下订单,并定期将入库、库存、采购资料提供运营、绩效管理部门作为绩效考核与运营调整的参考。

从图 8-11 也可以看出,采购入库管理子系统的核心功能是对入库作业处理、存货控制、采购、应付账款的管理。其功能列表如表 8-3 所示。

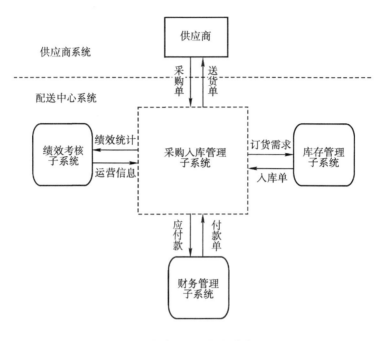

图 8-11　采购入库管理子系统与其他子系统关联图

表 8-3　采购入库管理模块功能列表

| 功能模块 | | 子模块 | 内容说明 |
| --- | --- | --- | --- |
| 采购入库管理 | 入库作业管理 | 预入库信息管理 | 对入库前与各项准备工作相关的信息如装卸平台调度、人力资源调度等信息进行管理 |
| | | 入库信息管理 | 对入库商品明细如名称、数量、货位等信息的管理 |
| | | 货位信息管理 | 对商品货位登记、商品跟踪、空闲货位分配进行管理 |
| | | 入库检验 | 对入库商品质量检验结果的管理 |
| | | 货位指定 | 计算入库商品所需货位大小并指定最佳货位 |
| | | 立即出库 | 入库后的两种处理方式之一 |
| | | 上架出库 | 入库后的两种处理方式之一 |
| | 采购管理 | 采购单管理 | 对采购明细信息进行管理 |
| | | 采购预警 | 列出需要采购的备选商品 |
| | | 供应商管理 | 对供货商资料进行维护与分析 |
| | | 采购单打印 | 略 |
| | | 采购过程跟催 | 记录对商品采购入库跟催的信息 |

下面就各功能模块及其处理流程作详细阐述。

(1) 入库作业管理

入库是指货物到达仓储区,经过接运、验收、拣选、分拣、包装或者再加工,码放至相应的货位,并完成交割手续的过程。商业物流配送中心的收货工作,更涉及到商品所有权的转移,商品一旦收下,物流配送中心将承担商品完好的全部责任。

入库作业按作业顺序分成两部分:入库前的准备即预入库,实际入库。入库作业模块主要是对这两个过程的资源与数据进行管理。

预入库信息的处理一般都用来作为入库装卸平台排程、入库人力资源及机具设备资源分配时的参考。其数据的来源包含两个方面,一是采购单上的预定入库日期、入库商品项目、入库数量等信息,二是供应商预先通知的进货日期、商品、及入库数量,信息均取自或修订于采购数据库。预定入库信息处理可打印指定日期段的入库信息汇总资料。

实际入库作业则发生在采购交货时,需要输入的信息包含采购单号、厂商名称、商品名称、商品数量等,一般都可由输入采购单号来查询商品名称、内容及数量是否符合采购内容并用以确定入库装卸平台,而后由理货人员指定卸货地点及摆放方式并将商品进行堆码存放。经理货人员检验后修正采购单数据,将其状态标记为已入库,另一方面将以上信息记入库存入库表并核加库存数。入库除由厂商处入库外还包括来自客户的退货入库。在退货入库情形下,商品一般须经过检验,经检验是可用品的方可入库,此类型的入库数据一方面将成为数据库中订单表、出货配送数据表、应收帐款数据表的减项,另一方面是入库信息表及库存数据表的加项。

商品入库后一般有两种处理方式,可立即出库或上架出库,这取决于物流配送中心的出货政策。当物流配送中心有入库即出货的状况发生时,入库管理模块应具备待出库信息查询、并连接派车计划及配送子系统,因此当入库数据输入后即启动订单信息表,取出该商品项目待出货信息,而后将其记入出货配送数据表中,并核销库存可调用量,以便于出货作业。这种情形在加工型、大宗交易、快速流通型企业的配送中心很常见。例如,在专为服装出口服务的配送中心,当某订单服装加工完毕入库时,也即做好了发货准备,可立即出库。更普遍的情形则采用上架入库再出库,若采用该入库方式则采购入库子系统应调用货位(或称储位)指定功能或货位管理功能。

(2)采购管理

采购管理模块的主要设计目的在于向采购人员提供一套快速准确的工具来向合适的供货厂商适时适量下达采购请求,以使商品能在出货之前准时入库并避免缺货及过多呆货情况发生。采购管理主要由四个子系统模块组成:采购预警、供应商管理、采购单据管理和采购跟踪系统模块。

当库存控制系统模块确定采购批量及采购时点后,理货人员即可随时调用采购预警系统模块来查询采购商品,调用库存数据表、采购批量及采购时点信息表并通过对比确定当前库存数是否低于采购时点,当某商品库存量低于其采购时点时系统就以报表形式将该商品清单列印出来,报表内容包含商品名称、建议采购量、现有库存量、已订购待入商品数等信息。

当采购预警系统模块产生出建议采购商品报表后,仓库管理人员即可依据报表内容查询供应商信息表,输入商品名称后从供应商信息表选择供应商基本信息、历史交货记录、交货品质等信息作为采购参考。系统所提供的主要报表为各商品供货厂商供货分析报表、各供货商交货报表。

根据以上各报表,仓库管理人员可根据采购商品需求下采购单给各供应商,此时只需要录入商品资料、供应商名称、采购数量、商品等级等信息建立采购数据表,系统可打印采购单以此作为物流配送中心对外采购的依据。当物流配送中心与供应商之间可使用电子订货系统采购商品时，系统应设计对网络订货数据的接收、转换与传送功能。

采购单一经发出后，仓管人员即可由采购跟催系统模块编制应入库未入库报表及已采购未入库报表，来完成商品入库跟催或商品入库日期核对等作业。此时系统不需要输入特殊资料，只需要输入欲打印报表名称而后由系统根据当前系统日期来与采购数据表日期加以比较，打印出未入库资料。

**2. 理货管理**

理货管理模块主要负责商品入库后的货物检验和复核，仓储区、货位的安排，及货物在库保管维护、码放、备货、盘点作业的相关信息和流程的管理。其主要功能包括货位指定、盘点管理、库存控制等。

理货管理模块功能构成如表8-4所示。

（1）货位指定

当入库数据输入时即启动货位指定系统模块，根据当前货位信息表、商品明细表来计算入库商品所占货位的大小，结合商品特性及货位占用状况来指定最佳货位。货位的指定可根据几项法则来判断和选用，如最短搬运距离法、最佳货位分类法等，均可设定到程序中作为专门的运算模块来调用。货位指定系统模块主要负责商品货位的录入、商品的追踪，及提供当前已占用货位报表、空闲货位报表等，以此作为货位分配的参考。有些物流配送中心并不使用货位指定系统，而由人工先将商品入库，然后将其货位位置记入货位信息表中，以便商品出库及商品追踪。这是一种事后的货位管理。当入库商品种类繁多、数目庞大时入库效率会受到一定限制。进行货位追踪时可将商品编码或入库编码输入货位信息表来查询商品所在货位。此模块输出的主要报表包括货位指示单、商品货位报表、可用货位报表、指定时间段入库一览表、入库统计表等。

表8-4 理货管理模块功能列表

| 功能模块 | | 子模块 | 内容说明 |
| --- | --- | --- | --- |
| 理货管理 | 货位指定 | 空闲货位查询 | 查询指定仓库或区域空闲货位的详细信息 |
| | | 货位占用信息查询 | 查询指定仓库或区域已占用货位上所存放商品的详细信息 |
| | | 货位信息维护 | 对仓库中所有可存储货位的基本信息进行维护 |
| | | 货位指定 | 计算入库商品所需货位大小并指定最佳货位 |
| | 库存控制 | 采购时点制定 | 确定商品经济采购批量与采购时间 |
| | | 采购预警 | 列出需要采购的备选商品 |
| | | 库存商品分类查询 | 略 |
| | | 存货追踪 | 对指定商品在库状态进行跟踪 |
| | 盘点管理 | 盘点单管理 | 完成对库存数与货位数的核对 |
| | | 冲销管理 | 记录对帐面库存的调整过程及调整原因 |

货位指定系统模块除可由入库信息的录入模块启动外,也支持人工操作的功能,以方便仓库管理人员随时进行货位调整。在程序的设计上,最好能强化仓库中不同存货区域的划分功能,支持将同一仓库标识划分成多个区域使用。系统最好能具有按多个不同特征来查询入库信息的功能,如按存货人、入库日期、订单号等;或能提供按商品特性的组合来查询的功能,如由商品名称、入库批号及仓库编号的组合来查询某一商品所在货位及商品进出状况。

(2) 库存控制

库存控制模块主要是用来做库存量控制、库存量规划之用,以减少因商品库存积压过多而造成的各种利润损失,其主要的作业包含商品的分类分级、订购批量及订购时点的确定,存货的追踪管理、库存的盘点作业。

有关商品的分类分级、订购批量及订购时点的制定、存货的追踪管理均不对内部数据表作任何更新,而是读取一些既定的数据表,如库存数据表、储位信息表,及一些平常就已建立并维护的既有数据表,如厂商报表、采购批量计算公式表等,来进行内部运算。所谓的分类分级方式即是将商品根据其类别的不同统计其库存数量并以柱状图等工具将其按库存量的大小排序、分类,以作为仓库区域规划布置、商品采购、人力资源、工具设备选用的参考。商品的分类分级并不一定仅以商品的库存数来作为分类的唯一标准,也可采用商品单价或实际库存金额等不同指标来加以排序,这些分类结果也许更具有代表性。在该模块中,最主要的是以商品为主体所做的各种排序报表。

为了配合商品的销售配送,物流配送中心必须备有足够的库存以满足供货需求,而何时采购、采购数量的多少均影响资金的调度及库存成本的大小,因此在商品采购之前应针对不同的商品来确定其经济采购批量及采购时点。在订购批量及订购时点的制定时,可由系统查询商品信息表、厂商资料表、库存数据表、采购数据表等信息来源,从而得到商品名称、商品单价、商品现有库存量、自采购到交货所需时间及运输成本等数据,从而计算经济订购批量及定购时点。当然,订购批量及订购时点的确定方式不止一种,也可通过其他方法来完成,如安全库存量的制定、经济采购量的制定等。该子系统模块的主要输入信息为商品名称,并依赖于一些平时维护的数据表,如厂商信息表、库存数据表、采购数据表、运输成本表等,而输出的主要报表包括商品安全库存报表、商品经济批量报表、定期采购点查询报表、定期库存量统计报表等。

存货追踪管理系统模块主要是完成货位管理作业,此系统模块不需要输入太多的信息,主要是从既有的数据表如由货位信息表调用现有存货的货位位置、储存区域及其分布状况,或由库存数据表调用查询库存量等,故此系统模块所产生的主要报表包含商品库存量查询报表、商品货位查询报表、呆货存量或货位报表、空闲货位信息表等。

库存控制系统模块应具备由商品名称、货位、仓库、批号等信息分类查询的功能。当同一种商品具有不同储存单位时,系统最好具备储存单位自动转换的功能。当有库位转移或库存调整作业时,系统应支持对大量储位及库存数据进行批量化处理的功能。

(3) 盘点管理

库存数量的管理与控制及货位管理等作业的有效性依赖于库存信息、货位信息的正确性,因此盘点作业在仓储管理中不可或缺。盘点管理模块主要的工作内容包括:按一定期间打印各类商品报表;待实物盘点后将实际库存数据输入并修改当前帐面库存;打印盘盈盘亏报表、库存损失率分析等报表。

一般而言,常见的盘点方式有两种:定期盘点及循环盘点。定期盘点常以季、半年或年度为盘点时段,而循环式盘点则于一般工作日针对某些特定商品加以实施盘点。不论是定期盘点或循环盘点,理货员在盘点前一般先录入待盘点商品或待盘点仓库的名称、仓库某一区域名称,此时系统将调用库存数据表或货位信息表并查询该商品存放位置及数量或该区域所有商品的库存数及其货位信息,以便编制盘点清单。而后理货员持盘点清单会同会计人员进行实物盘点,盘点时如出现误差可将误差记录在盘点清单上,盘点后可在盘点信息维护模块录入盘点结果,以修改库存数据表与货位信息表并对其进行更新。另外,盘点也可由理货员会同会计人员以手持式数据收集器如条码扫描仪在仓储现场收集库存信息,当某一区域盘点完毕或数据收集满后将其发回数据中心进行数据导入,进而以批量化方式修正库存数据表。或者采用无线式数据采集器,在盘点的同时将数据同步传回数据中心加以处理。若采用这些设备,系统本身应设计数据接收、传送、转换的功能。

系统最好应设计定期盘点或循环盘点时点设定的功能,使系统可在用户设定的时间自动启动盘点功能,打印各种表单协助盘点作业的完成。在盘点完成后,可由盘点报表系统模块打印盘盈盘亏报表、库存损失率报表、呆废料盘存报表等。

需要注意的是,不同的物流配送中心在盘点政策上会有所不同。当出现实盘与库存帐面数据不符时,往往不能直接对帐面数进行修正,而应查明不符原因后再进行修正,即冲销库存,并记录冲销原因与对应的盘点清单编号,以备日后追踪查询。

**3. 销售分析与预测**

销售分析与预测系统部分包括销售分析、销售预测、商品管理三个核心模块。

(1) 销售分析

该模块的功能是为销售主管及高层领导提供及时的、全面的销售信息。使用者可以通过两种方式了解销售状况:查询销售明细、分指标对销售数据进行统计分析。销售明细包括订单数据、出货配送控制数据、商品明细、预测工具模型、客户对商品的响应信息、入库数据等。统计分析则主要是对商品销售量、年度商品进出数量、年度及月份商品进出数量比较、商品成本利润百分比、各仓库经营业绩等指标进行统计对比,统计结果可以通过多种展示形式如饼图、直方图、柱状图、折线图来进行展示。

(2) 销售预测

销售预测模块的功能是协助高层主管预测物流配送中心销售动态趋势,其基本的设计原理是根据历史销售数据结合作业模式或者使用统计方法完成预测分析。典型的统计模型有最小二乘法、移动平均法、指数平滑法、回归分析等。近年来,数据仓库与数据挖掘技术在销售预测中也开始逐渐得到应用。基于统计方法的销售预测系统较为常见,但物流配送中心特别是大型物流配送中心的数据量较大,当变量过多及数据集合不断变化,并且存在数据残缺现象时,统计分析往往无法有效地发现潜在的顾客消费模式进而得出合理的预测结论,此时应考虑使用数据仓库、数据挖掘技术。但建设数据仓库及进行数据挖掘有一定的技术要求,在一些物流配送中心实施比较困难。

(3) 商品管理

该模块的功能是协助高层管理者了解物流配送中心各种商品的基本信息及销售状况,包括商品基本信息的维护与查询、商品销售排行、畅销品与滞销品分析、商品周转率分析、商品获利率分析等。

**4. 出库管理**

该模块负责完成对不同类型出库指令的实际处理,其主要功能包括出库受理、拣货、记录实发、出库指令查询、出库明细查询等。

(1) 出库指令受理

该功能记录发货指令的详细信息,如应出库时间、出库类型、待发商品名称、数量、客户名称、发货地址。其中出库类型指发货的原因,如销售出库、调拨出库、采购退货出库、盘亏出库等,不同的出库类型影响到实际发货出库的处理过程。

(2) 出库指令查询

根据一定条件如日期、商品名称、客户名称等查询发货指令信息表,查询列出符合条件的记录。该功能的设计主要是方便发货处理,因此在设计时往往默认列出尚未处理完的发货指令。

(3) 拣货排程处理

该模块负责根据出库指令内容做出库前准备,通常由仓库管理人员或理货员使用。在输入配送日期后,该模块检索出库指令信息表、库存数据表、设备调用信息表、工具调用信息表、人力资源调动信息表、拣货产能信息表、自动拣货机数据控制对照表,从而计算工时需求、人力需求及库存量需求以便制作拣货排程报表、批次拣货调度报表、批次拣货单、人力调度规划报表、补货调度规划报表、补货批次调度报表、库存取用统计表、自动拣货设备拣货报表、拣货差异分析等,以此作为指令分派依据及对工程进度进行管理与控制的依据。拣货人员(如理货员)领取工作分派单或拣货单时,即根据该单据进行拣货作业,拣货作业完成后将实际作业进度及其他修正数据录入系统,从而销减拣货流通加工表、订单信息表中拣货、库存量的相应纪录。

(4) 拣货

进行出库受理后,必须首先确定待发商品的实际存放货位,即找到货物才能进行实际发货。在拣货操作中,一方面确定货物的存放位置信息,另一方面查询该商品当前的库存数量。当无法确定货位即货物不存在或库存数量不足时必须与存货人进行协商或修正发货指令后再发货。

(5) 发货出库

该功能记录实际的发货过程,即发货指令中每一项商品的出库记录。如出库指令受理功能中所述,不同的出库类型对应的发货出库过程不同。对于正常出库,首先将出库信息记入出库明细表(包括出库商品编号、出库指令编号、出库日期、派车单编号、发货人等),然后核减该商品当前库存数量,并修改该商品所在货位状态;对于采购退货出库及盘亏出库等其他出库类型,不同的物流配送中心具有不同的处理规定,一般说来,与正常出库相比在处理顺序、费用结算上会有所区别。

(6) 出库明细查询

可列出某时间段内或某商品的所有发货出库记录,便于客户了解其商品的出库过程,或在发货无法一次完成的情况下便于仓库管理人员完成出库作业。

出库管理模块各功能处理流程如图 8-12 所示。在该图中,出库受理功能模块分别从订单管理子系统和仓库管理员获得出库指令,对应为不同的出库类型。正常的销售出库指令信息来自于客户通过订单管理子系统下达的订单,而其他出库类型对应的指令信息则来自于仓库内部。

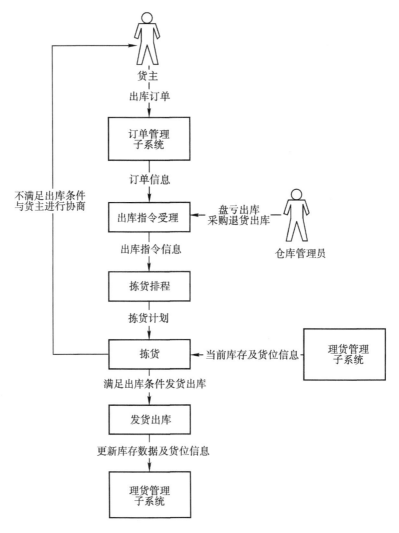

图 8-12 出库管理模块处理流程

**5. 流通加工与包装规划**

该模块负责根据订单内容做出库前准备，通常由流通加工人员或理货员使用。在输入配送日期后，该模块检索订单信息表、库存数据表、自动包装机数据控制对照表、工具调用信息表、人力资源调动信息表、包装产能调用信息表从而计算工时需求、人力需求及库存量需求，以便制作包装流通规划表、客户地址标签、包装流通加工批次报告、包装流通加工差异分析等，以此作为指令分派依据及对工程进度进行管理与控制的依据。拣货人员（如理货员）领取工作分派单或进行包装时，即根据该单据实施打包、贴标签等作业，作业完成后将实际作业进度及其他修正数据录入系统，对包装流通加工信息表、订单信息表中包装流通加工需求数量、库存量进行销减操作。

**6. 仓库管理**

为完成商品的销售、运输配送，除了事务性的理货、配送作业外，也需要对仓库的硬件设备及内部空间的使用进行有效的规划与管理。

仓库管理包含两大部分，一为设施设备的应用规划、使用管理及设备本身的保养维护，其中包含装卸平台使用计划及排程、仓储区管理、托盘管理系统、托盘装卸方式规划、托盘叠放方式设计、车辆保养维修、燃料耗材管理系统。另一部分则包含使物流配送中心有效利用既有空间的区域规划布置，包括仓库规划布置计划、拣货区规划、包装区规划、仓储区规划等。

(1) 设施设备的管理与维护

从商品销售、运输配送至客户手中完成交易，商品进出物流配送中心均要经由装卸货平台进行作业，因此在物流配送中心建立之初即须考虑装卸平台的长度所能容纳的车数、平台物品暂存区是否足以满足装卸物品规模及平台建造的高度是否能方便各类车辆的装卸货作业。在仓库正式启用之后进出货装卸平台区、车辆的摆放方式、车辆行驶动线的规划及进出车辆的排程均通过装卸平台使用计划及排程系统来加以管理和控制。

仓储区管理系统主要的工作是完成库存区的规划、应用与管理，此系统主要的功能包含：物品的分类、商品所占容积比率分析、现有货位的分配及货架设置计划、一般货位的转换调用计划与实际作业，当仓储区使用自动仓储、升降梯、输送带等其他自动化设备时系统应具备与自动化设备间的数据转换接口功能，并达到由物流配送信息系统指挥控制这些硬件设备运转的功能。

在物品搬运储存作业过程中，会大量使用各种不同的容器，包括托盘、塑胶笼、纸箱等。这些容器使用时是否对外流通、对外流通是否回收、空容器的保管、运用等对物流配送中心的投资成本、商品配送的便利性及与客户间的合作协定均有重大的影响，因此需要加以规划与管理。而容器管理系统就是针对这些问题结合成本、装卸配送绩效等数据加以分析并制作各样报表以供管理人员作为管理政策制定的依据。

而托盘装卸方式规划、托盘叠放方式设计系统则是针对托盘的有效应用而设置的模拟与设计系统，该系统根据商品明细信息表读取商品的体积、重量、商品形状特性等信息，按各种不同的堆叠方式来计算某一种托盘可堆叠的商品数量，从其中求取最大堆叠量为推荐的堆叠方式，并制作相应报表。

在物流配送中心的各种作业中车辆是其必备的工具，而车辆长期且长途的行驶必定造成车身及各项机件的磨损，因此如何在平时配送运作中就对车辆做好保养维修的工作非常重要。车辆保养维修系统主要的工作是收集车辆使用的信息，如车辆数、行车里程、行车最高时速、车辆使用时间等数据，然后与每一辆车的保养历史记录作比对，当行车里程数到达某一定数量时即由系统发出维修通告，送厂保养或更换零件耗材等，以便作为车辆维修的预警。

(2) 区域规划与管理

仓库区域规划系统负责为有效利用仓库空间提供规划依据，包含仓库规划布置计划系统、拣货区规划系统、包装区规划系统、仓储区规划系统等。

在仓库规划布置系统中，主要根据销售统计、预测信息分析商品数量及其流动状况，并依据商品明细信息来计算其所占用的储存、拣货、包装流通加工空间，然后可根据模拟仿真方式来排列比较各种不同的布置方案，以选取最佳空间利用率规划方案。

尽管空间的划分对于拣货区的规划非常重要，然而根据批次拣货内容及数量将商品进行分类更为重要。一般情况下商品的拣取以人工拣取方式较多，通常将一条拣取线划分成好几个区域，每一个拣取人员仅负责某一区域的拣取，而各区域内商品的分配则需要考虑商品的种类数及拣取数的平均分配，以免因拣取人员工作不平均而产生拣取线的瓶颈，造成拣取效率低下。这时拣货区规划系统的作用就会非常明显。若使用自动拣取设备则应考虑自动拣取机的摆放及机器与机器间的动态连接。

包装、流通加工区规划系统与拣货区规划的重点相类似,不同之处在于较偏重于机器摆设方式及位置的规划。在规划中应注意各项包装、流通加工工作流程与机械设备摆放位置相对应,以流畅完成整个作业程序为准。

仓储区的规划主要受仓库管理政策影响,仓库的空间划分可按商品的周转率、商品存货单位等条件来划分,一般而言商品的周转率可以反映出该商品的存取频度,因此在考虑商品摆放时可将存取频率相差较大者放置于同一线上,这样可使拣货线较为流畅而无冲突存在。从商品的存货单位角度而言,不同存货单位的商品使用不同的搬运设备来存取商品,如托盘物品的存取往往由叉车来存取,而单品的拣取则多为人工拣取。因此在仓库规划时宜将同一储存单位的商品摆放在同一区,以方便拣取作业。要达到商品分类的目的可由仓储区规划系统以商品周转率及商品储存单位来计算排序、并编制报表作为商品分类的参考。

### 8.3.4 配送管理子系统

以流通的观念来看,配送是指将客户订购的商品,使用一定的运输工具从产地或存放地送至顾客手中的活动,而中间可能是从制造商的仓库直接运给客户,也可能再通过批发商、经销商或由物流配送中心转送至客户。主要目的在于克服供应商与消费者之间空间上的距离。

配送作业管理可变因素太多,且各因素之间往往又相互影响,常见问题表现为:
(1)从接受订货至出货周期过长;
(2)难以制定准确的配送计划;
(3)配送路径选择困难;
(4)配送效率低;
(5)配送业务的评价指标不明确;
(6)运输配送过程中的损毁与遗失风险;
(7)难以了解和监控配送在途情况。

因而如何有效管理配送作业至关重要。配送管理子系统主要用于与出库商品实际的运输交付过程相关的派车、配载、运输、签收等作业活动的管理,其主要功能模块包括配送计划管理、运力管理、货物配载、配送装车管理、配送监控、配送签收管理。

配送管理子系统的作业流程如图 8-13 所示。

下面对配送管理子系统的各功能模块进行简要分析。

**1. 配送计划管理**

该模块根据订单内容,即由物流配送中心管理人员(配送业务员)根据订单数据将当日预定出货订单汇总,查询当前车辆信息表、车辆调用信息表、客户信息表、地图信息表等,先将客户按其配送地址划分区域,然后统计该区域出货商品的体积与重量,以体积或重量最大化等条件为首选配送条件来分配配送车辆的种类与数量。随后查询外协车辆信息表、自营车队调用信息表、设备调用信息表、工具调用信息表、人力资源调用信息表来制订出车批次、装车计划及配送调度计划,并打印配送批次规划报告、配送调度报告等。配送调度报告包括装卸平台、机械设备、车辆、装车搬运人力、司机分配等报表。自动规划的配送计划可以进一步进行人工修改,修改后的数据即转入出货配送信息表,并作为车辆、装卸平台、设备、人力分配计划基础数据。

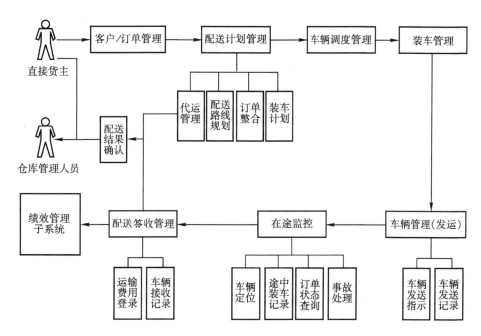

图 8-13 配送管理子系统作业流程图

配送计划管理模块各功能之间的关系及处理流程如图 8-14 所示。当日订单信息的汇总结果经过订单整合功能处理,按到货时间、目的地、所在线路、商品属性等条件进行归类、排序后,分别计算不同商品的容积及各种包装物的容积、现有车辆运输能力从而可以自动得出一个初始的装车计划与装箱单、货运清单。自动产生的装车计划可以进行人工方式的再次修改,从而产生最终的车辆需求计划作为车辆配载模块的输入。

(1) 代运管理

当用户选择的运输方式为代运时,由物流配送中心委托其他运输企业对商品进行运送。该功能模块负责对代运委托单据、货运提单、到货记录、客户取货记录的管理。

(2) 配送路线规划

配送路线如何选择以决定最佳配送顺序往往会影响整个配送作业的效率。IBM 公司开发的 VSP(Vehicle Scheduling System)系统,可以利用数值计算的方式由电脑来寻找最短运行路径,该系统的设计原则为以循环配送来产生缩短值。一般性的设计思想是在得到订单中商品运输的目的地信息后,按最快速度送达目的地为原则设计路径,即根据各点的位置关联性及交通状况来做路径的选择规划。除此之外,还必须考虑某些客户或其所在环境有送达时间的限制,例如某些客户只在特定时间收货,或是某些城市个别道路在尖峰时间不准卡车进入等,都必须尽量在选择路径时避开。

(3) 订单整合

为让整个配送有一个可遵循的基础,物流配送中心通常会首先根据订单中客户所在地点的远近、关联状况作一区域上的基本划分,例如西北、华北、东北等等。其次,当订单中商品性质差异很大,有必要分批配送时,则须根据各订单中商品的特性作优先级的划分,例如生鲜食品与一般食品使用不同的运输工具,须分批配送。另外客户订单下达时间的先后顺序也是考虑因素之一。

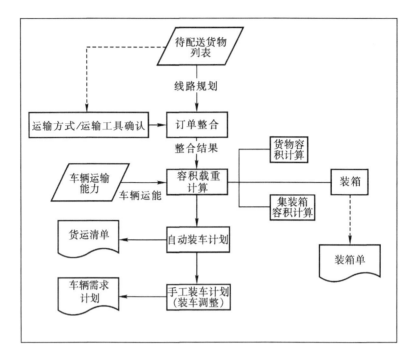

图 8-14 配送计划管理模块处理流程

(4) 装车计划

该项功能包括两个基本部分：车辆的安排，即分配何种车型、使用自备车辆还是使用外单位车辆等；车辆装载方式。

对于车辆安排，须从客户要求、车辆状况及运输成本三方面综合考虑。在客户要求方面，需按照客户的订货量、订货体积、重量，而且要考虑客户目的地的卸货特性限制；在车辆方面，要知道到底有哪些车辆可供调派，以及这些车辆的载货体积与重量限制；从成本角度看，必须根据自备车的成本结构及外雇车的计价方式来计算选择哪种方式较为划算。综合以上三方面的信息后才能做出最合适的车辆安排计划。

对于装车方式，一般的原则是根据客户需求的配送顺序先后，将商品按"后到先上"顺序装车。有时为了最大程度利用装载空间，可能还会考虑物品本身的性质（怕震、怕撞、怕湿）、形状、容积及重量来做弹性调整。此外，对于这些出货品的装卸方式也有必要按物品的性质、形状等来决定。

**2. 车辆调度管理**

该模块完成对车辆和司机的任务分配，主要包括派车管理、车辆编号编组、司机配置三个功能。

(1) 生成派车单

客户的订单在最终确认之后，承运人就要按照客户的要求进行派车。派车单管理的主要功能有派车单录入、修改、查询。派车单是由客户订单的相关信息、运送货物信息以及车辆信息经过匹配加工组合而成的。一个订单可能对应多个派车单，一个派车单也可以完成多个订单的运输任务。派车单由配送业务员下达给签有运输合同的运输人。

(2) 车辆编号编组

按订单整合的结果对配送计划进行手工调整,在车辆指派的基础上根据配送路线、配送优先顺序等条件对其进行编组,并记录编组信息。

(3) 司机配置

根据当前司机信息指派空闲的司机给已确定的配送车辆,并记录指派结果。司机及随车人员的调派最好能考虑司机的工作能力、体力、以往的工作量及曾经配送的区域范围,以便于更有效地安排配送人员。

(4) 生成监控计划

在配送业务中,为了能使货物及时、完好地运抵目的地,除了在派车环节进行合理的车辆调度外,货物在途的监控也必不可少。能否实施有效的监控也是客户评价物流服务提供商服务质量的一个重要指标。因此,拟定一个合理有效的监控计划是整个监控环节的首要任务。目前,一些先进的科技手段应用到配送业务中,使得实时的监控成为可能。

根据派车单上的信息如起始城市/地点、终点城市/地点、运输方式,结合地理信息系统提供的路线建议,拟订监控计划(即预计什么时间,到达什么地点)。配送业务员可以在系统推荐的监控计划的基础上拟定最终的监控计划。监控计划的拟定方式有两种:按地点进行监控和按时间点进行监控。按地点监控这种方式是根据运输线路的规划,将一些重要的途经城市/地点设定为监控计划的监控点。在运输车辆途经或到达这些预定的监控城市/地点时,司机需要反馈到达时间以及当时的运输情况和货物状况,由系统记录反馈的情况,比较监控计划的预定到达时间以及任务完成情况,并结合实际情况帮助管理人员做出进一步的安排或调整。按时间点监控的方式,是以设定时间间隔的方式来定时监控货物在途情况,这些定时监控的时间点也就是监控计划的监控点。当到预定时间点时司机反馈到达的地点信息以及当时的车况和货物状况,以此实现按计划地在途监控。

**3. 配送装车管理**

根据物流配送中心的出库单,生成货物装车明细清单,并投运输保险。配送装车管理主要包括货物装车和运输投保两大部分。

(1) 货物装车

派车单和拟定的监控计划下达后,承运人就要根据客户的要求和具体情况安排货物的出库。运输人根据派车单的要求,到指定的一个或多个仓库进行货物装车,在出库单上记录货物装车明细信息。同时,记录实际装货数量,作为到达卸货点交割的依据;记录提送费、装卸费、搬倒费、运输费、保险费及其他费用,作为与客户结算的依据。

(2) 运输投保

根据实际装货数量和单价填写投保单明细,为客户货物代投保。对于运输人投的保险,如果由运输人支付保险费,在系统中只作备注。投保单的内容主要包括投保人、保险人、投保项目、投保货物信息、投保金额、保险费率、保单状态、经办人、投保日期、回复日期等信息。

**4. 在途监控管理**

中途运输管理环节主要包括在途监控、事故处理、在途货物装卸三部分内容。

(1) 在途监控

根据监控计划中设定的沿途监控点,对一个车次进行全方位跟踪,记录每个路段的具体信息,包括计划到达时间、实际到达时间、实际行驶里程、路段费用情况。在系统中,可以根据需要增加新的监控点(重大事件记录点),记录运输过程的各种情况。

(2) 事故处理

在运输过程中,如果发生意外、需要拖运或者换车,司机应及时向总部调度或配送业务员反馈情况以决定下一路段是否能继续运输。中途发生意外(指车祸、雨雪等不可预知的情况)时,该系统记录发生的时间、地点,并记录货物破损的明细。中途需要拖运时,该系统记录拖运工具的车牌号、开始时间、结束时间、起点、终点、费用、里程。中途需要换车时,后续运输有两种方式,其一是本车次的运输人自己组织替换车辆、支付替换车辆的运费,将货物运达卸货点后,记录换车后的车号、司机姓名及各车货物的明细,到货交接仍是原运输人;其二是向承运人求援,由承运人重新组织车辆,完成剩余的运输任务。第二种方式要结束原运输人的运输车次,记录扣款金额;承运人重新组织的车辆,按新派车单的要求,到中途接管全部出库单,清点货物,运输到约定卸货点;如果新组织的车辆是多台,则要在派车单中分割原来装在一台车上的货物,但出库单号不变,出库单的实发数量是实际从故障车上分装的数量。

(3) 在途货物装卸

沿途有装货和卸货时,记录沿途所发生的货物装车与卸货起止时间。

**5. 配送签收管理**

运输车辆按派车单要求,将货物运至目的地,收货人核查实际到货数量,确认并签收。签收单是收货人对所到货物的实际情况进行验收记录的单据,同时也是运输人向承运人出示的货物运抵凭据。

签收单记录卸车货物名称及其数量,如果少于出库单的实发数量,一般由运输人赔偿,能确认在下一次运输时补齐的,可以在货物补齐后,再更新相关单据的完成标志;如果收货数量大于出库单的数量,要将多余货物退回,或由客户补开出库单,也可以用于补齐以往的拖欠数量。

进行联运时,货物只是交割给下一运输人,由下一运输人或其后的运输人根据承运人新派车单的要求交给收货人。

### 8.3.5 运营绩效管理子系统

运营绩效管理子系统通过与仓储管理子系统、配送管理子系统及财务结算管理子系统的交互取得运营绩效信息,此外也可从外部获得各种市场信息来制定并调整各种运营政策,而后将政策内容及执行方针通知各个业务部门。运营绩效管理子系统由三部分组成:资源管理、运营管理及绩效管理。

**1. 资源管理**

在物流配送系统中,运输配送是涉及影响因素最多的环节,包括客户、合同、运输人、车辆、司机、道路、货物、保险、运费等信息。该子系统是对上述资源的统一管理。其中,合同管理主要包括合同输入、合同查询、合同审核、合同延期、合同预警等功能;车辆管理包括车辆基本信息输入查询、规费支出、车辆保险、车辆年审、保养小修、交通事故、大修及报废、月度绩效、收支平衡等功能;司机管理包括司机基本信息输入查询、个人借款、违章记录、驾照年审、月度绩效、收支平衡等功能。

**2. 运营管理**

运营管理模块通常由物流配送中心较高层的管理人员使用,主要是用来制定各类管理政策,如车辆设备租用、采购计划、销售策略计划、配送成本分析、运费制定、外车管理等,偏向于投资分析与预算预测。

(1) 车辆设备租用政策

物流配送中心可执行两种不同的配送政策:使用本单位自有车来配送,或雇用外单位车辆配送。在两种政策的选用上,基本上考虑两点:车辆的管理方便与否,资金投入金额大小及成本效益。该模块利用现有系统数据,如配送需求统计、车辆调派信息表、人力资源的利用率等信息来作为车辆采购或租用车的分析基础。决定采用外车情形下该模块也可设计成对不同租用方案的选用分析,如采用车辆租赁公司专车配送或雇用货运公司只作单程单一批货的配送,是否租用个人货车、运费如何计算、各货运公司或个人间如何协调与管理等。而若决定自购货车来进行配送,则可利用各种成本回收方法,如回收年限预估、净现值法、决策树分析法等来选择最有效益的资金投资及回收政策。

(2) 销售策略计划

该模块主要是利用销售金额、业务员的销售实绩、商品的销售能力、销售区域的分配状况等数据来做单一物流配送中心的销售规划政策,规划的内容可包括客户分布区域的规划、业务员销售金额及区域的划分、市场的行销对策制定、促销计划等。

(3) 配送成本分析

一般均以财务结算子系统数据作为基础进行物流配送中心各项费用分析,主要用来反映盈利或资源投资回收的状况,同时也可作为运费制定系统中运费制定的基准。配送成本分析与运费制定系统对以提供仓储及配送业务为主的运输型物流配送中心而言是一个重要的系统,物流配送中心的盈亏很大程度上依赖于运费是否能够低廉足以吸引客户并且合理地反映应有的成本。

(4) 外车管理

该模块用以管理外租车辆,主要内容包括外车租用信息的维护、管理方法的选择分析、配送车辆的调度及排程计划等。

**3. 绩效管理**

物流配送中心的经营状况是否良好,除了取决于各项运营管理策略制定的正确性、计划的实际执行效果之外,更在于有良好的信息反馈机制来作为政策、管理及实施方法修正的依据,这也是绩效管理系统存在的主要理由。该子系统的主要内容包含:业务人员管理、客户管理、订单处理绩效报表、存货周转率评估、缺货金额损失管理报表、拣货绩效管理报表、包装绩效管理报表、入库作业绩效管理报表、装车作业绩效管理报表、车辆使用率评估报表、装卸平台使用率评估报表、人力使用绩效报表、机器设备使用率评估报表、仓库使用率评估报表、货物保管率评估报表等。

(1) 业务人员管理

主要包含业务销售区域划分、销售业绩管理、呆帐率分析、票据期限分析等。

(2) 客户管理

主要包含客户销售金额管理、客户信用管理、客户投诉管理等。

(3) 订单处理绩效分析

主要包括订单处理失误率分析、订单处理时效分析、订单处理量统计分析等。

(4) 存货周转率评估

主要包含资金周转率分析与计算、单一物品周转率分析、某一种类物品的平均周转率分析与比较。

(5) 库存保管情况分析

物流配送中心一般会在一定时期进行库存盘点，比较盘盈盘亏并计算报废商品之金额及数量。

(6) 运输绩效分析

主要用于提供对运输作业效率的统计和分析。运输绩效为运输业务的预测与决策提供数据依据。运输绩效主要从人、财、物三个方面来考核，并进一步涉及到运输规划的合理性以及配送时效性等。

①设备负荷指标：衡量运输设备的总作业量、平均作业量和单位作业量等，考察运输设备的使用情况。

②运输成本指标（资金绩效）：用于衡量运输成本花费的多寡，主要考核总运输成本、吨公里运输成本、线路成本。

③人员作业指标：用于评估配送人员的工作分摊（距离、重量、车次）及其作业贡献度（配送量），以衡量配送人员的能力负荷与作业绩效；同时判断是否应增添或删减配送人员数量。主要考核的要素有人均配送量、人均配送车次、人均配送吨公里数等。

④配送规划指标：考核配送规划的合理程度，考核的要素有配送频率、积载率、每车次配送重量、每车次配送吨公里数等。

⑤配送时效指标。用于考核配送的时间利用情况、配送是否及时等。主要考核的要素有平均配送速度、配送时间比率、单位时间配送量、单位时间生产率等。

### 8.3.6 财务结算管理子系统

该子系统主要由财务会计部门使用，对外主要以采购入库子系统产生的物品入库信息查询供应商所送来的应付款单，并据此进行付款；或由销售部门取得出货单、制作应收帐款请款单并收取帐款。财务结算子系统也可自动生成各种财务报表提供给运营绩效管理子系统作为调整运营政策的参考。财务结算子系统与其他子系统之间的交互关系如图 8-15 所示。

**1. 应付帐款管理模块**

当采购商品入库后，采购信息即由采购数据库转入应付帐款数据库，会计管理人员则在供货厂商开立发票及请款单时即可调用该模块，按供货厂商进行应付帐款统计并做核对。帐款支付后可由会计人员将付款信息录入系统，更改应付帐款表中相应内容。管理人员可使用该模块功能制作应付帐款一览表、应付帐款已付款统计报表等。

**2. 配送费用结算**

当商品配送出库后，订购数据即由订单数据库转入应收账款数据库，财务人员于结账日将应收账款按客户进行统计，并打印催款单及发票。发票的打印可以比较灵活，将统计账款总数开成一张发票，或以订单为基础开具多张发票。收到的账款可由会计人员确认并登录，作为应

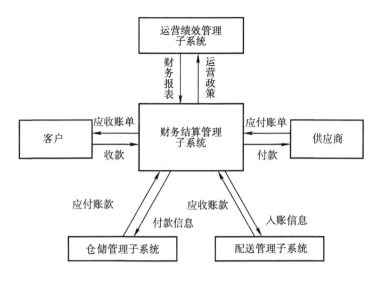

图 8-15 财务结算管理子系统与其他子系统关系

收账款的销项并转为会计收支系统的进项。

**3. 工资管理**

工资管理管理模块包含人事信息维护、工资统计报表管理、工资单管理。其中,从绩效管理子系统获得业务部门各岗位工作人员工作量统计及绩效考核信息,以此作为工资单管理和编制的依据。

**4. 财务报表管理**

该模块负责各类财务报表的生成和打印,包括资产负债表、损益表两大财务报表,可以查看任意帐务期间的报表,可以进行跨年度查询报表。

**5. 费用设置**

根据业务需要定制各项费用的名称及计价方式,使得费用名称可与业务单据自由绑定。

## 8.3.7 系统管理子系统

**1. 基本信息管理**

将仓库、物品、客户、货运公司、员工、车辆等在业务中重复出现的基础信息都用一个唯一的编码标识,避免同一信息的重复录入,提高信息的准确度和共享率。

**2. 用户及权限管理**

为操作人员确定岗位,指定可操作的系统功能;企业员工经授权后才能成为系统的合法操作员。

**3. 数据接口管理**

支持对条码、GPS 等数据采集系统所采集数据的导入和转换。通过数据采集系统自动收集业务数据并导入相关业务子系统,可以实现这些自动化设备与信息系统的协同作业,大幅度提高信息处理和实际作业效率。

**4. 系统设置**

分企业级、操作员级等多个级别设置系统的运行参数。

**5. 日志管理**

记录系统中用户的所有操作过程，便于完成对系统的维护和管理。

## 8.4 物流配送中心管理信息系统开发及其运行维护

### 8.4.1 系统开发模式及其选择

物流配送中心管理信息系统的开发模式主要是指采用什么样的组织方式来完成系统的建设和应用。主要包括自行开发、系统开发外包、合作开发和直接购买四种模式。

**1. 自行开发**

自行开发是指企业自己组织开发队伍，进行物流配送中心管理信息系统的开发。这种开发方式需要有出色的领导和自己的开发队伍，包括系统分析师、程序设计员、计算机技术人员和有经验的管理人员等各类人员。

自行开发的主要优点是：可锻炼本企业计算机开发应用的队伍；当企业管理业务有变化或发展时，可以及时对物流配送中心的信息系统进行变更、改进和扩充。

自行开发的主要缺点是：系统开发周期一般较长，且容易受到本企业长期以来形成的习惯性的管理方式的影响，不易开发出一个融入先进管理经验的高水平的物流信息系统。

**2. 系统开发外包**

随着计算机技术的发展和企业信息化建设的推进，企业在激烈的市场竞争中迫切需要利用信息化手段提升自身的管理水平和服务水平，因而对物流配送中心信息系统的要求也越来越高，要求系统具有强大而完善的功能、性能良好，具备良好的易用性，高度的可靠性、可用性和灵活性，以及尽可能少的约束性。这些要求对于软件开发组织和人员提出了巨大挑战。信息技术的广泛性、复杂性决定了企业不可能配备足够的、技术很全面的专业人员从事物流配送中心管理信息系统开发工作。系统开发外包（也称为软件外包）就是企业为了专注核心竞争力业务和降低物流配送中心信息系统开发项目的成本，将项目中的全部或部分工作发包给提供外包服务的IT企业来完成的软件需求活动。

**3. 合作开发**

合作开发又称协同软件开发（Collaborative Software Development），是指企业组织内部和签约的外部组织一起完成一项软件开发任务。

当企业自身有一定的软件开发能力，又希望借助企业外部的资源和专业优势时，可以选择合作开发模式。选择合作开发模式的主要优点是：在合作开发中，可发挥企业外部的专业技术力量强，以及本企业人员对物流业务熟悉的优势，共同开发出具有较高水平而又适用性强的系统，同时有利于企业计算机应用队伍的培养与提高。

**4. 直接购买**

在物流软件市场，国内外已开发出很多具有一定通用性的物流配送中心信息系统软件，可供企业选择。理论上讲，购买商品化物流软件是最省力、最经济的开发方式。从第三方购买或获得现成的物流配送中心软件系统称为外购软件，是指将商品化的物流产品或技术直接拿来使用。一般而言，市场成熟的商品软件都经历了多年的实践应用，成熟度高，性能稳定，且融入了许多先进的管理思想和手段。采购物流软件产品也符合社会专业化分工协作的规律，容易保证项目成功。因此，对于自身不具备系统开发能力的中、小型企业，可直接购买成熟的物流软件。

以上物流配送中心管理信息系统的四种开发模式各有优势和不足之处。下面将从人才、管理和系统开发三个方面，对其进行比较和分析，如表 8-5 所示。

表 8-5 物流配送中心管理信息系统的四种开发模式比较

| 比较内容 | | 自行开发 | 系统开发外包 | 合作开发 | 直接购买 |
| --- | --- | --- | --- | --- | --- |
| 人才队伍方面 | 专门的开发队伍 | 需要 | 不需要 | 需要 | 不需要 |
| | 管理人员 | 需要 | 需要 | 需要 | 不需要 |
| | 业务人员 | 需要 | 需要 | 需要 | 需要 |
| | 维护人员 | 需要 | 不需要 | 需要 | 不需要 |
| 项目管理方面 | 能力、机构、制度、质量保证体系 | 需要 | 不需要 | 需要 | 不需要 |
| | 协作机制、协调能力 | 需要 | 需要 | 需要 | 不需要 |
| | 软件采办能力 | 需要 | 需要 | 需要 | 需要 |
| 系统开发方面 | 适用性 | 最好 | 较好 | 好 | 最低 |
| | 集成性 | 较差 | 较强 | 较强 | 较强 |
| | 稳定性 | 较低 | 较低 | 较低 | 较高 |
| | 开发周期 | 长 | 较短 | 较长 | 最短 |
| | 成本控制 | 难 | 较易 | 较难 | 最易 |
| | 软件维护 | 便利 | 有保障 | 便利 | 有保障 |
| | 升级换代 | 定期困难 | 定期困难 | 定期困难 | 定期容易 |

在人才队伍方面，对于自行开发模式和合作开发模式，都要求企业本身必须拥有一支相对稳定的开发队伍，包括管理人员、业务人员、软件开发人员、维护人员。若采用系统开发外包模式，则不需要专门的开发队伍，但必须有懂管理、熟悉业务、了解软件开发过程的人才参与。直接购买模式只需要熟悉业务的人员，对计算机应用知识有基本的了解。

在项目管理方面，自行开发模式和合作开发模式都要求企业本身具有很强的项目管理能力，要求具有相应的项目管理机构、完善的项目管理制度和质量保证体系，才能确保开发出高质量的软件系统。在系统开发外包模式中，虽然企业不需要具备专门的软件开发过程的项目管理能力，但对企业的内外协作机制和高度协调能力要求更高了，需要其从提高自身的角度，获得必要的专业技术,如利用软件采办能力成熟度模型,来帮助企业对系统开发外包项目进行有效的质量管理,以分担项目风险和成本,以及重复利用产品和经验。直接购买模式不涉及软件系统项目的管理问题,但对企业的软件采办能力有一定的要求。

在系统开发方面的适用性上,自行开发的物流配送中心信息系统常常充分地考虑了物流配送中心内部管理的实际情况,由于充分熟悉业务而能对物流配送中心运营模式进行全面的把握,因此开发出来的软件系统在适用性上是最好的。采用系统开发外包模式开发系统时,往往会因开发商对物流配送中心的管理和业务流程的理解不完全准确,使得系统在适用性方面会有一定的偏差。合作开发模式开发出的系统的适用性介于自行开发与系统开发外包两者之间。直接购买的系统更多地考虑的是通用的功能和管理模式,所以适用性是最低的。

在系统开发方面的集成性上,自行开发的系统由于过于强调适用性,其结果往往只是对物流配送中心现有的管理过程进行简单的电脑化,将以往的手工文档现在变成了电脑文档。软件的设计和开发人员一般不能通盘考虑物流配送中心的整体管理和经营思路,所以在系统管理的集成性方面较差。各个环节的电脑数据常常会成为一个个"信息孤岛",无法为企业的管理决策者提供有效的信息和决策依据。对于其他三种模式,都可以借助软件开发商多年行业应用软件的开发实施经验和比较强的开发能力,使得目标系统能够基于先进的管理理论和实践经验,充分考虑到物流配送中心的方方面面,将各个环节的数据集中分析、集中管理,注重系统的合理性、强调逻辑性,从而实现数据的一致性和有效性,将与物流配送中心相关的物流、资金流、计划流、信息流合理规划,为企业的管理者决策者及时有效地提供数据信息和决策依据。

在系统开发方面的稳定性上,直接购买的商品化软件一般来说经过了多年众多客户的检验,存在的问题几乎很少,具有较高的稳定性。其他三种模式开发出来的系统,由于未经过实践检验,所以在稳定性方面远远低于商品化软件。

在系统开发方面的开发周期与成本控制上,自行开发系统要经过软件生命周期的各个环节,开发周期较长,开发成本不容易得到有效控制。系统开发外包的开发周期可以因重用了软件开发商以往的项目成果而缩短。由于系统开发外包的投入是事先确定的,且有项目合同,所以对企业而言,成本是可控制的。合作开发模式的开发周期和成本控制的难度介于自行开发模式和系统开发外包模式之间。直接购买的系统省去了软件生命周期的开发过程,直接进入安装、运行、维护阶段,周期最短,成本最容易控制。

在系统开发方面的软件维护与升级换代上,自行开发的系统和合作开发的系统,有便利的一面,但也存在着因开发人员的流动而陷入困境的问题。开发外包的系统和直接购买的商品化软件,无论软件开发公司的人员如何变换,其软件质量和维护都是比较有保障的。与一个公司合作的风险显然要低于与个人合作的风险。直接购买的商品化软件往往会定期进行升级换代,其他三种模式开发出来的物流配送中心信息系统一般很难做到定期的升级换代。

总之,企业应根据自身的实际情况来决定选择何种方式。例如,我国目前自行开发的商品化物流配送中心管理软件还比较少,引进国外的软件不大适合我国国情,价格也十分昂贵。如果大型企业集团的需求与现有的物流配送中心管理软件差异较大,而且企业也具备实力雄厚的软件开发团队,可以选择自行开发物流配送中心管理信息系统的方式。对企业来说系统开发外包模式是在几种开发方式中最省事的一种。由于整个开发工作委托给外单位,故选择好具有开发经验,又熟悉本系统业务的委托单位,并正确地将企业对新的管理信息系统的需求传达给委托单位,就成为开发能否成功的关键。因此,企业应当事前在调查研究的基础上,向委托开发的软件开发商提出系统开发任务书,明确新系统的目标、范围和总的功能需求。在开发过程中,企业应派出精通管理业务的人员参与开发方案的研究、监督控制工作的进展,以保证工作的质量。

### 8.4.2 系统软件选购策略

物流配送中心软件及部件外购是指从第三方购买或获得现成的物流配送中心软件系统或具有部分功能的软件构件。外购软件又称为市售(Commercial Off-The-Shelf,COTS)软件,是指将商品化的产品或技术直接拿来使用。采用 COTS 技术能够缩短开发周期中编码、调试、单元测试和代码检查阶段的时间,外购软件的使用可以提高软件系统的开发效率,缩短开发周期,降低开发成本。在对选购软件进行评估时,通常要注意以下两方面的策略。

**1. 对开发商的评审策略**

首先对外购软件的开发商进行调研和评估,包括充分了解开发商开业时间的长短、开发商的背景和信誉、开发商的财政情况、资质和发展目标;充分了解开发商的已有用户对其的评价和意见;充分了解开发商人力资源的投入;充分了解开发商对本系统开发项目的支持情况以及承诺;充分了解开发商对物流配送中心业务和本系统开发项目需求的理解程度等等。因此,最终用户与技术人员必须参与 COTS 供应商的选择,考虑的重点要放在业务需求上而非技术本身。

在开发商的资质方面,一般考虑开发商是否通过了 ISO9000 认证,或开发商达到了 CMM 或 CMMI 的相应的软件能力成熟度级别。CMM/CMMI 已经逐渐被国际和国内用户所接受,成为检验软件企业开发和设计的一项重要资质。在软件项目招标评标过程中,需要解决的主要问题就是对多个开发商的软件开发能力给出客观、准确的评价,以便于选择合适的软件开发商。在这种评价过程中,可以根据软件项目的具体需求,对 CMM/CMMI 进行合理的剪裁,以剪裁后得到的模型版本作为一种评价标准。

**2. 对外购软件的评估策略**

(1) 外购软件的前期历史

由于外购软件不提供开发和分析文档,其质量状况无法真实掌握。因此,外购软件的前期历史记录是否良好,是判断外购软件质量的主要依据之一。非常典型的做法是,针对有关型号软件开发和使用方面的情况,走访该软件的用户,现场参观软件的使用和运行状况等。

(2) 外购软件的成本

在考察外购软件的成本时,不仅考虑购买时一次性支出的成本,还应考虑外购软件以后的维护成本,包括日常运行过程中的技术支持费用、每年需要支出的维护费用、外购软件的版本升级的费用、所购买的外购软件的使用许可(License)的数量。使用许可的数量是无限的还是有限的,会直接影响在业务扩大后需要软件增加的用户数量时是否需要支出相应的增加用户数的费用。如果使用许可的数量是无限的,则不需要支出新的费用,否则就需要支出新的费用。

(3) 外购软件提供的能力

应在系统需求分析和定义或软件需求分析期间构造系统原型,以评价外购软件的能力和性能。性价比分析还要考虑易学性、易用性、供应商名声和长期稳定性、许可方式和培训等因素。所有与性能有关的声明必须尽可能采用内部或外部基准或演示来得到有效性认证。在物流配送中心软件使用和维护期间,应综合考虑是否需要使用外购软件新版本所提供的能力、开发商对外购软件老版本的支持是否充分等因素,以做出是否进行升级的决定。

(4) 外购软件的质量要求

对外购软件的质量评价主要从可靠性、成熟性、安全性、可维护性几个方面进行。

可根据国家标准《信息技术软件包质量要求与测试》(GB/T 17544—1998)的要求,对外购软件进行测试。在软件测试期间,应加强对外购软件接口的测试。若测试结果表明外购软件不能按要求运行,则应寻求开发商的支持,以便检测并纠正问题。

在整个开发周期中,当需求更改影响到由外购软件构成的软件部件时,应重新评估对外购软件的选择。

(5) 外购软件的技术要求

外购软件的技术评估包括构件功能、性能以及兼容性的评估。由于 COTS 构件经常是以黑盒的方式发布的,构件的接口是开发人员可以获得的有关构件的唯一信息资源,因此 COTS 构件的评估大多数依赖于对其接口的分析,更关注如何将物流配送中心信息系统硬件与软件更好地组合在一起,更侧重于兼容性、可配置性和可集成性等结构上的问题。

### 8.4.3 系统运行及维护

**1. 系统上线**

(1) 编写用户手册

为了使物流配送中心管理信息系统上线后可以顺利运行,必须编写用户手册以指导使用者如何正确维护及操作系统。其中,包括系统安装手册、操作手册和维护手册等。系统安装手册主要用于指导系统安装人员设置系统,其内容包含硬件运行环境要求如服务器的档次、内存容量、辅助输入输出设备,应选择安装的系统软件、网络管理程序、特殊的编译程序(如采用 Java 开发时需要安装运行环境)等,并且将系统设置步骤一一列举并举例说明。使用者操作手册则是用来说明如何从系统输入输出数据以及如何利用各项系统功能。而对系统的维护应具有维护手册,内容包括从系统分析、系统设计阶段开始的所有文档、数据格式、程序流程、算法说明等。

(2) 系统安装与数据导入

系统安装设置好后通常无法马上上线运行,主要是因为现有数据尚未经过有效整理,无法适合系统所设计的输入输出格式或因必要的历史数据还没有输入而无法发挥系统功能。因此,系统初次使用时应将必要的数据输入或采用其他方式导入系统,并进行持续一定时间的调试,待稳定后正式投入运行。

(3) 用户培训

系统设置好后应对物流配送中心管理信息系统的各类使用者进行不同程度的培训,其中包括对使用者的操作培训,对系统维护人员的系统维护培训,对高层主管或决策人员的系统应用和功能说明培训等。

经过上述一系列的工作,如信息系统策略规划、实施规划等,系统即可开始正常运作。然而,物流配送中心管理信息系统的建立并非一劳永逸的,常常会因为物流配送中心内外部环境的变化而产生新的业务需求,这也要求管理信息系统必须随之更新或修正。

**2. 系统日常运行维护**

(1)建立运行维护组织机构和管理制度

在系统上线之后,应该建立物流配送中心管理信息系统运行维护的组织机构,通常包括硬件设备维护、网络管理、数据资源管理和安全管理等;并根据系统的运行设计出合理有效的运行维护管理制度办法,用于处理系统运行中遇到的常见问题等。运维组织机构制定的管理制度通常包括岗位责任制度、设备管理制度、安全管理制度、文档管理制度以及系统与数据备份制度等。健全的管理制度和规范的运维工作将能够有效保证物流配送中心管理信息系统的运行。

(2)硬件设备维护

物流配送中心管理信息系统的硬件设备通常包括服务器、微机、存储设备等。硬件的维护应当由专职的硬件维护人员负责,对硬件设备进行定期的检查和保养,对易耗品进行更换与安装,从而保证物流配送中心管理信息系统日常的运行操作,并保证物理环境的正常。

(3)网络维护

物流配送中心管理信息系统的网络维护需要建立健全网络运行维护管理方面的技术要求、管理制度及工作流程;需要对网络运行实时监控,及时、主动地处理网络运行中出现的各种故障;需要确保机房的清洁及温、湿度,日常维护工具仪表完好;还需要根据网络运行状态,提出网络优化建议等。

(4)数据维护及信息资源管理

作为物流配送中心管理信息系统运行维护的重要组成部分,数据维护及信息资源管理包括数据的日常备份及备份介质的保存管理工作,数据的备份恢复工作,以及备份存储系统的维护工作等。

(5)软件维护

物流配送中心管理信息系统软件维护包括基础软件维护和业务应用系统维护两部分。其中,基础软件维护主要是对操作系统、数据库和业务应用系统开发、运行的环境(如应用中间件)进行维护。物流配送中心管理信息系统的应用系统维护工作则通常包括应用系统升级,应用系统功能的检查,以及应用系统运行中各种问题的及时报告和处理等。

(6)安全管理

物流配送中心管理信息系统的安全管理主要包括系统安全管理、应用安全管理以及设备和介质安全管理三大部分。

系统安全管理包括最小配置,即服务器采取能满足应用要求的最小配置,关闭不必要的服务等;病毒防护,包括严禁在业务应用系统中安装与系统运行维护无关的软件,在应用系统的服务器上安装正版的实时防病毒程序以及用户安装客户端防病毒软件等工作;操作系统加固,包括补丁加固、漏洞加固、帐号和口令加固、安全策略加固、禁止任何非授权用户从网络访问计算机、禁止系统显示上次登陆的用户名、开启帐户锁定功能和启用系统日志记录及安全审计功能等工作;数据库系统加固,包括补丁加固、帐号和口令加固以及安全审计加固等工作。

应用安全管理包括用户访问控制和数据库维护等。

设备和介质安全包括应用软件和数据盘的备份和保管,应用软件的源程序和目标程序分离以及关键业务系统设备的备份和设备的日常管理等。

(7) 文档管理

物流配送中心管理信息系统的文档管理工作通常包括：

①同步归档。对管理类文档，做好承建合同、售后服务联系手册、设计变更文件、系统管理制度、系统运行记录、系统维护保修记录等的分类与整理；对技术类文档，包括开发类、使用类和维护修改类文档，要在系统建设各个阶段进行同步归档，并完成各单位和各部门文件与文档资料的收集、整理、立卷、保管、利用和及时移交。

②落实文档安全管理制度，确保入库文档资料的安全。

③提供及时有效的文档查阅服务。

## 8.5 案例：沃尔玛高效的配送中心——领先的技术手段和先进的信息系统

沃尔玛独有的"天天平价"的销售模式，使全球各个国家的顾客在"天天平价"中受益，也因此使得沃尔玛荣获了"全美最受尊敬的公司"的称号。从沃尔玛的发展过程中来看，我们可以将沃尔玛的成功主要归功于其"天天低价"的定价策略。可是沃尔玛是怎么做到"天天平价"的永久保持呢？为什么可以在保证品质的情况下又能保证相对很低的价格呢？其最主要的一点就是由于沃尔玛拥有属于自己的庞大的物流配送体系，并严格实施了有效的物流管理系统。

**1. 维持技术领先，保证成本控制**

(1) 卫星通信系统

建立卫星通信系统是沃尔玛物流系统发展的一个里程碑的事件。直到今天，卫星通信系统仍是沃尔玛最好的工具，也是其在竞争中取胜的最大优势。通过全球卫星网络系统，沃尔玛总部在一个小时内，就可以对世界各地每个商店的商品库存和销售货架做一个统计，通过信息最大化的运输能力，既避免了浪费，又降低了成本，这使沃尔玛在竞争中取得了巨大的优势。这也使得沃尔玛在激烈的竞争中可以长久地立于不败之地。

(2) RF (radio frequency) 技术（即射频技术）

RF技术作为一种较为安全先进的技术在物流系统中现已较为常见，其工作流程及优点主要如下。

首先，RF技术是在基于电磁理论基础上产生的，即当扫描器扫描货物的电子标签时，产品的标准编号以及产品的数量将进入扫描器的记忆，同时扫描信息自动与订货单和配送单匹配，经过核对无误后，工人才能进行商品分拣和包装。

接着，RF技术不仅能在远距离就可以识别货物，而且其本身还具有读写的能力，再者扫描器还可携带大量数据，十分的智能化，从某种层面上讲，这是非常难于伪造的。

最后，在使用RF技术时，只需在运输线上的仓库、检查点、转运点、车站、码头、机场等场所的关键位置安装其接收传发装置。

RF技术现已可以广泛应用于物料跟踪、货架和运载工具的识别，更可适用于数据不断变化的情况。

(3) 条码技术

条码技术是随着计算机和信息技术的发展而诞生的，是集编码、印刷、识别、数据收集和处理的一种新技术的开发和应用。沃尔玛的所有商品都有一个统一的产品代码，称为EAN数字。通过应用条形码技术,沃尔玛在对商品的整个处理过程中的人工成本已经控制在之前的40%左右。条码技术主要具有以下优点。

极速输入。与传统的键盘输入相比较,速度更快,并且能实现随时随地输入数据。

方便制作。设备和材料是容易识别且对设备无特殊要求的,对工作人员不需要特殊培训。

实用灵活。条码识别作为一个独立的装置,可以用来识别设备和其他的控制设备,也可以连接到一个自动化管理系统。

高可靠性。键盘输入数据的错误率为 1/300 时,使用光学字符识别技术的错误率为 1/1000000,而使用条形码技术误码率少于 1/1000000,所以具有十分可靠的特性。

大信息采集量。二维条码与传统的一维条码相比,不仅可以携带更多字符的信息,而且可以有效帮助自动修改。

**2. 设计科学的配送中心**

从设计角度看,每个沃尔玛配送中心的面积都非常的大,平均占地面积大约在 11 万平方米左右。每个配送中心都负责一定区域内的商店送货,为了确保及时交货,从配送中心到商店一般不会超过一天的行程。这样既可以保证物品的质量,降低物品的损耗率,又可以严格控制物流成本,避免在运输过程中造成不必要的损失。沃尔玛配送中心采用全天候 24 小时不间断作业的工作模式,并对整个流程的时间进行科学的管理,制定紧密的时间表,严格按照时间表进行操作。在这样环环相扣的工作流程下,可以对整个时间有一个很好的掌控,从而节省时间、提高效率。

**3. 运用先进的信息系统**

沃尔玛所有的物流系统都是基于 UNIX 系统基础上的配送系统,通过传送带、开放式的平台、产品代码以及自动补货系统和激光识别系统来运作。

(1) 数据库管理系统

强大的数据库管理系统是一个用来操作和管理数据库的大型的软件,用于建立、使用和维护数据库,被称为 DBMS。数据库管理系统可以有效地将各种信息结合存储在一起。沃尔玛对 DBMS 的应用主要在于对供应链信息共享数据库上,有效地使合作企业的表现更加出色。

(2) 自动补货系统

自动补货系统是沃尔玛成功的关键所在,沃尔玛通过库存报告信息系统的开放环境,销售预测报告,采购订单和与业务有关的其他信息的最新的数据实时交换,使得供应商从本质上由过去的单纯执行零售商订购任务的角色,转变为主动替零售商分担补充库存的责任人,这样更加能够保证及时补货,规避了缺漏现象。

(3) 电子自动订货系统

电子自动订货系统是指将批发、零售商场的订货数据传入计算机,即通过计算机通信的网络连接将数据发送到总部,供应商或货物制造商,简称 EOS。EOS 操作过程分为以下四个步骤。

第一,零售店终端使用条码阅读器准备购买的产品的条形码并输入终端上的订单信息,使用电话线通过调节传递给供应商的计算机。

第二,根据供应商零售商的信息,通过传票挑选出的命令,实现分拣,出货量根据传票递送。

第三,零售商检验送到门的货物,发现无误,即可进行陈列销售了。

第四,双方进行账务结算。

(4)电子数据交换系统

电子数据交换系统是指按照统一规定的一套通用的标准格式,经过通信网络的传输将标准的经济信息在贸易伙伴的电子计算机系统之间进行数据交换和自动处理,简称 EDI。

这些信息技术有效地将沃尔玛供应链上的所有节点连在了一起,实现了沃尔玛供应链体系的无缝对接,使得资本和劳动生产率也得到大幅的提高,最终形成了"天天低价"的绝对竞争优势。将这些技术的有效结合也使得沃尔玛的物流系统成为业内纷纷效仿的目标,在一片模仿中也使得沃尔玛的物流系统精益求精,越做越好,可与专业物流相比。

资料来源:李艾. 沃尔玛"天天平价"背后的高效物流系统分析[J]. 商场现代化,2015(5):54-56.

## 本章小结

现代化的物流配送中心除了具备自动化的物流设备和物流技术之外,还应具备现代化的物流管理信息系统,这样才能取得最大的效率和效益。建立物流配送中心管理信息系统的作用在于缩短订单处理周期,保证库存水平适量,提高仓储作业效率,提高运输配送效率,接受订货和发出订货更为简便,提高接受订货和发出订货精度,提高发货、配送准确率,调整需求和供给进而提高服务水平,降低成本和增加效益。

物流配送中心管理信息系统的规划与设计受以下几个因素影响:物流配送中心的业务职能定位、物流配送中心作业流程、物流配送中心提供的业务功能及物流配送中心的组织结构与管理制度。

不同类型的物流配送中心,工作流程和业务处理环节有所不同,业务规则也千差万别,但其基本功能模块是相同的。综合来看,物流配送中心的管理信息系统应该包含下列基本功能:对物品、设备、人员等系统要素的标准化管理,业务承接,合同管理,入库管理,理货管理,出库管理,车辆调度,货物装车,货物在途监控,到货交接,费用结算,与电子订货系统(EOS)、条码系统、GPS 系统、EDI 系统的数据接口等。

在物流配送中心管理信息系统建设上,需要选择合适的开发模式,主要有自行开发、系统开发外包、合作开发和直接购买四种模式。不同的开发模式具有不同的优缺点。系统运行维护阶段的主要工作包括系统的上线管理和系统的日常运行维护。

## 关键概念

- ➢ 管理信息系统
- ➢ 标准化管理
- ➢ 在途监控
- ➢ 系统体系结构
- ➢ 数据接口
- ➢ 运行维护

## 思考题

8.1 开发物流配送管理信息系统的必要性是什么？
8.2 物流配送管理信息系统经过了哪些发展阶段？
8.3 物流配送管理信息系统与条码管理、GPS、EOS有什么关系？
8.4 影响物流配送管理信息系统规划设计的主要因素有哪些？
8.5 物流配送管理信息系统有哪些基本功能？
8.6 为什么越来越多的物流配送管理信息系统采用B/S体系结构？

## 课堂讨论题

8.1 某物流配送中心由于业务迅速发展，急需一套物流配送管理信息系统代替手工作业。如果你担任该物流配送中心刚成立的信息部门主管，你该从哪些角度出发选择适合本公司的物流配送管理信息系统？

8.2 某物流软件公司计划开发一套通用性的物流配送管理软件。如果你是该公司系统架构设计师，你认为这套软件中应有哪些基本的模块和功能？你计划采用哪种体系结构，采用哪种语言开发？为什么？

## 补充阅读材料

1. 冉文学，宋志兰. 物流管理信息系统[M]. 北京：科学出版社，2016.
2. 冯耕中，周南. 物流信息系统[M]. 北京：机械工业出版社，2009.
3. 张娜、余敦一. 物流信息系统[M]. 北京：清华大学出版社，2015.
4. 物流管理信息系统应用开发指南[S]. 中华人民共和国国家标准，GB/T 23830—2009.
5. 物流管理信息系统功能与设计要求[S]. 中华人民共和国国家标准，GB/T 26821—2011.

# 第 9 章
# 典型应用实例——自动化立体仓库规划与设计*

**学习目标**

- 掌握自动化立体仓库的基本内容；
- 了解自动化立体仓库的发展趋势；
- 理解自动化立体仓库的分类与构成；
- 掌握自动化立体仓库规划与设计的基本思想。

## 9.1 自动化立体仓库概述

### 9.1.1 自动化立体仓库的基本概念

物流技术自动化的基础是信息化，核心是机电一体化，外在表现是无人化，效果是省力化。自动化立体仓库作为物流技术自动化的主要形式，已经成为现代物流配送中心规划建设的重要内容。

根据中华人民共和国国家标准《物流术语》(GB/T 18354-2006)的定义，自动化立体仓库(automatic storage and retrieval system)是一种具有自动存储取货系统的立体仓库，是由高层货架、巷道堆垛起重机(有轨堆垛机)、入出库输送机系统、自动化控制系统、计算机仓库管理系统及其周边设备组成，可对集装单元物品实现机械化自动存取和控制作业的仓库。如图 9-1 所示。自动化立体仓库的发展有助于实现高效率物流和大容量储藏，能适应现代化生产和商品流通的需要。

图 9-1 高层货架立体仓库实例

---

\* 刘昌祺.物流配送中心设计[M].北京:机械工业出版社,2001:250-308.

### 9.1.2 自动化立体仓库的效益体现

自动化立体仓库实现了物流工作机械化和自动化，其主要优点在于提高了劳动生产率和节省了劳动资源。实践证明，使用自动化立体仓库能够产生巨大的社会效益和经济效益，主要表现在以下几个方面：

(1) 有利于提高仓储空间的利用率

由于使用高层货架存储货物，存储区可以大幅度地向高空发展，因此充分利用了仓库地面和空间，节省仓储占地面积，提高了空间利用率。目前世界上最高的立体仓库已达 50 米。一般地讲，立体仓库单位面积的存储量是普通仓库的 5～10 倍。

(2) 有利于提高作业的效率、降低人员的劳动强度

自动存储系统（AS/RS，Automatic Storage and Retrieval System）使用机械和自动化设备，因此运行和处理速度快，提高了劳动生产率，可以极大地降低操作人员的劳动强度。

(3) 有利于提高仓储管理的水平

采用高层货架储存并结合计算机管理，可以实现货物管理的先进先出原则。计算机控制能够始终准确无误地对各种信息进行存储和管理，减少了货物处理和信息处理过程中的差错。而人工管理则不能做到这一点。同时，借助于计算机管理还能有效地利用仓库储存能力，便于清点和盘库，合理减少库存，加快资金周转，节约流动资金，从而提高仓库的管理水平。

(4) 有助于提高作业人员的素质

使用自动化立体仓库，促进了物流配送中心的科学化管理，从而有助于提高作业人员的素质和管理人员的水平。

(5) 有助于提高物流中心的管理决策水平

由于仓储信息管理及时准确，便于企业领导随时掌握库存情况，根据生产及市场情况及时对企业规划做出调整，提高了生产的应变能力和决策能力；由于使用自动化立体仓库，会带动企业其他部门人员素质的提高，还有其他间接的社会效益，如提高装卸速度等。

**实例 9-1　美国 ES3 引进自动化立库开辟物流新模式**

作为一家美国的第三方物流配送专家，ES3LLC（简称 ES3）以为客户提供最优的供应链网络为目标，运用先进的物流服务技术将制造企业和零售商的货物安全快速地送往世界各地，帮助制造业客户节省物流开支，加快货物周转率。

ES3 物流仓库位于宾夕法尼亚州约克郡，占地约 110 多万平米，厂房始建于 2001 年，在 2004 和 2009 年相继得以扩建后，其设计能力可达每小时接收 700 个托盘(1200 毫米×1000 毫米)，预计周发货量达 530 万箱！新系统每周 6 天，每天 20 小时满负荷运行，当系统能力达到最大时，系统处理需求也上升了 2 倍多。面对如此庞大的物流系统，ES3 联手德马泰克进行了这项复杂的工程建设。经过分析各项数据和规划布局，双方确定了一套最佳的自动化物流系统解决方案。

如此高效的系统处理能力是基于德马泰克简洁流畅的设计流程。系统在月台收取托盘，识别后经由多功能输送线存入自动化立体仓库，之后托盘从立体库送至发货月台装入笼车，或至拣选通道进行托盘货箱拣选。

收货时，叉车将码垛纸箱卸载到 48 个月台处，经卡车自带的 RF 终端进行识别后送至 10 个收货工位。在托盘输送途中，卸载的货物会通过外形检测和称重，按照货物属性入到三深位

高架库内。发货时,再从库内取出整托盘或拣选托盘货物,为此整托盘会经托盘输送系统送至10个发货工位,之后通过24个发货月台将货物装入笼车。自动化仓库邻近区域是34个拣选通道,负责订单拣选任务。拣选好的托盘放在定制的双托盘移动车上并由此送至发货月台,码好的拣选托盘通过叉车装入笼车。靠近堆垛机的位置完成托盘的拣选补货。

高架库为116层、三深位的货架设计结构,拥有38个巷道。高架库可存储较为广泛的货物类型,货物尺寸可在1100毫米(长)×1300毫米(宽)×1050毫米(高),高度可在1200毫米、1350毫米、1500毫米、1800毫米、2100毫米和2700毫米的范围内变动,货物重量最多能达1350千克。库内共有352740个整体货位,同时巷道第一层能提供34个拣选道口,共有7344个拣选面供人工纸箱拣选。

高架库内配备了38台30米高的堆垛机,出入库能力分别为每小时700个货物。德马泰克产的堆垛机通过库前端的出入库输送系统接收和分发货物,设计流畅、性能卓越,并能精确地处理货物。

值得关注的是,德马泰克堆垛机现已发展成RapidStore高效堆垛机系统,其涵盖的产品品类极为宽泛,适用于各类托盘式或料箱式自动化立体库。它具有可充分利用仓库空间、可高效稳定作业以及节能环保三大特点。最小化库存量实现最大化库存周转率,为客户创造物流效益。

该系统在自动化物流仓库中用于货物的收货和发货输送,有约1500个马达,由10个地面收货工位、10个地面发货工位、库前端出入库输送系统和收发货间的32个高速顶升移载组成。

10个地面收货工位含3台叉车提货工位、2台货物调整装置、货物外形检测以及2个退货货位等,同时还配备2个自动裹膜机工位。

库前端入库输送系统含主输送线及1条入库输送支线,其出库输送系统也含主输送线和38条出库输送支线,库前端的出入库作业都将以三个托盘为一组,通过输送支线先后进出高架库。而10个地面发货工位由2个叉车提取工位和1个托盘支撑板连接装置组成。所有输送系统采用局域控制处理器,VFDs和网络设备或AS−I网络连接实现全自动化作业。

资料来源:美国ES3引进自动化立库开辟物流新模式[J].中国储运,2016(9):82.

## 9.2 自动化立体仓库的发展

第二次世界大战后随着生产的恢复与发展、技术的进步,加上土地稀缺和地价上涨等因素,促进了自动化立体仓库的出现与发展。20世纪50年代,美国出现了采用桥式堆垛起重机的仓库,20世纪50年代末60年代初出现了司机操作的巷道式堆垛起重机,1963年美国首先在仓库业务中采用计算机控制,建立了第一座计算机控制的立体仓库。此后,自动化立体仓库在美国和欧洲得到迅速发展。20世纪60年代中期以后,日本开始兴建立体仓库,而且发展速度越来越快。进入80年代,自动化立体仓库在世界各国发展迅速,使用范围涉及几乎所有行业。

我国立体仓库及其专用的物流搬运设备的研究开始于20世纪60年代,在1963年试制成功了第一台桥式堆垛起重机。20世纪70年代中期,我国开始开发研究采用巷道式堆垛起重机和高架叉车的立体仓库。1974年郑州纺织机械厂为了提高磨具管理效率,减小库房占地面积,减少误差,降低事故,用锯齿形厂房改造成半自动化立体仓库,设有672个货位。随后北京汽车厂建成高13层的自动化立体仓库,共有1 508个货位;第二汽车制造厂1977年动工修造了具有16 016个货位的自动化立体仓库。此后自动化立体仓库在我国得到不断地发展,据相关资料显示,2009年全国自动化立体仓库有700余座,楼库建设增长速率快,其中上海、厦门、广州、深圳最多。为了适应如医药、食品等行业的需求,许多制造企业纷纷加强自动化立体仓库的技术改造,促进自动化仓储系统向更专业化的方向发展。而西门子、大福、昆船、精星、太原刚玉等大型物流技术装备制造商推陈出新,推出了适应各种需求的低温库、冷藏冷冻库、轻型和重型立体循环货柜等产品。而且与以往相比,我国自动化立体仓库需求的增长不仅体现在医药、烟草、食品、制造业等方面,还体现在第三方物流行业上。

在自动化立体仓库的具体建设方面,国内外都已把着眼点放在开发性能可靠的新产品和采用高技术上。近年来,随着现代工业生产的发展,柔性制造系统、计算机集成制造系统和工厂自动化对自动化立体仓库提出更高的要求,国内外在建设物流系统及自动化立体仓库时更加注重实用性和安全性,出现了规模更小、反应速度更快、用途更广的自动化立体仓库系统。

这些先进的自动化立体仓库系统,将先进的控制技术、射频数据通信技术、条码技术、扫描技术和自动数据采集技术等越来越多地应用于堆垛机、自动导引车和传送带等运输设备上,例如,在堆垛机方面,不断推出具有新的美丽外形和更高性能的设备,进一步提高电子和控制技术的应用,在使堆垛机具有更高定位精度的同时,提高其搜索能力和运行速度等。有些先进的自动化立体仓库系统甚至还将移动式机器人技术作为柔性物流工具应用于柔性生产、仓储和产品发送中,从而保持了生产系统的高度柔性和高生产率,满足了工业库存搬运的需要。

随着计算机技术的不断发展,人工智能技术,特别是专家系统在工业和物流领域的应用也日益增多。现在,越来越多的自动化立体仓库运用了具有人工智能的信息引导系统,这一系统的仓库布置和设计,与使用机械化操作的设施是一样的,不同之处在于所有的叉车移动由计算机指导和监控。叉车移动由安装在叉车上的终端来安排,计算机与叉车之间的通信则利用射频(RF)波来完成,叉车上的天线和仓库高处的天线可以接受和发射射频。在作业时,所有的搬运移动都被输入计算机,由计算机来分析搬运需求和安排设备,这样可以确保有效的移动和减少空载移动。而在接收物料入库、装运出库方面,专家系统能控制机器人进行物料入架和出架操作,能控制码垛机的装卸,以及指定物料储存点。

另外,近年来迅猛发展的多媒体技术也在自动化立体仓库中得到越来越广泛的应用,普遍应用于人员培训、操作指导、远程现场监视、异地故障分析和诊断及防火、防盗等方面。

近年来,仓库机器人开始出现在国内外的多家配送中心,使自动化立体仓库变得越来越智能化。目前,仓库机器人技术应用主要集中在包装码垛、装卸搬运两个作业环节。随着新型机器人技术的不断涌现,其他物流领域也会出现越来越多的智能机器人应用案例,仓储物流机器人将对物流运作模式和整个物流体系变革产生深远影响。据估计,如果应用仓库机器人,在保证同等储存能力的条件下,可至少节约70%以上的土地和80%以上的劳动力。机器人技术在仓库中的应用程度,已经成为决定物流配送企业间相互竞争和未来发展的重要衡量因素。

**实例9-2 亚马逊仓库最忙碌的员工-Kiva仓库管理机器人**

在亚马逊位于加州特雷西的占地11.15万平方米的大型仓库中,最忙碌的身影并不是亚马逊的工人,而是3000多台在巨大仓储中心货架迷阵中穿梭不停的Kiva仓管机器人,如图9-2所示。随着电商促销节黑五和网络星期一的来临,它们又要马不停蹄地开始为亚马逊客户处理货物进行配送准备。

Kiva 仓管机器人呈方形,顶部中间有一个可以升降的圆盘,可抬起重达 750 磅(340 千克)的货物。亚马逊在全美仓储中心共有 15000 个 Kiva 机器人在运作,相比之前,采用 Kiva 的系统能够提高近 50% 的库存处理能力。Kiva 仓管机器人能根据订单,将货物所在的货架从巨大的仓库存储区搬运至员工处理区,大大提高处理效率。之后分拣人员能够从 Kiva 搬运过来的货架中挑选客户订单要求的货物,进行处理分发。目前特雷西仓库尚无实现 Kiva 仓管机器人化的存储区域是生鲜杂货区。

Kiva 仓管机器人正穿梭于仓库区,不辞辛劳地搬运货架。在忙碌的假期购物季,Kiva 将发挥更大的作用。

图 9-2 亚马逊仓库的 Kiva 机器人

资料来源:http://digi.163.com/,网易数码.

**实例 9-3** 不是只有亚马逊仓库机器人 KIVA,还有中国的"货到人"Geek+机器人

创建于 2015 年 2 月的极智嘉科技(以下称 Geek+)的产品与 Kiva 类似,目前已经可以小批量量产,并于 2015 年双十一期间在天猫超市天津仓投入使用,目前该仓库开辟出 2000 平方米区域作为智能拣选区域,使用数十个 Geek+ 机器人,如图 9-3 所示。

货到人机器人可以根据订单需要及库存信息,自动驶向货架并将其抬起送到配货站,配货员面前的电脑会提示配货订单所需商品在货架的哪个货位上,伸手取下即可,员工全程无需走动。目前市场上类 Kiva 的产品还有 Swisslog(瑞士)、GreyOrange(印度)、快仓、KID 水岩科技、新松。

具体而言,一个完整的货到人机器人需要以下三部分。

(1)工作站后台系统:该系统采用分布式软 / 硬件架构,首先是信息存储,这一类仓库一般都是随机货位存储,系统要根据 SKU 的出货频率而在入库时为其安排合适的位置,同时能够实时高速存储;其次是订单处理,该系统与 ERP、WMS(仓储管理系统)对接。

当订单到达时自动规划最佳拣货路径、寻找最佳配货站,同时还要计算订单处理顺序;再

# 第 9 章 典型应用实例——自动化立体仓库规划与设计

图 9-3 Geek+机器人

次是机器人调度，需要在多个机器人同时运行时使其井然有序，尽量避免排队、交叉碰撞等状况，同时要根据任务量安排其充电时间。

(2) 高速移动通信：这点不多赘述，主要是在仓库内实现无线网络稳定，避免机器断网。

(3) 机器人硬件：高度是外形考量的重要因素，一般认为机器人越矮行走起来越稳，Kiva 的高度是 40 厘米，而 Geek+ 则为 27 厘米。此外，不同于用雷达通过三角定位保证毫米级的解决方案。Geek+ 选择用间隔一米的点阵式二维码贴在地上来做导航，价格比前者要低不少，同时它也配备了摄像头来避障。该设备配速是 1.5 米/秒，最大载荷重量是 500 公斤，24 安时的锂电池一般在使用 70% 时安排恒流充电，5 分钟即可充满，平均每充电 5 分钟运行 1 小时。

仓储机器人还有个好处是各自并联，不会出现某一设备损坏带动系统崩溃的状况，而且可以小批量使用。每台 Geek+ 售价与一名拣选人员年工资相当，附带后端系统，部署实施需要 3 个月时间。

资料来源：http://mt.sohu.com/，搜狐公众平台。

总的来说，自动化立体仓库技术有进一步向系统化、自动化、无人化方向发展的趋势，自动化立体仓库管理有进一步向计算机化、网络化、智能化发展的趋势。在建设自动化立体仓库时，越来越多的企业不仅将考虑仓库的经济效益，而且会考虑自动化立体仓库对企业综合经济效益的提高。

**实例 9-4　江铃汽车自动化立体仓库**

江铃汽车自动化立体仓库工程于 2003 年在南昌完成，如图 9-4 所示。该项目是江铃汽车股份有限公司（JMC）重点技改项目之一，该立体仓库主要用来存放各种汽车配件。与 DPS 系统及 RF 系统一起配合使用，使整个装配流程更加流畅。

系统参数主要为：自动化立体仓库 1 座、堆垛机 2 台、货位 3 786 个、电子标签 400 个、RF 系统一套。库房高约 15 米，共 2 个巷道。货物单元规格为 1 200 毫米（$L$）× 1 000 毫米（$W$）× 980 毫米（$H$）、重量 1000 千克。

(1) 立体仓库全景　　　　　　(2) RF 系统

图 9-4　江铃汽车自动化立体仓库

其中，堆垛机的参数特征是：双立柱、激光定位、红外通信、进口（德国 DEMAG）电机减速机、变频调速、安全滑触线供电。货架采用横梁式组合货架。表面喷塑电子标签由日本 AIOI 供给，RF 系统中硬件部分由美国 Symbol 公司提供。

资料来源：中国物流产品网，http://www.56products.com/.

## 9.3　自动化立体仓库的分类与构成

### 9.3.1　自动化立体仓库的分类

物流系统的多样性，决定了立体仓库的多样性。自动化立体仓库是一个复杂的综合自动化系统，作为一种特定的仓库形式，它主要有以下几种分类方式。

**1. 按建筑形式分类**

按建筑形式可以分为整体式立体仓库和分离式立体仓库。整体式立体仓库是指货架除了储存货物以外，还可以作为建筑物的支撑结构，就像是建筑物的一个部分，即库房与货架形成一体化结构。分离式立体仓库是指储存货物的货架独立存在，它在建筑物内部，可以将现有的建筑物改造为自动化仓库，也可以将货架拆除，使建筑物用于其他目的。如图 9-5 所示。

(1) 整体式立体仓库　　　　　　(2) 分离式立体仓库

图 9-5　整体式与分离式仓库示意图

**2. 按货物存取形式分类**

按货物存取形式可以分为单元式仓库和拣选式仓库。单元式仓库是一种最常见的结构，货物先放在托盘或集装箱内，再装入单元货架的货格中。其出入库作业都是以货物单元（托盘或货箱）为单位，中途不拆散。常用的设备是叉车或带伸缩货叉的巷道堆垛机等。

在拣选式仓库中，拣选作业是核心工作。这里，拣选作业是根据出库单的要求从货物单元或货格中拣选一部分出库。它有巷道内拣选和巷道外拣选两种方式，两种拣选方式又可进一步分为人工拣选和自动拣选。即前一种方式是，拣选人员到货格前，从货格中拣选所需数量的货物出库，常常称为"人到货前拣选"；后一种方式是，将存有所需货物的托盘或货箱搬运至拣选区，拣选人员按出库单的要求拣出所需的货物，然后再将剩余的货物送回原址，这种方式常常称为"货到人处拣选"。

**3. 按货物构造形式分类**

按货架构造形式可分为单元货格式货架仓库、贯通式货架仓库、移动式货架仓库、旋转式货架仓库。

（1）单元货格式货架仓库

单元货格式货架仓库是使用最广、适用性较强的一种仓库形式，如图 9-6 所示。其特点是货架沿仓库的宽度方向分成若干排，每两排货架为一组，其间有一条巷道供堆垛起重机或其他起重机作业。每排货架沿仓库纵长方向分为数列，沿垂直方向又分为若干层，从而形成大量货格，用以储存货物。在大多数情况下，每个货格存放一个货物单元即一个托盘或一个货箱；在某些情况下，例如货物单元比较小，或者采用钢筋混凝土的货架，则一个货格内往往存放二三个货物单元以便充分利用货格空间，减少货架投资。

图 9-6 单元货格式货架仓库示意图

（2）贯通式货架仓库

贯通式货架仓库相对于单元货格式货架仓库而言，是取消了位于各排货架之间的巷道，将个体货架合并在一起，使每一层、同一列的货物互相贯通，形成能依次存放多货物单元的通道。在通道一端，由一台入库起重机将货物单元装入通道，而在另一端由出库起重机取货。

根据货物单元在通道内移动方式的不同，贯通式货架仓库又常常可进一步划分为重力式货架仓库和梭式小车式货架仓库等等。

重力式货架仓库是一种利用存储货物自身重力来达到存储深度方向上使货物运动的存储系统。其存货通道带有一定的坡度，如图 9-7、9-8 所示。由于每个存货通道只能存放同一种货物，所以它适用于货物品种不太多而数量又相对较大的场合。

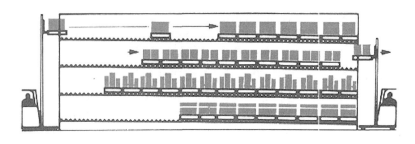

图 9-7 重力式货架仓库工作示意图

图 9-8 重力式货架仓库实物图

梭式小车式货架仓库的工作方式是由梭式小车在存货通道内往返穿梭似的搬运货物。待入库的货物由起重机送到存货通道的入库端,然后由位于这个通道内的梭式小车将货物送到出库端或者依次排在已有货物单元的后面。出库时,由出库起重机从存货通道的出库端叉取货物。通道内的梭式小车则不断地将通道内的货物单元依顺序一一搬到通道口的出库端上。这种货架结构比重力式货架要简单得多。梭式小车可以由起重机从一个存货通道搬运到另一个通道。必要时,这种小车可自备电源。

(3) 移动式货架仓库

移动式货架仓库是由电动货架组成,货架可以在轨道上行走,由控制装置控制货架的合拢和分离,作业时货架分开,在巷道中可进行作业。不作业时可将货架合拢,只留一条作业巷道,从而节省仓库面积,提高空间的利用率。

(4) 旋转式货架仓库

按照货架旋转方向的不同,一般分为水平旋转式货架仓库和垂直旋转式货架仓库。

在水平旋转式货架仓库中,其货架本身可以在水平面内沿环形路线来回运行。每组货架由数十个独立的货柜构成,如图 9-9 所示。用一台链式输送机将这些货柜串联起来。每个货柜下方有支撑滚轮,上部有导向滚轮。输送机运转时,货柜便相应地运动。需要提取某种货物时,操作人员只需在操作台上给予出库指令,相应的一组货架便开始运转。当装有该货物的货柜来到拣选口时,货架便停止运转。操作人员可从中拣选货物,货柜的结构形式根据所存货物的不同而变更。水平旋转式货架仓库对于小件物品的拣选作业十分合适。这种仓库简便实用,能够充分利用建筑空间,对土建没有特殊要求。在作业频率要求不高的场合是很适用的。

图 9-9　水平旋转式货架实物图

垂直旋转式货架仓库与水平旋转式货架仓库相似,只是把水平面内的货架旋转改为垂直面内的旋转,如图 9-10 所示。这种仓库的货架本身是一台垂直提升机,提升机的两分支上都悬挂有货格。提升机根据作业命令可以正转或反转,使需要提取的货物降落到最下面的取货位置上。这种垂直旋转式货架特别适用于存放长的卷状物,如地毯、地板革、胶片卷、电缆卷等。这种货架也可用于储存小件物品。

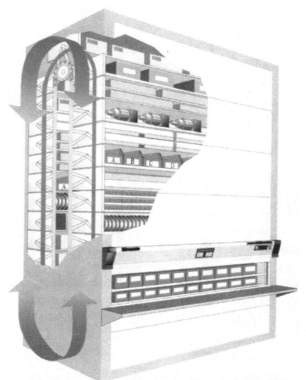

图 9-10　垂直旋转式货架仓库示意图

**实例 9-5  德国 Hanel 公司全自动货柜**

德国 Hanel 公司是一家专门从事各种仓储设备设计和制造的专业厂家,已有 50 余年的历史,目前在德国和瑞士拥有三家生产厂。其产品畅销欧洲,美国及亚洲各国,自 20 世纪 90 年代初进入我国。

Rotomat(旋转库)和 Lean-Lift(升降库),广泛应用于工业存储及办公文档管理,适用于存放电子元器件、刀具、零备件、加工件、工具、手术器械、药品、资料、档案等等。其主要优点是:全自动化操作,充分利用空间,大大节省时间,降低了生产供应和组织管理的成本。如图 9-11 所示。

Hanel 设备的高度可完全与仓库高度相匹配,充分利用空间,使仓储能力增加 60% 以上。其占地面积一般只有 5 平方米~6 平方米左右,还可以满足多层楼工作的需求。由于设备的占地面积小,所以可以充分利用有限的场地,就近摆放在工作场所或生产线附近。利用 Hanel 设备进行操作,不是人到货面前,而是货到人面前,因此大大节省了工作时间。设备还可以与 PC 机相连接,通过存储管理软件,实现在提取物品的同时完成全面的库存管理。同时,Hanel 设备具有先进的 FIFO(先进先出)功能,以及详细准确的物品提取位置显示功能。

Hanel 存储设备是全封闭的,保护所存储货物不受光线、灰尘侵害,同时可以做到防尘、防静电等多项要求,提供了一个干净整齐、舒适安全的工作环境。

资料来源:http://www.pcabj.com/.

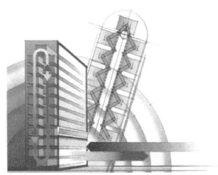

Rotomat(旋转库)

Lean-Lift(升降库)

在 PC 板生产线上,13 台 Hanel Rotomat 旋转库在电脑控制下存取元器件,专门的软件处理使得工作轻松易行

在医院的中心无菌室存储外科仪器和附件。Rotomat 可以存放和保护上千种工具和备件

完美的办公系统——德国一家银行的中央文档系统,使用 5 台办公型 Rotomat,在悬挂式文件夹中存放了所有用户的资料

Lean‑Lift 系统可提供无限的选择——在 5 台相连的 Lean‑Lift 中进行各种尺寸机械部件的存取

图 9‑11 旋转库与升降库示意图

**4. 按所起的作用分类**

按所起的作用可以分为生产型仓库和流通型仓库。生产型仓库是指工厂内部为了协调工序和工序、车间和车间、外购件和自制件物流的不平衡而建立的仓库,它能保持各生产工序间有节奏的生产。

流通型仓库是一种服务性仓库,它是企业为了调节生产厂和客户的供需平衡而建立的仓库。这种仓库进出货物比较频繁,吞吐量较大,一般都和销售部门有直接联系。

**5. 按自动化立体仓库与生产联接的紧密程度分类**

按自动化立体仓库与生产联接的紧密程度可分为独立型、半紧密型和紧密型仓库。独立型仓库也称为"离线"仓库,它是指从操作流程及经济性等方面来说都相对独立的自动化仓库。这种仓库一般规模比较大,存储量较大,仓库系统具有自己的计算机管理、监控、调度和控制系统。

半紧密型仓库是指它的操作流程、仓库的管理、货物的出入和经济性与其他厂(或部门、或上级单位)有一定关系,而又未与其他生产系统直接相联。

紧密型仓库也称"在线"仓库,它是那些与工厂内其他部门或生产系统直接相联的立体仓库,两者间的关系比较紧密。

当然,自动化立体仓库还可以有其他分类方式,以上所述只是比较普遍的几种。

### 9.3.2 自动化立体仓库的构成

自动化立体仓库是机械和电气、强电控制和弱电控制相结合的产品。它主要由货物储存系统、货物存取和传送系统、控制和管理系统等三大部分所组成,还有与之配套的供电系统、空调系统、消防报警系统、称重计量系统、信息通信系统等。

**1. 货物储存系统**

货物储存系统主要由立体货架以及托盘或货箱组成。按机械结构，立体货架可分为分离式、整体式和柜式三种；按高度可以分为高层货架(12米以上)、中层货架(5~12米)、低层货架(5米以下)；按货架形式分为单元货架、重力货架等。货架按照排、列、层组合而成立体仓库储存系统。

**2. 货物存取和传送系统**

货物存取和传送系统承担货物存取、出入库的功能，它由有轨或无轨堆垛机、出入库输送机、装卸机械等组成。

堆垛机又称搬运车，其结构形式多种多样。出入库输送机可根据货物的特点采用带式输送机、辊道式输送机、链式输送机等，主要将货物输送到堆垛机上下料位置和货物出入库位置。装卸机械承担货物出入库装车或卸车的工作，一般由行车、吊车、叉车等装卸机械组成。

**3. 控制和管理系统**

在自动化立体仓库中，一般采用计算机控制和管理。视具体的不同情况，采用不同的控制方式。有的仓库只采用对存取堆垛机、出入库输送机的单台 PLC(Programmable Logic Controller，可编程序控制器)控制，机与机无联系；有的仓库对各单台机械进行联网控制。更高级的自动化立体仓库的控制系统采用集中控制、分离式控制或分布式控制，即由计算机管理信息系统、中央控制计算机和对堆垛机、输送机进行直接控制的可编程序控制器共同组成控制系统。

采用 PLC 操作的单机自动控制器，直接应用于堆垛机和出入库输送的控制系统，实现堆垛机从入库取货送到指定的货位，或从指定的货位取出货物放置到出库取货台的功能。

中央控制计算机是自动化立体仓库的控制中心，它沟通并协调计算机管理信息系统、堆垛机、出入库输送机等的联系；控制和监视整个自动化立体仓库的运行，并根据计算机管理信息系统或自动键盘的命令组织流程，以及监视现场设备运行情况和现场设备状态、监视货物流向及收发货显示。中央控制计算机与计算机管理信息系统、堆垛机和现场设备进行通信联系，还具有对设备进行故障检测及查询显示等功能。

计算机管理信息系统是自动化立体仓库的管理中心，承担入库管理、出库管理、在库管理、查询、打印及显示、仓库经济技术指标计算分析等管理功能。

## 9.4 自动化立体仓库的规划及设计

### 9.4.1 自动化立体仓库的规划设计程序

自动化立体仓库的建设是一项系统工程，需要花费大量投资，涉及到诸多的影响因素。研究这些因素的性质并弄清它们的相互作用，是建立自动化立体仓库的一个重要步骤。在进行自动化立体仓库的设计之前，往往需要收集研究有关仓库的原始资料，通常运用"自动仓储系统基本设计规划调查表"来收集数据。该调查表的样式请见本章附件。在资料分析的基础上，完成项目的可行性分析，明确项目建设的必要性和可能性。

通常，自动化立体仓库的规划设计程序如图 9-12 所示。

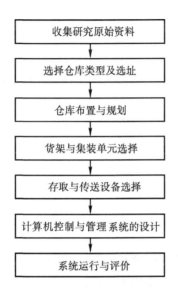

图 9-12 自动化立体仓库的规划设计程序

### 9.4.2 自动化立体仓库的土建与公用工程设施

自动化立体仓库是建立在存储货物的库房和其他配套设施的基础上的。

一般来讲，仓库的货物和自动化仓库中的所有设备都安放在库房规定的范围内，库内容量和货架规格是库房设计的主要依据。在我国的南方和北方，不同的地质地貌情况、不同的荷载情况对库房设计提出了不同的要求。土木建筑要根据实际情况因地制宜，切不可不考虑具体情况，而造成不必要的人力财力和时间的浪费。同时，土建工程要遵守国家的有关规定。

在自动化立体仓库建设时，首先要进行选址工作，并对地质情况进行勘探，确定库房基础的形式。其次，对墙体、屋面、地面、内墙、门窗、沟道等的形式及所用材料、施工方法进行选择，以达到实用、安全、方便和美观的效果，在这些方面国家和地方都有专门的标准和规定。

另外，作为建筑工程，还要重视消防系统、照明系统、通风及采暖系统、动力系统以及给排水等设施的设计和建设。

### 9.4.3 自动化立体仓库的布置与规划

自动化立体仓库是建立在众多硬件设备支持的基础之上的，一切设想必须通过具体的设备来实现。这里，物流路线以及设备的布置对物流管理与运作是至关重要的。

**1. 自动化立体仓库布置与规划原则**

一个良好的仓库平面布置和合理的设备配置可以使物流活动更加合理化，避免内部运输迂回重复,从而降低物流运作成本。在其他条件相同的情况下,占地面积越小,总平面布置就越紧凑,建造时的土方工程量越小,各种道路和路线将越短,建设投资费用也越低。投入生产后,因库区布置合理,所以物料运输路线短,生产联系方便,物流通畅。

总体上讲,自动化立体仓库的布置与规划应遵循如下的原则。

(1)最小移动距离原则:保持仓库内各项操作之间具有最经济的距离。物料和人员流动距离能省则省,尽量缩短,以节省物流时间,降低物流费用。

(2)直线前进原则:要求设备安排、操作流程应能使物料搬运和储存按自然顺序逐步进行,避免迂回、倒流。

(3)充分利用空间、场地的原则:无论在垂直还是水平方向上,在安排设备、人员、物料时应予以适当配合,充分利用空间,但也应保持设备的适当空间以免影响工作。

(4)生产力均衡原则:维持各种设备、各工作站的均衡,使全库都能维持一个合理的速度运行。

(5)适宜库内运输原则:库内运输路线必须保持通畅,应设有专供搬运物料或人员行走的通道。

(6)顺利进行原则:保持物流过程顺利进行,而无阻滞,该项原则又称为最佳流程原则。

(7)保持"再布置"的弹性原则:要便于在必要时能对设备做适当的重新安排,留出一定的空间,供材料搬运及检验人员活动用,还能保持适当的弹性。

(8)整体性原则:凡是对物流路线及设备布置有影响的因素都要综合考虑。

### 2. 自动化立体仓库的布置与规划

在选择自动化立体仓库的布置方案时,下列因素起着决定性的作用:货架结构,起重运输机类型,待处理货物的数量和种类,按货物种类和用途划分的货架段和组合货架的专用化程度,货物验收区、储存区、发货区的布局,等等。

在所有可行的布局结构方案中,收、发货区与储存区的位置分布是非常重要的考虑因素。因此,形成两种典型的方案:一是收货、发货区分别设置在储存区的两侧,二是收货、发货区设在储存区或货架的一侧。在第一种方案中,货物从巷道的一端进入,从另一端出库。这种方式总体布置比较简单,便于管理操作和维护保养。但是,对于每一个货物单元来说,要完成它的入库和出库全过程,堆垛机需要穿过整个巷道。第二种方案是货物的入库和出库在巷道同一端的布置形式。这种布置的最大优点是能缩短出入库周期,特别是在仓库存货不满,而且采用自由货位储存时,其优点更为明显。此时,可以挑选距离出入库口较近的货位存放货物,缩短搬运路程,提高出入库效率。另外,入库作业区和出库作业区可以合在一起,便于集中管理。根据作业量的多少和作业效率的要求,这一种方案又区分为同层同端出入式和多层同端出入式两种细分方案。如图9-13所示。

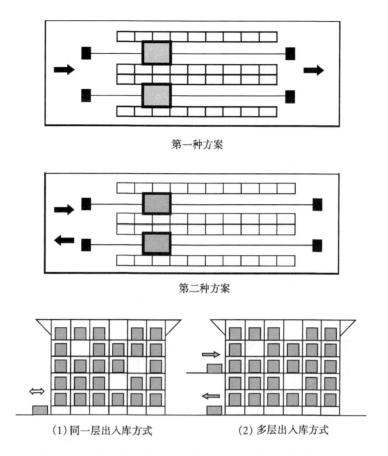

图 9-13 自动化立体仓库中收、发货区与储存区的位置布局

在自动化立体仓库规划设计中,库房的最佳高度也是一个备受重视的指标。它在仓库占地面积、长度、宽度,起重运输机械的装卸效率,其他一些技术经济指标的确定过程中起着十分重要的作用。这里,货物的流量、货物周转率、订货发送时的货物配套方式等,是影响库房货架高度选择的重要因素。理论研究表明,从最小作业成本考虑,货架的最佳高度是 15~20 米。但在实践中,一些高达 30~40 米以上的仓库正在陆续建造之中。甚至有人预测,随着堆垛机的技术发展,有可能要建造高达 100 米的多层立体仓库。

**实例 9-6 华中数控公司自动化成品立体仓库的设计**

武汉华中数控股份有限公司自动化成品立体仓库于 2014 年 12 月建成并投入使用,主要用于公司数控系统、伺服驱动和电机等产品存放,是委托深圳日东电子发展有限公司设计制造的第一座自动化立体仓库。该仓库库区面积 1000 余平方米(长 84 米,宽 12 米),货架最大高度 4.1 米,托盘尺寸 1000 毫米×1200 毫米,托盘承重 600 千克,出入库能力可达 60 盘/小时,可分为出入库区和高架仓库区两个区域,出入库区根据华中数控公司物流方案,把整个库区规划为 3 个巷道,共 1083 个货位。本项目设备包括一组立库货架,3 台堆垛机,10 台链条输送机,1 台 AGV 输送小车。中控室设在出入库口,用于出入库登记、管理和联机控制。立体仓库具体规划图见下图。

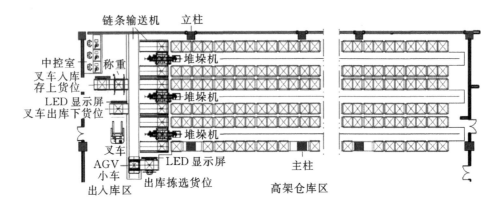

图 9-14　华中数控公司自动化成品立体仓库规划图

整个库区内部操作全部为自动完成,其作业流程如下。

1. 入库

(1) 货物从生产车间到达入库装箱区,作业人员在装箱区进行装箱。

(2) 用手持条码扫描枪扫描被装箱的单一零件箱的条形码,并扫托盘条码,关联后该物料有关信息则自动被送到计算机上进行保存。

(3) 装箱完成后,把装满物料的托盘通过叉车移送到入库链条输送机上,通过尺寸检测、质量检测及托盘条码扫描后,按下确认按钮,计算机则根据一定的原则自动给该盘物料分配入库仓位(亦可人工指定)。

(4) 装满货物的托盘则经链条输送机等输送设备到达相应巷道的库端链条输送机上。

(5) 入库链条输送机上的外形检测装置检测到货物外形不合格,则系统会进行声光报警并提示要求重新整理,直至合格为止。

(6) 用堆垛机把该盘物料送到指定的仓位上储存。同时入出库口旁的电子显示屏上会显示本次作业任务的内容(包括品名、规格、物料编号、出库数量及出库暂存区编号等有关信息)。

2. 出库

(1) 计算机下达的出库指令把装有该物料的托盘用堆垛机从指定的仓位上取出,送到该巷道的出库输送机上。

(2) 托盘则经链条输送机等输送设备到达入出库口。如果是在线拣选作业,拣选口旁的电子显示屏上会显示本次作业任务的内容(包括品名、规格、物料编号、出库数量及出库暂存区编号等有关信息),拣选任务完成后,拣货人员按下确认按钮,该托盘返回重新入库。如是整托盘物料出货,出库口旁的电子显示屏则提醒叉车司机将托盘叉走。

资料来源:鲜飞,朱志红,刘江涛,等.自动化立体仓库在现代制造企业中的应用与优势[J].电子工业专用设备,2015(4):46-50.

## 9.4.4 货架与集装单元容器

在一定的面积内建造一座仓库,为了提高货物的存放量,采用堆垛方式无疑比平铺在地上优越得多。由于货物堆积起来,出库时若需要从底或里面取出货物,必须要花费很多的时间和劳动来移开上部的货物,即做到"先进先出"是很困难的。但若将不同的货物均存放在大标准托盘(或货箱)里,然后将其存放到立体的货架上,就解决了以上的困难。将不同的物品都放在货架上,货架越高,所占用的存储面积越少。同时,对货架的要求也越高。

货架的应用对盘货、编址、起重运输机工作调度、货物成批配套、装卸作业等储运过程的自动化创造了良好的条件。实践证明,采用货架储存方式时,可使货物的处理费用减少35%~40%,劳动生产率提高到1.3~1.5倍。采用货架可以为形成统一的库房建设技术规格、广泛利用组合货架结构的积木式原理和实现仓库参数的最佳化创造有利条件。

货架的分类方式有很多,根据不同的应用,从不同的角度有不同的划分方式。需要根据不同的货物属性、保管要求等采用适当的货架,使得货物存取方便、快捷,减少面积占用。详细内容请参见本书第6章。

在立体仓库的货物储存系统中,集装单元容器发挥了极其重要的作用。这里,最常用的是托盘。通过利用集装单元器具,可以把货物组成标准规格的单元货件,以加快装卸、搬运、储存、运输等物流活动。集装单元化为装卸作业机械化、自动化创造了条件,通过集装单元化技术,促使物流实现标准化和批量化,促进物流向社会化、机械化和自动化方向发展,有利于降低物流成本。有关容器与托盘的种类、规格等详细内容请参见本书第6章。

下面对货架的一些有关内容进行进一步的说明。

**1. 货架的材料**

高层货架是立体仓库的主要构筑物,一般用钢材或钢筋混凝土制作。钢货架的优点是构件尺寸小,仓库利用率高,制作方便,安装建设周期短。钢筋混凝土货架的突出优点是防火性能好,抗腐蚀能力强,维护保养简单。

货架的高度是关系到 AS/RS 全局性的参数。货架钢结构的成本随其高度增加而迅速增加。尤其是当货架高度超过 20 米以上时,其成本将急剧上升,同时堆垛机等设备的费用也随之增长。当库容量一定时,仓库基础费用、运行导轨投资则随货架高度的增长而下降。货架可由冷轧型钢、热轧角钢、工字钢焊接成"货架片"然后组成立体的货架。为此,要从基础设计、货架截面选型以及支撑系统布置等多方面采取措施,加以保证。

**2. 货架的尺寸**

恰当地确定货格净空尺寸是立体仓库设计中一项重要的内容。对于给定尺寸的货物单元,货格尺寸取决于单元四周需留出的空隙大小。同时,在一定的程度上也受到货架结构造型的影响。这项尺寸之所以重要,是因为它直接影响着仓库面积和空间利用率。同时,因为影响因素很多,确定这项尺寸比较复杂。

"牛腿"是货架上的一个重要结构。货箱或托盘放置在牛腿上。取货时,堆垛机货叉从牛腿下往上升,托起货箱后升降叉取走货箱。存货时,货叉支托着货箱从牛腿上方向下降,当其低于牛腿高度时货物就支托在牛腿上了。货架与货箱的关系如图 9-15 所示。

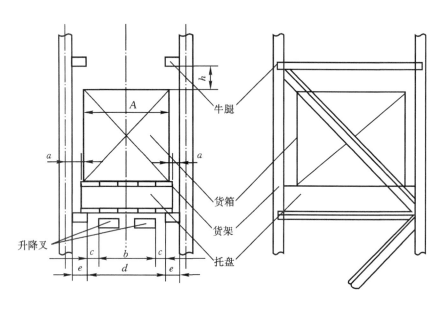

图 9-15 货架与货箱的关系图

在图 9-15 中,$A$ 为货箱宽度,$b$ 为货叉宽度,$d$ 为牛腿间距,$c$ 为货叉—牛腿距,$e$ 为牛腿宽度,$a$ 为托盘—立柱距,$h$ 为牛腿—货箱高度差。在一般情况下,上述参数的关系为:

$b = 0.7 \cdot A$

$d = (0.85 \sim 0.9) \cdot A$

$c = (0.75 \sim 0.1) \cdot A$ （大货箱取大值）

$e = 60 \sim 125 \text{mm}$ （大货箱取大值）

$a = 25 \sim 60 \text{mm}$ （大货箱取大值）

$h = 70 \sim 150 \text{mm}$ （大货箱取大值）

**3. 货架的刚度和精度**

作为一种承重结构,货架必须具有足够的强度和稳定性。在正常的工作条件下和特殊的非工作条件下,都不至于破坏。同时,作为一种设备,高层货架还必须有一定的精度和在最大的工作载荷下的有限弹性变形。对于自动和半自动控制的立体仓库,货架精度更是仓库成败的决定因素之一。

自动和半自动控制的立体仓库对于货架的精度要求是相当高的,包括货架片的垂直度、牛腿的位置精度和水平度等。为了达到设计要求,有时要对所设计的货架进行力学计算。目前货架设计常采用刚度假设,即认为地基在货架和货物的作用下不会产生弹性变形。此种处理使设计计算大为简化,但与实际结构的力学特性相差甚远。弹性基础梁的假设可用于货架设计,即将钢筋混凝土层视为弹性基础梁或板,其下的土层视为等效弹簧,这样可同时考虑土层混凝土的影响,较好地反映实际情况。

### 9.4.5 存取与传送系统设备

**1. 巷道堆垛机**

搬运设备是自动化立体仓库中的重要设备,它们一般是由电力来驱动的,通过自动或手动控制,实现把货物从一处搬到另一处。设备形式可以是单轨的、双轨的、地面的、空中的、一维运行(水平直线运行或垂直直线运行)、二维运行、三维运行等。典型的设备有升降梯、搬运车、巷道堆垛机、双轨堆垛机、无轨叉车和转臂起重机等。

巷道堆垛机是立体仓库中最重要的运输设备,是随着立体仓库的出现而发展起来的专用起重机,如图9-16所示。它的主要用途是在高层货架的巷道内来回穿梭运行,将位于巷道口的货物存入货格;或者相反,取出货格内的货物运送到巷道口。这种使用对巷道堆垛机在结构和性能上提出了一系列严格的要求。

图 9-16 巷道式堆垛机实例

有轨巷道堆垛起重机通常简称为堆垛机,它是由叉车、桥式堆垛机演变而来的。桥式堆垛机由于桥架笨重因而运行速度受到很大的限制,它仅适用于出入库频率不高或存放长形原材料和笨重货物的仓库。堆垛机的额定重量一般为几十公斤到几吨,其中0.5吨的使用最多。它的行走速度一般为(124/4)米/分钟,提升速度一般为(30/3)米/分钟。

目前的 AS/RS 中应用最广的是巷道堆垛机,其优点在于可以方便地为多个巷道服务。下面简要叙述堆垛机的组成结构。

(1) 机架

堆垛机的机架是由立柱、上横梁和下横梁组成的一个框架,整机结构高而窄,机架可以分为单立柱和双立柱两种类型。双立柱结构的机架由两根立柱和上、下横梁组成为一个长方形的框架,这种结构强度和刚性都比较好,适用于起重量较大或起升高度比较高的场合。单立柱式堆垛机机架只有一根立柱和一根下横梁,整机重量比较轻,制造工时和材料消耗少,结构更加紧凑且外形美观,但其刚性稍差一些。由于载货台与货物对单立柱的偏心作用,以及行走、制动和加速减速的水平惯性力的作用,对立柱会产生动、静刚度方面的影响,当载货台处于立柱最高位置时挠度和振幅达到最大值。这在设计时需要加以校核计算。

堆垛机的机器沿天轨运行。为防止框架倾倒,上梁上装有导引轮。

(2) 运行机构

在堆垛机的下横梁上装有运行驱动机构和在轨道地轨上运行的车轮。按运行机构所在的位置不同可以分为地面驱动式、顶部驱动式和中部驱动式等几种。其中地面运行式使用最广泛,这种方式一般用两个或四个承重轮,沿铺设在地面上的轨道运行,在堆垛机顶部有两组水平轮沿天轨(在堆垛机上方辅助其运行的轨道)导向。如果堆垛机车轮与金属结构通过垂直小轴铰接,堆垛机就可以走弯道,从一个巷道转移到另一个巷道去工作。顶部驱动式堆垛机又可分为支承式和悬挂式两种,前者支承在天轨上运行,堆垛机底部有两组水平导向轮。悬挂式堆垛机则悬挂在位于巷道上方的支承梁上运行。

(3) 提升机构

堆垛机的提升机构由电动机、制动机、减速机、卷筒或链轮以及柔性件组成,常用的柔性件有钢丝绳和起重链等。卷扬机通过钢丝绳牵引载荷台作升降运动。除了一般的齿轮减速机外,由于需要较大的减速比,因而也经常见到使用蜗轮蜗杆减速机和行星齿轮减速机。在堆垛机上,为了尽量使提升机构尺寸紧凑,常使用带制动器的电动机。

提升机构的工作速度一般在 12~30 米/分钟,最高可达 48 米/分钟。不管选用多大的工作速度,都备有低速档,主要用于平稳停准和取放货物时的"微升降"作业。

在堆垛机的起重、行走和伸叉(叉取货物)三种驱动中,起重的功率最大。

(4) 载货台及存取货机构

载货台是货物单元的承载装置。对于只需要从货格拣选一部分货物的拣选式堆垛机,则载货台上不设存取货装置,只有平台供放置盛货容器之用。

存取货装置是堆垛机的特殊工作机构。取货的那部分结构必须根据货物外形特点设计。最常见的是一种伸缩货叉,也可以是一块可伸缩的取货板,或者别的结构形式。从机构设计的角度看,伸缩货叉设计具有典型性,货叉完全伸出后,其长度约为原来长度的两倍以上。

伸叉机构装在载货台上,载货台在辊轮的支撑下沿立柱上的导轨作垂直行走方向的运动(起重),垂直于起重——行走平面的方向为伸叉的方向。近代堆垛机的操作平台设在底座上,工人在此处可进行手动或半自动操作。

(5) 电气设备

电气设备主要包括电力拖动、控制、检测和安全保护。在电力拖动方面,目前我国国内多用的是交流变频调速、交流变极调速和晶闸管直流调速,涡流调速已很少应用。对堆垛机的控制一般采用可编程序控制器、单片机、单板机和计算机等,堆垛机必须具有自动认址、货位虚实等检测功能。电力拖动系统要同时满足快速、平稳和准确三个方面的要求。

堆垛机的结构设计除需要满足强度要求外,还需要具有足够的刚性。

(6) 安全保护装置

堆垛机是一种起重机械,它要在又高又窄的巷道内高速运行。为了保证人身及设备的安全,堆垛机必须配备有完善的硬件及软件的安全保护装置,并在电气控制上采取一系列联锁和保护措施。除了一般起重机常备的安全保护措施(如各机构的终端限位和缓冲、电动机过热和过电流保护、控制电路的零位保护等)外,还应根据实际需要增设各种保护措施。

堆垛机的主要安全保护装置包括:

① 终端限位保护。在行走、升降和伸缩的终端都设有限位保护。

② 联锁保护。行走与升降时,货叉伸缩驱动电路切断;相反,货叉伸缩时,行走与升降电路切断。行走与升降运行可同时进行。

③ 正位检测控制。只有当堆垛机在垂直和水平方向停准时,货叉才能伸缩。即货叉运动是条件控制、以认址装置检测到确已停准的信息为货叉运动的必要条件。

④ 载货台断绳保护。当钢丝绳断开时弹簧通过连杆机构凸轮卡在导轨上阻止载货台坠落,正常工作时提杆平衡载荷的重量,弹簧处于压缩状态。凸轮与导轨分离。

⑤ 断电保护。载货台升降过程中若断电,则采用机械式制动装置使载货台停止不致坠落。

**实例 9-7　堆垛机在郑州铁路机务段自动化立体仓库中的应用探讨**

郑州机务段和中国科学院沈阳国家技术转移中心铁岭中心合作设计一套立体仓库,开发适用于检修的立体货架操作系统,要求能对机车配件进行储存、保管及收发作业,解决内燃中修库房场地小、存放配件困难的问题,实现文明化生产。

1. 系统组成

系统包括货架、堆垛机、吊桥台车控制柜、立体仓库管理系统 4 个部分。货架是存储配件的主要部分,由结实的钢管构架而成,它充分利用库房的高度,分为东西 2 列,共 46 排,7 层高架,可存储 620 件配件。

操作系统为 3 级分布式计算机系统,即由管理级、监控级、执行级组成。管理级和监控级采用键盘操作,通过显示屏清晰显示操作步骤和作业状态,提供良好轻松的人-机操作界面。执行级接受监控级的命令,执行相应的操作。管理级主要由出入库计算机和打印机等组成,接受出入库计算机的操作命令。监控级接受管理级的命令,将命令分解到每个执行级的设备上,通过串口发给相应的堆垛机和其它周边设备,并监视各个执行设备的运行状态。执行级由堆垛机、吊桥台车控制柜和出入库台车组成,接受监控级的操作指令,执行相应的操作。堆垛机由可编程序控制器(PLC)、高性能变频调速器和各种检测装置组成,既可手动操作又可联机操作。堆垛机与监控级之间采用红外光通讯装置,实现全双工(RS422)通讯。吊桥台车控制柜与监控级之间采用全双工(RS422)通讯。出入库台车和吊桥台车控制柜由可编程序控制器控制,可编程序控制器直接与监控级相连。

2. 堆垛机工作原理

堆垛机是整个系统最主要的执行机构,它也是出入库操作能否准确执行的关键。工作过程如下。

(1)上电步骤。首先将控制室电源转接盒内的总电源、吊桥台车控制柜电源和出入库计算机电源闭合,待计算机进入立体仓库管理系统操作界面后,将堆垛机控制面板电源开关扳向"开"的一侧,然后吊桥台车控制柜操作面板开关扳向"开"的一侧,堆垛机控制面板电源指示灯和吊桥台车控制柜操作面板电源指示灯点亮,上电完毕。

(2)工作方式。堆垛机共有 5 种工作方式,分别为遥控、自动、半自动、手动和应急状态工作方式。

遥控工作方式。该方式为系统默认的工作方式,通常情况下堆垛机上电后即在该种工作方式下,接受监控级下发的各种指令执行相应的动作。当计算机退出立体仓库管理系统操作界面后,堆垛机不能继续保持在该种方式下;若要重新进入该工作方式,需计算机进入立体仓库管理系统操作界面,堆垛机断电 10 秒后上电,系统才能重新进入该工作方式。

自动工作方式。在该方式下可完成一个完整的入库或出库任务。通过堆垛机控制面板"操作方式"框内的自动键来选择,待自动指示灯点亮后,系统即进入自动工作方式。通过键入相应的指令,可使堆垛机完成一个完整的入库或出库任务。比如,若想使堆垛机完成一个入库操作,将货物送到第 1 列、第 8 排、第 6 层,在自动工作方式下,依次选择出入库位置框内的"入口",数据键 1、8、6,自动键框内的入键,最后是执行键,堆垛机即可执行相应的动作,完成一个入库的操作,将货物送到指定位置。如想使堆垛机完成一个出库操作,将货物从第 1 列、第 8 排、第 6 层取出,在自动工作方式下,依次选择入库位置框内的"出口",数据键 1、8、6,自动键框内的出键,最后是执行键,堆垛机即可执行相应的动作,完成一个出库操作。当有紧急状况时,操作者可将堆垛机控制面板上的急停开关按下,断掉堆垛机的电源。当需要通过吊桥时,应先将吊桥升起。

手动工作方式。通过操作面板"操作方式"框内的手动键来选择,待手动指示灯点亮后,系统即进入手动工作方式。在该工作方式下,堆垛机控制面板上的手动键框内的相应键可使堆垛机执行相应的动作。通过键入相应的指令,可控制堆垛机向前后上下方向,叉车向左或向右方向运动。在手动工作方式下堆垛机的运动有低速和高速两种速度。在向下与向上键之间有一高速控制键,可使堆垛机在高速与低速键之间转换。向左与向右键之间也有一个高速键,可以实现货叉伸出时在高速与低速之间的转换。当有紧急状况时,操作者可将堆垛机控制面板上的急停开关按下,断掉堆垛机的电源。

应急状态工作方式。该工作方式与手动工作方式的操作基本相同,唯一的区别就是在这种工作方式下堆垛机只有一种运动速度。将堆垛机控制柜柜门打开,按下 CPU 板柜外的应急开关,系统即工作在应急状态工作方式。在选择其他操作方式前,必须将CPU板柜外的应急开关旋开,否则易发生意外。

(3) 下电步骤。首先将吊桥台车控制柜操作面板电源指示灯熄灭,再将控制室电源转接盒内的总电源、吊桥台车控制柜电源和计算机电源断开,下电过程完毕。

资料来源:金星. 自动化立体仓库在铁路机务段的应用探讨[J]. 郑州铁路职业技术学院学报,2016(2):41-43.

**2. 输送系统**

自动化立体仓库本身是一个物流系统。对于采用堆垛机的立体仓库必须利用各种输送机、叉车、自动搬运小车、升降机或其他机械将高货架区和作业区连成一体,构成出入库运输系统,最终形成立体仓库的物流系统。自动化立体仓库采用哪种输送装置要根据货物的类型、装运条件和仓库的结构等情况决定。

随着科学技术的进步,货物输送装置在技术性能和应用水平上不断提高。输送系统必须具有高度可靠性。在立体仓库内,一般只有一套运输系统,一旦发生故障就会使整个仓库受到影响。所以,要求出入库运输系统各个环节上的设备可靠、耐用、维修方便。对于自动控制的系统设备应该设置手动控制作后备。

在一些大型自动化立体仓库中,出入库运输系统最常用的连续输送机械是辊式输送机和链式输送机,有时也采用带式输送机。采用链式输送机时,常常把它分成长度和速度相同的若干小段,货物单元放在链条上与链条同步运行,实现货物的输送。对于巷道内的输送,还经常采用往复式输送机、梭式小车等。

立体仓库的分岔、合流装置、巷道内的输送机和升降机都起着重要的作用。分岔、合流装置和升降机的工作速度必须满足仓库出入库频率的要求。系统各单机间必须具有完备的信息传送和连锁功能,从而实现系统的整体控制。另外系统还应具有一定的积存功能。

在自动化立体仓库中,高层货架区与作业区之间的衔接也常常采用叉车来完成,这是一种最简单的配置方式。入出库时,用搬运车辆(叉车、自动搬运小车等)将托盘货物运送到高架区内的堆垛机,从而转入货格内,或者从堆垛机取走托盘货物。

**实例9-8 英特诺输送机模块在Pearlwater动态仓储系统中的应用**

瑞士的零售业巨头COOP集团旗下的矿泉水公司Pearlwater每年从阿尔卑斯奔宁山脉中输送出多达1.4亿升这种优质、新鲜的矿泉水。从这里的源头出发,直到装瓶,启程运输,一切都在流动。

为了长期确保新鲜和高效,该工厂经过了彻底改造和优化。只能利用现有的、有限的空间条件,极高的二氧化碳减排目标,新系统要发挥最大性能,仓库的日程运作要照常进行,所有这些要求都显得极为苛刻。完成改造后的今天,Pearlwater日出货量多达2000个托盘。

解决方案当然是动态仓储系统:从一个模块衍生出的整体解决方案。英特诺在产品开发之初就把高效率和可持续性作为重要考量:采用有助于节省空间和能量的托盘流动仓储、自动仓储和检索系统,能量可回收,通道更短,系统下面的空间均可利用。该系统的倾斜式流动通道提供超过 5000 个托盘位,只利用重力就能移动重达 800 公斤的欧式托盘,且无需电机,也无需复杂的控制技术。该系统可靠、强劲且智能,是高科技仓储、检索解决方案和仓库管理系统控制的完美补充。

如今,Pearlwater 使用着欧洲性能最佳的系统之一,其无可比拟的吞吐量和卓越的物流性能都足以让它傲视群雄。当今市场需求十分旺盛,促销活动和季节性销售高峰都是对物流设施备的一次大考。最高吞吐量在这里频频上演:仅仅 72 小时,整个存货就周转一新,每个托盘都在移动,每日多达 2000 个单位的货品被运出山谷,所有这些都不会对生态环境造成任何影响。

传输距离更短、加热或冷却的能耗更低、磨损更小、操作更简便,优化空间利用率,甚至装载区可以放置更多的产品,这些都是英特诺输送机模块所提供的优势。此外,由于采用了高速穿梭车,托盘以前所未有的速度飞快穿梭在整个系统。

资料来源:英特诺输送机模块在 Pearlwater 动态仓储系统中的应用[J]. 中国储运,2016(10):94.

### 9.4.6 计算机控制与管理系统

**1. 自动控制系统**

控制系统应能对搬运设备(堆垛机等)、运输设备(输送机、小车、转轨车等)进行自动控制,它是自动化立体仓库的核心部分之一,直接关系到仓库作业的正常进行。因此,控制系统中所使用的材料、设备、传感器和元件都应采用可靠性高、寿命长、易于维护和更换的产品。

堆垛机的控制现多采用模块化控制方式,驱动系统一般为交流电动机,无级调速,技术成熟,应用广泛。既能实现堆垛机的高速运行,又能平稳进行停车对位。在控制系统中,应采取一系列自检和联锁保护措施,确保在工作人员操作错误时不发生事故。控制系统应能对机械及电器故障进行判断、报警和向主机系统传递故障信息,并应能适应多种操作方式的需要。

**2. 监控调度系统**

过程监控是实现自动化仓库实时控制的重要组成部分。在自动化仓库的实际作业过程中,需要对作业信息及运行设备(如堆垛机、输送机等)的状态进行监视和管理。

监控调度系统根据主机系统的作业命令,按运行时间最短、作业间的合理配合等原则对作业的先后顺序进行优化组合排队,并将优化后的作业命令发送给各控制系统,对作业进程进行实时监控。

监控操作台可以对机械设备的位置、动作、状态、货物承载及运行故障等信息进行显示,以便操作。作业管理人员对现场情况进行监视和控制,并可以通过操作台上的控制开关或键盘对设备进行紧急操作。

**3. 计算机管理信息系统**

自动化立体仓库的信息管理是基于现代信息管理理论和现代控制理论而创立的一个分支。对于一个自动化仓库来说,它可以是独立的,但对于一个生产流通企业来讲,它又是其管理信息系统(MIS)的一个子系统。它不仅对信息进行管理,也对物流进行管理和控制,集信息流和物流于一体,是现代化企业物流和信息流管理的重要组成部分。

计算机管理信息系统(主机系统)是自动化立体仓库的核心,它一般由较大的计算机组成,有的甚至构成计算机网络。它应具有大容量、高速度、强大的功能,应处理整个仓库生产活动中的主要数据。

自动化仓库管理信息系统的主要功能是对仓库所有入、出库活动进行有效地控制,并对数据进行统计分析,以便能使决策者及早发现问题,采取相应的措施,最大限度地降低库存量,加快货物流通,创造经济和社会效益。

## 9.5 案例:海尔国际物流中心

### 9.5.1 基本情况

我国比较有代表性的自动化立体仓库是海尔国际自动化物流中心,它坐落在海尔开发区工业园,面积1.92万平方米,设置了18 056个货位,满足了企业全部原材料和制成品配送的需求,其仓储功能相当于一个30万平方米的仓库。该中心立体库高22米,包括原材料和产成品两个自动化物流系统,其中原材料9 768个货位,成品8 288个货位,采用世界上先进的激光导引技术开发的激光导引无人运输车系统、巷道堆垛机、机器人、穿梭车等,完全实现物流的自动化和智能化。该中心采用的关键设备包括:10台巷道堆垛机,10台激光导引运输车,3台环行穿梭车,1台六关节工业机器人,约200台输送设备,1套自动化消防系统等。该中心作业时,自动堆垛机把原材料和制成品举上7层楼高的货位,自动穿梭车则把货位上的货物搬下来,放在激光导引无人驾驶运输车上,运输车井然有序地按照指令再把货送到机器人面前,机器人叉起托盘,把货物装上外运的载重运输车上,运输车开向出库大门,仓库中物料的物流作业过程结束。整个仓库实现了对物料的统一编码,使用了条码技术、自动扫描技术和标准化的包装,整个物流过程顺畅、有条不紊。如图9-17所示。

图9-17 海尔国际自动化物流中心内部场景

(资料来源:http://www.ksec.com.cn/ksec/cn/index.htm/.)

## 9.5.2 海尔国际物流中心系统组成

海尔国际物流中心是海尔集团有限公司和昆明船舶设备集团有限公司联合研制的、目前国内最大的自动化物流系统。整个系统的调度及各项业务流程都在计算机的管理下进行,并与海尔 ERP 系统无缝接口,实现了物料的自动存取、自动输送以及信息自动化等功能。

**1. 货物储存系统**

货物储存系统主要由立体货架以及集装单元容器组成。在海尔国际物流中心,货架采用预埋式牛腿焊接结构,由太原刚玉集团负责制造安装。货架规格见表 9-1。

表 9-1 海尔国际物流中心自动化立体仓库货架规格

| 规格(单位 mm) | 数量 | 区域 | 备注 |
|---|---|---|---|
| $1350W \times 2100D \times 2100H$ | 1 184 | 成品 | 成品大货位 |
| $1350W \times 1000D \times 2100H$ | 7 104 | 成品 | 成品小货位 |
| $1350W \times 1000D \times 1600H$ | 9 768 | 原料 | 原料货位 |

存储单元包括双面托盘 1210、单面托盘 1210、大木托盘、可拆式仓储笼 A-7、周转箱等。

**2. 货物存取和传送系统**

货物存取和传送系统承担货物存取、出入库的功能,它由有轨或无轨堆垛机、出入库输送机、装卸机械等组成。在海尔国际物流中心,典型的存取和传送设备如表 9-2 所示。

表 9-2 海尔国际物流中心的典型存取和传送设备

| 设备名称 | 厂家 | 控制技术 |
|---|---|---|
| 环行穿梭车 | 日本村田 | 红外通信 |
| 堆垛机 | 日本村田 | 红外通信 |
| 激光导引小车 | 云南昆船 | 激光制导、无线通信 |
| 码垛机器人 | 瑞典 ABB | 六自由度、光电感应 |
| 叉车 | 力至优 | |

**3. 计算机控制和管理系统**

计算机控制和管理系统是自动化立体仓库运行的核心,其主要包括电气控制系统和调度管理系统。海尔国际物流中心的主要计算机设备如表 9-3 所示。

表 9-3 海尔国际物流中心计算机相关设备

| 设备名称 | 厂家 | 控制技术 |
|---|---|---|
| 无线条码扫描器 | Symbol | 激光二维条码识别、无线传输 |
| 电控系统 | 云南昆船、西门子 | 工业现场总线控制 |
| 服务器 | 惠普(HP) | 双主机备份、UNIX 操作系统 |

(1) 电气控制系统

海尔国际物流中心电气控制系统由两个独立的子系统——原料库子系统和成品库子系统构成。控制技术上采用了具有国际先进水平的 Profi-BUS 现场总线技术,使用 ET200S 分布式结构。两个子系统分别控制两个库的生产输送设备的运行、停止、故障报警,以及和上位调度计算机的数据交换,和机器人、穿梭车、LGV、堆垛机等设备的连锁控制。通过现场操作员终端可以实现单机/自动切换、手动操作,以及监控整个自动化物流系统所有输送设备的运行状况、货物的所在位置及数据等。其体系结构如图 9-18 所示。

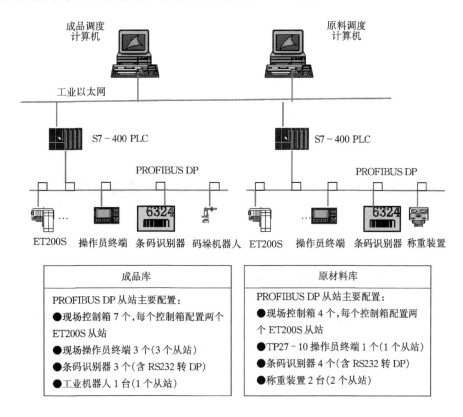

图 9-18 海尔国际物流中心电气控制系统体系结构

(2) 调度管理系统

海尔国际物流中心调度管理系统的主要功能是对仓库所有入、出库活动进行有效地控制,并对数据进行统计分析,以便能使决策者及早发现问题,采取相应的措施,最大限度地降低库存量,加快货物流通,创造经济和社会效益。海尔国际物流中心调度管理系统的网络体系结构如图 9-19 所示。

海尔国际物流中心调度管理系统是运行在以昆船 TIMMS 2.0 软件为核心的管理平台上,该软件是昆船集多年 AS/RS 仓储管理经验开发成功的仓储管理软件,具体包括昆船 TIMMS2.0-DCS 物流调度,昆船 TIMMS2.0-MNG 仓库管理——仓位管理和昆船 TIMMS2.0-MNG 仓库管理——物流数据库三部分内容。

TIMMS2.0 具有以下的总体功能:

①协调控制所有搬运设备(穿梭车、输送机、LGV、堆垛机等)的有序运行,完成货物出入

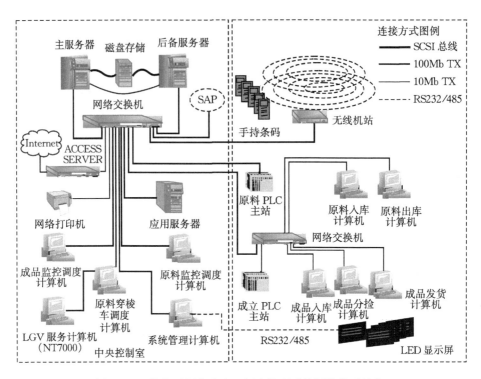

图 9-19 海尔国际物流中心调度管理系统网络体系结构

库、分拣、空盘处理、拼盘、拒识货物处理等操作；

②控制条码系统运行；

③根据实际出入库操作及反馈信息实时修改、整理数据库，并随时自动或人工备份；

④设置系统故障时手动操作、数据库非常修改等非常操作出口，并设高层操作权限；

⑤管理无线条码扫描仪、车载终端、RF 系统等设备及信息；

⑥与海尔集团 ERP 系统 SAP R/3 紧密集成，系统具备远端查询功能；

⑦对终端、中央控制室及网络提供库内当前情况(货位占用、设备状态、设备及货位利用情况等)；

⑧系统通过先进的总线技术与控制计算机、控制器(堆垛机、输送系统、条码系统、LGV 管理系统、平置仓无线管理系统、穿梭车控制系统、检测工位等)交换信息；

⑨操作者身份确认；

⑩现场实时动画模拟和文字显示所有搬运设备的运行状态；

⑪实时显示各项作业的完成情况；

⑫货位情况显示；

⑬提供日报表、周报表、月报表(根据工厂、货物种类、生产日期、批号、出入库时间等项目分类)；

⑭提供库存报告，提供货位占用情况、盘点功能等；

⑮根据定义定时自动备份信息(磁带机)；

⑯定义货物存留时间；

⑰提供(或自动提供)存留超时物资清单。

TIMMS2.0-DCS 物流调度系统具有以下的功能和特点：
①采取面向对象的开发手段；
②建立开放的控制设备通信库；
③集成物流系统中所有搬运设备的通信、调度接口；
④采用通用的物流调度通信协议；
⑤全面支持 OPC(OLE for Process Control)；
⑥具有灵活定义和管理的功能点；
⑦动态工作流的路径管理和优化选择；
⑧设置离线仿真和在线运行两种运行模式；
⑨定制资源与通用运行平台的无缝结合；
⑩具有详尽的操作记录与运行日志。

TIMMS2.0-MNG 仓库管理——仓位管理系统具有以下的功能和特点：
①采用复杂全面的仓位数据模型支持企业级多级库仓库管理；
②支持从 AS/RS 系统到人工仓库管理的多种管理模式；
③对复杂立体货架和各种仓储配套设备提供全兼容支持；
④通过位置模型(STORELOC MODEL)对立库货位、平库货位、到货通道、提货通道、各种缓存、各种站台进行管理；
⑤对 AS/RS 系统提供多种移入、移出策略：均分原则、先进先出、先进后出、就近原则、最远原则、分区原则以及优先级原则。

TIMMS2.0-MNG 仓库管理——物流数据库系统具有以下的功能和特点：
①系统可靠运行，支持多级仓库管理；
②具有强大的 AS/RS 仓位管理系统；
③库存管理提供企业级物流数据库保证总量控制，为计划采购、配送提供准确信息；
④仓库事务支持多种出入库方式，并全面支持使用条码技术；
⑤提供同 ERP 系统的连接。

### 9.5.3 海尔国际物流中心应用情况

海尔国际物流中心是由海尔集团机器人公司牵头，昆明船舶设备集团有限公司总承包，于 2000 年 3 月根据海尔工业园的生产需求予以设计，总投资 1.5 亿元人民币，是中国最大的一个自动化立体库。2001 年 3 月份正式启用以来，系统运行良好、性能可靠、故障率较低，满足了海尔物资采购、商品存储、货物配送、单据处理、数据传输等多种需求，已成为了"海尔物流革命"的重要组成部分，在以下三个方面发挥了积极的作用。

**1. 有效支持订单驱动的采购、生产和配送，消灭了库存**

在海尔，一个经销商下完要货订单后，海尔的工作人员将要货信息从商流工贸公司的信息系统终端输进海尔信息系统，完成对订单的上传。订单信息同时在相关部门的电脑终端上同时响应。订单就是各部门同时操作的命令，订单信息在物流推进本部的电脑终端上立即转化为生产订单，海尔物流立体仓库的中央控制中心随即将产品分解成配件需求，自动统计并排查配件库存，将海尔国际物流中心配件立体仓库已有的和待采购的配件分类进行操作。对库存紧缺的配件,系统自动生成采购订单,并显示在采购JIT工作人员的电脑终端上。根据采购订单实施网上JIT采购。这个信息同时将出现在原材料分供方的电脑终端上,分供方依托海尔的BBP系统(原材料网上采购系统),确认供货需求信息,并按要求配送到海尔物流立体仓库。立体仓库的配件备齐的信息随即转化为生产申请,得到获准之后,信息即刻在海尔国际物流中心配件立体仓库的电脑终端上显现出来,通过JIT原材料配送操作,分别将配件送到预定的生产线的工位上,柔性化的生产线在运转中根据系统指令实现生产自动切换,即可生产出满足客户订单需求的产品。产成品一下生产线,随即转运进入海尔国际物流中心成品立体仓库,全国主干线JIT成品分拨配送在平均2天时间内将产品发运到遍布全国的42个海尔物流配送中心。各地的配送中心对经销商需求的产品配送到客户指定的地点。这些配送操作在物流中心城市8小时到位,区域配送24小时到位。至此客户订单的响应完成。

上述过程中响应的是经销商需求,这和对终端客户需求响应的过程基本类似。终端客户的需求响应时间在10左右基本可以完成。以前在没有信息系统的时候,客户订单从传递到供应商响应则需要10天以上时间,等到下排产计划直到客户收到货时间则会更长,而且准确性低、效率差。现在通过ERP之后从客户下订单到供应商对配件的响应完全可以在1天内准确完成。

因此,在海尔建设了自动化的立体仓库并进行了物流革命之后,仓库不再是储存物资的水库,而是一条流动的河,河中流动的是订单驱动下采购、生产和配送等各个供应链功能环节所必须的物资和商品,这样从根本上消除了呆滞物资、消灭了库存。

**2. 高度的自动化、智能化和信息化,使物流运作效率大幅提高**

海尔国际物流中心是国内规模最大、功能最全、具有国际先进水平的自动化物流系统。海尔国际物流中心的货区面积7 200平方米,但它的吞吐量却相当于普通平面仓库的30万平方米。海尔国际物流中心只有10个叉车司机,而一般仓库完成这样的工作量至少需要上百人。这个立体仓库与海尔的商流、信息流、资金流、工作流联网,进行同步数据传输,采用世界上最先进的激光导引无人运输车系统、机器人技术、巷道堆垛机、通信传感技术等,整个仓库空无一人。在以海尔国际物流中心为核心物流节点的海尔新物流体系支持下,海尔的配送网络已从城市扩展到农村,从沿海扩展到内地,从国内扩展到国际。

**3. 现代化、高效能的国际物流中心支撑了第三方分拨物流业务开展**

在海尔现代化、高效能的国际物流中心支持下,2004年,海尔在国内建立42个配送中心,每天可将50 000多台定制产品配送到1 550个海尔专卖店和9000多个营销点,全国范围内平均4天以内到货。海尔还借助先进的信息技术,建立了供应链管理(SCM)运行的支持系统和平台;通过企业内部信息管理系统(MIS)和企业资源计划(ERP),实现了合理安排生产和配料;通过VMI和物流技术提高了供应链上物流的效率,降低了库存成本,实现了准时(JIT)生产、准时配送、准时分拨,使价值链真正增值。这些业务流程重组(BRP)和再造的实战经验以及物流管理经验,使海尔由自用的、一对多的、非开放的物流系统,发展成多对多、跨企业、跨行业、跨地域、全开放的第三方物流配送中心,相较于新加入者和潜在竞争者,无论从投资成本、运营环境、管理经验、技术水平上,都具有与众不同的独特优势。

正是借助于这些竞争优势,海尔物流运用已有的配送网络与资源,积极拓展社会化分拨物流业务,已经成为日本美宝集团、AFP集团、乐百氏等大型公司的物流代理,同时海尔物流充分借力,与中国邮政开展强强联合,使配送网络更加健全,为新经济时代快速满足用户的需求提供了保障,实现了零距离服务。目前,通过积极开展第三方配送,海尔物流已成为新经济时代下海尔集团新的核心竞争力。

资料来源:(1)冯耕中,周南. 物流信息系统[M]. 北京:机械工业出版社,2009.

(2)谭晓珊. 预测海尔下一步发展战略,http://www.emkt.com.cn/article/52/5265-3.html,中国营销传播网,2001-08-31.

(3)海尔以流程改造构建竞争优势,《环球供应链》,http://www.chinawuliu.com.cn/oth/content/200512/200519345.html,2005-12-08.

(4)海尔集团发展物流成果分析,http://www.chinawuliu.com.cn/oth/content/200409/200415044.html,2004-09-27.

(5)陈文玲. 海尔物流的调查与思考. 中国经济时报,2004-2-20,http://sh.sina.com.cn/taishang/taishang/glzx/2041.shtml.

## 本章小结

自动化立体仓库作为物流技术自动化的主要形式,已经成为现代物流配送中心规划建设的必备设施。它是一种用高层立体货架(托盘系统)储存物资,一般采用几层、十几层乃至几十层高的货架储存货物,并用计算机控制管理和专门的仓储作业设备进行存取作业的仓库。仓库的功能从单纯地进行物资储存保管,发展到担负物资的接收、分类、包装、分拣、配送等多种功能。这有助于实现高效率物流和大容量储藏,能适应现代化生产和商品流通的需要。

自动化立体仓库实现了物流工作机械化和自动化,其主要优点就在于提高了劳动生产率和节省了劳动资源。

按建筑形式自动化立体仓库可以分为整体式和分离式;按货物存取形式可以分为单元式和拣选式仓库;按货架构造形式可分为单元货格式、贯通式、移动式和旋转式货架仓库;按所起的作用可以分为生产性仓库和流通性仓库;按自动化立体仓库与生产联接的紧密程度可分为独立型、半紧密型和紧密型仓库。

自动化立体仓库的规划与设计原则主要包括最小移动距离原则,直线前进原则,充分利用空间、场地的原则,生产力均衡原则,适宜库内运输原则,顺利进行原则,保持"再布置"的弹性原则以及整体原则。

自动化立体仓库是机械和电气、强电控制和弱电控制相结合的产品,它主要由货物储存系统、货物存取和传送系统、控制和管理系统等三大系统所组成,配有与之配套的供电系统、空调系统、消防报警系统、称重计量系统和信息通信系统等。

## 关键概念

➢ 自动化立体仓库
➢ 整体式货架
➢ 分离式货架
➢ 单元货格式货架仓库
➢ 巷道堆垛机

**思考题**

9.1 什么是自动化立体仓库?
9.2 发展自动化立体仓库的意义是什么?
9.4 自动化立体仓库主要包括哪些类型?
9.5 自动化立体仓库由哪几部分组成?
9.6 自动化立体仓库的规划设计思路是什么?

**课堂讨论题**

9.1 在自动化立体仓库的规划和设计中应注意哪些问题?

**补充阅读材料**

1. 冯耕中,周南.物流信息系统[M].北京:机械工业出版社,2009.
2. 自动化立体仓库的安装与维护规范[S].中华人民共和国国家标准,GB/T 30673-2014.
3. 自动化立体仓库 术语[S].中华人民共和国机械行业标准,JB/T 10823-2008.

**附件:自动仓储系统基本设计规划调查表**

1. 仓储物品物性
(1)储存物品名称:_____
(2)储存物品种类:□原材料
　　　　　　　　　□半成品
　　　　　　　　　□成品
　　　　　　　　　□其他_____
(3)储存物品性质:□一般物品
　　　　　　　　　□易燃品
　　　　　　　　　□空调品
　　　　　　　　　□其他_____
(4)储存物品包装:□塑料箱
　　　　　　　　　□纸箱
　　　　　　　　　□桶装
　　　　　　　　　□袋装
　　　　　　　　　□其他_____
(5)储存所用之容器种类:
　　　　　　　　　□托盘
　　　　　　　　　□塑料箱
　　　　　　　　　□料箱
　　　　　　　　　□其他_____

## 2. 库存单位尺寸

(1) 储存物尺寸:

最大 $L$ _____ (毫米) × $W$ _____ (毫米) × $H$ _____ (毫米)

最小 $L$ _____ (毫米) × $W$ _____ (毫米) × $H$ _____ (毫米)

(2) 容器或托盘尺寸: $L$ _____ (毫米) × $W$ _____ (毫米) × $H$ _____ (毫米)

(3) 每一库存单位重量： 平均 _____ (千克)

(不含托盘或容器时) 最大 _____ (千克)

(4) 容器或托盘重量: _____ (千克)

(5) 预计所需库存数量: _____ 库位

(6) 托盘示意图:

(7) 容器示意图: $L$ _____ (毫米) × $W$ _____ (毫米) × $H$ _____ (毫米)

## 3. 仓库作业效率需求

(1) 每日入出库作业时间分布表:

|     | 1 | 2 | 3 | 4 | 5 | 6 | 7 | 8 | 9 | 10 | 11 | 12 | 13 | 14 | 15 | 16 | 17 | 18 |
|-----|---|---|---|---|---|---|---|---|---|----|----|----|----|----|----|----|----|----|
| 入库 |   |   |   |   |   |   |   |   |   |    |    |    |    |    |    |    |    |    |
| 出库 |   |   |   |   |   |   |   |   |   |    |    |    |    |    |    |    |    |    |
| 检料 |   |   |   |   |   |   |   |   |   |    |    |    |    |    |    |    |    |    |

(2) 区域示意图

请标示入库、出库、拣料作业流向及层别。

```
         ┌────────┐
         │ AS/RS  │
    ─────┴────────┴─────
```

(3) 入出库数量 (每小时的存取数量)

|     | (1) 入库 | (2) 出库 | (3) 拣料出库 | (4) 再入库 | (5) 其他 |
|-----|---------|---------|-------------|-----------|---------|
| 平均 |         |         |             |           |         |
| 最大 |         |         |             |           |         |

## 4. 仓库规模需求

(1) 构造

☐ 整体式——钢架与建筑外壁一体建造

☐ 自立式——钢架与建筑外壁分离建造

(2) 高度

☐ 6 米以下

☐ 6 米～9 米

☐ 9 米～12 米

☐ 12 米～15 米

- □ 15米～20米
- □ 20米～30米

(3)可用地基尺寸:长_____(米)×宽_____(米)

(4)梁下限高度:_____(米)

(5)仓库形式:巷道_____排_____列_____层

(6)高货位三向叉车:数量_____辆、高度_____米,载重_____吨

高货位拣选车: 数量_____辆、高度_____米,载重_____吨

有轨高货位升降车(堆垛机):数量_____高度_____米　载重_____吨

### 5. 物流作业模式

(1)入库前搬运状态
- □ 以人工或堆垛机搬运至入库站前
- □ 以无轨无人车(AGV)搬运
- □ 直接与生产线相连
- □ 以有轨与生产线相连
- □ 以有轨无人车(RGV)搬运
- □ 其他_____

(2)出库后搬运状态
- □ 以输送机输送
- □ 以无轨无人车(AGV)搬运
- □ 以人工或堆垛机搬运
- □ 以有轨无人车(RGV)搬运
- □ 其他_____

(3)出库后搬运车辆

①种类:
- □ 卡车
- □ 托板车
- □ 6米货柜车
- □ 12米货柜车
- □ 其他_____

②需要能同时停放:
- □ 卡车_____辆
- □ 货柜车_____辆
- □ 其他_____辆

③装卸平台:
- □ 需要
- □ 不需要

④卸货后、入库前需要何种操作:
- □ 清点
- □ 分类

□ 自动堆托盘
□ 其他_____
⑤库存中之作业需求：
□ 拣料
□ 盘点
□ 其他_____
6. 控制方式需求
(1)自动化程度(按需求可多项选择)
□ 手动：机械设备操作、维修、保养等作业均由人工完成
□ 半自动：以人工进行资料输入、更改等工作，机械设备自动操作
□ 自动：无论资料输入、更改或机械设备的操作均可通过计算机进行自动作业
(2)控制模式(按需求可多项选择)
□ 机上控制
□ 前端遥控
□ 中央集中控制
□ 计算机连线控制
(3)计算机要求等级
□ 个人计算机
□ 工作站级
□ 其他_____
(4)连线模式
□ 单机
□ 网络系统
□ 与现有上位计算机连线
(5)操作站数：_____站
(6)报表列印站数：_____站
7. 周边设备需求
(1)出入库站
　无动力：□ 暂存架
　有动力：□ 移动台车
　　　　　□ 输送机
　　　　　□ 其他_____
(2)周边运送设备
□ 无轨无人车(AGV)
□ 有轨无人车(RGV)
□ 其他_____
(3)显示设备
□ LED显示幕
□ 颜色式灯具

- □ 文字指示灯具
- □ 其他_____

(4) 检验设备
- □ 荷重检出
- □ 超出检出
- □ 条码阅读机
- □ 其他_____

(5) 安全设施
- □ 栏杆
- □ 安全网
- □ 防撞柱
- □ 其他_____

8. 整体自动仓库基本设计规划

(1) 土木相关作业
- □ 地质钻探　　□ 整体作业　　□ 铺装作业
- □ 基桩作业　　□ 基础水泥作业　　□ 仓库周边矮墙作业

(2) 建筑物相关作业
- □ 既设建筑物撤去作业及邻接建筑物改修作业
- □ 建筑申请及各项作业送审作业

(3) 建筑相关作业
- □ 外壁作业(彩色钢板)　　□ 内装作业(控制室、计算机室)
- □ 屋顶作业(彩色钢板)　　□ 门窗作业
- □ 雨水排水作业

(4) 建筑设备相关

① 电气设备
- □ 发电机(紧急发电系统)　　□ 内部对讲机设备　　□ 照明设备
- □ 扩音器及受话系统　　□ 插座设备　　□ 紧急照明设备
- □ 电话设备　　□ 安全警视系统　　□ 电话管线系统

② 避雷系统
- □ 避雷针作业　　□ 接地作业

③ 消防设备
- □ 自动洒水系统　　□ 灭火器　　□ 屋内外消防箱栓
- □ 太平门　　□ 火灾侦测系统　　□ 火灾报警系统

④ 空调设备
- □ 冷风机　　□ 通气窗
- □ 通风机　　□ 自动空调控制系统

⑤ 水管工程
- □ 供水管路作业　　□ 净化槽
- □ 污水配管作业　　□ 下水设备

⑥卫生设置
- ☐ 小便池　　　　☐ 厕所隔间
- ☐ 抽水马桶　　　☐ 洗脸盆

# 参考文献

[1] John W, Satzinger. 系统分析与设计[M]. 英文版. 北京:机械工业出版社,2001.

[2] M S DASKIN. Network and Discrete Location: Models Algorithms & Applications [M]. New York:John Wiley and Sons,1995.

[3] (美)Ballou R H 著. 企业物流管理:供应链的规划、组织和控制[M]. 王晓东,等,译. 北京:机械工业出版社,2002.

[4] 蔡临宁. 物流系统规划——建模及实例分析[M]. 北京:机械工业出版社,2003.

[5] 陈达强. 配送与配送中心运作与规划[M]. 杭州:浙江大学出版社,2009.

[6] 陈子侠,龚剑虹. 物流仿真软件的应用现状与发展[J]. 浙江工商大学学报,2007(4):29-34.

[7] 程赐胜,苏玲利. DEA 法在物流中心选址中的应用[J]. 长沙理工大学学报(自然科学版),2004:8-12(3/4).

[8] 邓汝春. 物流配送实务[M]. 北京:中国铁道出版社,2008.

[9] 丁立言,张铎. 物流配送[M]. 北京:清华大学出版社,2002.

[10] 董良,吴夏阳. 自动化立体仓库计算机辅助规划设计技术[J]. 物流技术与应用,2002,(4):59-62.

[11] 方志贤. 物流中心选址方法综述[J]. 物流科技,2008(9):42-44.

[12] 冯耕中,刘伟华. 物流与供应链管理[M]. 北京:中国人民大学出版社,2010.

[13] 冯耕中. 物流信息系统[M]. 北京:机械工业出版社,2009.

[14] 高伟. 我国商业物流配送中心发展的现状、问题及对策[J]. 北京市财贸管理干部学院学报,2004,20(4):28-30.

[15] 何明珂等. 现代物流与配送中心:推动流通创新的趋势[M]. 北京:中国商业出版社,1997.

[16] 王颖纯,胡彪. 物流配送中心规划与经营[M]. 北京:电子工业出版社,2008.

[17] 胡志刚,杨君顺. 自动化立体仓库的特点和构成[J]. 西北轻工业学院学报,2001(2):62-64.

[18] 贾争现. 物流配送中心规划与设计[M]. 2版. 北京:机械工业出版社,2009.

[19] 菊田一郎,靳伟. 日本物流案例:铃妍西日本物流中心[J]. 物流技术与应用,2002(2):11-18.

[20] 姜超峰.物流中心模式研究[J].中国储运,2002(4):13~19.

[21] 李智桦,庄伯超,曾敏刚,等.物流配送中心选址方法研究综述[J].商业时代,2007(17):20-21.

[22] 李学工.美日加物流配送中心的特点与启示[J].商业现代化,2001(1):24-26.

[23] 刘昌祺.物流配送中心设计[M].北京:机械工业出版社,2001.

[24] 刘德武.物流中心的规划设计[J].物流技术,2002(12):39-41.

[25] 刘海龙,李成严.物流中心选址方法研究[J].黑龙江科技信息,2007(4):42-43.

[26] 刘志学.现代物流手册[M].北京:中国物资出版社,2001.

[27] 栾建非.物流配送中心的改造和优化[J].信息与电脑,2009(6):50-54.

[28] 马汉武.设施规划与物流系统设计[M].北京:高等教育出版社,2005.

[29] 满建华,钟映竑,孙亚楠.TOPSIS法在企业物流中心选址中的应用[J].物流科技,2009(11):17-19.

[30] 毛海军,张永.物流系统规划与设计[M].南京:东南大学出版社,2009.

[31] 牛鱼龙.日本物流经典案例[M].重庆:重庆大学出版社,2006.

[32] 汝宜红,田源,徐杰.配送中心规划[M].修订本.北京:清华大学出版社/北京交通大学出版社,2008.

[33] 孙宏岭,武文斌.物流包装实务[M].北京:中国物资出版社,2003.

[34] 王斌义.现代物流实务[M].北京:对外经济贸易大学出版社,2003.

[35] 王丰.配送中心规划与运行管理[M].北京:中国石化出版社,2008.

[36] 王令,李慧芳.基于模糊综合评判的物流中心选址问题研究[J].铁道货运,2008(11):5-6.

[37] 王焰.配送中心规划与管理[M].长沙:湖南人民出版社,2006.

[38] 王转,程国全.配送中心系统规划[M].北京:中国物资出版社,2003.

[39] 魏修建,姚峰.现代物流与供应链管理[M].西安:西安交通大学出版社,2008.

[40] 许胜余.物流配送中心管理[M].成都:四川人民出版社,2002.

[41] 许婷,韩宝明.多区域物流中心选址方案的模糊聚类分析[J].铁道运输与经济,2007(5):68-70.

[42] 徐贤浩.物流配送中心规划与运作管理[M].武汉:华中科技大学出版社,2008.

[43] 运筹学教材编写组.运筹学[M].北京:清华大学出版社,1996.

[44] 张铎,周建勤.电子商务物流管理[M].北京:高等教育出版社,2002.

[45] 张开涛,眭素芳.配送中心运营与管理[M].武汉:华中科技大学出版社,2010.

[46] 郑畅.物流中心选址方法研究[D].武汉:武汉理工大学硕士论文,2004.

[47] 朱宝昌.整体式立体仓库的技术特点及发展前景[J].物流技术与应用,2002

(4):55-58.

[48] GB/T 2934-2007 联运通用平托盘 主要尺寸及公差[S].

[49] GB/T 21072-2007 通用仓库等级[S].

[50] 中国物资储运总公司. 货物储存保管规则. (内部资料), 1998.

[51] 贾立敏, 田径知. B2C 电子商务模式下企业物流模式选择研究——以京东、天猫为例[J]. 物流技术, 2015, 34 (9): 181-184, 193.

[52] 沈通. 电商企业自建物流配送、第三方物流配送及物流供应链配送对比研究[J]. 商业经济研究, 2016(19): 118-120.

[53] 曹班石. 进击的"亚洲一号"——浅析京东商城的智慧物流[J]. 信息与电脑, 2014(11): 69-72.

[54] 郭丽娜. 物流配送中心优化选址研究——以 XF 电器有限公司为例[J]. 管理学刊, 2016, 29(3):54-61.

[55] 许相华. 卷烟智能物流配送中心设计[J]. 物流技术与应用, 2016, 2: 106-110.

[56] 陶俪蓓. 大型连锁超市物流配送中心拆零拣选设备系统的应用[J]. 物流技术, 2014(4):66-69.

[57] 肖离离. 电商企业物流配送中心货物拣选模式分析与应用[J]. 物流技术(装备版), 2014(4): 48-51.

[58] 徐静. 医药物流配送中心作业管理与策略优化研究——以 S 公司为例[J]. 物流技术, 2014(24):53-56.

[59] 胡晓燕. 智能可视化仓储信息管理系统的设计[J]. 物流技术, 2014(24):80-82.

[60] 方淡玉, 冯艳茹, 李艳涛. 基于 RFID 的物流配送中心信息管理系统模型设计研究[J]. 物流技术, 2014, 33(1): 342-344.

[61] 李艾. 沃尔玛"天天平价"背后的高效物流系统分析[J]. 商场现代化, 2015(5):54-56.

[62] 冯耕中, 周南主编. 物流信息系统[M]. 北京: 机械工业出版社, 2009 年.

[63] 鲜飞, 朱志红, 刘江涛, 沈应龙, 谢淑莲. 自动化立体仓库在现代制造企业中的应用与优势[J]. 电子工业专用设备, 2015(4): 46-50.

[64] 金星. 自动化立体仓库在铁路机务段的应用探讨[J]. 郑州铁路职业技术学院学报, 2016(2):41-43.

[65] 物流中心分类与基本要求[S]. 中华人民共和国国家标准. GB/T 24358—2009.

[66] 物流作业货物分类和代码[S]. 中华人民共和国国家标准. GB/T 27923—2011.

[67] 通用仓库及库区规划设计参数[S]. 中华人民共和国国家标准. GB/T 28581—2012.

[68] 连续搬运机械术语[S]. 中华人民共和国国家标准. GB/T 14521—2015.

[69] 物流中心作业通用规范[S]. 中华人民共和国国家标准. GB/T 22126—2008.

[70] 物流管理信息系统应用开发指南[S]. 中华人民共和国国家标准. GB/T 23830—2009.
[71] 物流管理信息系统功能与设计要求[S]. 中华人民共和国国家标准. GB/T 26821—2011.
[72] 自动化立体仓库的安装与维护规范[S]. 中华人民共和国国家标准. GB/T 30673—2014.
[73] 货架术语[S]. 中华人民共和国物资流通行业标准. WB/T 1042—2012.
[74] 货架分类及代码[S]. 中华人民共和国物资流通行业标准. WB/T 1043—2012.
[75] 自动化立体仓库术语[S]. 中华人民共和国机械行业标准. JB/T 10823—2008.